BRUCE SPRINGSTEEN
BORN TO RUN

Bruce Springsteen es miembro del Rock and Roll Hall of Fame, del Songwriters Hall of Fame y del New Jersey Hall of Fame. Ha recibido veinte premios Grammy, un Oscar y los Kennedy Center Honors. Vive en Nueva Jersey con su familia.

BORN TO RUN

BORN TO RUN
BRUCE SPRINGSTEEN

Traducción de Ignacio Julià

VINTAGE ESPAÑOL
Una división de Penguin Random House LLC
Nueva York

PRIMERA EDICIÓN VINTAGE ESPAÑOL, SEPTIEMBRE 2016

Copyright de la traducción © 2016 por Ignacio Julià

Copyright © 2016 por Bruce Springsteen

Información de catalogación de publicaciones disponible en la Biblioteca del Congreso de los Estados Unidos.

Vintage Español ISBN en tapa blanda: 978-1-101-97446-9

Para venta exclusiva en EE.UU., Canadá, Puerto Rico y Filipinas.

www.vintageespanol.com

Impreso en los Estados Unidos de América

10 9 8 7 6 5 4 3 2 1

Para Patti, Evan, Jess y Sam

ÍNDICE

LIBRO II
BORN TO RUN

LIBRO III

LIVING PROOF

PREFACIO

Procedo de una población costera donde casi todo tiene un tinte algo fraudulento. Como yo mismo. A los veinte años no era un rebelde conductor de coches de carreras, sino un guitarrista que tocaba en las calles de Asbury Park y ya un miembro destacado de aquellos que «mienten» al servicio de la verdad… artistas, con «a» minúscula. Pero tenía cuatro ases en la manga. Era joven, acumulaba casi una década de experiencia en bandas de tugurios, había un buen grupo de músicos locales en sintonía con mi estilo interpretativo y tenía una historia que contar.

Este libro es a la vez la continuación de esa historia y la búsqueda de sus orígenes. He tomado como parámetros los hechos de mi vida que creo que dieron forma a la historia y a mi trabajo como intérprete. Una de las preguntas que me hacen una y otra vez los fans por la calle es «¿Cómo lo haces?». En las páginas siguientes intentaré aclarar el «cómo» y, más importante, el «por qué».

Kit de supervivencia rock and roll

ADN, capacidad innata, estudio del oficio, desarrollo y devoción por una filosofía estética, un puro deseo de... ¿fama?... ¿amor?... ¿admiración?... ¿atención?... ¿mujeres?... ¿sexo?... y oh, sí... pasta. Luego... si quieres llegar hasta el final mismo de la noche, un furioso fuego en las entrañas que simplemente... no... deja... de... abrasarte.

Estos son algunos de los elementos que resultan de utilidad si te enfrentas a ochenta mil (o a ochenta) fans del rock and roll que aúllan y te esperan para que les hagas tu truco de magia. Esperan que saques algo del sombrero, del mismo aire, algo que no es de este mundo, algo que antes de que los fieles se reuniesen hoy aquí era tan solo un rumor alimentado por las canciones.

Estoy aquí para dar una prueba de vida a ese «nosotros» siempre elusivo, nunca totalmente creíble. Ese es mi truco de magia. Y, como todo buen truco de magia, empieza con una presentación. Así que...

LIBRO UNO
GROWIN'
UP

UNO
MI
CALLE

Tengo diez años y me conozco cada grieta, saliente y hendidura de la desmoronada acera que recorre arriba y abajo Randolph Street, mi calle. Aquí, según cómo transcurra la tarde, soy Aníbal cruzando los Alpes, un soldado atrapado en un cruento combate en plena montaña, o innumerables héroes de película de vaqueros recorriendo los pedregosos senderos de la Sierra Nevada. Panza abajo sobre el suelo, junto a los hormigueros que brotan volcánicos donde la tierra y el cemento confluyen, mi mundo se extiende hasta el infinito, o por lo menos hasta la casa de Peter McDermott en la esquina de las calles Lincoln y Randolph, a solo una manzana.

Por estas calles me pasearon en mi cochecito infantil, aprendí a andar, mi abuelo me enseñó a montar en bicicleta y luché y escapé de algunas de mis primeras peleas. Aprendí la hondura y el consuelo de la amistad verdadera, sentí mis primeras agitaciones sexuales y, en las noches anteriores al aire acondicionado, vi llenarse los porches de vecinos que buscaban conversación y alivio del calor veraniego.

Aquí, en torneos épicos de «pelotas fuera», golpeé la primera de las cien pelotas de goma Pinky en el bordillo suavemente moldeado de mi acera. Trepé sobre ventisqueros de nieve sucia, amontonada por las quitanieves por la noche, yendo de una punta a otra de la calle, el Edmund Hillary de Nueva Jersey. Mi hermana y yo nos quedábamos a menudo embobados, espiando a través de las enormes puertas de madera de la iglesia de nuestra esquina, observando el eterno desfile de bautizos, bodas y funerales. Acompañaba a mi apuesto y astrosamente elegante abuelo mientras caminaba precariamente dando la vuelta a la manzana, con el brazo izquierdo paralizado contra el pecho, haciendo sus «ejercicios» después de un ictus debilitante del que nunca se recuperó.

En nuestro patio delantero, a pocos metros del porche, estaba el árbol más imponente del pueblo, una altísima haya roja. Dominaba sobre nuestra casa de tal modo que, de caer un rayo bien dirigido, hubiésemos muerto todos como caracoles aplastados bajo el meñique de Dios. Las noches que tronaba y los relámpagos pintaban de azul cobalto el dormitorio familiar, veía cómo sus ramas se movían y adquirían vida propia entre ráfagas de viento y destellos blancos, mientras yo yacía despierto preocupándome por mi amigo, el monstruo de ahí fuera. En los días soleados, sus raíces eran fortificaciones para mis soldados, corral para mis caballos y mi segundo hogar. Tuve el honor de ser el primero en la manzana en trepar hasta sus alturas. Allí encontré un refugio de todo lo que había abajo. Deambulaba durante horas por sus ramas, oyendo las lejanas voces de mis colegas que llegaban desde la acera a mis pies, intentando seguir mis movimientos. Bajo sus brazos durmientes, las noches de verano nos sentábamos con mis amigos, como la caballería al anochecer, esperando el campanilleo vespertino del vendedor de helados y la hora de irse a la cama. Oía la voz de mi abuela que me llamaba, el último sonido de un largo día. Subía al porche delantero, nuestras ventanas brillantes en la luz del crepúsculo veraniego, dejaba que se abriese la pesada puerta y luego se cerrase detrás de mí, y durante una hora o así nos sentábamos frente a la estufa con mi abuelo, él en su sillón, y veíamos cómo la pantalla del pequeño televisor en blanco y negro iluminaba la sala, lanzando sus espectrales sombras a paredes y techo. Luego, me dejaba llevar por el sueño en el mayor y más triste santuario que yo haya conocido, la casa de mis abuelos.

Aquí vivo con mi hermana Virginia, un año menor que yo, mis padres Adele y Douglas Springsteen, mis abuelos, Fred y Alice, y mi perro Saddle. Vivimos, literalmente, en el seno de la Iglesia católica, pues solo a un chute de pelota a través de un descampado lleno de hierbajos están la iglesia y colegio de Santa Rosa de Lima, el convento de las monjas y la rectoría del párroco.

Aunque él nos observa desde las alturas, aquí Dios está rodeado por hombres… hombres locos, para ser exactos. Mi familia ocupa cinco casas, dispuestas en forma de L, ancladas en la esquina por la iglesia de ladrillo rojo. Somos cuatro casas de antiguos irlandeses, la gente que me crió –los McNicholas, los O'Hagan, los Farrell–, y, al otro lado de la calle, un solitario puesto avanzado de italianos, que salpimentaron mis años mozos. Son los Sorrentino y los Zerilli, venidos de Sorrento, Italia, pasando por Ellis Island y Brooklyn. Aquí viven la madre de mi madre, Adelina Rosa Zerilli, la hermana mayor de mi madre, Dora, su marido Warren (irlandés, claro), y su hija, mi prima mayor Margaret, quien, junto a mi primo Frank, son campeones de bailar el *jitterbug* y han ganado concursos y trofeos por toda la costa de Jersey.

Aunque no son enemigos, los clanes pocas veces cruzan la calle para socializar los unos con los otros.

La casa en la que vivo con mis abuelos es propiedad de mi bisabuela «Nana» McNicholas, la madre de mi abuela, que sigue vivita y coleando calle arriba. Me han contado que la primera misa y el primer funeral del pueblo se celebraron en nuestra sala de estar. Aquí vivimos bajo la persistente mirada de la hermana mayor de mi padre, mi tía Virginia, que murió a los cinco años atropellada por un camión mientras iba en su triciclo, pasada la esquina de la gasolinera. Su retrato se cierne sobre la habitación, exhalando un aire fantasmal y proyectando su malogrado destino sobre nuestras reuniones familiares.

Es el suyo un retrato formal en tono sepia de una niña pequeña que lleva un anticuado vestido infantil de lino blanco. Su mirada engañosamente benigna, a la luz de los hechos, parece querer decir ahora: «Tened cuidado. El mundo es un lugar peligroso y despiadado que lanzará tu culo desde el triciclo hacia la más desconocida oscuridad, y solo estas almas infortunadas, pobres y extraviadas te echarán de menos». Su madre, mi abuela, había escuchado ese mensaje alto y claro. Tras la muerte de su hija se pasó dos años en cama y envió a mi padre, desatendido y con raquitismo, a las afueras del pueblo con unos parientes, hasta que ella por fin se recuperó.

Pasó el tiempo; mi padre dejó la escuela a los dieciséis y se puso a trabajar como aprendiz en la Karagheusian Rug Mill, una fábrica de alfombras de ensordecedora maquinaria cuyos telares repiqueteaban ruidosos, y que ocupaba ambos lados de Center Street en una zona del pueblo llamada «Texas». A los dieciocho, partió a la guerra zarpando desde Nueva York a bordo del *Queen Mary*. Sirvió como conductor de camión en la batalla de las Árdenas, vio la pequeña porción de mundo que llegaría a conocer y regresó a casa. Jugaba al billar, muy bien, por dinero. Conoció a mi madre y se enamoró de ella, prometiéndole que si se casaba con él buscaría un empleo serio (¡bandera roja!). Trabajaba con su primo, David «Dim» Cashion, en la cadena de montaje de la planta de Ford Motor en Edison, y entonces llegué yo.

Para mi abuela, yo era el primogénito de su único hijo y el primer bebé en la casa desde la muerte de su hija. Mi nacimiento le devolvió un propósito a su vida. Se apoderó de mí con vehemencia. Su misión era protegerme totalmente del mundo dentro y fuera de casa. Lamentablemente, su devoción obsesiva y ciega la enfrentaría agriamente a mi padre, causando una gran confusión en la familia. Aquello iba a afectarnos a todos.

Cuando llueve, la humedad en el aire cubre nuestro pueblo con el olor de posos de café que llega flotando desde la fábrica Nescafé, situada en el extremo este del municipio. No me gusta el café, pero sí ese olor. Es reconfortante; une al pueblo en una experiencia sensorial común; es una buena industria, como la fábrica de alfombras que colma nuestros oídos, ofrece empleos y señala la vitalidad de nuestro pueblo. Este es un lugar —puede oírse, olerse— donde la gente vive sus vidas, sufre con dolor, disfruta de pequeños placeres, juega a béisbol, muere, hace el amor, tiene hijos, bebe hasta emborracharse en las noches de primavera y hace lo que puede para mantener a raya a los demonios que buscan destruirnos, a nosotros y a nuestros hogares, nuestras familias, nuestro pueblo.

Aquí vivimos a la sombra del campanario, donde el sagrado neumático pisa la carretera, todos engañosamente bendecidos por la gloria del Señor, en esta población de infarto que se baja los pantalones, engendra revueltas raciales, odia a los diferentes, te estremece el alma, genera amor y odio, y te rompe el corazón. Freehold, Nueva Jersey.

Que dé comienzo el servicio.

DOS

MI
CASA

Es jueves por la noche, la noche de la recogida de basuras. Estamos movilizados y listos para irnos. Subimos al sedán de 1940 de mi abuelo para desplegarnos y escarbar en cada montón de basura desparramado sobre los bordillos del pueblo. Primero nos dirigimos a Brinckerhoff Avenue, pues allí hay dinero y la basura es la mejor. Vamos a por vuestras radios, cualquier radio, sin importar su estado. Las recogeremos de vuestras basuras, las arrojaremos en nuestro maletero y las traeremos a casa, al «cobertizo» de mi abuelo, el cubículo de dos por dos metros hecho de madera en un minúsculo rincón de la casa. Aquí, sea invierno o verano, se hace magia. Aquí, en una «habitación» llena de cables eléctricos y tubos de incandescencia, me siento muy concentrado a su lado. Mientras él conecta cables, suelda y cambia los tubos fundidos por otros nuevos, esperamos juntos el mismo momento: ese instante en que la respiración susurrante, el hermoso y grave zumbido estático y el cálido destello crepuscular de la electricidad volverán a animar los inertes esqueletos de las radios que hemos salvado de la extinción.

Aquí, en la mesa del taller de mi abuelo, la resurrección es real. El silencio del vacío será absorbido y rellenado con las crepitantes y distantes voces de predicadores domingueros, vendedores charlatanes, música de big band, rock and roll primigenio y seriales dramáticos. Es el sonido del mundo exterior que pugna por alcanzarnos, llamando a nuestro pequeño pueblo y, más hondamente, al universo herméticamente sellado del número 87 de Randolph Street. Una vez devueltos al mundo de los vivos, todos esos aparatos serán vendidos por cinco dólares en los campamentos de temporeros que, al llegar el verano, jalonarán los campos de las granjas limítrofes con nuestro municipio. Que viene el «hombre de la radio». Así se conoce a mi abuelo entre la población mayoritariamente negra de migrantes sureños que cada temporada regresa en autobús para recolectar los cultivos del rural condado de Monmouth. Mi madre conduce para llevar a mi abuelo, afectado por un ictus, a fin de que pueda comerciar con «los negros» en sus campamentos «Mickey Mouse», recorriendo los caminos de tierra de las granjas hasta las chabolas emplazadas detrás de estas, donde siguen vigentes las condiciones de vida de la Gran Depresión. Una vez fui con ellos y me quedé aterrorizado, rodeado en la oscuridad por aquellas caras negras y rudas. Las relaciones raciales, que nunca han sido buenas en Freehold, estallarán diez años más tarde en revueltas y tiroteos, pero por el momento solo se nota una tranquilidad estable e incómoda. Yo soy simplemente el nieto, el joven protegido del «hombre de la radio», que visita a los clientes con los que mi familia trata de hacer algo de dinero extra.

Aunque nunca pensé realmente en ello, éramos bastante pobres. No nos faltaba comida, ropa ni cama. Algunos amigos míos, blancos y negros, lo pasaban mucho peor. Mis padres tenían trabajo, mi madre como secretaria legal y mi padre en la fábrica Ford. Nuestra casa era antigua y pronto estaría en un evidente estado de decrepitud. Todo lo que teníamos para calentarla era una estufa de queroseno en la sala de estar. En el piso de arriba, donde la familia dormía, te despertabas en invierno y podías ver tu aliento. Uno de mis primeros recuerdos de niñez es el olor de la estufa de queroseno y mi abuelo allí de pie, cargando el conducto en la parte trasera de la estufa. La comida se preparaba en el hornillo de carbón de la cocina; de pequeño, disparaba con mi pistola de agua a su candente superficie de hierro para ver elevarse el vapor. Sacábamos los restos por la puerta trasera hasta el «montón de cenizas», y todos los días volvía de jugar en esa pila manchado por el polvo pálido de las cenizas del carbón. Disponíamos de un pequeño frigorífico y de uno de los primeros televisores que hubo en el pueblo. Tiempo atrás, antes de que yo naciese, mi abuelo había sido el propietario de la Springsteen Brothers Electrical Shop. Así que cuando surgió la televisión llegó muy pronto a casa. Mi madre me contó que los vecinos de toda la manzana se pasaban para presenciar el nuevo milagro, para ver a Milton Berle, Kate Smith y *Your Hit Parade*. Para ver a luchadores como Bruno Sammartino enfrentándose a Haystacks Calhoun. A los seis años ya me sabía toda la letra de la emblemática canción de Kate Smith «When the Moon Comes Over the Mountain».

En aquella casa, debido a las circunstancias y el orden de nacimiento, yo era señor, rey y mesías, todo en uno. Como primogénito, mi abuela se aferró a mí para reemplazar a la fallecida tía Virginia. Nada era demasiado para mí. Era aquella una libertad terrible para un niño y la abracé con toda mi alma. A los cinco y los seis años, me quedaba despierto hasta las tres de la madrugada y luego dormía hasta las tres de la tarde. Veía la televisión hasta el final de la emisión y me quedaba allí solo contemplando la carta de ajuste. Comía lo que quería y cuando quería. Mis padres y yo nos convertimos en parientes lejanos, y mi madre, confundida y deseosa de mantener la paz, me cedió al total dominio de mi abuela. Me convertí en un tímido y pequeño tirano, y pronto sentí que aquellas reglas eran aplicables al resto del mundo, al menos hasta que mi papá volvía a casa. Malhumorado, mi padre hacía ostentación de su mando por la cocina, como un monarca destronado por su propio primogénito ante la insistencia de su madre. Nuestra ruinosa casa, y mi poder y mis excentricidades a una edad tan temprana, me avergonzaban y deshonraban. Veía que el resto del mundo funcionaba de otro modo, y mis colegas del vecindario se metían todo el tiempo conmigo por mis hábitos. Me gustaba mi situación, aunque sabía que no estaba bien.

Cuando llegué a la edad escolar y tuve que adaptarme a un horario, sentí una rabia interior que se prolongaría durante todos mis años de escuela. Desde el principio, mi madre sabía que la situación familiar tenía que cambiar y, eso la honra, intentó reclamarme. Nos mudamos de casa de la abuela a una pequeña vivienda en el número 39½ de Institute Street. A cuatro manzanas de mis abuelos, cuatro habitaciones pequeñas, sin agua caliente. Allí mi madre intentó establecer unas reglas convencionales, aunque ya era demasiado tarde. Aquellas cuatro manzanas de distancia bien podrían haber sido un millón de kilómetros, ya que rugía de rabia y añoranza y, a la más mínima oportunidad, regresaba a vivir con mis abuelos. Aquel era mi verdadero hogar y sentía que ellos eran mis verdaderos padres. Ni quería ni podía irme de allí.

Por aquel entonces, solo una habitación de la casa, la sala de estar, era habitable. El resto, descuidado y abandonado, se caía a trozos, con el lavabo azotado por corrientes de aire, el único lugar donde aliviarse, y sin baño en condiciones. Mis abuelos empezaron a desatender su higiene personal, algo que hoy me conmocionaría y repelería. Recuerdo la ropa interior de mi abuela que, pese a estar recién lavada, colgaba manchada en el patio trasero para mi vergüenza y horror, símbolos de una intimidad inapropiada, física y emocionalmente, que hacía de la casa de mis abuelos un lugar tan confuso e irresistible. Pero yo les quería, a ellos y a aquella casa. Mi abuela dormía en un sofá desfondado y yo arropado a su lado, mientras que mi abuelo tenía un pequeño catre al otro lado de la estancia. Eso era todo. Hasta ahí había llegado en mi infancia mimada y sin restricciones. Ahí era donde necesitaba estar para sentirme en casa, seguro, amado.

El poder hipnótico y desastroso de aquel ruinoso lugar y aquellas personas nunca me abandonaría. Hoy sigo visitándolo en mis sueños, vuelvo una y otra vez, anhelo regresar. Era un lugar en el que sentía una seguridad absoluta, con licencia para hacer lo que quisiese y con un horrible pero inolvidable amor sin límites. Me arruinó y me hizo ser quien soy. Me arruinó en el sentido de que durante el resto de mi vida tendría que esforzarme por crearme unas limitaciones que me permitiesen llevar una vida de cierta normalidad en mis relaciones. Y me hizo ser quien soy en el sentido de que me empujó a una búsqueda de por vida de un lugar propio y «singular», un ansia en carne viva que perseguí con empeño a través de mi música. Era un esfuerzo desesperado y vital por reconstruir mi templo seguro e inexpugnable a partir de los rescoldos de la memoria y la añoranza.

Por el amor de mi abuela, abandoné a mis padres, a mi hermana y a buena parte del mundo en sí. Y entonces el mundo irrumpió de forma intempestiva. Mis abuelos enfermaron. Toda la familia volvió a mudarse, a otra pequeña casa, en el 68 de South Street. Pronto nacería mi hermana pequeña, Pam, mi abuelo moriría y el cáncer invadiría a mi abuela. Mi casa, mi patio trasero, mi árbol, mi terruño, mi mundo, mi santuario… todo sería condenado y el terreno vendido para construir el aparcamiento de la iglesia católica de Santa Rosa de Lima.

TRES

LA
IGLESIA

Montados en nuestras bicicletas, recorríamos un circuito que nos llevaba a dar la vuelta a la iglesia y la rectoría y a regresar por el convento, pedaleando por el bonito camino de entrada de las monjas, cubierto de pizarra azulada. Los bordes ligeramente elevados de la pizarra hacían vibrar el manillar, un pequeño ritmo pulsátil en las manos, bump-ump-ump-ump... cemento, y luego vuelta a empezar. Pasábamos las tardes soñolientas entrando y saliendo a toda velocidad del recinto de Santa Rosa, mientras las hermanas nos reñían desde las ventanas del convento para que volviésemos a nuestras casas y nosotros esquivábamos a los gatos callejeros que deambulaban entre el sótano de la iglesia y mi sala de estar. Mi abuelo, que ya no tenía mucho que hacer, se pasaba el rato en nuestro patio trasero engatusando pacientemente a esas criaturas salvajes para que se le arrimasen. Podía acercarse y acariciar a gatos asilvestrados que no querían nada con ningún otro ser humano. A veces el precio era alto. Una noche apareció en casa con un largo arañazo sangrante en el brazo, causado por un gatito que no parecía estar dispuesto a recibir su afecto.

Los gatos deambulaban de aquí para allá, de nuestra casa a la iglesia, mientras nosotros íbamos al colegio, a casa, a misa, de nuevo al colegio, nuestras vidas inextricablemente vinculadas a la vida de la iglesia. Al principio los curas y las monjas eran solo caras amables que te miraban en tu cochecito, todo sonrisas y plácido misterio, pero al llegar la edad escolar ingresé en los oscuros corredores de la comunión: el incienso, los hombres crucificados, la tortura de memorizar el dogma, el Vía Crucis de los viernes (¡los trabajos escolares!), los hombres y mujeres de vestiduras negras, el confesionario con cortinas, la ventanilla corredera, el rostro en sombras del párroco y el recitado de transgresiones infantiles. Cuando pienso en las horas que pasé inventando una lista de pecados aceptables que pudiese soltar religiosamente... Tenían que ser lo bastante malos para resultar creíbles... pero no demasiado (¡lo mejor estaba aún por llegar!). ¿Cuántos pecados puedes haber cometido en segundo de primaria? Al final, la sagrada exigencia de Santa Rosa de Lima, de lunes a domingo, acabaría por agotarme y hacer que desease escaparme... con todas mis fuerzas. Pero ¿adónde? No hay escapatoria. ¡Vivo aquí! Todos vivimos aquí. Toda mi tribu. Estamos varados en esa esquina que es como una isla desierta, juntos en el mismo barco. Un barco que, según me han instruido mis profesores de catecismo, está en el mar eternamente; la muerte y el día del Juicio Final son solo una selección de sus pasajeros mientras nuestro barco surca de una esclusa metafísica a la siguiente, a la deriva en una sagrada confusión.

Y así... me construí mi otro mundo. Era un mundo de resistencia infantil, un mundo de rechazo pasivo desde muy adentro, mi defensa contra «el sistema». El rechazo a un mundo donde, a ojos de mi abuela y de mí mismo, no se me reconoce por ser quien soy, un niño rey perdido, exiliado a la fuerza diariamente del imperio de sus habitaciones. ¡La casa de mi abuela! Para esos idiotas soy solo otro niño mimado que no se conforma con aquello que a la larga todos tendremos que aceptar, el reino solo circunstancialmente teístico de... ¡EL MODO EN QUE SON LAS COSAS! El problema es que yo no sé una mierda, ni me importa, sobre «el modo en que son las cosas». Yo vengo de las exóticas tierras de... LAS COSAS COMO A MÍ ME GUSTAN. Allí, calle arriba. ¡Acabemos de una vez y vayámonos a CASA!

No importa cuánto lo desee ni cuánto me esfuerce, «el modo en que son las cosas» me elude. Quiero desesperadamente encajar, pero el mundo que he creado con la libertad licenciosa de mis abuelos me ha convertido sin pretenderlo en un rebelde, un niño blandengue, inadaptado y raro, un paria. Soy alienante y alienado, socialmente sin hogar... Tengo siete años.

Entre mis compañeros de clase abundan las buenas personas. Algunos, sin embargo, son rudos, depredadores y crueles. Aquí soy víctima del *bullying* por el que debe pasar todo aspirante a estrella del rock, sufriéndolo en un silencio humillante, agitado, descarnado, ese «apoyarse en la valla de tela metálica mientras el mundo gira a tu alrededor, sin ti, rechazándote», la soledad a la hora del patio que será combustible esencial para el fuego venidero. Pronto, todo esto arderá y el mundo será puesto patas arriba... pero todavía no.

Las chicas, por otro lado, desconcertadas al encontrar en su entorno lo que parece ser un soñador tímido y de corazón blando, entran en el territorio de la abuela y empiezan a cuidar de mí. Reúno un pequeño harén de niñas que me atan los cordones de los zapatos, me abrochan la chaqueta, me colman de atenciones. Es algo que todos los niños de mamá italianos saben hacer muy bien. El rechazo de los otros chavales es una medalla de sensibilidad que los raritos pueden jugar como un codiciado as. Naturalmente, unos años más tarde, cuando el sexo asome la cabeza, perderé mi privilegiado estatus y me convertiré tan solo en otro tranquilo perdedor.

Los mismos curas y monjas son criaturas de gran autoridad y de misterio sexual desconocido. En su calidad de vecinos de carne y hueso, y de puente local hacia la próxima vida, ejercen una tremenda influencia sobre nuestra existencia diaria. De forma cotidiana y ultramundana, ejercen en el barrio de guardianes de las puertas a un mundo oscuro y beatífico que temo y al que deseo entrar. Es un mundo en el que todo lo que tienes está en riesgo constante, un mundo lleno de las desconocidas dichas de la resurrección, la eternidad, y los inagotables fuegos de la perdición, de la excitante tortura teñida de sexualidad, los milagros y la inmaculada concepción. Un mundo en que los hombres se convierten en dioses y los dioses devienen demonios… y yo sabía que era real. En casa había visto a dioses convertirse en demonios. Había sido testigo de lo que sin duda tenía que ser el rostro posesivo de Satanás: mi pobre padre destrozando la casa en plena noche en un ataque de rabia provocado por el alcohol, aterrorizándonos a todos. Había sentido cómo nos visitaba esa contundente fuerza de las tinieblas bajo la forma de mi frustrado padre… la amenaza física, el caos emocional y el poder de *no* amar.

En los años cincuenta, las monjas de Santa Rosa podían ser bastante duras. Una vez me enviaron desde la clase de cuarto a la de primero por alguna transgresión. Me instalaron en un pupitre de primer curso y allí me dejaron en adobo. Me gustó pasar allí el resto de la tarde. Hasta que noté que el botón gemelo de alguien reflejaba el sol sobre la pared. Seguí soñadoramente su luz mientras avanzaba más allá de la ventana hacia el techo. Entonces oí que la monja le decía a un corpulento ejecutor sentado en el pupitre central de la primera fila: «Enséñale a nuestro visitante lo que hacemos en esta clase con los que no prestan atención». El joven alumno se me acercó con cara inexpresiva y me dio una bofetada, con la mano abierta pero enérgica, en la mejilla. No creía lo que estaba pasando mientras el bofetón resonaba por la clase. Me sentía estremecido, enrojecido y humillado.

Antes de finalizar la primaria mis nudillos iban a verse golpeados al modo clásico y se me asfixiaría tirándome de la corbata; me pegarían en la cabeza, me encerrarían a oscuras en un armario y me meterían en un cubo de basura diciéndome que era el lugar que merecía. Lo normal en las escuelas católicas durante los años cincuenta. Aun así, me dejó un mal sabor de boca y me distanció para siempre de mi religión.

De vuelta en la escuela, aunque permanecieras intacto físicamente, el catolicismo se infiltraba en tus huesos. Yo era el monaguillo que se despierta en la sagrada oscuridad de las cuatro de la madrugada para arrastrarse por calles ventosas, ponerse la sotana en el silencio matutino de la sacristía y realizar el ritual en la *terra firma* personal de Dios, el altar de Santa Rosa, prohibido a los civiles. Allí aspiraba el incienso mientras ayudaba a nuestro gruñón *monsignor* de ochenta años ante un público cautivo de parientes, monjas y pecadores tempraneros. Era tan inepto a la hora de saber dónde debía situarme y estaba tan poco dispuesto a estudiar latín que inspiré a monseñor y este me agarró por el hombro de mi sotana, durante la misa de las seis de la mañana, y me arrastró, ante el asombro de los presentes, hasta dejarme boca abajo ante el altar. Aquel día por la tarde, en el patio de recreo, mi profesora de quinto curso, la hermana Charles Marie, que había presenciado la zurra, me dio una pequeña medalla sagrada. Fue un acto de bondad que no he olvidado. Con los años, como alumno de Santa Rosa, llegué a sentir la fatiga emocional y corporal del catolicismo. El día de mi graduación del octavo curso, salí de todo aquello, harto, diciéndome a mí mismo «Nunca más». Era libre, por fin libre… Y me lo creí… durante bastante tiempo. Sin embargo, conforme me hacía mayor, fui detectando ciertas cosas en mi forma de pensar, reaccionar y comportarme. Y llegué a entender, con perplejidad y tristeza, que un católico lo es para siempre. Y dejé de engañarme. No soy un practicante asiduo de mi religión, pero sé que en algún lugar muy adentro… sigo formando parte del equipo.

Ese era el mundo en el que encontré los orígenes de mi canción. En el catolicismo existían la poesía, el peligro y la oscuridad que reflejaban mi imaginación y mi yo interior. Descubrí una tierra de gran y escabrosa belleza, historias fantásticas, castigos inimaginables y recompensa infinita. Era un lugar glorioso y patético en el que o encajas o te hacen encajar. Ha estado junto a mí como un sueño en vigilia durante toda mi vida. Y ya de joven adulto, traté de darle sentido. Intenté enfrentarme al desafío por la misma razón de que *hay* almas que se pierden y un reino de amor que conquistar. Expuse lo que había absorbido a través de las duras y desgraciadas vidas de mi familia, mis amigos y vecinos. Lo transformé en algo a lo que pudiese aferrarme, comprender, algo en lo que incluso pudiese tener fe. Por divertido que pueda parecer, tengo una relación «personal» con Jesucristo. Sigue siendo uno de mis padres, aunque, como en el caso de mi propio progenitor, ya no crea en su poder divino. Creo profundamente en su amor, su capacidad de salvarnos... pero no de condenarnos... basta ya de eso.

Tal como yo lo veo, nos comimos la manzana, y Adán, Eva, el rebelde Jesús en toda su gloria y Satanás son todos parte del plan de Dios para hacer de nosotros hombres y mujeres, para concedernos los preciosos dones de la tierra, el polvo, el sudor, la sangre, el sexo, el pecado, la bondad, la libertad, la cautividad, el amor, el miedo, la vida y la muerte... nuestra humanidad y un mundo propio.

Suenan las campanas de la iglesia. Mi clan sale de nuestras casas y se apresura calle arriba. Alguien se casa, ha muerto o ha nacido. Nos alineamos a la entrada de la iglesia, expectantes, y con mi hermana recogemos las flores caídas y el arroz del suelo y lo guardamos en bolsas de papel para otro día que tengamos que lanzarlo sobre desconocidos. Mi madre está emocionada, con el rostro iluminado. Música de órgano, se abren las puertas de madera de nuestra iglesia para que la novia y el novio salgan tras la ceremonia nupcial. Oigo susurrar a mi madre: «Oh, el vestido... qué bonito vestido...». Se lanza el ramo de flores. Se augura el futuro. La novia y su héroe son despedidos en una larga y negra limusina, la que te deposita al principio de tu vida. La otra está a la vuelta de la esquina, esperando ese otro día de lágrimas para llevarte durante el corto trayecto por Throckmorton Street hasta el cementerio de Santa Rosa, a las afueras de la ciudad. Allí, los domingos de primavera, visitando huesos, cajas y pilas de tierra, mi hermana y yo correteamos, jugando felizmente entre las lápidas. De vuelta en la iglesia, la boda ha concluido y tomo la mano de mi hermana. A los nueve o diez años ya lo hemos visto todo muchas veces. Arroz o flores, llegar o partir, cielo o infierno, aquí en la esquina de Randolph y McLean, todo sucede en un día como cualquier otro.

CUATRO
LOS ITALIANOS

Una erupción de energía nuclear brota constantemente de las boquitas y pequeños cuerpos de Dora Kirby, Eda Urbellis y Adele Springsteen. Mi madre y sus dos hermanas han gritado, reído, llorado y bailado a lo largo de lo mejor y lo peor de los más de doscientos sesenta años, en total, de sus vidas. Nunca paran. Su locura de alto voltaje marxista (de los hermanos Marx) bordea continuamente un estado de histeria apenas controlado. De algún modo esto las ha hecho no solo casi inmortales, sino también triunfar en la vida. Enamoradas todas ellas de irlandeses, han sobrevivido a sus maridos, a la guerra, las tragedias, la pobreza, y se han mantenido indomables, invencibles, incólumes y siempre optimistas. Son LAS MÁS GRANDES. Tres mini Muhammad Ali, acorraladas contra las cuerdas para pegarle fuerte al mundo.

Aquí en la costa, los italianos y los irlandeses a menudo se encuentran y se emparejan. La población costera de Spring Lake se conoce en la zona como la «Riviera irlandesa». Cualquier domingo te puedes encontrar a esos pecosos de piel pálida bebiendo cerveza y poniéndose rojos como langostas a la estela espumosa de los surfistas, frente a las casas victorianas que aún aportan estilo y enjundia a su comunidad. Unos kilómetros al norte está Long Branch, Nueva Jersey, donde antiguamente vivió Anthony «Little Pussy» Russo, vecino de mi esposa Patti Scialfa en Deal, y mafioso del centro de Jersey. Sus playas se llenan de bellezas de piel aceitunada y maridos de panzas rotundas. El seco acento de Jersey de mis hermanos y hermanas italianos revolotea por el aire como la humareda de un puro. Lo tendrían muy fácil aquí si quisieran hacer un casting para *Los Soprano*.

Mi bisabuelo se apodaba «el Holandés» y supongo que descendía de algunos neerlandeses perdidos que llegaron desde Nueva Amsterdam sin saber dónde se estaban metiendo. Por eso nos llamamos Springsteen, apellido de origen holandés, aunque por aquí se mezclan principalmente las sangres irlandesa e italiana. ¿Por qué? Antes de que los mexicanos y afroamericanos recogieran las cosechas del condado de Monmouth, los italianos trabajaban en los campos junto a los irlandeses que lo hacían en las granjas de caballos de los alrededores. Recientemente le pregunté a mi madre por qué acabaron todas con irlandeses. Me dijo: «Los hombres italianos eran demasiado mandones. Ya estábamos hartas de eso. No queríamos que los hombres nos mandasen». Por supuesto que no lo hicieron. Si alguien mandaba allí eran las chicas Zerilli, aunque un tanto subrepticiamente. Como me contó mi tía Eda: «Papá quería tres chicos, pero tuvo tres chicas y nos educó como a tipos duros». Esto, supongo, explica parte del asunto.

De niño, cuando volvía de cenar en casa de mi tía Dora, llegaba exhausto y con los oídos silbándome. Y de tratarse de una celebración mayor que una simple cena, te jugabas la vida. Te cebaban hasta reventar, te cantaban y gritaban hasta dejarte sordo, y bailabas hasta el amanecer. Y siguen con el mismo desparpajo ahora que todas ellas frisan en los noventa. ¿De dónde proviene todo eso? ¿Cuál es la fuente de su energía y optimismo infatigables? ¿Qué clase de poder habrá sido absorbido desde las esferas para que recorra velozmente sus pequeños huesos italianos? ¿Quién desencadenó todo esto?

Su nombre era Anthony Alexander Andrew Zerilli. Llegó a América con doce años a principios del siglo pasado desde Vico Equense, a un tiro de piedra de Nápoles, en el sur de Italia. Se instaló en San Francisco para luego seguir su camino hacia el este, graduándose en el City College y ejerciendo de abogado en el 303 de la calle Cuarenta y dos Oeste de Nueva York. Era mi abuelo. Pasó tres años enrolado en la Armada, tuvo tres esposas y pasó tres años en Sing Sing por fraude (supuestamente pagó el pato por un pariente). Acabó viviendo en lo alto de una colina verde y hermosa en Englishtown, Nueva Jersey. Tenía dinero. Conservo fotografías de mi madre y su familia vestidos todos de blanco impoluto en Newport, Rhode Island, en los años treinta. Durante su estancia en la cárcel, mi abuelo se arruinó. Su mujer, que no estaba bien de la cabeza, desapareció en combate tras regresar a Brooklyn, abandonando a mi madre y a sus hermanas, por entonces todavía adolescentes, que tuvieron que vivir solas y buscarse la vida en la granja donde crecieron.

De pequeño, aquella modesta granja era para mí una mansión en la colina*, una ciudadela de riqueza y cultura. Mi abuelo poseía cuadros, buenas pinturas. Coleccionaba arte religioso, tapices y muebles antiguos, y en la sala de estar había un piano. Viajaba, tenía un aire mundano y un poco disoluto. De cabello gris, enormes ojeras por debajo de sus grandes y oscuros ojos italianos, era un hombre de poca estatura con una atronadora voz de barítono que, cuando se dirigía a ti, traía consigo todo el temor de Dios. Solía sentarse en su despacho, como un antiguo príncipe italiano, en una butaca que parecía un trono. Su tercera esposa, Fifi, se sentaba a hacer punto al otro lado de la estancia. Con su vestido ceñido, muy maquillada y lo bastante perfumada como para tirarte de espaldas, cada vez que íbamos de visita me plantaba en la mejilla un cálido beso de pintalabios rojo. Y entonces, desde el trono, se oía una voz que marcaba el «Br» hasta el infinito, añadía y enfatizaba una «a», planeaba largo y grave en la «u» y, finalmente, pronunciaba «ce». «BAAAARRRUUUUUUUUUUCE... ¡Ven aquí!» Sabía lo que me esperaba a continuación. En una mano sos-

---

* Alusión a la canción «Mansion on the Hill», incluida en *Nebraska*. *(N. del T.)*

tenía un dólar. Cada domingo recibía aquel dólar, pero tenía que trabajármelo. Enfrentarme a lo que escondía su otra mano. El «pellizco mortal». En cuanto extendías la mano hacia el dólar, te agarraba con la otra y te retorcía la mejilla entre el pulgar y el nudillo del índice. Primero, el increíblemente tenso pellizco que hacía que se te saltasen las lágrimas, seguido de un movimiento brusco hacia arriba que se convertía abruptamente en un gesto circular descendente. (Ya estoy aullando.) Y luego, «la liberación», un rápido y florido tirón, alejándote y acercándote, y finalizando con un chasquido de los dedos que acompañaba con una risa estentórea: «BAAAARRRRUUUUUUUUUUCE... ¿QUÉ PASA?». Y, por fin, el dólar.

En las cenas de los domingos recibía a su corte, gritando, ordenando, comentando los sucesos del día a pleno pulmón. Era todo un espectáculo. A algunos les habría resultado abrumador, pero, para mí, ¡aquel pequeño italiano era un *gigante*! Tenía algo que le hacía parecer augusto, importante, alejado de la errante tribu masculina pasivo-agresiva que poblaría gran parte del resto de mi vida. ¡Era una fuerza de la naturaleza napolitana! ¿Qué más da si se metió en algunos apuros? El mundo real estaba lleno de problemas, y si lo querías, si lo ansiabas, mejor que te prepararas para ello. Debías estar dispuesto a apostar por lo que querías y no dejar que se te escapara, pues «ellos» no iban a regalarte nada. Debías arriesgarte... y pagar el precio. Su pasión por la vida, la intensidad de su presencia, su implicación constante y su dominio sobre la familia hicieron de él una figura masculina única en mi vida. Era excitante, intimidante, teatral, jactancioso, creador de su propia leyenda... ¡como una estrella del rock! Por lo demás, en mi familia, a la que salías de la casa en la cima de la colina y pisabas el pavimento de la carretera, ¡LAS MUJERES GOBERNABAN EL MUNDO! Dejaban que los hombres pensasen ilusos que estaban al mando, pero incluso la observación más superficial te haría ver que no podían aguantar su ritmo. ¡Los irlandeses necesitaban a MAMA! Anthony, en lo alto de su colina, necesitaba a Fifi, ¡LA HOT MAMA! Había una gran diferencia.

En la veintena, Anthony se había separado de su primera esposa, Adelina Rosa, con la que contrajo un matrimonio de compromiso.

Ella, una muchacha de Sorrento, había sido enviada a Estados Unidos para ser una de esas novias procedentes del viejo mundo. Vivió más de ochenta años en Estados Unidos sin pronunciar nunca una sola frase en inglés. Cuando ponías un pie en su habitación, entrabas en la Vieja Italia: los rosarios, las fragancias, los objetos religiosos, las colchas, la luz crepuscular que reflejaba otro lugar y otra época. Estoy seguro de que, desgraciadamente, ella interpretó el papel de la «Madonna» mientras Anthony tenía otras *inamoratas*.

Mi abuela sufrió profundamente el divorcio, nunca volvió a casarse y mantuvo poca relación con el mundo en general. Durante mucho, mucho tiempo, ella y Anthony no volvieron a estar juntos en la misma habitación. Ni en reuniones familiares, ni en bodas, ni en funerales. Todos los domingos después de la iglesia, cuando visitaba a mi tía Dora, allí estaba ella con su redecilla, sus chales y su exótico aroma, cocinando deliciosos platos italianos. Me recibía sonriente, con besos y abrazos, murmurando bendiciones de su país. Hasta que un día, allá arriba en la colina, Fifi murió.

Y entonces, seis décadas después de su divorcio, Anthony y Adelina se volvieron a juntar. ¡Sesenta años más tarde! Convivieron en la «mansión» durante diez años, hasta la muerte de Anthony. Después del fallecimiento de mi abuelo, los veranos iba en bicicleta desde Colts Neck hasta Englishtown para visitarla. Habitualmente estaba allí sola, y nos sentábamos en la cocina y charlábamos chapurreando inglés e italiano. Aseguraba que solo había vuelto con el viejo para proteger la herencia de sus hijas… quizá fuese por eso. Murió plácidamente a la edad de ciento un años, habiendo visto a lo largo de su vida la invención del automóvil y del avión y al hombre pisando la luna.

La casa de Anthony y Adelina en la colina permaneció en un estado de animación suspendida durante veinticinco años. Cuando entré en ella siendo ya un hombre de cincuenta años, se mantenía exactamente igual a como estaba cuando tenía ocho. Para las hermanas… era terreno sagrado. Al final, mi primo Frank, el campeón de *jitterbug* que me había enseñado mis primeros acordes de guitarra y cuyo hijo, Frank Jr., tocaría conmigo en la Sessions Band, se mudó allí con su familia y volvió a llenar la casa de niños y cocina italiana.

El poder del «pellizco mortal» ha sido heredado por mi tía Dora, que ha desarrollado su propia versión del mismo, «la llave de cabeza letal». Esta viejecita italiana de noventa años, de no más de metro y medio de altura, puede retorcerte el pescuezo hasta causarte una tortícolis permanente, o incluso patearle el culo a Randy «Macho Man» Savage si este fuese lo bastante tonto como para agacharse a darle un beso. Aunque ya no temo el «pellizco mortal» del abuelo, algunas noches, a eso de las ocho y media, Anthony vuelve a la vida… cuando se apagan las luces de la sala, se abren las cortinas del escenario y oigo ese largo e interminable «BAAAARRRRUUUUUUUCE».

Trabajo, fe, familia: este es el credo italiano que nos han inculcado mi madre y sus hermanas. Ellas lo viven. Creen en él. Creen incluso en los momentos en que esos mismos principios las han decepcionado terriblemente. Rezan su credo, aunque nunca de forma estridente, y están convencidas de que es todo lo que tenemos entre la vida, el amor y el vacío que devoró a esposos, hijos, familiares y amigos. En ese espíritu, en esas almas endurecidas, hay una fuerza, un temor y una desesperada alegría que han logrado abrirse paso hasta mi trabajo. Nosotros los italianos empujamos hasta que no podemos ir más allá, nos mantenemos fuertes hasta que los huesos desfallecen, luchamos y aguantamos hasta que nos duelen todos los músculos, bailamos y gritamos y reímos hasta no poder más, hasta el final. Esta es la religión que las hermanas Zerilli nos legaron a través de las duras lecciones de papá y la gracia de Dios, y por la que a diario damos las gracias.

CINCO
LOS
IRLANDESES

En mi familia teníamos tías que aullaban durante las reuniones familiares, primos que dejaban la escuela en sexto curso y se encerraban en casa para no salir nunca más, y hombres que se arrancaban el pelo del cuerpo y de la cabeza, dejándose grandes y amplias calvas, todo ello en nuestra pequeña media manzana. Cuando había tormenta, mi abuela me cogía de la mano y me llevaba corriendo más allá de la iglesia a casa de la tía Jane. Allí daba comienzo la reunión de mujeres y su magia negra. Murmuraban oraciones mientras la tía Jane nos rociaba con agua sagrada de una pequeña botella. Con cada relámpago, la silenciosa histeria subía de nivel, hasta que parecía que el mismísimo Dios iba a hacernos estallar en nuestro rincón. Se contaban relatos de fatalidades producidas por rayos. Alguien cometió el error de explicarme que el lugar más seguro durante una tormenta eléctrica era un coche, por el aislamiento de los neumáticos sobre el suelo. Después de oírlo, con el sonido del primer trueno, chillaba hasta que mis padres me metían en el coche a esperar que remitiese la tormenta. Luego me dedicaría a escribir sobre coches el resto de mi vida. De niño, era simplemente algo misterioso, embarazoso y normal. Tenía que serlo. Eran personas a las que yo quería.

Somos los afligidos. Mucha aflicción llegó en la sangre de nuestra gente procedente de la Isla Esmeralda. En 1852 mi tatarabuela, Ann Garrity, dejó Irlanda con solo catorce años y con dos hermanas, de doce y diez, y se instaló en Freehold. Esto ocurrió cinco años después de que la hambruna de la patata devastara gran parte de Irlanda. No sé dónde se originó, pero hay una cepa de demencia que afecta a nuestra familia aquí, y que al parecer elige al azar a un primo, una tía, un hijo, una abuela y, por desgracia, a mi padre.

No he sido totalmente justo con mi padre en mis canciones, le he tratado como al arquetipo del progenitor autoritario y negligente. Ha sido una adaptación de nuestra relación al estilo de *Al este del Edén*, un modo de «universalizar» mi experiencia de la infancia. Nuestra historia es mucho más compleja. No en los detalles de lo que sucedió, sino en el «porqué» de todo ello.

Mi padre

Para un niño, los bares de Freehold eran ciudadelas de misterio, llenas de una magia maligna, de incertidumbre y de la posibilidad de violencia. Una noche, parados ante un semáforo en rojo en Throckmorton Street, mi hermana y yo fuimos testigos de cómo dos hombres, en la acera de delante de la taberna local, se pegaban hasta lo que parecía presagiar una muerte segura. Las camisas rasgadas, hombres alrededor gritando, uno de los tipos agarrando al otro por el pelo y montando a horcajadas sobre su pecho, dándole brutales puñetazos en la cara. La sangre y la saliva se mezclaban visiblemente alrededor de la boca del hombre que trataba desesperadamente de defenderse con su espalda contra el suelo. Mi madre nos dijo: «No miréis». La luz del semáforo cambió y nos pusimos en marcha.

Cuando cruzabas las puertas de un bar en mi pueblo, entrabas en el reino místico de los hombres. En las contadas noches en que mi madre salía a buscar a mi padre, conducía lentamente por el pueblo hasta detenerse frente a una puerta iluminada por una sola luz. Señalaba y decía: «Entra a por tu padre». Acceder a su santuario público me llenaba de excitación y temor. Mi madre me había dado licencia para hacer lo impensable: interrumpir a mi padre cuando él estaba en un lugar sagrado. Empujaba la puerta hasta abrirla, esquivando a los hombres que salían cerniéndose imponentes sobre mí. Les llegaba como mucho a la cintura, por lo que al entrar en el bar me sentía como un Pulgarcito que ha escalado una oscura planta de habichuelas y ha acabado en una tierra de gigantes familiares pero aterradores. A la izquierda, junto a la pared, había una hilera de reservados llenos de citas secretas, amantes de bar, y parejas de marido y mujer que bebían mano a mano. A la derecha, taburetes poblados por una barricada de anchas espaldas de clase trabajadora, murmullos atronadores, vasos tintineantes, inquietantes risas adultas y pocas, muy pocas mujeres. Me quedaba allí de pie, absorbiendo el tenue olor de cerveza, licores, miserias y aftershave; nada en el mundo fuera del hogar olía remotamente como aquello. Se servían sobre todo Schlitz y Pabst Blue Ribbon, cuyo lazo azul estaba estampado en el tirador de cerveza mientras el camarero vertía expertamente el dorado elixir en vasos inclinados que luego depositaba con un golpe seco en la barra de madera. Ahí estaba yo, un pequeño recordatorio en espíritu de lo que muchos de aquellos hombres trataban de olvidar: el trabajo, la responsabilidad, la familia, las bendiciones y las cargas de la vida adulta. Lo recuerdo como una mezcla de tipos en su mayoría corrientes que simplemente necesitaban relajarse al final de la semana, y algunos otros, con motivaciones más graves, que no sabían cuándo parar.

Al final, alguien se percataba de que había entre ellos un pequeño intruso y me llevaba perplejo hasta donde estaba mi padre. Lo que yo veía desde el suelo era el taburete, los zapatos negros con calcetines blancos, las fuertes piernas de mi padre en sus pantalones de faena, el cinturón de trabajo, luego el rostro ligeramente descolorido y deformado por el alcohol, mirándome a través del humo de los cigarrillos mientras yo pronunciaba mis inmortales palabras: «Mamá quiere que vuelvas a casa». No había presentaciones a los amigos, ni palmaditas en la cabeza, ni una entonación suave o un gesto despeinándome el pelo, tan solo: «Ve fuera, ahora salgo». Yo seguía mi rastro de migas de pan hasta la puerta del bar y salía al aire frío de la noche, de vuelta a mi pueblo, que de algún modo se me antojaba tan acogedor como hostil. Cruzaba la acera, saltaba al asiento trasero del coche e informaba a mi madre: «Ahora sale».

Yo no era el ciudadano favorito de mi padre. De niño pensaba que así debían ser los hombres, distantes, taciturnos, absorbidos por las corrientes del mundo adulto. Cuando eres un crío no cuestionas las decisiones de tus padres. Las aceptas. Están justificadas por el estatus divino de la paternidad. Si no te hablan, es que no vale la pena perder el tiempo contigo. Si no te tratan con afecto y amor, es que no te lo mereces. Si te ignoran, no existes. El control de tu propio comportamiento es la única carta que puedes jugar en la esperanza de modificar el suyo. Quizá debas ser más duro, más fuerte, más atlético, más listo, mejor de algún modo... ¿quién sabe? Una tarde mi padre me estaba dando unas lecciones de boxeo en la sala de estar. Me sentía halagado, emocionado por su atención y dispuesto a aprender. Todo iba bien. Y entonces me lanzó unos cuantos golpes con la mano abierta que impactaron sobre mi cara algo más fuerte de lo necesario. Me dolió; no estaba herido, pero se había traspasado una línea. Supe que me estaba comunicando algo. Nos habíamos deslizado hacia la oscura tierra de nadie más allá del padre y el hijo. Sentí que lo aquello comunicaba es que yo era un intruso, un extraño, un competidor en nuestro hogar, y una terrible decepción. Se me rompió el corazón y me desmoroné. Él abandonó la habitación, disgustado.

Cuando mi padre se fijaba en mí, no veía lo que quería ver. Ese era mi crimen. Bobby Duncan era mi mejor amigo en el vecindario. Todos los sábados por la noche iba con su padre al Wall Stadium para ver las carreras de coches tuneados. A las cinco en punto se detenía cualquier actividad que estuviésemos haciendo y a las seis, tras la cena, Bobby bajaba los peldaños de su casa a dos puertas de la nuestra, la camisa planchada, el pelo engominado con Brylcreem, seguido por su padre. Subían al Ford y partían hacia el Wall Stadium… aquel paraíso de alto octanaje y neumáticos chirriantes donde las familias se entremezclaban con los locos del volante que conducían los vehículos de acero americano que habían fabricado en sus garajes y que, o bien rugían dando vueltas sin parar en demenciales círculos, o bien chocaban unos contra otros en el centro del circuito en el derby de demolición semanal. Para ser admitido y tener un lugar entre los elegidos, solo necesitabas un casco de fútbol americano, un cinturón de seguridad y algo que quisieras destrozar… Wall Stadium, aquel círculo de amor humeante y gomas quemadas donde las familias se unían con un propósito común y las cosas eran como Dios manda. ¡Y yo, exiliado del amor de mi padre y del paraíso de los *hot rods*!

Desgraciadamente, el deseo de mi padre de confraternizar conmigo casi siempre se producía tras el ritual religioso de cada noche, el «sagrado six-pack». Una cerveza tras otra en la oscuridad total de nuestra cocina. Siempre era en ese momento cuando quería verme y siempre ocurría lo mismo. Unos instantes de fingida preocupación paternal por mi bienestar, seguidos del asunto de verdad: la hostilidad y la pura rabia hacia su hijo, el otro hombre de la casa. Era una vergüenza. Me quería, pero no me soportaba. Sentía que competíamos por el afecto de mi madre. Y así era. También veía en mí demasiado de *su* verdadero yo. Papá tenía la complexión de un toro, vestido siempre con ropa de trabajo; físicamente, era fuerte y formidable. Hacia el final de su vida, luchó muchas veces para escapar de la muerte. Sin embargo, en su interior, más allá de la rabia, albergaba gentileza, timidez, cautela y una ensoñadora inseguridad. Eran esas las cosas que yo mostraba en mi exterior, y ver esas cualidades reflejadas en su chico le repelía. Le enojaba. Era un «blando». Y él detestaba lo «blando». Naturalmente, a él también le habían criado como a un «blando». Un niño de mamá, como yo.

Una noche en la mesa de la cocina, cuando ya estaba enfermo en sus últimos años, me contó una historia de que en una ocasión le habían separado a la fuerza de una pelea en el patio del colegio. Mi abuela había ido desde nuestra casa para llevárselo. Recordó su humillación y dijo, con los ojos humedecidos: «Yo iba ganando… Yo iba ganando». Seguía sin entender que no podía correr riesgos. Era el único hijo que les quedaba. En su confusión, mi abuela no podía comprender que su amor sin medida estaba destruyendo al hombre que estaba criando. Le dije a mi padre que lo entendía, que a los dos nos había criado la misma mujer en los años más formativos de nuestras vidas y que habíamos sufrido muchas de las mismas humillaciones. Sin embargo, en la época en que nuestra relación era más tempestuosa, esas cosas seguían siendo un misterio para nosotros y crearon un legado de incomprensión y dolor.

En 1962 nació mi hermana pequeña, Pam. Yo tenía doce años. Mi madre, treinta y seis. En aquellos tiempos, una edad avanzada para un embarazo. Fue algo maravilloso. Mi madre era un ser milagroso. Me encantaba la ropa prenatal. En los últimos meses de gestación, mi hermana Virginia y yo nos sentábamos en la sala de estar y palpábamos su barriga esperando alguna patadita de nuestra nueva hermanita. Toda la casa vivía atrapada en la emoción del nacimiento de Pam, y aquello unió a nuestra familia. Con mamá en el hospital, mi padre dio un paso al frente y se hizo cargo de nosotros, carbonizando el desayuno y vistiéndonos para ir a la escuela (un día me hizo ir con la blusa de mi madre, y Virginia se tronchaba de risa). La casa se iluminó. Los bebés traen consigo gracia, paciencia, trascendencia, segundas oportunidades, renacimiento y un nuevo despertar del amor presente en tu corazón y en el hogar. Son una segunda oportunidad que te brinda Dios. Mis años de adolescencia tampoco fueron bien con mi padre, pero por lo menos disfrutábamos de la luz y el candor de mi hermanita Pam, prueba viviente del amor en nuestra familia. Yo estaba embobado, y daba gracias por ella. Le cambiaba los pañales, la mecía hasta que se dormía, acudía a su lado cuando lloraba, la tomaba en brazos, y forjé una especial conexión con ella que se mantiene hasta hoy.

Mi abuela, ya muy enferma, dormía en la habitación contigua a la mía. Una noche, cuando tenía tres años, Pam salió del dormitorio de mis padres y, por primera y única vez en su vida infantil, se subió a la cama de mi abuela. Durmió toda la noche a su lado mientras ella agonizaba. Por la mañana, cuando mi madre fue a verla, la encontró inmóvil. Y, al volver de la escuela aquel día, mi mundo se derrumbó. Las lágrimas y la congoja no eran suficiente. Quería morirme. Necesitaba unirme a ella. Incluso siendo ya un adolescente, no podía imaginar un mundo sin ella. Aquello era un agujero negro, un Armagedón, ya nada tenía sentido, la vida se había consumido. Mi existencia se volvió vacía. El mundo era un fraude, una sombra de sí mismo. Lo que me salvó fue mi hermanita y mi recién adquirido interés por la música.

Entonces empezaron a ocurrir cosas extrañas. La desesperación normalmente callada de mi padre se convirtió en alucinación paranoica. Yo tenía un amigo ruso adolescente que él decía que era un «espía». Vivíamos a una manzana del barrio portorriqueño, y mi padre estaba convencido de que mi madre tenía un lío. Un día, al regresar de la escuela, se me puso a llorar sentado a la mesa de la cocina. Me dijo que necesitaba a alguien con quien hablar. No tenía a nadie. A sus cuarenta y cinco años no tenía ni un solo amigo, y debido a sus inseguridades jamás hubo otro hombre en la casa salvo yo. Me abrió su corazón. Aquello me impactó, me incomodó al tiempo que me hacía sentir extrañamente maravillado. Se sinceró ante mí, totalmente desmoronado. Aquel fue uno de los mejores días de mi vida adolescente. Él necesitaba a un «hombre» que fuese su amigo y yo era su única opción en todo el pueblo. Le conforté lo mejor que pude. Yo tenía solo dieciséis años y ambos estábamos siempre peleando. Le dije que estaba seguro de que se equivocaba, y que el amor y la entrega de su esposa hacia él eran absolutos. Esa misma noche se lo conté a mi madre, y por primera vez tuvimos que enfrentarnos al hecho de que mi padre estaba realmente enfermo.

Las cosas se complicaron a causa de algunos extraños acontecimientos ocurridos en torno a nuestra casa. Un sábado por la noche, apenas unos segundos después de que subiera para acostarme, alguien disparó una bala que atravesó la ventana de la puerta de la calle, dejando un perfecto agujero del tamaño de una moneda. La policía venía constantemente a casa, y mi padre nos explicó que había tenido algunos problemas en el trabajo. Esos sucesos alimentaban nuestras fantasías paranoides y crearon un ambiente de terrible malestar en nuestro hogar.

Mi hermana Virginia se había quedado preñada a los diecisiete años, ¡pero nadie se dio cuenta hasta que estuvo de seis meses! Tuvo que dejar el instituto en el último curso, acabar su educación en casa y casarse con su novio y padre de la criatura, Mickey Shave. Mickey era un *greaser* de Lakewood, arrogante y pendenciero, siempre con chupa de cuero, un jinete de rodeos que al final se reveló como un gran tipo. A finales de los sesenta compitió por todo el circuito de rodeos, desde Jersey hasta Texas. (Aunque pocos lo saben, en Jersey está uno de los rodeos de mayor actividad y tradición de Estados Unidos, Cowtown, y si llegas al extremo sur del estado verás que allí hay más cowboys de lo que pudiera imaginarse.) Mi tenaz hermana se mudó al sur, a Lakewood, después de que su desliz trajera las consecuencias esperadas, tuvo un precioso hijo y empezó a vivir la misma vida de clase trabajadora de mis padres.

Virginia, que jamás había hervido agua, lavado un plato o barrido el suelo, demostró ser la más dura de todos. Poseía coraje, inteligencia, humor y belleza. Su vida cambió en cuestión de meses. Se convirtió en toda una mujer trabajadora irlandesa. Mickey trabajaba en la construcción y padeció la recesión de finales de los setenta, cuando se dejó de edificar en el centro de Jersey, perdió su empleo y se puso a trabajar de conserje en el instituto local. Mi hermana era dependienta en K-Mart. Criaron a dos guapos muchachos y a una hermosa hija, y hoy tienen un montón de nietos. A una edad tan joven y por sí misma, encontró las fuerzas de las que mi madre y sus hermanas siempre han hecho gala. Se convirtió en la encarnación viviente del alma de Jersey; compuse «The River» en honor a ella y mi cuñado.

SEIS

MI
MADRE

Me despierto con las primeras luces del amanecer y oigo el sonido de unos pasos que suben hasta el pequeño rellano que hay delante de mi habitación. El crujido de una puerta, un giro, un chirrido, el grifo al abrirse, a continuación el sonido del agua que recorre las tuberías de la pared entre mi cuarto y el lavabo, otro giro, luego el silencio, un clic, el sonido del plástico sobre la porcelana, el estuche de maquillaje de mi madre en el lavamanos, una pausa… y entonces el frufrú de la ropa delante del espejo antes de salir. Son los sonidos que me reciben cada mañana de mi vida adolescente en el 68 de South Street. Son los sonidos de mi madre arreglándose para ir a trabajar, preparándose para presentarse ante el mundo, el mundo exterior, que ella respeta y en el que está convencida de que tiene obligaciones que cumplir. Para un crío, estos son los sonidos del misterio, el ritual y la seguridad. Todavía puedo oírlos.

Mi primer dormitorio fue un cuarto en el segundo piso de la parte de atrás de nuestra casa, sobre la cocina. En mi cama, me giraba perezosamente hacia la derecha y, a través de la ventana, en mañanas a temperaturas bajo cero, tenía una vista perfecta de mi padre en el patio trasero, con la espalda contra el suelo helado, gruñendo y maldiciendo debajo de uno de los calentadores para intentar ponerlo en funcionamiento… brrrrrrrr. No tenía calefacción en mi cuarto, pero en el suelo había una rejilla de hierro que podía abrir y cerrar, justo encima de las espitas de gas del horno de la cocina, en la pared que daba al este. Y, como nos enseña la física, el calor asciende. ¡Aleluya! Porque en nuestros primeros años en South Street, aquellas cuatro espitas fueron mi única fuente de calor y mi salvación en los gélidos inviernos de Nueva Jersey. Una voz que me llama, dos medias notas, un paso y una subida de tono hasta alcanzar la nota completa, gritando a través de la rejilla: «¡Levántate, Bruce!». Y yo suplico desafinando: «Enciende el horno». Diez minutos más tarde, con el aroma del desayuno que llega desde las hornillas de gas de la cocina, aparto la colcha de mi nevera y ruedo fuera de la cama hacia la fría y poco acogedora mañana. Esto cambió cuando mi abuela, con mi hermana pequeña a su lado, murió en la habitación contigua. A los dieciséis años, me sobrevendría una negra melancolía que jamás hubiese imaginado que existiera. Pero… heredé la habitación de mi abuela, ¡la calefacción!, y la madrugadora sinfonía de mi madre preparándose para ir a trabajar.

Me levanto con bastante presteza. De lo contrario, mi madre me arroja un vaso de agua fría, una técnica que ha refinado al tener que echar a mi padre de la cama para que vaya a trabajar. Me siento con mi hermana Virginia a la mesa de la cocina, tostadas, huevos, Sugar Pops sobre los que espolvoreo más azúcar, y luego todos enfilamos hacia la puerta. Un beso y salimos calle arriba hacia la escuela, acarreando nuestras mochilas con los libros, mientras los tacones de mi madre repiquetean ligeros en dirección opuesta hacia el pueblo.

Se dirige al trabajo, no falla un solo día, nunca se pone enferma, nunca está desanimada, jamás se queja. El trabajo no parece ser una carga para ella, sino una fuente de placer y energía. Llega a Main Street y se desliza a través de las modernas puertas de cristal de Lawyers

Title Inc. Enfila el largo pasillo hasta su mesa, al fondo, la más próxima al señor Farrell. Mi mamá es secretaria legal. El señor Farrell es su jefe y el director del bufete. ¡Ella es la secretaria número uno!

De niño me encantaba ir a visitarla. Cruzo la puerta solo y la recepcionista me recibe con una sonrisa. Llama a mi madre y me da permiso para avanzar por el pasillo. Los perfumes, las impolutas blusas blancas, las faldas susurrantes y las medias de las secretarias que salen de sus cubículos para saludarme mientras yo saco pecho, fingiendo inocencia, y me abrazan y me besan en la coronilla. Camino a través de ese túnel de puro placer hasta llegar a la mesa de mi madre en un perfumado trance. Ahí me recibe «Philly», la reina de la belleza de Lawyers Title, despampanante, la última parada antes de llegar a mi destino. Me quedo cohibido y sin palabras hasta que mi madre llega al rescate, y entonces paso un rato con ella mientras me entretiene con sus habilidades de mecanógrafa. Tic-tac, tic-tac, tic-tac, las teclas llegan al margen y suena la campanilla que avisa del final de línea, desliza el carro con un movimiento enérgico y de nuevo sus dedos revolotean para seguir tecleando la vital correspondencia de Lawyers Title Inc. A esto le sigue una lección sobre el papel de copia y un cursillo rápido sobre cómo eliminar las molestas manchas de tinta mientras yo observo fascinado. ¡Eso es algo grande! ¡Los asuntos de Lawyers Title, una parte esencial en la vida de nuestra comunidad, se han detenido momentáneamente por mí!

En ocasiones incluso llego a ver a «el Hombre» en persona. Mi madre y yo entramos en el despacho revestido con paneles de madera, donde el señor Farrell me atusa el pelo, me dice unas palabras amables y me despide haciéndome sentir un privilegiado. Algunos días voy a buscar a mi madre a las cinco, a la hora de cerrar, y somos de los últimos en salir. Con el bufete vacío, los fluorescentes apagados, sus cubículos desiertos y el sol vespertino brillando a través de las puertas acristaladas y reflejándose en los pulidos suelos de linóleo de la entrada, parece como si el mismo edificio estuviese descansando en silencio de sus diarios esfuerzos al servicio de nuestra comunidad. Los tacones de mi madre resuenan por el pasillo vacío y salimos a la calle. Ella avanza con porte estatuario, exigiendo respeto; yo me siento orgulloso, ella también. Es un mundo maravilloso, una estupenda sensación. Somos miembros hermosos y responsables de esta inhóspita comunidad, cargando con nuestro propio peso, haciendo lo que debe hacerse. Aquí tenemos nuestro lugar, una razón por la que abrir los ojos al rayar el día y respirar en una vida que es buena y estable.

Honestidad, coherencia, profesionalidad, amabilidad, compasión, buenos modales, consideración, orgullo propio, honor, amor, fe y fidelidad a tu familia, compromiso, el disfrutar de tu trabajo y una infatigable ansia de vivir. Estas son algunas de las cosas que mi madre me enseñó y que me esfuerzo en emular. Más allá de eso... ella fue mi protectora, interviniendo literalmente en la brecha entre mi padre y yo durante las noches en que su enfermedad lo trastornaba. Ella engatusaba, gritaba, suplicaba y exigía que acabase la bronca... y yo la protegía. Una vez, en plena noche, mi padre volvió de otra de sus veladas perdidas en la taberna y les oí discutiendo acaloradamente en la cocina. Yo estaba en la cama, asustado por ella y por mí mismo. No tendría más de nueve o diez años, pero salí de mi cuarto y bajé las escaleras con mi bate de béisbol. Estaban de pie en la cocina, mi padre de espaldas a mí, mi madre a escasos centímetros de su cara mientras él vociferaba a todo pulmón. Le grité que parase. Entonces le aticé en medio de sus anchos hombros, un golpe seco, y se hizo el silencio. Se volvió, con el rostro enrojecido por la bebida, y el tiempo pareció quedar suspendido hasta que él lanzó una carcajada. La discusión acabó, y aquello se convertiría en una de sus anécdotas favoritas. A partir de ese día siempre me decía: «No dejes que nadie haga daño a tu madre».

Al ser una jovencita de veintitrés años, lo pasó bastante mal en los primeros años de maternidad y le cedió demasiado control a mi abuela, pero para cuando yo ya tenía seis o siete años, sin mi madre no había nada. Ni familia, ni estabilidad, ni vida. No podía curar a mi padre ni abandonarlo, pero hacía todo lo demás. Mi madre era un rompecabezas. Nacida en una familia relativamente acomodada, acostumbrada a las cosas buenas de la vida, cuando se casó tuvo que empezar a llevar una vida de servidumbre y casi de pobreza. Mis tías me contaron en una ocasión que de joven la llamaban «la pequeña reina», por lo mimada que estaba. Me dijeron que no hacía nada en casa. ¿Cómo? ¿Estamos hablando de la misma mujer? Si es así, es alguien a quien nunca conocí. La familia de mi padre la trataba como a una sirvienta. Mi padre ya podía quedarse sentado fumando en la mesa de la cocina, que sus padres mandaban a mi madre al colmado, a por el queroseno para el horno, a llevar en coche a los parientes a donde tuviesen que ir... y ella lo hacía. Ella les servía. Fue la única persona que mi abuela dejó que la lavara y bañara en los últimos y corrosivos meses de su cáncer. Constantemente tenía que cubrir a mi padre, trayendo el sustento a casa en las innumerables mañanas en que, deprimido, él no podía levantarse de la cama. Se pasó la vida haciéndolo. Toda su vida. Y nunca veía el final. Siempre había otra tarea, otro disgusto. ¿Cómo expresaba su frustración? Mostrando su aprecio por el amor y el hogar que tenía, un afectuoso cariño por sus hijos, y con más trabajo. ¿Qué penitencia era aquella? ¿Qué sacaba de todo ello? ¿A su familia? ¿Expiación? Era la hija de un divorcio, del abandono, de la cárcel; amaba a mi padre y quizá le bastaba con saber que tenía la seguridad de un hombre que ni quería ni podía abandonarla. El precio, no obstante, fue altísimo.

En nuestra familia nunca hacíamos salidas, no íbamos a restaurantes ni a pasar una noche al pueblo. Mi padre no tenía ni la inclinación ni el dinero ni la salud para llevar una vida social de matrimonio corriente. No vi el interior de un restaurante hasta que tuve más de veinte años, y para entonces me intimidaba cualquier aprendiz de maître del restaurante local. La atracción y el profundo amor que sentían mis padres, y aun así el dramático abismo entre sus respectivas personalidades, siempre fue un misterio para mí. Mi madre leía novelas románticas y escuchaba los últimos éxitos radiofónicos. Mi padre llegó a explicarme que las canciones de amor que sonaban en la radio eran parte de un plan gubernamental para que te casaras y pagaras impuestos. Mi madre y sus dos hermanas tienen una inagotable fe en las personas, son criaturas sociales que entablarían felices una conversación con un palo de escoba. Mi padre era un misántropo que rehuía a la mayor parte de la humanidad. En la taberna le encontraba a menudo sentado solo al final de la barra. Según él, el mundo estaba lleno de estafadores en busca de un dólar. «Nadie es bueno, y si lo es qué más da.»

Mi madre me colmaba de afecto. Redoblaba el amor que yo no recibía de mi padre, y tal vez de ese modo encontraba ella también el amor que echaba en falta de su marido. Solo sé que siempre estuvo de mi lado. Cuando me encerraban en comisaría por haber cometido cualquier infracción menor, ella acudía siempre para llevarme a casa. Vino a mis innumerables partidos de béisbol, tanto cuando jugaba desastrosamente como cuando triunfaba en el campo convertido en un auténtico jugador cuyo nombre aparecía en los periódicos. Ella me regaló mi primera guitarra eléctrica, me animó en mi música y elogió mis primeras composiciones. Era una madre, y eso es lo que necesitaba cuando todo mi mundo parecía a punto de estallar.

SIETE

EL BIG BANG
(HAVE YOU HEARD THE NEWS...?) *

En el principio una gran oscuridad cubría la Tierra. Estaban la Navidad y tu cumpleaños, pero, aparte de eso, todo era un autoritario e infinito vacío negro. No había nada que esperar, nada a lo que mirar atrás, ni futuro, ni historia. No había nada que un crío pudiese hacer hasta que llegaban las vacaciones de verano.

Y entonces, en un luminoso instante, tan cegador como un universo del que nacen un billón de nuevos soles, llegaron la esperanza, el sexo, el ritmo, la excitación, la posibilidad, un nuevo modo de ver, de sentir, de pensar, de mirar tu cuerpo, de peinarte, de vestirte, de moverte y de vivir. Se materializó una jubilosa demanda, un reto, una escapatoria de aquel mundo donde vivir y morir, de aquel pequeño

---

* «¿Has oído las noticias...?», letra del tema «Good Rockin' Tonight», compuesto por Roy Brown en 1947. Fue interpretado en vivo por Springsteen entre 1978 y 1981. *(N. del T.)*

pueblo que era como una tumba, donde acabaría enterrado junto a toda aquella gente a la que amaba y temía.

¡¡HAN INVADIDO LAS BARRICADAS!! ¡¡SE HA ENTONADO UNA CANCIÓN DE LIBERACIÓN!! ¡¡HAN SONADO LAS CAMPANAS DE LA LIBERTAD!! HA LLEGADO UN HÉROE. ¡EL ANTIGUO ORDEN HA SIDO DERROCADO! Los maestros, los padres, los tontos que estaban tan seguros de saber EL MODO —EL ÚNICO MODO— de construir una vida, de ejercer un impacto sobre las cosas y hacerte un hombre o una mujer, han sido desafiados. ¡UN ÁTOMO HUMANO ACABA DE PARTIR EL MUNDO EN DOS!

La pequeña porción de mundo que yo habito ha dado de bruces con un momento irreversible. En algún lugar entre la mundana variedad de actividades de una rutinaria noche de domingo en el año de nuestro Señor de 1956... ¡¡LA REVOLUCIÓN HA SIDO TELEVISADA!!* Delante mismo de las narices de los guardianes de todo lo que «ES», quienes, de haber sido conscientes de las potencias que estaban a punto de desatar, hubiesen llamado a la Gestapo Nacional para... ¡¡ACABAR CON ESTA MIERDA!!... o... ¡¡FIRMARLE UN CONTRATO YA!! De hecho, en un principio, el «árbitro» de los gustos del público estadounidense en los años cincuenta, el «MC» ED SULLIVAN, no iba a dejar que aquel sureño paleto y sexualmente depravado mancillase su escenario y de paso la conciencia americana. Una vez que el genio saliese de la botella en la televisión nacional... ¡SE ACABÓ! ¡LA NACIÓN IBA A SER DOBLEGADA! Y «nosotros», los sucios, los impotentes, los marginados, ¡LOS CRÍOS!... íbamos a querer... MÁS. Más vida, más amor, más sexo, más fe, más esperanza, más acción, más verdad, más poder, más «déjame tirado en la cuneta, escúpeme, Jesús, enseña a mis ojos ciegos a VER» ¡¡LA RELIGIÓN DE LA VIDA REAL!! Y, sobre todo, íbamos a querer más ¡¡ROCK AND ROLL!!

La educada farsa, los números circenses de medio pelo, los cantantes anémicos, la mierda sin sangre (y a menudo muy disfrutable) que colaba como entretenimiento quedaría finalmente desvelada como lo que era.

---

* «The revolution will not be televised» fue un lema popularizado en los sesenta por los movimientos de liberación negra. Gill Scott-Heron lo usó como título de una cación. (N. del T.)

Al final, hablaron las audiencias y el dinero, y Ed (en realidad, en la primera aparición de Elvis le presentó Charles Laughton, que sustituía a Ed tras haber sufrido un accidente de coche) se dirigió al centro del escenario y soltó aquel «Señoras y señores... Elvis Presley». Setenta millones de estadounidenses fueron expuestos aquella noche a aquel terremoto humano que sacudía las caderas. La temerosa nación fue protegida de sí misma por los cámaras de la CBS, a quienes se había ordenado que encuadrasen al «chico» solo de cintura para arriba. ¡Nada de planos provocativos! Nada de enfocar aquella entrepierna movediza, apabullante y gozosamente impulsiva. Pero no importó. Estaba todo en sus ojos, en su cara, el rostro de un Dioniso de jukebox de sábado noche, las cejas oscilantes y la banda rocanrolera. Y estalló la revuelta. Las mujeres, las jovencitas y muchos hombres, gritando por lo que las cámaras se negaban a mostrar, por lo que sus planos timoratos confirmaban y prometían... OTRO MUNDO... aquel que está por debajo de tu cintura y por encima de tu corazón... un mundo que antes había sido rigurosamente denegado ahora ¡SE DEMOSTRABA QUE EXISTÍA! Era un mundo en el que teníamos cabida todos... juntos... todos nosotros. ¡TENÍAN QUE PARARLE!

Y por supuesto, al final le pararon. Pero no antes de que se hiciera el negocio, y de que entre sus labios y sus caderas se deslizara el secreto de que esta... esta... vida... este «todo» que conoces es una mera construcción de papel. Tú, mis amigos que cenan con ojos vidriosos ante el televisor, están viviendo en... MATRIX... y todo lo que debes hacer para ver el mundo *real*, el glorioso reino de Dios y Satanás en la Tierra, todo lo que tienes que hacer para degustar la vida auténtica es arriesgarte a ser tú mismo... atreverte... observar... escuchar... las voces noctámbulas y con estática de los locutores que pinchan a escondidas discos «raciales», gritando su cascado manifiesto de radio AM, sus emisoras rebosantes de poetas, genios, rockers, bluesmen, predicadores, monarcas de la filosofía, hablándote a TI desde lo más profundo de tu propia alma. Sus voces entonan «Escucha... escucha lo que el mundo te dice, está clamando por tu amor, tu rabia, tu belleza, tu sexo, tu energía, tu rebeldía... porque te necesita a TI para poder reconstruirse. Para renacer en otra cosa, algo quizá mejor, más divino, más maravilloso, NOS necesita».

Este nuevo mundo es un mundo de blancos y negros. Un lugar de libertad donde las dos tribus culturalmente más potentes de la sociedad estadounidense encuentran un terreno común, alegría y placer en presencia del otro. Donde usan un lenguaje común para hablarse... para ESTAR los unos con los otros.

Y quien propuso todo esto y ayudó a que sucediera ¿fue un «ser humano», un «chico», un don nadie, una desgracia nacional, un chiste, un truco, un payaso, un mago, un hombre con una guitarra, un profeta, un visionario? Visionarios los hay a patadas... Este era un hombre que no es que lo *viera* venir... es que era ÉL quien venía, y sin él, América blanca, no serías ni actuarías ni pensarías como lo haces.

Un precursor de un vasto cambio cultural, una nueva clase de hombre, un ser humano moderno, que difuminaba las barreras raciales, los géneros sexuales y... ¡SE DIVERTÍA!... ¡SE DIVERTÍA!... de verdad. La dicha de una existencia más libre y liberadora, que abría mentes, transformaba corazones, derruía muros y bendecía la vida. La DIVERSIÓN os espera, Señor y Señora Americanos Corrientes, ¿y sabéis qué? Es vuestro *derecho de nacimiento*.

Lo hizo un «hombre». Un «hombre» que buscaba algo nuevo. Lo deseó hasta hacer que fuera real. El gran acto de amor de Elvis sacudió el país y fue un eco temprano del futuro movimiento por los derechos civiles. Era la clase de nuevo estadounidense cuyos «deseos» harían realidad sus objetivos. Era cantante, un guitarrista que amaba la cultura musical negra, reconocía su arte, su maestría, su poder, y ansiaba intimar con ella. Sirvió a su país en el ejército. Hizo películas malas y algunas buenas, desperdició su talento, volvió a encontrarlo, regresó a lo grande y, de un modo genuinamente americano, tuvo una muerte prematura y chocante. No fue un «activista», no fue un John Brown, un Martin Luther King ni un Malcolm X. Fue un showman, un artista, alguien que imaginaba mundos, un triunfador increíble, un fracaso vergonzoso y una fuente de ideas y acciones modernas. Ideas que pronto cambiarían la forma y el futuro de la nación. Ideas cuyo tiempo había llegado, que nos retaron a decidir si íbamos a asistir a un funeral de destrucción y decadencia nacional, o si íbamos a bailar hasta dar vida al siguiente episodio de la historia americana.

No sé qué pensaba él sobre las razas. No sé si llegó a pensar en las implicaciones de gran alcance de sus actos. Solo sé qué es lo que hizo: vivir la vida que quiso vivir y sacar la verdad que había en su interior y las posibilidades que hay en nosotros. ¿Cuántos de nosotros podemos decir algo así? ¿Que nos involucramos y comprometemos en algo? Despreciado como un chiste nacional, ofreció un sueño de la clase de país que podíamos ser, y muy pronto nos dirigiríamos hacia allí… pateando, gritando, linchando, quemando, bombardeando, salvando, predicando, luchando, marchando, rezando, cantando, odiando y amando, siempre hacia delante.

Cuando acabó todo aquella noche, aquellos pocos minutos, cuando el hombre de la guitarra desapareció envuelto en el griterío, me quedé como en trance ante el televisor, con la mente ardiendo. Yo tenía también dos brazos, dos piernas, dos ojos, tenía una pinta horrible pero ya lo solucionaría… ¿qué me faltaba entonces? ¡¡LA GUITARRA!! Él la aporreaba, se inclinaba sobre ella, bailaba con ella, le gritaba, la hacía girar, la acariciaba, la balanceaba sobre sus caderas y, de vez en cuando, ¡incluso la tocaba! La llave maestra, la espada en la roca, el talismán sagrado, el ejecutor de la justicia, el mayor instrumento de seducción que el mundo adolescente jamás hubiese conocido, la… la… «RESPUESTA» a mi desdicha y mi alienación, una razón por la que vivir, para intentar comunicarme con las demás almas en pena atrapadas en la misma situación en la que yo me encontraba. Y… ¡las vendían ahí en el centro, en la tienda Western Auto!

Al día siguiente convencí a mi madre para que me llevase a Diehl's Music en South Street, Freehold. Allí, sin dinero para comprarla, alquilamos una guitarra. Me la llevé a casa. Abrí el estuche. Olí la madera (todavía uno de los olores más dulces y prometedores del mundo), sentí su magia, su poder oculto. La cogí en mis manos, deslicé mis dedos sobre las cuerdas, sostuve entre los dientes la púa de caparazón de tortuga, la saboreé, tomé clases de música durante unas semanas… y lo dejé. ¡Era JODIDAMENTE DURO! Mike Diehl, guitarrista y dueño de Diehl's Music, no tenía la menor idea de cómo enseñar lo que fuese que hiciese Elvis a un crío gritón que quería cantar el abecedario del blues. Y, pese al increíble acceso que tenía a todas aquellas máquinas asombrosas, permanecía ajeno a su auténtico poder. Prosaico como todos en la América de los años cincuenta, todo era «zumbar la segunda cuerda», estudiar el manual y horas de técnica perfectamente tediosa. ¡YO QUERÍA… YO NECESITABA… ROCK AND ROLL! ¡YA! Sigo sin poder leer partituras y, en aquella época, mis dedos de niño de siete años ni siquiera podían manejar aquel enorme mástil lleno de trastes. Frustrado y avergonzado, poco después le dije a mi madre que no podía ser. No tenía sentido gastar el dinero que tanto le costaba ganar.

La soleada mañana en que tenía que devolver la guitarra, me planté en mi patio trasero ante unos seis críos y crías del vecindario. Di mi primer concierto, y el último en mucho tiempo… Agarré la guitarra… La sacudí… Le grité… La aporreé… Canté un vudú sin sentido… Hice todo menos *tocarla*… todo ello en medio de sus risotadas y el regocijo general. Estuve fatal. Fue una pantomima alegre y tonta. Aquella tarde, apenado pero también aliviado, devolví la guitarra en Diehl's Music. Por ahora aquello se había acabado, aunque por un fugaz momento, apenas un instante, ante aquellos chavales en mi patio trasero… olí la sangre.

OCHO

DÍAS
DE RADIO

Mi madre adoraba la música, la música del Top 40; siempre ponía la radio en el coche y por la mañana en la cocina. Desde la aparición de Elvis, mi hermana y yo saltábamos de la cama y corríamos escaleras abajo para ser recibidos por los éxitos del momento que salían de una pequeña radio colocada en lo alto de la nevera. Lentamente, algunas canciones fueron captando mi atención. Al principio, las novedades –los Olympics, «Western Movies»; los Coasters, «Along Came Jones»–, aquellos discos de argumento cómico en que los grupos se explayan con la desfachatez del rock and roll y suenan como si lo pasaran en grande. Desgasté el jukebox de nuestro restaurante más próximo metiéndole toda la calderilla de mamá para escuchar una y otra vez «The Purple People Eater» de Sheb Wooley. («Mr. Purple People Eater, what's your line?… Eatin' purple people and it sure is fine» [«Señor Devorador de Gente Púrpura, ¿qué me dices?… Pues que estoy comiendo gente púrpura y está muy rica»].) Pasé toda una noche de verano despierto, con mi pequeño transistor japonés bajo la almohada, contando las veces que ponían el «Does Your Chewing Gum Lose Its Flavour (On the Bedpost Overnight)?» de Lonnie Donegan.

Los discos que finalmente captaron mi interés fueron aquellos en que los cantantes parecían estar a la vez tristes y alegres. «This Magic Moment», «Saturday Night at the Movies» y «Up on the Roof» de los Drifters, canciones que evocaban la alegría y la angustia de la vida cotidiana. Esa música estaba repleta de un profundo anhelo, un espíritu de trascendencia informal, madura resignación y… esperanza… esperanza por esa chica, ese momento, ese lugar, esa noche en la que todo cambia, la vida se te revela y, en consecuencia, tú te manifiestas. Discos que anhelaban un lugar más honesto, un lugar que fuese tuyo… las películas, el centro urbano, la zona alta de la ciudad, arriba en la azotea, bajo el paseo marítimo, lejos del sol, a escondidas, algún sitio por encima o por debajo de la dura mirada del mundo adulto. El mundo adulto, ese lugar de deshonestidad, engaño, desafecto, donde la gente era esclavizada, sufría, corría peligro, era golpeada, derrotada, donde se moría… gracias, Señor, pero por ahora paso. Prefiero el mundo del pop. Un mundo de romance, metáfora; sí, hay tragedia (¡«Teen Angel»!), pero también inmortalidad, juventud eterna, un fin de semana de siete días y sin adultos («It's Saturday night and I just got paid. I'm a fool about my money, don't try to save» [«Sábado noche, ya he cobrado. Soy un manirroto con el dinero, nunca ahorro»]).* Es un paraíso de sexo adolescente donde la escuela… está permanentemente excluida. Allí, hasta el gran trágico, Roy Orbison, un hombre que cantaba para eludir el apocalipsis que le aguardaba en cada esquina, tenía su «Pretty Woman» y su hogar en el «Blue Bayou».

Con su espíritu, amor y afecto, mi madre me impartió el entusiasmo por las complejidades de la vida, el aferrarse a la alegría y los buenos momentos, y la perseverancia para superar los malos tragos. ¿Hubo alguna vez una canción más triste y reconfortante que «Good Times» de Sam Cooke? Es una interpretación vocal impregnada de

---

* Versos de «Rip It Up», canción escrita por Robert Blackwell y John Marascalco, grabada por Bill Haley y Little Richard en 1956. *(N. del T.)*

un hastiado conocimiento de uno mismo y del modo en que funciona el mundo… «Get in the groove and let the good times roll… we gonna stay here 'til we soothe our soul… if it takes all night long…» («Métete en el ritmo y diviértete… aquí estaremos hasta que el alma se calme… aunque tarde toda la noche…»)* Poco a poco, los sonidos musicales de finales de los cincuenta y principios de los sesenta se me metieron en los huesos.

En aquella época, si no tenías dinero, la única diversión familiar posible era «dar una vuelta en coche». La gasolina era barata, treinta centavos el galón, y mis abuelos, mi madre, mi hermana y yo recorríamos en coche las calles hasta los puntos más alejados del pueblo. Era nuestro único capricho, nuestro ritual. En las noches calurosas, con las ventanas del automóvil totalmente bajadas, enfilábamos primero Main Street y luego íbamos al extremo sudoeste del pueblo, al borde de la Highway 33, donde hacíamos nuestra parada prevista en el puesto de helados Jersey Freeze. Bajábamos corriendo del coche y nos dirigíamos a la ventanilla deslizante en la que podías elegir entre dos sabores… a ver, cuéntalos… dos… vainilla y chocolate. No me gustaba ninguno, pero me encantaban los conos de galleta. El tipo del mostrador, el propietario del puesto, me guardaba los conos rotos y nos los vendía por cinco centavos, y a veces me daba uno gratis. Mi hermana y yo nos sentábamos en el capó del coche en un silencioso éxtasis, mientras la humedad de Jersey ahogaba todo sonido excepto el chirriar de los grillos en los bosques cercanos. Las luces amarillas del exterior actuaban como una antorcha de neón y atraían a cientos de insectos que revoloteaban en círculos. Observábamos cómo zumbaban alrededor del puesto de helados pintado de blanco, hasta que nos poníamos en marcha y por la ventanilla trasera veíamos como iba desapareciendo el enorme cono de helado de yeso Jersey Freeze, precariamente colgado en lo alto del pequeño local de bloques de hormigón. Conducíamos por senderos al extremo norte del pueblo, donde en los campos que bordean el Monmouth Memorial Home se alzaba, arañando el cielo, la antena de radio local. Tres brillantes

* Versos de «Good Times» de Sam Cooke. (*N. del T.*)

luces rojas de navegación trepaban por su estructura gris de acero. Mientras nuestra radio resplandecía con el sonido ultramundano del doo-wop de finales de los cincuenta, mi madre me contaba que allí entre los hierbajos había un gigante alto y sombrío, invisible en la oscuridad de la noche. Las luces rojas ascendentes no eran más que los «botones» de su chaqueta lanzando destellos rojos. Nuestro trayecto siempre concluía con una visita a los «botones». Cuando empezaban a cerrárseme los ojos y dábamos la vuelta para regresar a casa, juro que veía la silueta de la oscura figura del gigante.

Año 59, 60, 61, 62, 63… los hermosos sonidos de la música popular estadounidense. La calma antes de la tormenta del asesinato de Kennedy, una América tranquila, con los lamentos de amantes perdidos flotando en las ondas. Los fines de semana, la «vuelta en coche» a veces nos llevaba hasta la costa, hasta las atracciones y el carnaval de Asbury Park, o a las más calmadas playas de Manasquan. Aparcábamos frente a las aguas de la ensenada. Aparte de la mesa de la cocina, la Ensenada Manasquan era el lugar favorito de mi padre en el mundo. Se quedaba sentado durante horas, solo en el coche, contemplando los barcos que llegaban de mar adentro. Mi hermana y yo comíamos perritos calientes en Carlson's Corner, y allí en la playa, mientras mi madre hacía guardia, nos enrollábamos una toalla al cuerpo y nos poníamos los pijamas. De regreso a casa, parábamos en el autocine Shore Drive-In para ver un programa doble y nos quedábamos fritos en el asiento trasero, y al llegar a Frehoold papá nos llevaba en brazos hasta la cama. Al hacernos algo más mayores, caminábamos roca a roca a lo largo del oscuro embarcadero de Manasquan, que sobresalía hacia el este y desaparecía en el mar nocturno. Allí, al final del embarcadero, oteábamos la nada oscura e insondable del Atlántico, su horizonte solo insinuado por las centelleantes luces de los barcos de pesca en la distancia. Escuchábamos las olas del océano chocando rítmicamente contra la orilla lejana a nuestra espalda, mientras el mar lamía las rocas y acariciaba nuestros pies descalzos y llenos de arena. Allí escuchabas un código Morse, un mensaje que se adentraba en aquella gran masa de agua negra… con las estrellas ardiendo en el brillante cielo nocturno sobre nosotros, podías sentirlo… algo británico se aproxima.

NUEVE

EL SEGUNDO ADVENIMIENTO

Desde el otro lado del mar, los dioses regresaron, justo a tiempo. Eran días duros en casa. El acné explotaba en mi cara y aquel viejo cabrón de Ed Sullivan, que se había convertido en mi héroe nacional, me la volvió a jugar. Que comience la batalla. «Señoras y señores, desde Inglaterra... ¡¡The Beatles!!» Ed pronunció las palabras «The Beatles» mejor que nadie en el mundo. Saltaba del «The» para rápidamente golpear y enfatizar el «Beat», y a continuación salía de escena con el «les». Todo ello me asaltaba y sacudía mi cuerpo con una expectación de diez mil vatios de alto voltaje. Allí estaba yo sentado, con el corazón palpitante, esperando ver por vez primera a mis nuevos salvadores, esperando escuchar las primeras notas redentoras brotando de las guitarras Rickenbacker, Hofner y Gibson en sus manos. The Beatles... The Beatles... The Beatles... The Beatles... The Beatles... The Beatles... un mantra de «it ain't no sin to be glad you're alive» («no es pecado alegrarse de estar vivo»)* y, al mismo tiempo, el peor y el más glorioso nombre de grupo en toda la historia del rock and roll. En 1964 no había palabras más mágicas en la lengua inglesa (bueno… quizá «Sí, puedes tocarme ahí abajo»).

Escuché por primera vez a los Beatles yendo en el coche con mi madre por South Street, la radio centelleando ante mis ojos al tratar de contener el sonido, las armonías de «I Want to Hold Your Hand». ¿Por qué sonaban tan diferentes? ¿Por qué eran tan buenos? ¿Por qué me sentía tan excitado? Mi madre me dejó en casa, pero salí disparado hacia la bolera de Main Street donde solía pasar las horas después de la escuela inclinado sobre las mesas de billar, sorbiendo una Coca-Cola y comiéndome unas galletas de mantequilla de cacahuete Reese's. Me metí en la cabina telefónica y llamé a mi novia, Jan Seamen.

—¿Has oído a los Beatles?

—Sí, molan…

Mi siguiente parada fue Newbury's, el todo a cien del centro del pueblo. Al entrar, girabas a la derecha y llegabas al pequeño rincón donde estaba la sección de discos (en aquel entonces no había tiendas de discos por aquellos pagos). Tenían unas pocas estanterías con singles a cuarenta y cinco centavos la unidad. No había álbumes de mi interés, solo unos pocos elepés de Mantovani y de cantantes comerciales, quizá algo de jazz en el estante del fondo. Nunca los miraba. Eran para «adultos». El universo adolescente era un mundo de discos de 45 rpm. Una pequeña pieza circular de plástico, con un agujero del tamaño de una moneda de dólar en el centro que tenías que rellenar con un adaptador de plástico. Los tocadiscos domésticos todavía funcionaban a tres velocidades, 78, 45 y 33 rpm. De ahí lo de llamarles 45s. Lo primero que encontré fue algo titulado *The Beatles with Tony Sheridan and Guests*. Una estafa. Los Beatles haciendo coros a un cantante del que no había oído hablar interpretando «My Bonnie». Lo compré. Y lo escuché. No era muy bueno, pero sí lo más cerca que podía estar de ellos.

---

* Verso de «Badlands», compuesta y grabada por Springsteen en el álbum *Darkness on the Edge of Town* de 1978. (N. del T.)

Volví cada día a la tienda hasta que LO encontré. Aquella portada, la mejor portada de álbum de la historia (junto a la de *Highway 61 Revisited*). Lo único que se leía era *Meet The Beatles*. Exactamente lo que yo anhelaba, conocer a los Beatles. Aquellos cuatro rostros en sombras, el monte Rushmore del rock and roll y… EL PELO… EL PELO. ¿Qué significaba aquello? Fue una sorpresa, una conmoción. En la radio no se les veía. Hoy es prácticamente imposible explicar el efecto de… EL PELO. Las palizas, los insultos, los riesgos, el rechazo y la condición de marginado que debías aceptar si te dejabas crecer el pelo así. En años posteriores, solo la revolución punk de los setenta iba a permitir a los chicos de pueblo mostrar físicamente su «otredad», su rebelión. En 1964, Freehold era muy paleta y no faltaban tipos dispuestos a llegar a las manos para mostrar su rechazo a tu elección de estilo. Ignoré los insultos, evité como pude las confrontaciones físicas e hice lo que debía. Nuestra tribu era pequeña, quizá dos o tres en todo el instituto, pero iba a aumentar de modo significativo y poderoso, luego de forma absurda… aunque no por un tiempo… y entretanto cada día amanecía con la promesa de conflicto. En casa aquello significó echar más combustible al desagradable fuego que ardía entre mi padre y yo. Su primera reacción fue reírse. Era divertido. Luego, ya no tanto. Y se enfadó. Al final lanzó la pregunta candente: «Bruce, ¿eres marica?». No bromeaba. Mi padre tendría que superarlo. Pero antes, las cosas se pusieron feas.

En el instituto yo iba a la mía. Solo me vi involucrado en una pelea en una ocasión, volviendo a casa. Ya estaba harto de chistes a mi costa y, en el camino de entrada a una vivienda del barrio, me revolví contra un chico al que estaba seguro de que podía ganar. No tardaron en rodearnos unos cuantos curiosos en busca de emociones fuertes. Antes de empezar, con afán de dejarlo todo muy clarito, me dijo que sabía kárate. Y yo pensé para mí: «Ni de coña. ¿Quién sabe kárate en la Nueva Jersey de 1966…? ¡JODER, NADIE!». Le lancé unos cuantos manotazos y él me pilló con un perfecto golpe de kárate en la nuez…

aaarrrrrgh. Escupí. No podía hablar. Y el combate se acabó. Otra gran victoria. Hicimos juntos el resto del trayecto a casa.

Aquel verano el tiempo se ralentizó. Cada miércoles me sentaba en mi habitación a estudiar las listas de éxitos del Top 20, y si los Beatles no aparecían destacados cada semana como los amos de la radio, me volvía loco. Cuando «Hello Dolly» se encaramó al primer puesto de la lista una semana tras otra, me enfadé muchísimo. No tengo nada contra Satchmo, uno de los mejores músicos de toda la historia, pero yo tenía catorce años y estaba en otro planeta. Vivía pendiente de cada nuevo lanzamiento de los Beatles. Buscaba en los quioscos todas las revistas que llevaran una foto suya que fuera nueva para mí, y soñaba... soñaba... soñaba... que yo era uno de ellos. Mi rizado pelo italiano vuelto milagrosamente lacio, mi cara libre del acné y mi cuerpo embutido en uno de aquellos plateados y brillantes trajes de Nehru. Me sentía orgulloso subido a mi par de botas de tacón cubano al estilo Beatle. Y no tardé en darme cuenta. No es que quisiera *conocer* a los Beatles. Quería SER uno de ellos.

Después de que mi padre se negase a pagar la subida del alquiler nos mudamos al 68 de South Street, donde había... ¡agua caliente! Pero, para ello, tuvimos que vivir en otra casa compartida, cerca de la gasolinera Sinclair. En la mitad que no ocupábamos residía una familia judía. Mis padres, que no eran racistas ni antisemitas, sentían no obstante la necesidad de advertirnos de que aquellas personas... ¡NO CREÍAN EN JESUCRISTO! Pero cualquier problema teológico se olvidó inmediatamente al ver a las dos guapísimas hijas, mis nuevas vecinas, que paseaban su espléndida voluptuosidad, sus labios carnosos, su piel morena suave y sus ponderados pechos... ¡ay! Enseguida empecé a imaginar cálidas veladas en el porche, sus piernas bronceadas surgiendo de sus shorts veraniegos, mientras debatíamos la cuestión de Jesucristo. Si por mí fuera, hubiese echado rápidamente por la borda a nuestro salvador de dos mil años por un beso, un recorrido de mi dedo índice por los muslos de cualquiera de mis dos nuevas vecinas. Desgraciadamente, yo era tímido y ellas castas, todavía bajo la fuerte influencia de Yahvé y de papá y mamá. Una noche, cuando saqué el asunto de Jesucristo, fue como si hubiese dicho «follar». Las dulces palmas de sus manos cubrieron rápidamente sus labios rosados, se sonrojaron y se pusieron a cuchichear. Habría muchas noches de inquietud adolescente en el 68 de South Street.

Teníamos amigos negros, aunque rara vez entrábamos los unos en casa de los otros. Había distensión en las calles. Los adultos blancos y negros se comportaban de modo cordial pero distante. Los niños jugaban juntos. Entre los chavales se daba un racismo natural. Se intercambiaban insultos. Las discusiones terminaban o bien ignorándolas, resueltas con una disculpa, o bien con una rápida pelea, dependiendo de la gravedad de la ofensa y el ánimo de la tarde; y entonces proseguían los juegos. Me encontré con chavales racistas, críos a quienes les habían inculcado el racismo en sus hogares a unas cuantas casas de la mía, pero nunca vi a niños que no quisieran jugar con otros niños negros hasta que me topé con gente de clase media y media alta. En la baja todos nos agrupábamos por la proximidad física y la necesidad de contar con otros chicos para jugar a la pelota. El racismo de los años cincuenta era tan asumido y natural que, si una tarde un amigo negro era excluido de un juego en la casa de algún amigo «mejor», no pasaba nada. Nadie empuñaba la bandera. Al día siguiente la pandilla, blancos y negros, volvía a jugar y todo quedaba olvidado… por nosotros.

Entre mis amigos estaban los hermanos Blackwell, Richard y David. David tenía mi edad y nos veíamos bastante. Era un chaval negro delgado y larguirucho, íbamos en bicicleta, jugábamos a la pelota y pasábamos mucho tiempo juntos. Luchábamos para ver quién era el más fuerte. Me soltaba un par de buenos directos en los morros y se zanjaba el asunto; luego seguíamos jugando. Su hermano Richard era un poco mayor, alto y uno de los tíos más chulos que yo hubiese visto. Andaba de un modo especial, una auténtica obra de arte: primero un paso adelante con una pierna y luego arrastraba lentamente la otra, un ligero contoneo de la cadera, el otro brazo doblado por el codo, con la muñeca ladeada como si fumase un cigarrillo con boquilla; siempre sin darse prisa, paseándose por las calles de Freehold como si fuese un músico de jazz, el rostro inexpresivo y los ojos entornados. Hablaba muy despacio, alargando las palabras. Cuando nos concedía unos instantes de su tiempo, nos íbamos con la sensación de haber sido bendecidos por el «pontífice del cool».

Las tensiones raciales en el instituto Freehold High acabarían explotando violentamente. Si entrabas en los lavabos equivocados, se apagaban las luces y te daban una paliza. Una tarde entré en los lavabos del primer piso, y me acerqué a un urinario al lado de donde estaba un amigo negro. Le dije algo. Miró a la pared y respondió: «Ahora mismo no puedo hablar contigo». Yo era blanco y él negro; se habían establecido barreras, incluso entre dos amigos del mismo barrio. Se había cortado la comunicación hasta que se arreglaran las cosas, y las cosas iban a tardar bastante en arreglarse. Estallaron revueltas en el pueblo. Tras un intercambio de duras palabras entre dos coches parados en un semáforo de South Street, alquien disparó un arma en un coche lleno de chicos negros. Frente a la tienda de bocadillos de mi esquina, hubo una manifestación porque el propietario había empujado a un anciano negro, que cayó al suelo y resultó herido. Desde mi porche, vi cómo el dueño se abalanzaba sobre la multitud negra con un cuchillo de carnicero. Consiguieron quitárselo, y lo asombroso es que nadie resultase herido o muerto. En otra ocasión, acorralaron a alguien en el porche de la casa justo al lado de la mía y lo lanzaron por la ventana delantera. Los tiempos estaban cambiando...* de mala manera.

---

* Alusión a la canción de Dylan «The Times They Are A-Changin'». *(N. del T.)*

DIEZ

EL SHOWMAN
(SEÑOR DE LA DANZA)

No tardé en desarrollar mis habilidades escénicas. Fiel a la sangre Zerilli que corría por mis venas, nací siendo un cómico de primera. Así que, para exhibirme bajo los focos antes de saber siquiera tocar, ¡BAILABA!… más o menos. Lo más importante era que estaba dispuesto a ser ridiculizado por la mitad de la población del barrio (la mitad masculina), pues me había dado cuenta de que la otra mitad se sentía atraída por un tipo que bailase con ellas cualquier cosa que no fuese una corriente y moliente canción lenta.

Cada dos meses, Santa Rosa de Lima abría la cafetería del sótano un viernes por la noche y, bajo una estricta vigilancia, organizaba un baile de la Catholic Youth Organization para sus adolescentes en plena efusión hormonal. Yo salía con ventaja a la pista de baile. En las reuniones familiares, desde que Chubby Checker destrozó las listas con su «The Twist», siempre me hacían salir a la alfombra del salón para bailar el twist con mi madre. (Mamá incluso nos llevó al Steel

Pier de Atlantic City para ver a Chubby «en vivo», aunque en realidad cantaba en playback. Y luego, aquella misma tarde soleada y veraniega tan divertida, fuimos hasta la otra punta del paseo marítimo y vimos actuar a Anita Bryant.) Y también acudía a las fiestas de los viernes por la noche en el YMCA, que estaba a apenas cincuenta pasos de nuestra casa en South Street. Aquel era un territorio absolutamente prohibido según las normas de las monjas, y, de saberse el lunes por la mañana que te habías unido a aquella secta pagana en sus rituales satánicos de los viernes por la noche, eras torturado y atormentado delante de los alumnos de octavo curso, que te miraban con aire de suficiencia.

Allí fue, en las gradas a media luz, donde experimenté mi primer beso (¡Maria Espinosa!), mi primera erección de pista de baile (no estoy seguro, pero pudo haber acabado en pringue) y el ambiente de una cancha de baloncesto, con la iluminación atenuada y seductora que la transformaba en un país de las maravillas de resbaladizo suelo de madera. Antes de pisar aquellas mismas tablas con mi guitarra Epiphone azul, como miembro de mi primera banda, los Castiles, bailé con todas las que me aceptaron. Todavía terriblemente inseguro, a menudo tenía que aguardar a la desesperada hasta las últimas canciones para atreverme a cruzar la tierra de nadie entre los bandos de chicos y chicas y lanzar la pregunta. Pero, en una buena noche, me pasaba la velada bailando con desconocidas de la institución rival de Santa Rosa al otro lado del pueblo, la escuela intermedia (¡ahhh, pública!). ¿Quiénes eran aquellas jovencitas de faldas ceñidas y ojos brillantes, sin las restricciones de los obligatorios jerséis verdes de Santa Rosa que constreñían la floreciente femineidad de las chicas de mi escuela? Muchachas en toda su perfumada gloria, reunidas en las zonas menos iluminadas en pequeños círculos cuchicheantes, que de pronto emitían leves risitas mientras lanzaban miradas a los chicos que, al otro lado de la sala, controlaban el rebaño. Yo era un completo paria. En realidad no conocía a aquellos tipos enclaustrados en sus camarillas, y solo otros pocos estudiantes de octavo curso de la Iglesia católica se atrevían a acudir a las veladas de la Young Man's Christian Association. Un colega seglar del barrio me había tentado a entrar en la Y para ir después de clase a jugar al billar en aquel sótano húmedo. Pero, en cuanto mi timorata nariz católica romana husmeó el olor de la cantina (una mezcla de restos de sudor del baloncesto y sexo en la pista de baile), ya no hubo vuelta atrás.

Allí bailé en público por primera vez, y tuve que andar renqueante aquellos cincuenta pasos de vuelta a casa, con las pelotas moradas tras el roce contra una falda de lana. Las carabinas se sentaban arriba en las gradas, armadas con linternas con las que te apuntaban durante los bailes lentos para que las cosas no se pusieran demasiado prietas y calientes. Aun así, había poco que pudiesen hacer. Trataban de poner freno a un milenio de hambruna sexual y, para ese cometido, una linterna no iba a ser suficiente. Al final de la noche, cuando «Hey Paula» de Paul y Paula sonaba por el deficiente sistema de sonido del gimnasio, tanto varones como hembras se lanzaban a la pista para sentir otro cuerpo, casi cualquier cuerpo, contra el suyo. En aquellos abrazos que desafiaban a la muerte residía la promesa de lo que estaba por venir.

Para cuando por fin acudí a los bailes de la CYO en mi propia alma máter, tenía ya algunas habilidades elementales al respecto. Las almas en pena que conformaban la mayor parte de mis colegas masculinos católicos no sabían que ¡A LAS CHICAS LES ENCANTA BAILAR! Tanto, que salían a la pista con cualquier pringado que supiese algunos pasos. ¡Y ese pringado era YO! Disponía de un ridículo surtido de giros que copiaba, exagerándolos, de los bailes de moda: el Monkey, el Twist, el Swim, el Jerk, el Pony, el Mashed Potato… los mezclaba todos en un mejunje propio que, ocasionalmente, me reunía en la pista con alguna de las tías más buenas del lugar. Esto asombraba a mis compañeros de clase, para quienes yo era solo esa alma en pena que se sentaba en la última fila. Me decían: «Oye, Springy, ¿dónde has aprendido eso?». Bueno, había ensayado… y a fondo. No solo con mamá y en la Y, sino también de forma entusiasta ante el gran espejo clavado a la parte trasera de la puerta de mi habitación. Mucho antes de que tocase la escoba a modo de guitarra frente a él, el espejo y yo pasamos horas juntos en un frenesí sudoroso, moviéndonos al ritmo de las últimas novedades discográficas. Tenía un pequeño tocadiscos de maleta con su adaptador para singles que me mantenía al día, y bailaba el Jerk, el Twist y el Frug hasta empapar la camiseta de un modo que no sería superado hasta muchos años después, en plena interpretación de una febril «Devil with a Blue Dress On» en una cavernosa sala donde aullaban veinte mil fans del rock.

Y entonces… al llegar el viernes, me embutía en mis tejanos negros más ajustados y me ponía una camisa roja abotonada, con calcetines rojos a juego y zapatos negros puntiagudos. Previamente le había birlado a mi madre unas horquillas con las que me atusaba la melena, y dormía con ellas puestas para que me quedase tan lacia como la de Brian Jones. Entonces me repeinaba hacia fuera, y luego me sentaba bajo una lámpara solar que mi madre había comprado por diez dólares en la farmacia de la esquina, a fin de intentar combatir parte de mi feroz acné. Exprimía medio tubo de Clearasil sobre el resto y dejaba mi habitación, bajaba las escaleras y salía por la puerta delantera a la calle. Muéstrame la pista de baile.

ONCE

EL BLUES DEL HOMBRE TRABAJADOR*

Mis padres no tenían dinero para intentar de nuevo lo de la guitarra, así que solo me quedaba una opción: buscarme un empleo. Una tarde de verano mi madre me acompañó a casa de mi tía Dora, donde iba a convertirme en el «chico del césped» por cincuenta centavos la hora. Mi tío Warren salió para enseñarme los entresijos del oficio. Hizo una demostración de cómo funcionaba el cortacésped y de cómo recortar los setos (ni demasiado largos ni demasiado cortos), y me contrataron. Inmediatamente fui al Western Auto, un establecimiento del centro especializado en piezas de automóvil y guitarras baratas. Allí, entre correas de ventilador, filtros de aire y carburadores, colgaban cuatro

* Probable alusión a la canción «Workin' Man Blues», de Merle Haggard (1969). *(N. del T.)*

guitarras acústicas que iban desde las que no se podían tocar en absoluto a las que apenas se podían tocar. A mí me parecían el nirvana, y además eran asequibles. Bueno, una de ellas lo era. Vi una etiqueta colgando de un deteriorado modelo marrón en la que se leía «Dieciocho dólares». ¿Dieciocho dólares? Era más dinero del que yo había tenido nunca en las manos. Mucho más.

Al cabo de un tiempo reparé en que mis «gastos personales» se comían casi todo lo que ganaba cortando el césped de la tía Dora, así que iba a tener que trabajar más. Enfrente de la casa de mi tía vivía una encantadora viejecita de cabellos blancos, la señora Ladd. Quería que alguien le pintase la casa y le diese una capa de alquitrán al tejado. Cuando tuvo que cerrar su negocio de electricista, mi abuelo se había hecho pintor, y yo mismo había manejado la brocha unas cuantas veces en las paredes de casa. No podía ser tan difícil. Reclutaría a mi amigo Mike Patterson para que me ayudase y juntos acabaríamos la tarea en poco tiempo. La señora Ladd compró la pintura y nos explicó meticulosamente lo que quería: las persianas negras, la casa blanca, y punto. Si no le gustaba cómo estaba quedando, tenías que dar otra capa. Una semana me perdí un día de trabajo. Mike me dijo «Sin problema», que él se encargaba. Cuando volví, ¡había pintado todo un lado de la casa de amarillo! «Mike… ¿limpiaste las brochas?» «Pensaba que sí.» Tuvimos que dar otra capa. Cuando acabamos con las paredes, la cosa no se veía tan mal, y subimos al tejado. Yo no sabía nada sobre alquitranar un tejado, por lo que Mike dirigió la operación. Estábamos en pleno verano de Nueva Jersey, con una temperatura de treinta y cinco grados y un noventa por ciento de humedad. El alquitrán se calentaba, ardía y se volvía pegajoso mientras lo extendíamos al sol de mediodía… el infierno en la Tierra.

Por fin acabamos. Mis veinte dólares y yo nos fuimos directos al centro. El vendedor cogió del escaparate mi horrible sueño de color marrón, le quitó la etiqueta, y ya era mía. Me la llevé a casa a escondidas, no quería que mis vecinos supieran de mis poco realistas y vanas ambiciones. La subí a mi dormitorio y cerré la puerta como si se tratase de algún instrumento sexual (¡lo era!). Cuando me senté y la sostuve en mi regazo, me sentí absolutamente confuso. No tenía ni la más remota idea de por dónde empezar. Las cuerdas eran gruesas como un cable de teléfono, así que empecé a hacer ruido tocando de oído. Si por casualidad daba con algo que sonaba a música, intentaba recordar lo que había hecho y repetirlo. Me concentraba básicamente en las cuerdas bajas, tratando de lograr un sonido «zunk, zunk», rítmico. Dolía de la hostia. Las blandas y rosadas puntas de mis dedos no estaban preparadas para los cables encordados que recorrían aquella caja de madera que pretendía ser un instrumento. Me levanté, me acerqué al espejo de detrás de la puerta de mi dormitorio, me colgué la guitarra a la altura de las caderas y me quedé allí plantado. Durante las siguientes dos semanas, hasta que mis dedos imploraron piedad, me trabajé todo un repertorio de no-melodías para ser tocadas en una guitarra sin afinar. Me convencí a mí mismo de que estaba mejorando, hasta que finalmente intervinieron la familia y el destino. Un domingo, mi madre, Virginia y yo fuimos a visitar a la tía Eda. Su hijo, Frank, era un acordeonista de primera, y cada vez que íbamos le pedían que sacase su caja e interpretase «Lady of Spain» o cualquier otro himno de acordeón. (Llevado por la inspiración, una Navidad me animé a tocar el instrumento, lo que iba a proporcionarle a Danny Federici un empleo fijo a perpetuidad como teclista y acordeonista en la E Street. Era imposible.)

Ese domingo, en vez de su acordeón de carrito de golosinas, Frank entró en la sala de estar con una guitarra y se puso a canturrear los éxitos folk del momento. En aquella época, el boom del folk estaba en pleno apogeo. *Hootenanny*, un exitoso programa de televisión, le había animado a probar con la guitarra y la tocaba bastante bien. Ese fin de semana se sentó en el suelo de la sala de estar, guitarra en mano, vistiendo una camiseta blanca, calcetines negros, pantalones negros y zapatillas deportivas blancas (pensé que era la cosa más molona que jamás había visto de cerca y volví corriendo a casa para tratar de emular aquella pinta). Él lo hacía mucho mejor que yo. Me llevó a su habitación, me mostró cómo afinar la guitarra y me enseñó a leer las tablas de acordes de una colección de música folk americana. Después me dio el libro y me mandó a casa. Afiné la guitarra como pude e inmediatamente me di cuenta de que tenía que volver a empezar desde el principio. Abrí el libro, elegí «Greensleeves», leí el primer acorde en mi menor (¡basta con dos dedos!) y me puse a practicar. Fue un principio. Un principio de verdad. En los siguientes meses, aprendí la mayoría de acordes mayores y menores y me esforcé por rasguear todos los clásicos folk que pude; le mostré a mi madre lo que iba consiguiendo y ella me animó a seguir; al final, junté los acordes de do, fa y sol que me permitieron tocar «Twist and Shout». Fue mi primera canción de rock and roll. Y dije adiós al chaval que cortaba el césped y al único empleo de verdad que tendría en toda mi vida. «Well shake it up, baby!»

DOCE

WHERE THE BANDS ARE*

Cinco meses más tarde, había machacado mi adquisición del Western Auto hasta dejarla moribunda. Mis callosos dedos se fortalecieron. Las puntas se habían endurecido como el caparazón de un armadillo. Estaba listo para avanzar. Tenía que tocar una eléctrica. Le expliqué a mi madre que para ingresar en una banda, para ganar dinero, para llegar a alguna parte, necesitaba una guitarra eléctrica. Una vez más, eso costaba un dinero que no teníamos. En esta ocasión, dieciocho dólares no iban a ser suficientes. En mi habitación tenía una cutre mesa de billar que me habían regalado en la última Navidad, cuando aún planeaba seguir los pasos de mi padre como tiburón de los billares. Aprendí bastante jugando las noches de cantina en el sótano de la Y, pero nunca llegué a ser tan bueno como para retar a mi padre.

* «Donde están las bandas», canción de Bruce Springsteen, descarte del álbum de 1980 *The River. (N. del T.)*

Aún así, era una buena excusa para que las novias subiesen a mi dormitorio. Una vez las había llevado hasta la cama con mis afectos, de vez en cuando me erguía y movía las bolas por la mesa de billar para que mi viejo, abajo en la cocina, no sospechase. Pero para entonces ya no me divertía con ello. Se acercaba la Navidad. Hice un trato con mi madre: si vendía la mesa de billar, ella intentaría poner el resto para comprar una guitarra eléctrica que había visto en el escaparate de Caiazzo's Music Store, en Center Street. El precio era de sesenta y nueve dólares, incluyendo un pequeño amplificador. Era la más barata que había, pero no estaba mal para empezar.

Vendí mi mesa de billar por treinta y cinco dólares; un tipo la ató al techo de su coche y se la llevó de nuestra casa. Así fue como la víspera de Navidad, en medio de la nieve fangosa, me encontré junto a mi madre delante del escaparate de Caiazzo's, contemplando una guitarra Kent de color bronce y una sola pastilla, fabricada en Japón. Se veía hermosa, soberbia y asequible. Yo llevaba mis treinta y cinco dólares y mi madre otros tantos que había pedido a crédito. Ella y mi padre lo hacían trimestralmente, y pagaban la deuda a tiempo para poder volver a pedir otro crédito. Sesenta y nueve dólares era el mayor gasto que yo había hecho en mi vida y, una vez más, mi madre acudió en mi ayuda. Entramos. El señor Caiazzo la cogió del escaparate, la metió en un estuche de cartón que simulaba cuero, y nos fuimos en coche a casa con mi primera guitarra eléctrica. La conecté a mi nuevo ampli en la sala de estar. Su pequeño altavoz de dieciocho centímetros «rugió» cobrando vida. Sonaba horrible, distorsionada a más no poder. El ampli tenía un solo control, un botón de volumen. Era del tamaño de una caja grande de pan, pero yo ya estaba en el juego.

Mi guitarra era de las más baratas, pero comparada con la chatarra que había estado tocando parecía un Cadillac. Las cuerdas estaban suavemente tensadas. La distancia entre estas y el traste era mínima, lo que facilitaba la entonación con una mínima presión sobre ellas. Mejoré rápidamente, y al poco tiempo empecé a juntarme con un amigo en su casa para improvisar. Yo conocía a un batería, Donnie Powell. Nos reuníamos en su sala de estar cuando sus padres no estaban y metíamos el más espantoso estruendo que jamás hayas oído. Una cosa era ser capaz de tocar un poco, y otra muy distinta tocar «juntos»... territorio desconocido.

«Honky Tonk», de Bill Doggett, era el tema de aquella temporada que todo aspirante a hacha de la guitarra se esforzaba en perfeccionar. Era increíblemente rudimentaria, en teoría al alcance de cualquier tarado, ¡y además todo un éxito! «Honky Tonk» era un concierto de blues para dos cuerdas, un ritmo vil y sucio para strippers, y sigue siendo una gran canción. Donnie, el batería, me la enseñó y ambos la atacamos como brutales asesinos. Muchos años antes que los White Stripes, nosotros dos ya le pegábamos un palizón al blues... ¡salvo que lo nuestro apestaba! ¿Cantar... a qué? ¿Con qué? No teníamos ni voz ni micrófono. Aquello estaba muy por debajo de los grupos de garaje y duraba toda la noche, hasta que sus padres volvían a casa.

Nos bautizamos los Merchants. Se nos unieron algunos chavales del barrio, hicimos unos cuantos ensayos penosos y exuberantes, y eso fue todo. Se acabó y yo regresé a mi cuarto. Pero... había un chico en el barrio que sabía tocar de verdad. Había estudiado guitarra varios años. Su padre era un hombre de negocios de éxito. Tenía una guitarra Gibson, un instrumento de verdad, y un buen ampli. Sabía leer partituras. Hablé con él y le recluté para una nueva formación de los Merchants, que ahora se llamaban los Rogues (la versión de Freehold, no confundir con la posterior banda de la costa con músicos que, ellos sí, tocaban y cantaban). De pronto, sonábamos a algo parecido a música. Mi ampli era un chiste, así que él me dejaba conectarme al canal libre del suyo. Hasta dimos con un bajista... bueno, alguien que tenía un bajo y, más importante, otro amplificador. Se unió a nuestro combo. No sabía tocar, pero era un chico italiano guapo y simpático cuya amistad, años más tarde, me salvaría literalmente de que me diesen una paliza en un pequeño y apartado tugurio en la Ruta 9 llamado el IB Club. Nos enchufábamos y ensayábamos más o menos de forma regular, con una idea radical y rebelde: que alguien cantase.

Empieza el espectáculo

En 1964, en una pequeña población de Nueva Jersey, nadie cantaba. Había grupos vocales con bandas de acompañamiento. Había bandas sin vocalista que solo tocaban temas instrumentales, siguiendo el ejemplo de los Ventures, pero no había combos que tocasen y cantasen a la vez. Esa fue una de las revoluciones que trajeron los Beatles cuando vinieron a Estados Unidos. Tú componías las canciones, las tocabas, las cantabas. Antes de eso, el repertorio típico de cualquier grupo local consistía en «Pipeline» de los Chantays, «Sleep Walk» de Santo and Johnny, «Apache», «Out of Limits», «Penetration», «Haunted Castle», todas piezas puramente instrumentales. En los bailes de instituto de principios de los años sesenta, una banda provinciana de primera categoría como los Chevelles tocaban toda la noche, sin micrófonos, sin pronunciar una sola palabra, ante un público que bailaba frenéticamente. Los Chevelles eran los reyes del rock instrumental en nuestra escena local (solo desafiados por los Victorians en la Ruta 9). Eran músicos de verdad, profesores de la escuela de música de Mike Diehl, con un buen equipo y trajes a juego.

Un día, nuestro joven combo se enteró de que en el Elks Club de Freehold se organizaban sesiones matinales para adolescentes. La entrada costaba treinta y cinco centavos y todos los grupos tocaban gratis ante un público de unos setenta y cinco lugareños. Aquellas matinales estaban dirigidas por un atípico matrimonio del mundo del espectáculo, Bisco Bob y la señora Bob. Eran artistas de circo un poco frikis, pero durante unos meses —hasta que alguien robó una de las maracas de la señora Bob y Bisco pilló un cabreo mayúsculo y nos encerró a todos en el Elks Club hasta que alguien se sacase unas maracas del culo— fue un buen lugar para pasar nuestro bautismo de fuego. Las bandas casi estrictamente instrumentales se disponían en círculo y se preparaban para la batalla durante unas horas.

Con una ansiedad solo comparable a la que se siente antes de la Super Bowl, mis colegas y yo cargamos nuestros trastos en los coches de nuestros padres, los llevamos hasta el Elks Club y montamos el equipo. Al ser el grupo más nuevo, salimos los últimos. Dejando a un lado el pánico y los sudores fríos, metimos caña a nuestros temas y no estuvimos mal del todo. Y entonces… sacamos nuestra arma secreta: yo… *cantando* «Twist and Shout». La canté a todo pulmón, sacudiendo las caderas y dando el espectáculo de mi joven vida, o eso pensé. Había un antiguo micrófono de rejilla, al estilo de los años cuarenta, conectado a los horribles y escasos altavoces cuyos graznidos pasaban por equipo de sonido. Me escondí detrás de aquel enorme micrófono y grité como un poseso… «Ahhhh, ahhhh, ahhhh, ahhhhh… well shake it up, baby, now…». Fue una interpretación bochornosa, pero me sentí estupendamente. Incluso hubo algunos chavales que nos dijeron que habíamos estado «geniales». Yo pensaba que casi todos los demás grupos eran mejores que nosotros. Tenían mejores equipos, más experiencia, pero… casi nadie cantaba.

A raíz de aquello nos contrataron para telonear a los Chevelles en un baile del instituto. Que te contratasen para tocar en tu instituto era lo máximo en el pueblo. Para nosotros, aquella actuación tenía su riesgo. Esa noche fuimos a Diehl's y alquilamos un amplificador extra, ¡un Gretsch con reverb! Reverb, esa cámara de ecos mágica que hacía que al momento sonases como tus discos favoritos y le daba un aire profesional a todo lo que hacías. Y nos fuimos al gimnasio del Instituto Regional de Freehold. Íbamos a destrozar a los Chevelles y sus partituras, a mandarles a ellos y sus elegantes clases de música llorando de vuelta a la escuela de Mike Diehl. Nosotros éramos la «nueva ola». Nada de trajes a juego, ni escuela de música, solo aullidos de blues y rock and roll.

Enseguida empezaron los problemas. Nuestro guitarra solista se había olvidado la correa, por lo que tuvo que tocar todo el rato con una rodilla sobre el ampli para sostener la guitarra… algo muy poco cool. Además, por desgracia, nuestro bajista seguía sin saber tocar una sola nota, así que se quedó allí de pie (también sin correa) con una rodilla sobre su ampli (el que le había hecho entrar en la banda) y con su bajo desconectado durante todo el pase. Yo rebuzné ante el micrófono de la megafonía del instituto y un sonido ininteligible y pesadillesco brotó desde alguna parte de las vigas del gimnasio. Peor todavía: nos sentíamos tan excitados al disponer de reverb, que mi guitarrista y yo nos conectamos al ampli alquilado, subimos al máximo el reverb y sumergimos nuestro sonido en una espantosa tormenta de mierda, un mejunje tembloroso y lleno de ecos que comprimía la instrumentación hasta producir un sonido que parecía emerger de un océano infestado de dragones. Nuestro nuevo «efecto» reducía todo lo que tocásemos a un serpenteante galimatías. (Reverb a todo trapo en un gimnasio… ¡no lo hagáis, jovencitos!) Fue humillante. Mientras tocabas, eras consciente de ello. Y allí estaba yo, la cabeza gacha, sonrojado, sabiendo que sonábamos horrible y sin la menor idea de cómo solucionarlo. El público se apiñaba enfrente de nuestro grupo esperando… algo; algo de lo que habíamos estado jactándonos toda la semana. Sus rostros eran un poema… «¿Qué co… es esto?» Entonces salieron los Chevelles y lo petaron. Eran profesionales. Tocaban música de verdad, por cursi y aburrida que fuese. Sabían manejar sus instrumentos y actuar ante el público. Nos quedamos allí viéndoles, con los humos totalmente bajados, mientras algunos colegas del alma nos decían que no habíamos estado «tan mal».

Volvimos a la cruda realidad, solo que esta vez, al final, me quedé yo solo. Poco después del bolo, mi colega, el tío al que yo había metido en la banda, me informó de que habían hecho una votación y me echaban. Mi guitarra era «demasiado barata», desafinaba todo el tiempo, y añadió innecesariamente que había visto aquella misma «basura» en Nueva York por solo treinta dólares. Ay… eso dolió. Ese mismo día, mientras volvía caminando con mi madre desde su trabajo, le conté que me habían echado del grupo, pero no tuve valor para contarle el motivo. Ella había invertido todo lo que tenía en aquella «basura», y yo iba a lograr que funcionase.

In My Room*

Esa noche me fui a casa, saqué el segundo álbum de los Rolling Stones, lo puse y aprendí por mi cuenta el simple pero fantástico solo de

---

* «En mi habitación», canción de los Beach Boys, grabada originalmente en 1963. (*N. del T.*)

guitarra de Keith Richards en «It's All Over Now». Me llevó un buen rato, pero a medianoche ya había logrado un facsímil razonable del mismo. Que les jodan, iba a tocar la guitarra solista. Durante los siguientes meses (¡años!) practiqué incansablemente, pasé toda hora disponible acunando mi Kent, retorciendo y torturando las cuerdas hasta que se rompían o hasta que yo caía de espaldas en mi cama dormido con ella entre las manos. Los fines de semana iba a los YMCA o CYO locales, o a los bailes de instituto, y me quedaba allí plantado, en silencio, inescrutable, cruzado de brazos, delante del guitarra solista de la banda que estuviese tocando, observando cada movimiento de sus dedos. Tras el baile, mientras los demás chavales se iban a comer una pizza a Federici's o intentaban ligar con las chicas, yo volvía corriendo a casa, me metía en mi habitación y allí, hasta bien entrada la madrugada, con la guitarra desconectada para no molestar, intentaba recordar y repetir todo lo que había visto.

Pronto empecé a sentir el poder que el instrumento y mi trabajo me estaban proporcionando. Tenía un secreto… había *algo* que podía hacer, algo en lo que podía ser bueno. Me dormía por las noches con sueños de la gloria del rock and roll en mi cabeza. Más o menos eran así: los Stones van a dar un concierto en el Convention Hall de Asbury Park, pero Mick Jagger cae enfermo. No pueden cancelar esa actuación, necesitan a un sustituto, pero ¿quién podría reemplazar a Mick? De repente, un joven héroe, un chico del lugar, se levanta y avanza entre el público. Él puede «liderar», tiene la voz, la imagen, los gestos, sin acné… y toca la guitarra de la hostia. La banda congenia al instante. Keith sonríe y, de pronto, los Stones ya no tienen tanta prisa por sacar a Mick de la cama donde yace enfermo… ¿Cómo acaba todo? Siempre igual… el público enloquece.

TRECE

LOS CASTILES

Un día estaba en mi casa de South Street cuando llamaron a la puerta. Era George Theiss, un guitarrista y cantante local que se había enterado por mi hermana de que yo tocaba la guitarra. Yo ya conocía a George de verlo rondar por el Elks Club. Me contó que estaban montando un grupo y andaban buscando un guitarra solista. Aunque dudaba de llamarme a mí mismo «guitarra solista», llevaba un tiempo trabajando duro y había logrado algunas «habilidades» rudimentarias. Fuimos andando hasta Center Street y entramos en una pequeña y desvencijada casa donde, unos quince metros calle arriba, desde las ventanas abiertas de la fábrica de alfombras, la estruendosa guerra de metal contra metal se extendía a las calles de Texas. En aquel barrio me colgué la guitarra y me uní a mi primera banda de verdad.

Allí conocí a Tex y Marion Vinyard. Eran amigos de George que habían decidido hacer entrega de los escasos metros cuadrados de lo que llamaban su comedor a los jóvenes ruidosos del lugar. Era un barrio muy informal: los blancos y los negros estaban más o menos segregados por la fábrica textil, pero se entremezclaban sin problemas en las calles. El diminuto apartamento de Tex y Marion actuaba de núcleo central para lo que parecía un club para adolescentes. La pareja estaba en la treintena, no tenían hijos y por ello acogían a los «descarriados», chavales que o bien no tenían mucha vida familiar, o bien buscaban escapar de sus casas para encontrar algún lugar menos restrictivo, más acogedor. Tex trabajaba en la fábrica, era pelirrojo, muy repeinado, temperamental, bocazas, lascivo, y siempre contaba chistes de coños. Al igual que mi padre, rara vez se le veía sin su ropa de faena, la camisa de trabajo y los pantalones caqui, la funda protectora en el bolsillo y demás. También era generoso, amable, cariñoso, y uno de los adultos más desprendidos que yo había conocido hasta la fecha.

Tex y Marion parecían haber quedado suspendidos entre la adolescencia y la edad adulta, así que se crearon un hogar para sí mismos y al mismo tiempo para sus ansias de paternidad subrogada. No eran tus padres, pero tampoco tus colegas. Mientras aullábamos machacando guitarras y aporreando baterías contra las paredes de su modesto hogar, con los vecinos al otro lado, a solo unos centímetros de pared de yeso (¡qué tolerancia!), ellos imponían las reglas y organizaban la agenda decidiendo lo que funcionaba y lo que no. Los ensayos se realizaban al salir de la escuela, daban comienzo a las tres y media y finalizaban a las seis. Tex se convirtió en nuestro mánager y Marion fue la matrona y costurera de una panda de rocanroleros inadaptados y pueblerinos. Había también un pequeño grupito de chicas (traed las guitarras y acudirán). Se escuchaba música y se flirteaba, y a las bromas picantes de Tex les seguía el «¡Teeeeeeexxxxx… basta ya!» de Marion. Nos cogíamos de las manos y nos dábamos algún beso, pero nada más, en cualquier caso no en la casa. George, que guardaba un cierto parecido con Elvis y Paul McCartney (el Rey y un Beatle, ¡el auténtico premio doble!), era nuestro playboy particular y no le iba nada mal. El resto de nosotros se conformaba con lo que había, pero lo más importante era la música.

Junto con George y yo, el grupo estaba formado por el batería Bart Haynes, el bajista Frank Marziotti y un elenco rotatorio de brutos machaca-panderetas. El puesto de líder de la banda era uno para el que muy pocos estaban cualificados por aquel entonces, pues además de cantar debías demostrar sentido del ritmo. Éramos todos muchachitos blancos con poca voz y escaso ritmo, pero, eh, que eso no había frenado a los Stones, y los Stones eran nuestro Santo Grial y nuestro paradigma de lo cool. Necesitábamos a nuestro Mick, un tío que se pusiera al frente. Primero buscamos al tipo más duro que conocíamos y lo plantamos allí. No sabía cantar una sola nota y se sintió visiblemente incómodo a medida que fuimos reduciendo sus tareas hasta limitarlas al pasaje susurrante de la libidinosa y sibilante «You Turn Me On», de Ian Whitcomb. ¡Aquel tío ya solo estaba en la banda para respirar! Sabíamos que aquello no funcionaba, y nos jugamos a la pajita más corta quién iba a recibir la paliza por darle la mala noticia. ¡Oye, que para eso están los mánagers! Dejamos que lo hiciese Tex. Nuestro «cantante» se marchó pacíficamente con un suspiro de alivio. Después de aquello reclutamos al chico más guapo que encontramos, el tío del instituto con el mejor pelo. En escena se veía fantástico y tocaba la pandereta bastante bien, pero, ¡ay!, no cantaba nada de nada. George era el mejor vocalista de todos nosotros. Tenía buena voz, carisma, y hacía bien su trabajo. A mí se me consideraba tóxico delante de un micrófono, y mi voz fue motivo de muchos chistes por parte de Tex. Años más tarde, después de haber vendido millones de discos, cuando iba a verlo, a Tex todavía encontraba gran placer burlándose de mí y soltándome: «Sigues sin saber cantar. George es el cantante».

Tex fue mi primera figura paterna suplente. A su modo retorcido era afectuoso. Y, lo más importante, te aceptaba. Apreciaba tu talento y te animaba, te tomaba por quien eras, e invertía su tiempo, sus fuerzas, su dinero y su gran Cadillac negro, donde transportábamos el equipo, todo al servicio de nuestros sueños. A menudo nos quedábamos plantados ante el escaparate de Caiazzo's Music, babeando por un nuevo micrófono Shure. Caiazzo's estaba al lado de la Ring's Barber Shop y a unos escasos diez metros enfrente de donde vivían los Vineyard. Por la noche, sentados en los diminutos escalones de entrada a la casa de Tex, el escaparate de Caiazzo's resplandecía con baterías de color blanco perlado, guitarras decoradas con escamas metálicas y amplificadores con vatios suficientes para despertar de su estupefacta modorra a aquel moribundo pueblo de mierda. Tex se sentaba allí, en silencio, con su cigarrillo encendido, hasta que al final gritaba: «Joder, este viernes cuando cobre nos traeremos a ese pequeñajo a casa». Y lo hacía. Y entonces, como un padre orgulloso, observaba cómo sus «chicos» se reunían cual polluelos en torno al nuevo y brillante micrófono y soltaba: «Maldita sea… qué buen sonido tiene este nuevo Shure».

A lo largo y ancho de Estados Unidos hubo adultos como Tex y Marion, auténticos héroes olvidados del rock and roll, que encontraban espacio en sus casas y en su vida para trajinar con los equipos, comprar guitarras, ofrecer sus sótanos y garajes para los ensayos, personas que habían hallado un lugar de entendimiento entre los pugnaces mundos de la adolescencia y la vida adulta. Apoyaban y compartían las vidas de sus chavales. Sin gentes como estas, los sótanos, los garajes, los Elks Club y las salas VFW hubiesen quedado vacíos y los inadaptados flacuchos y soñadores no habrían tenido un lugar al que acudir para aprender cómo llegar a ser héroes del rock and roll.

Nuestro primer bolo

El nombre de los Castiles provenía de la marca de champú que usaba George Theiss. Era un nombre que encajaba con los tiempos. Tenía reminiscencias de los grupos doo-wop de los cincuenta, pero también servía para llevarnos al Valhalla del sonido skiffle de rock y blues que emulábamos. Nuestro listado de canciones consistía en una mezcla de éxitos pop, rhythm and blues, instrumentales de guitarra, hasta una versión de «In the Mood» de Glenn Miller que nos había enseñado Frank Marziotti para hacer más variado nuestro repertorio. Incluso metíamos uno o dos temas propios aquí y allá.

Nuestro primer bolo fue en el parque de caravanas Angle-Inn, en la Ruta 33, al este del autocine Shore Drive-In. Una velada vespertina con comida al aire libre, un acto social para sus residentes. Nos instalamos a la sombra bajo el saliente de un pequeño garaje y nos vimos ante un público de unas cincuenta almas. Nuestro equipo era de lo más primitivo. Llevábamos la batería de Bart, unos pocos amplis y un micro conectado a uno de los canales extra de un amplificador de guitarra. Antes de nosotros actuó un grupo de country local cuya cantante era una niña de unos seis o siete años que, subida a un taburete, entonaba canciones de Patsy Cline ante uno de esos enormes micrófonos radiofónicos. Eran bastante buenos… y competitivos. Cuando empezamos a meter ruido, se cabrearon mucho al ver que el público se animaba y se lanzaba a bailar. Lo que siempre es buena señal. Nuestro cantante ejecutó su número de respirar jadeante en «You Turn Me On», haciendo que George y yo tuviéramos que aguantarnos la risa, y acabamos con —lo has adivinado— «Twist and Shout», mientras el parque de caravanas enloquecía en una juerga veraniega de andar por casa. Cosechamos un gran éxito, y eso nos convenció de que podíamos hacer música y ofrecer un espectáculo. También comprendimos que debíamos despedir inmediatamente a nuestro cantante. Todavía recuerdo la excitación jubilosa… emocionamos a la gente, dándoles una hora y pico de diversión y energía. Hicimos magia local, rudimentaria y cruda, pero efectiva.

«Wipe Out», cayendo de la tabla de surf

Nuestro bajista, Frank Marziotti, era un veterano de la escena country local. Estaba todavía en la veintena, pero su apariencia era la de un rotundo cantante italiano de bodas. De facciones mediterráneas, llevaba el pelo negro y ondulado hacia atrás y, más que el bajista de una banda de rock and roll joven, rebelde y vibrante, parecía salido de la cadena de montaje en la que curraba mi padre. Era una nota discordante en nuestra imagen. Y el único músico de verdad del grupo. Me enseñó mucho acerca del estilo de guitarra country y tocaba el bajo más fluido que hayas escuchado. El único problema era que en todos los bolos nos hacían la misma pregunta: «¿Por qué toca vuestro padre en el grupo?». A nosotros no nos importaba, pero a él empezó a molestarle. Abandonó el grupo de manera discreta y elegante, y su lugar lo ocupó el rubio Curt Fluhr: corte de pelo a lo Brian Jones, ampli Vox, bajo violín Höfner y demás.

Bart Haynes era nuestro infernal e indomable batería. Aseguraba ser un tanto retrasado y una de sus frases más famosas era: «Soy rematadamente tonto». Era un batería sólido con una extraña peculiaridad: era incapaz de llevar el ritmo de «Wipe Out». En 1965, la interpretación de «Wipe Out» de los Surfaris era el listón por el que se medían todos los aspirantes a batería. Aquel ritmo sincopado y simple en los tom-tom se consideraba la prueba definitiva de tu maestría. Si lo escuchas hoy en día, se percibe claramente que, pese a ser un ritmo fantástico, que estaba al alcance de cualquier tarado. Pero… el caso era que, en algún momento de la velada, si un batería quería volver a casa con su dignidad intacta, DEBÍA tocar «Wipe Out». Y Bart no podía. No importaba lo que hiciese ni cuánto se esforzase, sus muñecas se negaban a seguir aquel ritmo rudimentario. Bart Haynes llevaba la batería en la sangre y en los huesos, pero era físicamente incapaz de tocar «Wipe Out». Conforme avanzaba la velada, se oía desde el fondo de la sala a otros baterías lanzando su guasona petición: «Tocad "Wipe Out"». Al principio los ignorábamos, hasta que Bart se calentaba y mascullaba por lo bajo algunos «Que os den». Entonces… lo peor de todo… le provocaban… «Venga… venga…». Y él decía: «Toquemos esa hija de puta». Y la tocábamos. Y llegaba el momento del gran solo redoble de batería y fallaba una y otra vez. Las baquetas repiqueteaban entre sus manos, de algún modo aquel ritmo simple se descomponía hasta que una baqueta caía al suelo, su rostro enrojecía totalmente y el espectáculo se acababa. «¡Cabrones!»

Bart no tardaría en soltar las baquetas definitivamente para enrolarse en los marines. Su última tarde en el grupo se presentó presuroso, con una sonrisa en la cara, y nos contó que se iba a Vietnam. Se reía y decía que ni siquiera sabía dónde estaba. Poco antes de que su buque zarpara, se sentó por última vez a la batería en el comedor de Tex y Marion, vistiendo su uniforme azul, e hizo un último intento con «Wipe Out». Cayó en combate por fuego de mortero en la provincia vietnamita de Quang Tri. Fue el primer soldado de Freehold que moría en la guerra de Vietnam.

Vinnie «Skeebots» Manniello, un batería influido por el jazz más cimbreante y poderoso, sustituyó a Bart Haynes. Joven, ya casado y con un hijo de «la señora Bots», contribuyó enormemente a la profesionalidad de nuestra banda. A partir de entonces todo serían actuaciones en salas del YMCA y el CYO, institutos, pistas de hielo, pistas de patinaje, salones del VFW, batallas de bandas, Elks Club, inauguraciones de supermercados, clubes de oficiales, autocines, manicomios, clubes de playa y cualquier lugar que quisiese entretenimiento local decente a buen precio y pudiese albergar a una banda de cinco miembros.

Hacia el este

Freehold se encontraba justo en el centro entre dos pandillas juveniles socialmente incompatibles. El territorio de los «rah-rahs» se extendía por el este hasta la costa, y el de los «greasers» lo hacía por la Ruta 9 en dirección sur. La pista del Instituto Regional de Freehold era una tierra de nadie para los grupos pandilleros, con los rahs en una esquina, los greasers en otra y los chicos negros en la suya. Había cierta comunicación entre las altas esferas, en aras de iniciar una pelea o acabar con ella, pero aparte de eso cada pandilla se limitaba a su pequeño mundo. Los rah-rahs bailaban con música pop, los temas del Top 40 y la música playera; los greasers saltaban a la pista cuando sonaba doo-wop; y los chicos negros lo hacían con el rhythm and blues y la música soul. Motown era la única fuerza que podía llevar la distensión a la pista de baile. Cuando se pinchaban discos de Motown, todos bailaban juntos. Aquella tenue confraternización finalizaba con el último latido de la música, y entonces todos regresaban al cuadrado que les había asignado Naciones Unidas en el suelo del gimnasio.

Los rahs eran el contingente adolescente de clase social ligeramente más alta, destinados a ir a la universidad. Ellas eran las animadoras y ellos los deportistas, los reyes y reinas que ejercían su dominio en la mayoría de los institutos. Estoy seguro de que hoy siguen igual, como los *preps* o cualquiera que sea su actual *nom de guerre*. O estabas dentro de su círculo o estabas fuera. Y yo estaba muy, muy fuera. La zona cero del territorio rah-rah era el área de la costa de Jersey que comprende Sea Bright, Middletown y Rumson. Allí había dinero y no te dejaban olvidarlo. Las calurosas noches de agosto, cuando íbamos al este a tocar en sus playas, se nos dejaba muy claro enseguida que veníamos del lado malo de las vías del tren. Para llegar a la playa tenías que abrirte camino a través de las imponentes casas de Rumson, el barrio más prestigioso y exclusivo del centro de Jersey. Árboles centenarios y fincas palaciegas escondidas tras puertas de hierro y vegetación exuberante te hacían saber que «se mira pero no se toca».* Cuando llegabas a la costa en Sea Bright, las playas eran una larga sucesión de clubes privados que acogían y servían a los ricachones. Una muralla de cabañas y aparcamientos bloqueaba el acceso al océano Atlántico, propiedad de Dios. El mar estaba por allí cerca, pero a no ser que te aventurases a ir a la única playa pública, ibas a tener que pagar, y mucho, por mojarte los dedos de los pies. Sin embargo, los jóvenes a la última necesitaban diversión y emociones fuertes y se mezclaban con la plebe, escapando de sus papás y mamás mientras estos se agarraban una buena curda de martinis en el bar de la playa. Y así… el este se encontraba con el oeste. Conforme iba creciendo nuestra reputación, nos reclamaban desde las yermas tierras para que les hiciésemos el trabajo sucio.

Primero debíamos cargar nuestro equipo hasta la arena, en la que habían extendido un cable eléctrico para que pudiésemos conectar los amplificadores. En el sofocante calor de agosto, íbamos vestidos con nuestra indumentaria completa: tejanos negros, botines Beatle negros, chalecos negros de falsa piel de serpiente comprados en la subasta de Englishtown, camisas blancas de esmoquin, pelo largo (todavía una rareza) y piel muy blanca de «interior». No éramos los Beach Boys precisamente. La reacción solía ser siempre la misma.

---

* Verso de «You Can Look (But You Better Not Touch)», canción incluida en *The River.* (N. del T.)

Los padres se divertían y al poco se aburrían, la chicas flirteaban curiosas, los chicos se mostraban hostiles.

A medida que los bronceados cuerpos en bikini se alineaban ante nosotros, se elevaban desde el fondo los gruñidos de aquellos jóvenes deportistas de pelo cortado a cepillo. Solo teníamos una opción: tocar. Tocar hasta que les gustase, hasta que pudiesen sentirlo y, más importante, hasta que ¡BAILASEN! ¡Tenías que hacer bailar a las chicas! Una vez que las chicas se ponían a bailar, todos se animaban y, de repente, ya no eras esa amenazante presencia alienígena llegada en cohete desde los anillos de Greaserville, tan solo estabas «en una banda». Sabíamos cuál era nuestro trabajo y el día solía acabar bien, los chicos nos hablaban, nos preguntaban por nuestra forma de vestir, de dónde veníamos (del oscuro interior), y de vez en cuando algún tipo duro intentaba iniciar una pelea. Eran eventos bastante bien supervisados y siempre había un salvavidas mayor o un vigilante adulto para controlar la situación. En el aparcamiento era donde debías andarte con más cuidado. Te estabas rompiendo las pelotas para meter a presión todo el equipo en el coche, cuando de pronto oías: «¿Qué es lo que has dicho? ¿Qué me has dicho…?». Por supuesto que no habías dicho nada. Simplemente te estaban provocando para darte una amistosa paliza. Hora de volver a casa.

Hacia el sur

El sur de Freehold ofrecía otros desafíos. Los greasers eran una subcultura adolescente de chaquetas de cuero, ropa de piel de tiburón, prietos calcetines transparentes de nailon y zapatos italianos para patearte bien el culo. Acicalados bajo sus tupés pompadour, tardaban más tiempo en arreglarse para ir a la escuela que mi tía Jane. Descendientes de italianos, habitaban su propio universo terrenal y te montaban una bronca a la mínima sin que les importaras una mierda. Muchos de mis mejores amigos eran «greasers» (así conocidos por la gran cantidad de grasa o brillantina para el pelo que usaban y por su delicada y untuosa piel italiana). Era más fácil tratar y entenderse con ellos que con los rah-rahs, siempre que no tuviesen algo en tu contra. Eran los chicos destinados a vivir la misma vida de currantes decentes de sus padres, a seguir en el gremio de su progenitor, los futuros granjeros, los que levantarían hogares y criarían bebés, eso si conseguían superar aquellos pocos años de hormonas palpitantes y desenfrenadas sin resultar heridos o herir seriamente a alguien. Si lograban mantenerse alejados de la cárcel en esa corta etapa, muchos llegarían a ser la espina dorsal de la sociedad estadounidense: arreglarían coches, trabajarían en fábricas, cultivarían alimentos y lucharían en las guerras.

También en dirección sur, por la Ruta 9, estaba Freedom Acres, la primera urbanización residencial que cualquiera de nosotros hubiera visto nunca. Lo que distinguía a Freedom Acres no era solo su estatus «pionero» como comunidad planificada, sino el hecho de que estaba habitada por los descendientes de Gengis Khan: mongoles. Las estepas rusas quedaban lejísimos, pero por obra y gracia de Alexandra Tolstói, nieta del famoso León autor de *Guerra y paz*, se afincaron aquí a finales de los años cuarenta, después de la guerra. Alexandra tenía una fundación que les ayudaba a escapar de los soviets, así que, anticomunistas recalcitrantes y perseguidos por Stalin, se instalaron en el condado de Monmouth. Era o Siberia o Nueva Jersey, que era casi lo mismo, pero al final escaparon de las cárceles de Stalin para acabar cayendo literalmente en la Highway 9. Sus hijos serían mis compañeros de clase en el instituto de Freehold.

Físicamente, los mongoles eran muy corpulentos y adoptaron estrictamente el estilo greaser. Imagínate al asiático más enorme que hayas visto en tu vida con una chaqueta tres cuartos de cuero, camisa y pantalones de vestir, zapatos puntiagudos y un pompadour negro y pringoso que añadía varios centímetros extra a una figura de más de metro ochenta. Los tatarabuelos de esos tíos habían conquistado el mundo a lomos de caballo y, a juzgar por sus pintas, sus descendientes de Nueva Jersey podían repetir la hazaña si se lo proponían.

Los greasers copiaron toda su imagen de la comunidad negra del instituto, de quienes eran amigos y a quienes al mismo tiempo trataban con un racismo virulento. Estaban en una constante búsqueda del estilo «zona alta». Los trajes impolutos, las camisas de cuello alto color rosa, verde lima o azul cielo, los pantalones pitillo, todo cuidado al máximo e intocable... NO ME TOQUES EL PELO... SI ME TOCAS EL PELO HABRÁ PELEA... Eran tipos de lo más susceptible. Un tipo al que llamaré «Tony» lideraba a los greasers, un padrino antes de que apareciera *El Padrino*. Andaba por los pasillos del instituto con el más perfecto pompadour azabache que hayas visto nunca, impecablemente trajeado con una chaqueta tres cuartos negra, y con su semblante de dios del sexo italiano recién salido del sueño húmedo de cualquier animadora modosita. Vestía como un rey y era el cabecilla de la pandilla local.

Fuera de la escuela, a Tony se le solía ver en los clubes para adolescentes, a menudo esgrimiendo un bastón de empuñadura plateada (que de vez en cuando usaba contra alguien). Llegaba como un pequeño César de provincias, sus relucientes zapatos apenas pisando el suelo, rodeado por sus silenciosos esbirros. Fuera donde fuese, la gente le abría paso.

El siguiente destino donde ofrecer nuestra mercancía nos llevó por la Ruta 9 hacia el sur, hacia el territorio greaser. En la Ruta 9 abundaban los clubes nocturnos y las pizzerías que los fines de semana se llenaban de jóvenes. Primero llegabas a Cavatelli's Pizza, cerca de Lakewood. Era un pequeño puesto de pizzas en la autopista cuyo propietario decidió hacer algo de dinero extra las noches de viernes y sábado retirando las mesas y las sillas, contratando a un grupo y montando pequeños bailes frente al mostrador del local. Reinaba en el lugar un contingente de auténticas chicas greaser con sus melenas cardadas, pintalabios blanco, pieles pálidas, abundante sombra de ojos, botas de cuero, faldas ceñidas, sostenes en punta... como las Shangri-Las o las Ronettes cruzadas con Amy Winehouse. La más poderosa de aquellas señoritas era una chica llamada Kathy. Llegabas, montabas tu equipo, empezabas a tocar... y nadie se movía... nadie. Transcurría una hora incómoda, todas las miradas puestas en Kathy. Hasta que tocabas la canción adecuada y, entonces, ella se levantaba y se ponía a bailar, como en trance, arrastrando lentamente a una amiga hasta donde estábamos nosotros. Momentos después, la pista se llenaba y la velada despegaba. Este ritual se repetía una y otra vez. Le gustábamos.

Averiguamos cuál era su música favorita y la interpretábamos sin parar. Fuimos oficialmente aprobados como una de «las bandas de Kathy». Todo iba bien, a no ser que le gustases demasiado. Lo cual podía ser muy peligroso. Aunque, por lo que recuerdo, el público de Cavatelli's Pizza estaba formado principalmente por chicas que salían de fiesta, siempre había chicos rondando por la periferia, y un murmullo, un rumor o una señal que sugiriese algo más que amistad podía resultar nocivo para tu salud. A lo largo de la Ruta 9 debías tener mucho cuidado de no caerle mal a nadie.

Finalmente, nos ganamos el ascenso hasta el IB Club. Aquel era el mayor espectáculo del sur de Jersey. Un paraíso terrenal para los greasers. Allí actuaban los mejores grupos, conjuntos doo-wop de verdad que habían grabado discos. Nicky Addeo era nuestra divinidad local del doo-wop, con su falsete capaz de humedecer muchas bragas de algodón y estremecer la espina dorsal del mismísimo Satanás. Era el producto genuino, el rey del público de la vieja escuela que se reunía en el IB. Cuando cantaba «Gloria» de los Cadillacs, se iniciaba la ceremonia en la iglesia de los greasers. La pista se llenaba y todo lo que se oía era el roce de erecciones, contenidas por la tela de piel de tiburón, contra medias de nailon. En pleno 1966, años después de la invasión británica, el doo-wop seguía siendo la música favorita del contingente rocker. Canté muchas, muchas veces «What's Your Name» y el «In the Still of the Night» de los Five Satins. En los años sesenta, a lo largo de la Ruta 9, tener a mano un puñado de temas doo-wop era esencial para tu supervivencia.

Aquel fue un gran contrato para los Castiles. Preparamos un repertorio a la medida de aquella pista inundada de cuero. Los ingredientes secretos eran doo-wop, soul y Motown. Esa era la música que hacía que al corazón de cuero le diese un vuelco. Para definir lo que significaban las vidas de aquella gente era necesario el oscuro y sangriento romanticismo del doo-wop, la autenticidad y la fuerza del soul y la insinuación de la posibilidad de ascenso social impregnada en los artistas de Motown. Salvo por sus éxitos en el Top 40, la pose bohemia de los Stones y sus correligionarios de los sesenta apenas tenía relevancia en la experiencia vital de aquellos jóvenes. ¿Quién podía permitírselo? Tenías que luchar, esforzarte, trabajar, proteger lo que era tuyo, mantenerte fiel a tu pandilla, tu sangre, tu familia, tu territorio, tus hermanos y hermanas greaser, y tu país. Esta es la mierda que te animará a seguir adelante cuando todo lo demás se desmorone, cuando todas esas chorradas se las lleve la próxima moda y dejes preñada a tu chica, tu padre vaya a la cárcel o pierda su empleo y tengas que buscarte un trabajo. Cuando la vida llame a tu puerta, será el cantante doo-wop con el corazón roto quien entienda el pesar y el precio de amar, será el soulman endurecido por la vida quien comprenda eso de «I take what I want, I'm a bad go-getter, yeah…» («Tomaré lo que quiera, soy un buscavidas malote, sí…»),* y serán las divas de Motown, ellas y ellos, quienes sepan que has de jugar un poco al juego del hombre blanco y rico. Deberás reflexionar y comprometerte sin vender tu alma, para alcanzar un nivel superior hasta que llegue el momento en que seas *tú* quien imponga las reglas. Ese era el credo a lo largo de la Ruta 9, y tenías que entenderlo así o de lo contrario sucumbirías a una horrible muerte musical al tiempo que arriesgabas tu físico cualquier sábado por la noche.

El ajuste de cuentas

Era una noche de sábado como cualquier otra; nos habían contratado en el IB Club y esperábamos dar un gran concierto. Aunque ya no nos vestíamos como los grupos de rhythm and blues británicos (tras ganar por votación a Tex, habíamos abandonado los uniformes), teníamos una buena conexión con el público y éramos populares entre la gente del lugar. Todo iba bien mientras te mantuvieras alejado de sus chicas. Íbamos ya por nuestro tercer cantante, al que llamábamos «Benny», una mejora significativa. No era guapo, era un poco mayor que nosotros y ya no iba al instituto, pero cantaba bien. Se le veía rondar por el barrio –vivía solo, cerca de mi casa– con una actitud de

---

* Verso de «I Take What I Want», canción de Hayes, Hoges y Porter de 1965, grabada por Aretha Franklin en 1968. *(N. del T.)*

tipo mayor enrollado y entendido, así que una cosa llevó a la otra y acabó agitando sus maracas al frente de la banda.

El club estaba lleno, quizá unas seiscientas personas, cuero por todas partes, cabellos encrespados, pompadours y grasa suficiente como para mantener en funcionamiento el taller mecánico del barrio durante años. Desde el escenario vi cómo las aguas del mar Rojo se dividían al llegar Tony y los suyos. El paseíllo habitual, un espectáculo francamente divertido de ver. Entraron por la puerta principal y de pronto cambió el ritmo y la temperatura de la sala. La velada había dado comienzo oficialmente. No era infrecuente que la policía municipal de Howell acudiera al IB Club cuando había peleas. Los disturbios públicos eran una de las pasiones y aficiones de muchos de los clientes del IB. Se esperaba que esa noche no hubiese altercados y todos pudiésemos volver a casa felizmente y de una pieza.

De pronto, durante un descanso, nos llegaron noticias al escenario de que, si Benny no bajaba y se entregaba a Tony y los suyos, iban a subir en cuestión de minutos para destrozarlo todo, incluidos los que estábamos allí. ¿Eh? ¿Qué estaba pasando?

En Middletown, Nueva Jersey, había dos fenómenos de la naturaleza, Gravity Hill («Colina de la Gravedad») y Thrill Hill («Colina del Estremecimiento»).* Uno de los ritos iniciáticos habituales entre los jóvenes del lugar consistía en conducir tu coche hasta las afueras de Freehold, aparcar al pie de Gravity Hill y (¿debido a «la configuración del terreno»?, ¿a las «místicas propiedades magnéticas de la Tierra»?, ¿al vudú de Nueva Jersey?), una vez apagado el motor, parecía que el automóvil, misteriosamente, rodaba muy despacio hacia atrás colina arriba. En muchas ocasiones me había sentado en mi Corvette 60 para, al final de una cita nocturna, impresionar a una chica con este pequeño truco de salón sobre el asfalto.

Thrill Hill no era más que una abrupta pendiente en la carretera, inapropiadamente señalada, que si se tomaba con la velocidad suficiente hacía que las cuatro ruedas de tu coche despegasen del suelo

---

* Hasta el día de hoy, la empresa de Bruce Springsteen lleva el nombre Thrill Hill Productions. *(N. del T.)*

lanzándote a ti y a tus acompañantes hacia la noche en un corto «vuelo». La gracia estaba en que, justo sobre el punto más alto de Thrill Hill, pasaba un antiguo puente ferroviario casi pegado a la carretera. El «estremecimiento» consistía en acercar al máximo el techo del coche a ese puente. Si era demasiado alto, ibas a pasar una noche pero que muy mala.

Según el folclore local, una noche Benny había ido conduciendo hasta Thrill Hill con la hermana de uno de los amigos de Tony como copiloto y con otros dos pasajeros en el asiento trasero. Al parecer, se llevaron por delante bastante parte del interior del puente como para que los pasajeros resultaran gravemente heridos, mientras que el conductor solo sufrió heridas leves… hasta ahora. El hermano de la chica había reclamado justicia al Padrino y había llegado el momento de impartirla. Todo iba a quedar zanjado esa misma noche, en cuestión de minutos. Benny se ofreció a entregarse. No creo que de verdad lo pensase, y en cualquier caso no íbamos a dejar que lo hiciera. Conocía a Tony por un viejo compañero de banda, lo que quizá me salvase de la paliza, pero el equipo y todo lo demás parecían irremediablemente perdidos. Solo se podía hacer una cosa. El último y vergonzoso recurso de cualquier ciudadano responsable de la Ruta 9… llamar a los polis. ¡Y hacerlo ya! Eso es lo que hizo el gerente del local, que se encargó de llamar por nosotros. Benny tuvo que abandonar el escenario y el edificio escoltado por la policía, caminando entre una turba de cuero y duras miradas hasta subirse en el coche patrulla municipal y desaparecer para siempre de nuestras vidas. Ya no tocaría una sola nota más con los Castiles, y su pandereta quedaría olvidada para siempre.

Trabajo

Los Castiles eran ya una unidad bastante bien engrasada. Tocábamos regularmente en muchos locales distintos para una gran variedad de públicos, desde convenciones de bomberos hasta el hospital psiquiátrico de Marlboro (donde, sí, los internos corearon vigorosamente «We Gotta Get Out of This Place» de los Animals). Una noche actuamos en el Surf and Beach Club, en la zona de Sea Bright, en el corazón del territorio rah. Éramos teloneros de un muy solicitado y reconocido grupo de versiones de temas del Top 40. Había algunas bandas de ese tipo. No tenían material propio, pero eran tan buenos en lo que hacían que podían romper sus lazos locales y viajar por todo el país tocando la música de otros. El lugar estaba abarrotado de rostros bronceados y miradas hoscas, pantalones de algodón y faldas de madrás. Salimos a escena, empezamos a tocar nuestro novedoso brebaje de blues psicodélico, y en eso que noté algo húmedo. Nos estaban escupiendo, literalmente, mucho antes de que los escupitajos fuesen una medalla de honor del punk. Eran solo unos pocos tíos, pero con eso bastaba. Tocamos nuestro repertorio y nos largamos hechos una furia. Un año después, esos mismos tipos nos aplaudirían en Le Teendezvous —un club de Shrewsbury sobre todo para el público rah-rah, pero sin duda el mejor lugar para actuar de la costa de Jersey—, mientras sus chicas nos admiraban excitadas. Regresamos y triunfamos en el Surf and Sea muchas veces, pero no aquella noche. Agarramos nuestros cien dólares y pusimos rumbo hacia el interior y nuestros públicos más humildes.

Aunque me relacionaba con un grupo de buenos amigos rahs que había conocido en la costa, si tenía que elegir entre los rahs y los greasers, supongo que me sentía más próximo a mis hermanos con pompadour. Administraban justicia rápidamente, pero no te mangoneaban del modo que lo hacían nuestros primos del este que vestían de madrás y chupaban cerveza. Seguramente se tratase de un asunto de clase social. Dieciséis años más tarde, cuando me mudé a Rumson en 1983, aún sentía la sombra de aquellos escupitajos que habían impactado sobre mí tiempo atrás. A mis treinta y tres años, todavía tenía que respirar profundamente antes de salir por la puerta de mi nueva casa.

Más adelante, participamos también en batallas de bandas, tocamos ocasionalmente en bodas e hicimos nuestra primera actuación para un público totalmente negro en la Tri-Soul Revue, donde fuimos el único grupo blanco. Organizada por un joven hipster negro, la Tri-Soul Revue tenía lugar en el Matawan-Keyport Roller Drome. Le gustó lo que hacíamos y nos propuso que teloneásemos y acompañásemos a los Exciters, el clásico grupo vocal de principios de los sesenta. Habían tenido un gran éxito con «Tell Him», y eran nuestro primer contacto con artistas que habían grabado discos. La velada consistía en un baile con un DJ que pinchaba desde el escenario y música en vivo (nosotros). Nos habían instalado en la misma pista, entre la gente que bailaba. Conocimos a los Exciters en los vestuarios de aquella pista de patinaje, donde las hermosas cantantes se desnudaron y se enfundaron sus ceñidos trajes de lamé dorado justo delante de nosotros. (¡Infartos adolescentes en el paraíso del rock and roll!) A continuación subieron al escenario e hicieron playback de sus discos, para luego interpretar en vivo los mismos éxitos sobre la pista junto con los Castiles. Nosotros ya habíamos finalizado nuestro pase repleto de soul, soul y más soul, y nos habíamos ganado dignamente a un público negro receloso de aquellos chicos blancos hippies. Acompañamos a los Exciters sin complejos. Esa misma tarde, Herb Rooney, su líder y cantante, nos había aleccionado al respecto. Observé la manera en que, paso a paso, condujo a una panda de adolescentes musicalmente iletrados para que pudiesen acompañar razonablemente bien a su grupo. Aquella noche volvimos a casa con otro triunfo por haber hecho bien nuestro trabajo, haber aprendido nuevas lecciones y haber gustado a un público difícil que muy bien podría haber reaccionado de otro modo.

Hacía ya un tiempo que había sustituido mi guitarra Kent por una Epiphone azul de cuerpo sólido. Epiphone, una subsidiaria de Gibson, fabricaba buenas guitarras, que resultaban más baratas que las mundialmente famosas de la marca madre. La mía fue un feliz regalo de Ray Cichon, guitarra solista de los Motifs, auténticas leyendas locales y la primera genuina banda de rock and roll que yo había visto.

Los Motifs

Walter y Ray Cichon eran dos hermanos del municipio de Howell, Nueva Jersey. Ray era tan alto que siempre iba encorvado, ya fuera sobre su guitarra, que llevaba colgada muy arriba a la altura del pecho, ya fuera sobre ti, rociándote con gotas de saliva que se escapaban entre los huecos de sus dientes al hablar. Llevaba el pelo corto peinado hacia atrás y vestía como un greaser. Cuando estaba concentrado sobre su guitarra, un rizo de cabello se liberaba de la brillantina y caía en cascada sobre su oreja como el de Jerry Lee Lewis cuando pateaba el piano. Cuando se plantaba allí en el centro de su banda, resultaba una presencia enorme e inusual. Se sentía incómodo consigo mismo del modo en que algunos tíos grandotes lo están al no asimilar su estatura. Nunca había sitio suficiente para Ray Cichon. Siempre había algo con lo que tropezar, algo que derribar. Su torpeza desprendía ternura pero, guitarrista fiero y visceral, asombraba a la parroquia local con su intensidad y fluidez.

Ray me enseñó muchísimo. Habíamos visto a los Motifs en los bailes de instituto de la zona. El público se quedaba totalmente atónito e intimidado por su fuerza dramática, su destreza musical y su hosca presencia escénica. Dejaban a los Chevelles a la altura del betún, haciendo que pareciesen terriblemente anticuados y que quisieran abandonarlo todo. Los Motifs no eran gamberros de instituto. Eran hombres que hacían música. Cuando Ray entró por vez primera en casa de los Vineyard invitado por Tex, no podíamos creer lo que veían nuestros ojos. Una visita del mismísimo Jimi Hendrix no habría causado tanto revuelo. Ahí estaba Big Ray en carne y hueso, en nuestro barrio, honrando con su presencia nuestro humilde local de ensayo en el comedor (en el que apenas cabía) y compartiendo sus conocimientos de guitarrista con unos indignos aspirantes como nosotros. Ray dominaba todos los riffs que el magnífico Jimmy McCarty tocaba en los grandes éxitos de los Detroit Wheels de Mitch Ryder, y te los mostraba nota a nota. Las grandes manos de Ray se movían con soltura por el traste en configuraciones que a mí me resultaban físicamente imposibles. Cuando Ray tocaba, los nudillos le sobresalían como canicas y el sonido que salía de su ampli Ampeg me colmaba de ansias de poder hacer algo así. Lo pasmoso era que, cuando Ray no estaba habitando mi personal Olimpo ni humillando a cualquier aspirante que alardease de saber tocar uno o dos flamantes punteos, ¡era vendedor de zapatos! Una vez fui a verle a la zapatería y aquella visión incongruente de Big Ray Cichon, mi divinidad local de la guitarra, agachado e intentando mantener su enorme cuerpo sobre un pequeño reposapiés mientras le probaba zapatos del treinta y ocho a una señora, fue demasiado para mí. Aun así, allí estaba, sonriente, dulce y amable como de costumbre, sacando cajas de zapatos y preguntándome cuándo estaría en casa de Tex para pasarse a darme unas lecciones de guitarra.

Ray sigue siendo uno de mis grandes héroes de la guitarra, no solo a nivel musical, sino porque estaba ahí, a tu alcance, un icono local tangible, un hombre de verdad con su propia vida que empleó su tiempo en transmitir sus conocimientos a un puñado de chavales no necesariamente prometedores. No era un genio de la guitarra lejano y distante, sino un tío del barrio con todas sus excentricidades y flaquezas a la vista, pero que te enseñaba que, con un poco de ayuda, la tutela oportuna y el trabajo necesario, podías llegar a ser excepcional.

Otra cosa muy distinta era Walter Cichon. Los pelos más largos que hubiera visto nunca en ningún hombre o bestia. La primera estrella de verdad a la que me acercaba. Un vigoroso animal del rock and roll con la actitud, la sexualidad, la dureza, la cruda sensualidad que emanaba de su figura excitando y asustando a todos aquellos que entrábamos en contacto con él. Walter no era un tipo corriente, sino algo tremendamente distinto. Ojos entornados, piel aceitunada, perfecto en ese modo imperfecto en que lo era Brando. Lideraba a los Motifs como un emperador asiático. Suplicantes a sus pies, admirábamos la dura y chulesca indiferencia con que se plantaba ante el micrófono y balbuceaba las letras del canon secreto de rhythm and blues ju-ju de los Motifs. Un chamán, un rebelde, un místico de Nueva Jersey y alguien que no podías creer totalmente que procediera de las misma entrañas humanas que tú.

Tuve que armarme de valor para acercarme a Walter después de un baile y tartamudear: «Uf, has estado fantástico…». Walter empaquetó su kit de percusión, murmuró algo y se fue. Era la prueba viviente de que el producto genuino existía aquí en el centro de Nueva Jersey. Vivía como quería. (Walter no le aguantaba las chorradas sobre «melenudos» a nadie. La reputación beligerante y expeditiva de ambos hermanos había acabado con eso.) Walter demostraba que era posible clavar una bandera rebelde en el mismo corazón del asfalto veraniego de la costa y hacer que se mantuviera erguida… si lo hacías con la suficiente magia e integridad personal. Si eras lo bastante poderoso podías ser diferente, ser tú mismo. Los que trabajaban de nueve a cinco, los convencionales, los niños de papá y mamá con pasta, tenían que tragárselo. Podías ser quien eras y el resto tendría que echarse atrás y dejarte en paz. Pero, una vez que conseguías llegar más allá del personaje, Walter podía ser tan normal y divertido como Ray, aunque nunca tan fácil de abordar.

Bajista carismático y animoso, Vinnie Roslin completaba la formación de los Motifs. Aportaba un grado de accesibilidad al conjunto. Tocaba un bajo eléctrico Danelectro Longhorn colgado a la altura de las rodillas, con su melena hasta los hombros tapándole el rostro hasta que, en un rápido gesto, la agitaba hacia atrás desvelando una sonrisa resplandeciente y el gozo que sentía al estar tocando. Más tarde Vinnie se uniría a mí en Steel Mill. Johnny Lewandoski era el batería de cabellos rubios peinados hacia atrás, tan magistral con su instrumento como lo era Ray con la guitarra. Durante años Johnny mantendría el listón muy alto como batería en nuestra zona, al estilo de Dino Danelli con los Rascals. Sin embargo, fueron Walter y Ray los que más impacto causaron en mí y en el grupo. Estaban entre nosotros y al mismo tiempo por encima, y nos legaron un vínculo palpable con el poder místico y las posibilidades del rock and roll. No eran gigantes llegados desde el otro lado del mar. Abrieron un sendero que cambiaría lo que significaba ser una banda en la costa. Más que eso, eran figuras íntegras cuya música no hacía concesiones y cuyas vidas eran vivibles, concebibles, a nuestro alcance, pero a la vez totalmente suyas.

Walter y Ray Cichon tuvieron finales trágicos. Walter fue reclutado por el ejército y sirvió como fusilero en la provincia de Kontum, en Vietnam del Sur. Allí, el 30 de marzo de 1968, al tratar de conquistar una colina, recibió un disparo en la cabeza, le examinaron y le dieron por muerto mientras su unidad se veía forzada a retirarse bajo el fuego enemigo. Sin embargo, en la labor de búsqueda de cuerpos que se llevó a cabo más tarde no lograron localizar el de Walter. Y en informes posteriores se mencionaba a un estadounidense herido en la cabeza que había sido hecho prisionero en aquella zona y en aquella fecha, lo que encajaba con la descripción de Walter. Al final de la guerra, Walter fue uno de los miles de soldados declarados «desaparecido en combate» cuyos cuerpos nunca se recuperaron.

Años más tarde, Ray acompañaba a un amigo que había tenido problemas con algunos hombres del lugar y recibió una terrible paliza. Consiguió llegar a casa, pero moriría días más tarde a causa de las heridas en la cabeza. Nadie fue acusado de asesinato. Hoy en día sus muertes todavía me llenan de rabia; eran nuestros héroes, nuestros amigos.

En 1967, yendo de camino a casa en mi pequeña moto Yamaha por South Street, un Caddy del 63 me arrolló, me aplastó la pierna y me golpeó con fuerza en la cabeza. La moto cayó y quedó atrapada bajo el morro delantero del coche. Yo salí disparado por el aire unos seis metros (no era obligatorio llevar casco, así que no lo llevaba) y aterricé sobre el duro asfalto de la esquina de South con Institute. Estuve inconsciente durante los treinta minutos que duró el trayecto desde Freehold al hospital de Neptune. Me trasladaron a la sala de urgencias, donde, debido a la hinchazón de la pierna, tuvieron que rasgarme la ropa. Mientras todo esto ocurría, el personal que me atendía no paraba de burlarse de mí por llevar el pelo tan largo. Al día siguiente, yacente en la cama del hospital, hubo médicos que se negaron a ofrecerme tratamiento para mi contusión en la cabeza. De vuelta en casa, tirado en el sofá e incapaz de moverme, mi padre llamó a un peluquero para que me librara de aquellos mechones «ofensivos». Aquello fue la gota que colmó el vaso. Le insulté a voz en grito. Fue la única vez que le dije a mi padre que le odiaba... LE ODIABA. Estaba dolido y furioso y, para empeorar las cosas, durante el resto del verano no pude trabajar con mi banda por miedo a que el volumen de la agresión sonora garajera de los Castiles pudiese complicar la conmoción cerebral que había sufrido. Billy Boyle, que más adelante sería alcalde de Freehold y que me defendió en el juicio, estaba tan disgustado con mi aspecto que, cuando entrábamos en la sala, me dijo que si él fuese el juez me declararía culpable (¿de qué?). A continuación soltó: «Doug, ¿cómo aguantas esto? Es vergonzoso». Mi padre sacudió la cabeza y respondió abochornado: «Bill, no hay nada que hacer con él». Ganamos el juicio.

CATORCE

ÉRASE UNA VEZ UN LITTLE STEVEN

Cuando no estabas de bolos, te dedicabas a observar a tus competidores. Tras la invasión británica, la televisión se llenó de programas para adolescentes. En *Shindig!* podías ver a los Shindogs, con el gran James Burton a la guitarra; *Hullabaloo* te traía a casa semanalmente a tus grupos favoritos británicos y estadounidenses. Eso hacía que la batalla en casa por el control de la televisión aumentara su virulencia. La lucha se volvió brutal y encarnizada. Mi padre, repantingado en el sofá con su camisa blanca y pantalones de faena, ponía el grito en el cielo cada vez que yo cambiaba el canal donde emitían su western favorito para ver si mis últimos héroes musicales salían a escena en el Ed Sullivan Theater.

El programa *Hullabaloo* promovió una franquicia de clubes por todo el país, ocupando cualquier supermercado o almacén vacíos para convertirlos en salas de baile decoradas con grandes pósters y demás parafernalia y adaptadas a la nunca antes vista «luz negra» (un efecto lumínico que convertía todo lo blanco, incluyendo tu dentadura, en fosforescente). Contrataban a las mejores bandas locales y al ocasional grupo de alcance nacional que pasase de gira por la población. En Freehold, en un supermercado que había cerrado recientemente, fui testigo de la majestuosidad del británico Screaming Lord Sutch.

El primer Hullabaloo Club al que fuimos estaba en Asbury Park. Una noche fui con mi colega Mike Patterson y actuaban Sonny and the Starfires, con Vincent Lopez, antes de apodarse «Mad Dog», a la batería. Sonny, fan incondicional del rockabilly y de Chuck Berry, era un tío de cabello rubio engominado y gafas de sol Ray-Ban que sabía lo que se traía entre manos. (Hoy en día sigue tocando en la zona, tan chulo como siempre.) El siguiente Hullabaloo al que fuimos fue el de Middletown. Al entrar vi en el escenario a un tipo con una enorme corbata de lunares que le descendía desde la nuez hasta el suelo. Era el cantante de un grupo llamado los Shadows, que en ese momento estaban haciendo una versión del «Happy Together» de los Turtles. Fuera quien fuese, el tipo resultaba divertido y la banda sonaba compacta. Sabían elegir los temas que versionar y los interpretaban con arreglos y armonías muy precisos.

En el Hullabaloo Club tocabas cincuenta y cinco minutos, hacías un descanso de cinco, y así toda la noche. Si había una pelea, tenías que volver a escena de inmediato y tocar para distraer al público, evitando así que la trifulca acabase en batalla campal. Durante los cinco minutos de descanso de los Shadows, me presentaron a su líder, Steve Van Zandt. En aquel momento los Castiles ya tenían una buena reputación, así que él sabía quién era yo; charlamos un rato, congeniamos y él regresó a escena para el siguiente pase. Así se inició una de las mejores y más duraderas amistades de mi vida.

En los siguientes años nos vimos con frecuencia en nuestros respectivos bolos. Una noche de verano, en nuestra batalla de las bandas local en el Arthur Pryor Band Shell del paseo marítimo de Asbury Park, lo vi con los Shadows haciendo su número a lo Paul Revere and the Raiders, tocando «Kicks», vestidos con pantalones chinos blancos, camisas blancas de esmoquin y chalecos negros. Ganaron la batalla. Formamos una sociedad de admiración mutua de solo dos miembros. Por fin conocía a alguien que sentía la música como yo, la necesitaba tanto como yo, respetaba su poder de un modo que estaba un escalón por encima de los demás músicos que yo había conocido hasta la fecha, alguien a quien entendía y sentía que me entendía a mí. Desde el principio, entre Steve y yo hubo un nexo de corazón con corazón y alma con alma. Nos enzarzábamos en apasionadas e interminables discusiones sobre las minucias de las bandas que amábamos. Aquel profundizar en los más ínfimos detalles de los sonidos de guitarra, el estilo, la imagen; aquella hermosa obsesión por compartir una pasión insaciable con alguien que era tan obstinado y loco como yo… eran cosas que no podías confiar plenamente a extraños, porque, como definieron a la perfección los Lovin' Spoonful: «It's like trying to tell a stranger 'bout rock and roll» («Es como hablarle a un desconocido de rock and roll»)…* ¿Crees en la magia?

Steve y yo creíamos profundamente y juntos creamos nuestro propio mundo, donde todo el tiempo sonaba rock and roll. Steve vivía en Middletown, una larga caminata desde Freehold para quien no dispusiera de ruedas. Cuando Steve formó su nuevo grupo, The Source, iba a verlo actuar en Le Teendezvous. Steve fue un temprano acólito del country rock y conocía a fondo el repertorio de los Youngbloods y los Byrds. Cuando finalmente se pasó a la guitarra solista, aprendió a dominarla rápidamente. Para entonces los Castiles habían incorporado a un organista, Bobby Alfano, y se habían adentrado en los territorios del blues psicodélico típico de 1967. Steve vino a muchos de nuestros conciertos y nuestra amistad se afianzó.

Café Wha?, Greenwich Village

Los Castiles habíamos grabado un single en un pequeño estudio de Bricktown, Nueva Jersey: «That's What You Get for Loving Me» y, en la otra cara, «Baby I», dos temas compuestos por nosotros. Aquella tarde salimos del estudio con una cinta de dos pistas y algunos acetatos (pequeños discos parecidos a los de 45 rpm. que solo podían pincharse unas pocas veces porque se deterioraban). Éramos conscientes de

---

* Verso de «Do You Believe in Magic», de John Sebastian, publicada en 1965 por los Lovin' Spoonful. *(N. del T.)*

que, a nivel local, habíamos topado con un muro. No había más sitios adonde ir, ni con nuestro disco ni con nuestra «carrera». Ya éramos los perros más viejos del pueblo. Una tarde de sábado, sentados con Tex, decidimos que para que nos descubriesen debíamos salir de Jersey. Desde Frank Sinatra, nadie de relevancia sabía que el Garden State existía ni había bajado más al sur de la autopista estatal para darse cuenta de que por aquí también había gente, ya no digamos que se hacía rock and roll. Podías estar tocando un billón de años, gritando al vacío con todo tu genio, y nadie más allá de tus paisanos iba a enterarse.

La ciudad de Nueva York... ahí es donde las bandas lograban fama y fortuna. Teníamos que darnos a conocer allí. Tex hizo algunas llamadas y no sé bien cómo nos consiguió un bolo en el Café Wha? de Greenwhich Village, en una matinal de sábado para nuevos talentos. Aquello era importante. Pocos de nosotros habíamos salido nunca de Nueva Jersey, y el ambiente del Village en 1968 era algo que desconocíamos por completo. Montamos el equipo en el abarrotado escenario del Wha? y observamos las filas de mesas negras dispuestas como bancos de iglesia y repletas de jovencitas descocadas de Long Island sorbiendo caras bebidas sin alcohol de extraños nombres. Habíamos conseguido que nos dejasen actuar. No pagaban. Simplemente te dejaban tocar, pisar la «grandeza» de Nueva York y esperar a que alguien entrase allí y decidiera que eras la próxima gran sensación.

Eso no ocurrió, pero aun así nuestra experiencia en el Village resultaría crucial. Ninguna de las bandas que vimos eran conocidas, pero casi todas eran mejores que nosotros. Actuaron Circus Maximus, con un joven Jerry Jeff Walker que cantaba y tocaba la guitarra. También The Source (la versión neoyorquina), con el futuro congresista por Nueva York John Hall a la voz, proveniente de la banda Orleans, y el guitarrista Teddy Speleos, que tocaba al estilo de Jeff Beck tan bien como el propio Jeff Beck. Teddy era un auténtico fenómeno. Steve y yo fuimos muchas tardes en autobús simplemente para sentarnos allí boquiabiertos ante su sonido, su técnica y su sangre fría. Era un chaval como nosotros, pero para Steve y para mí se convirtió en un héroe. Nunca íbamos a poder acercarnos ni a quince metros de Jeff Beck, pero ahí estaba ese chico, a pocos centímetros de nuestros rostros, y como los monos que contemplan el monolito en *2001*, nos quedábamos allí sentados, hipnotizados primitivamente por una elegancia, una sustancia y un esplendor que no lográbamos comprender. Steve y yo volvíamos corriendo a casa y a nuestras guitarras con la esperanza de atrapar algo de aquella riqueza en la distorsión, el espesor de melaza del tono que Teddy extraía de su Telecaster. Por desgracia, lo único que salía chirriando desde el pozo de nuestras Telecaster era un sonido vocinglero, chillón y asesino, como de sierra mecánica en plena masacre. ¿Cómo lo hacía? ¡Vaya si SABÍA cómo hacerlo, ASÍ era como se hacía!

Los viajes en autobús se convirtieron en algo habitual los fines de semana. Las discusiones durante el trayecto sobre quién era mejor, Led Zeppelin o el Jeff Beck Group; la inmersión en la vida del Village, con los hippies, los gays, los camellos, el parque de Washington Square… disfrutamos de la libertad que allí se respiraba y aquel acabó convirtiéndose en nuestro hogar lejos de casa.

Tan solo un año o dos después de que Jimi Hendrix actuase en el Café Wha?, los Castiles tocábamos regularmente los sábados y domingos muy cerca de donde lo hacían los Fugs en McDougal Street. The Mothers of Invention estaban a la vuelta de la esquina, en el Warwick Theater. Con Steve vimos a Neil Young promocionando su primer álbum en solitario, con su habitual Gibson negra conectada a un pequeño ampli Fender que retumbaba contra las paredes del Bitter End. Nadie nos prestaba mucha atención, salvo por un pequeño grupo de jovencitas llegadas vía túnel y puente, que se engancharon a nuestra banda y acudían regularmente. Aquel era el gran mundo, el mundo libre; en el Greenwhich Village de 1968 yo podía andar con mi bandera de freak bien alta, que nadie iba a meterse conmigo. Aquel era un mundo que podía llamar mío, una pequeña pieza del futuro que me llamaba haciendo señas.

Tenía un amigo, un guitarrista de Nueva York muy bueno, que trapicheaba con drogas. Ocasionalmente pasaba la noche en su habitación de hotel, con la mesilla de noche llena de pastillas de todos los colores como Skittles desparramados… pero yo no sentía ningún interés. Allá en Jersey, las drogas estaban empezando a formar parte de la vida en el instituto; aunque yo nunca las probé (me daban miedo), un amigo que vivía cerca de casa fue uno de los primeros en experimentar con drogas fuertes en Freehold. Me llamaron al despacho del director y me hicieron un montón de preguntas al respecto, pero en realidad yo no sabía nada. Por la época y por mis pintas, nadie creyó una palabra de lo que dije. ¿Y a quién le importaba?

Al aproximarse la graduación, el director del Instituto Regional de Freehold, básicamente un buen tipo con el que no tuve problemas durante la mayor parte de mis años de instituto, se empeñó en sugerir, durante una reunión preparatoria de la graduación, que dejarme asistir a la ceremonia con aquella pinta sería un descrédito y una vergüenza para todos. Apuntó sutilmente que quizá alguien debería hacer algo al respecto. Se acabó. No iba a ser el sujeto/víctima de un castigo ejemplar por parte de mentes estrechas. El día de la graduación en el Instituto Regional de Freehold, me desperté al amanecer. Esa mañana, mientras la casa dormía, me vestí, me dirigí a la estación de autobuses y cogí el Lincoln Transit Commuter de las seis directo a Nueva York. Me bajé en Port Authority, tomé el metro hasta la calle Ocho y subí las escaleras de la estación hacia la luz matinal de principios de junio en Greenwich Village, sintiéndome libre como un pájaro. Mi mundo. No había vuelta atrás. Que disfrutasen de su fiestecita.

Pasé el día de mi graduación deambulando por el Village, comiendo pizza, paseando por el parque de Washington Square, yendo al Wha? e incluso ligando con una chica. Mis padres me localizaron finalmente en el Wha? y me dijeron por teléfono que si regresaba a casa no me pasaría nada. Cogí el autobús, con mi nuevo ligue al lado. Llegamos hacia el final de la tarde, apenas unas horas después de la ceremonia. Mi padre me recibió en la puerta; la casa estaba llena de parientes que habían acudido a los festejos de graduación organizados por mi familia, así que, tras echarle un vistazo a la chica, nos llevó de vuelta a la estación para que ella cogiera el primer autobús. Una vez en casa, me mandó a mi habitación, donde desenroscó y confiscó todas las bombillas para que me quedase allí sentado a oscuras, meditando sobre lo que había hecho. Mi tía Dora subió a verme un ratito, y con dulzura trató de inculcarme algo de sentido común. Pero en aquel momento ya todo me daba lo mismo. Estaba harto de la escuela, de la familia y de todo ese rollo barato de perritos y ponis que era la maldita Freehold, Nueva Jersey. Una semana más tarde, casi a principios de verano, entré en la secretaría del instituto y recogí mi diploma.

Verano de drogas

Aquel verano ocurrieron dos sucesos horribles. El primero fue un gran desengaño amoroso, después de que mi fiel novia me dejara por haber estado tonteando con una antigua ex. Convertido de golpe en un comprador arrepentido, me pasé el resto del verano persiguiéndola por las poblaciones costeras del centro de Jersey. Lleno de angustia, recorrí los clubes juveniles con mis amigos del instituto y compañeros de viaje «Sunshine» Kruger, «Bird» y Jay. Viajábamos en el «Batmóvil», un viejo Caddy negro que pertenecía a uno del clan. Sunshine era miembro de los Pershing Rifles, un cuerpo paramilitar de jóvenes capaces de rizaros el vello púbico haciendo ejercicios con sus rifles de bayoneta calada. Los hacían girar como bastones, y una vez vi cómo Sunshine se hacía un corte en la pantorrilla al realizar una de sus maniobras vestido con bermudas.

Ellos eran mis chicos, y aquel verano me salvaron la vida. Recorríamos de arriba abajo toda la costa de Jersey, tratando de aliviar mi egoísta corazón roto, hasta que de madrugada me dejaban de nuevo en Freehold. Como mi casa estaba cerrada con llave, tenía que trepar por la celosía de la cocina hasta el tejadillo lateral, empujaba el ventilador que había en la ventana de mi cuarto, y allí era recibido por mi padre en calzoncillos, su piel irlandesa tan blanca como la de un oso polar al amanecer, empuñando un desatascador y dispuesto a darle una paliza al tempranero ladrón que había venido a robarle sus riquezas. Sellaba las cortinas de mi habitación con cinta adhesiva, dormía todo el día, y al llegar la noche continuaba con mi estricta vigilia.

Todo aquello culminó cuando, una noche a principios de otoño, di por fin con mi chica, que volvía de pasar el verano en la playa. Le profesé amor inmortal, le conté mi sueño de que un día visitaríamos juntos Disneyland, y ella me dio largas como pudo, pero yo sabía que lo tenía crudo. El primer día que debía acudir al colegio universitario, hice otro de mis números de escapismo y puse rumbo al Village, donde pasé la tarde en un banco del parque de Washington Square. Soplaba una gentil brisa otoñal que me acabó de decidir. Volví a casa, me presenté con un día de retraso en mi primer semestre en el Ocean County College, y dejé atrás mis días de instituto y mis penas amorosas.

Aquel verano también se produjo la primera detención por drogas en la historia de Freehold, Nueva Jersey. Yo estaba en la calle, junto a mi cabina telefónica situada en el exterior del quiosco de la esquina. La misma cabina en la que había pasado innumerables horas de instituto, con nieve, aguanieve, lluvia y calor abrasador, y donde me podías encontrar todas las noches, en pleno romance con mi enamorada del momento. Mi padre se negaba a instalar un teléfono en casa. Decía: «Si no hay teléfono, no hay factura. Sin teléfono no pueden llamarte para hacer el turno de alguien si no se presenta al trabajo». Una vez plantado en la mesa de la cocina, mi padre odiaba que se interrumpiesen las furiosas divagaciones de su imaginación, alimentadas por el señor Schaefer.

Aquella noche, un colgado del pueblo –llamémosle Eddie– apareció de pronto corriendo. Eddie fue uno de los primeros en drogarse en serio, un tipo menudo y flacucho que le daba fuerte a los alucinógenos. «Acabo de ver a la señora Bots en el asiento trasero de un coche patrulla con Baby Bots», dijo. Baby Bots era el crío de ella y de Vinnie.

«¡Aaaaandaaaaa yaaaaa…! –le contesté–. Tú alucinas. ¡A nadie lo arrestan con su bebé!» Aquella noche, durante la primera redada de drogas llevada a cabo en Freehold, el departamento de policía local detuvo a más de la mitad de los Castiles. En plena noche, fueron arrancados de los brazos de papá y mamá. Aquello fue un escándalo en el pueblo, un auténtico problemón y el final de los tres fantásticos años de los Castiles. De todos modos, nuestro grupo había sufrido un gran desgaste. Mi relación con George había empezado a ser bastante tensa, y aquella redada nos hizo dar el paso definitivo. Mi épica escuela primaria de rock cerraba para siempre. El grupo con el que había dado mis primeros pasitos hacia la gloria pueblerina de colgarse una guitarra había llegado a su fin. No habría bis.

QUINCE

EARTH*

En 1968 los tríos de blues psicodélico habían sustituido a los conjuntos beat. La era del héroe de la guitarra estaba en pleno apogeo. Cream, con Eric Clapton, y la Jimi Hendrix Experience tenían discos de éxito en el mercado. Las largas e intensas improvisaciones empapadas en blues estaban a la orden del día, y yo me había preparado para ello. Fui a ver a un amigo de Tex, un ex marine que le había dicho que tenía una guitarra criando polvo en su armario. Cuando llegué sacó una guitarra de caja Gibson, sin cuerdas, con el cuello más largo que yo había visto. Me la llevé a casa, la limpié y le puse cuerdas. Era una pieza rara. Mis cuerdas de guitarra apenas llegaban a las lejanas clavijas de afinación. Cuando la enchufé en mi ampli Danelectro… ¡MAGIA! El espeso y grumoso sonido de la SG pintada al modo psicodélico de Eric Clapton arrancó hacia mí. El sonido del acorde de «Sunshine of

---

* Nombre de una de las primeras bandas de Springsteen. *(N. del T.)*

Your Love» inundó mi pequeño cuarto de ensayo y me vi transportado a otro nivel. Nadie –nadie– aquí en Nueva Jersey podía conseguir ese tono de guitarra. Mi Gibson solo tenía una pastilla y los trastes estaban terriblemente separados entre sí, pero el sonido… el sonido decía: ¡AHORA PUEDO ENFRENTARME A CUALQUIERA!

Tras los Castiles había encontrado a un bajista, John Graham, y un batería, Michael Burke, con los que disfrutaba tocando. Conocían bien las técnicas requeridas para tocar como trío. Ensayamos un poco y enseguida empezamos a actuar. Desde el principio, impresionamos al público local. Éramos los únicos de la zona con aquel sonido. Teníamos la imagen, con mi afro italiano y sus melenas por los hombros, exudábamos ferocidad, y conocíamos el repertorio de clásicos de blues moderno popularizados por Clapton, Hendrix, Beck y demás. Despegué como guitarrista, y las veladas se convirtieron en una interminable serie de largos y afilados solos con mi milagrosa Gibson. Éramos los monstruos reyes del rock en nuestra pequeña porción de la costa. Incorporamos a Bobby Alfano, de vuelta al órgano, para que mis doloridos dedos pudiesen descansar de vez en cuando, y durante una temporada fuimos una banda cojonuda.

La era psicodélica había aterrizado finalmente en la costa. La gente se sentaba en plan Buda ante nosotros durante un pase y luego bailaban en trance el resto de la noche hasta la inconsciencia. Una noche, un chaval que sabía de guitarras arrojó algo de luz sobre el «milagro» de mi prodigiosa Gibson. Vino a felicitarme por la brillante idea de haber puesto cuerdas de guitarra en un viejo bajo de seis cuerdas y tocarlo como instrumento solista. Asentí como quien no quiere la cosa mientras pensaba: «¡Mierda… es un bajo de seis cuerdas!». ¡Llevaba un mes haciendo solos como un loco con un bajo! No era de extrañar que su sonido fuese tan espeso y sus trastes tan imposibles. ¡Funcionaba!

Por aquella época empecé a componer temas acústicos. Me había comprado una guitarra acústica Ovation de doce cuerdas y escribía canciones de estilo «prog» inspiradas por Donovan y Dylan, que acabé cantando en las cafeterías locales cuando no hacía atronar el blues con la banda. Teníamos nuevos mánagers, un par de universitarios, uno de los cuales se había puesto hielo en un dedo del pie y luego se lo había cortado para evitar ser reclutado. Pensé que aquella era la clase de entrega que necesitábamos, así que comenzaron a financiarnos parte del equipo y nos buscaron algunos bolos. Gracias a ellos pude realizar mi primera visita a la tienda Manny's Music de Nueva York, el Valhalla de la guitarra y hogar de los fabricantes de éxitos. Gracias a los tres mil dólares prestados por el padre de uno de nuestros mánagers, salimos de allí totalmente pertrechados y dispuestos a conquistar las barricadas del gran éxito. Tras un épico concierto el día de San Valentín en el club Long Branch Italian American, nos contrataron en el Diplomat Hotel de Manhattan (donde años más tarde tocarían los New York Dolls). Cobramos entrada y trajimos a nuestros fans en autobús por el túnel, directamente hasta el salón de baile del Diplomat. Aquella fue una gran tarde en la ciudad. Mientras recogíamos nuestros trastos, se me acercó un tipo griego llamado George. Se presentó como productor y me dijo que no le interesaba la banda, pero que le gustaba lo que yo hacía. Me entregó su tarjeta y me dijo que le llamase. Por fin un contacto dentro del auténtico negocio musical, alguien que de hecho había estado en un estudio y podía conseguirme algo. «Excitación» no es la palabra exacta. Me sentí emocionado, reivindicado, valorado; la cabeza me daba vueltas ante la posibilidad de que realmente saliese algo de todo aquello.

Llamé inmediatamente a George y me invitó a su apartamento en Nueva York. Jamás había visto nada igual. Grandes ventanales mirando a la avenida, techos altos de artesonado y paredes recubiertas de fina madera, y, como guinda, la exuberante novia rubia de George, una famosa actriz de telenovelas. Disponía de una grabadora de dos pistas en la que grabamos algunos de mis temas. En aquella época una de mis mayores influencias era Tim Buckley; por eso usaba una guitarra de doce cuerdas. Era lo que tocaba Tim, y yo hacía lo imposible por imitar su timbre vocal y estilo de composición. Más tarde fuimos a una sesión que George estaba produciendo. Me senté en la oscuridad del estudio y vi cómo se desarrollaba una sesión de grabación de verdad. Aquella noche salí de allí pensando que tenía ante mí un futuro musical.

Veía a George con cierta regularidad. Tenía algunos problemas en ese aspecto, pues yo seguía en el colegio universitario. Mi tía Dora había movido algunos hilos y había conseguido que me aceptaran como miembro del cuerpo estudiantil del Ocean County, y no quería estropearlo. A finales de los sesenta la contracultura todavía no había llegado a Nueva Jersey. Una vez más era uno de los contados freaks en una zona de tolerancia cero. Ya solo el ir y volver de la escuela era todo un problema. Podía ir con algún amigo pagando parte de la gasolina, pero para volver a casa a menudo tenía que improvisar. En invierno me escondía tras una valla publicitaria y esperaba en la gélida Ruta 9 a que apareciese algún autobús en el horizonte. Salía al arcén, aguardaba a que el autobús me viera con sus luces y le hacía señas para que me recogiera. La mitad de las veces funcionaba, dependiendo de la actitud del conductor. Pero más de una noche este sacudía la cabeza de pelo rapado a modo de respuesta y las grandes ruedas seguían su camino.

A menudo tenía que confiar en mi billete habitual: el pulgar. Una larga y fría espera confiando en que alguien te recogiese en la oscuridad, que entrañaba sus peligros. Algunos coches aminoraban la marcha como si fuesen a recogerme y entonces abrían de golpe la puerta del pasajero para tirarme sobre la cuneta. Tenías que ser precavido. Hubo un trayecto salvaje y alcoholizado por las carreteras secundarias entre Tom's River y Lakewood, un joven que reía y bramaba con una botella de Jack Daniel's entre sus piernas y el volante, hasta que me soltó en el pavimento delante de la estación Greyhound de Lakewood y yo besé el asfalto maternal.

De vez en cuando mi padre venía a recogerme, algo que resultaba incluso peor. Rabioso por verse molestado, conducía por la Ruta 9 hacia el norte a toda pastilla, como si nuestro viejo cacharro fuese un arma blindada de aniquilación masiva. Yo no podía abrir la boca. Tan solo podía montar en el convoy del terror y esperar al chirriante estrépito de chapa metálica que señalaría el final de ambos. Llegábamos a casa, frenaba de golpe y salía del coche dando un portazo. Cuando yo entraba, me lo encontraba ya fumando en la mesa de la cocina, mirándome como si no me hubiese visto en la vida.

Vivíamos un momento de transición. Mis padres querían que prosiguiese mi educación y yo evitar que me reclutasen. Estábamos en el Estados Unidos de 1968 posterior a la ofensiva del Tet. Había disturbios en las calles, no solo por parte de los hippies, sino también de los camioneros. Informado por Walter Cronkite, el influyente presentador de noticias de la cadena CBS, el país empezaba a hacerse a la idea de que Vietnam era una batalla perdida. Habían matado a dos de mis mejores amigos en la guerra, Walter y Bart, y no tenía intención de reunirme con ellos.

En Nueva York, George me preguntó si aspiraba a ser músico a tiempo completo. Le dije que por supuesto. Me preguntó si estaba comprometido con los estudios y le respondí que para nada. A continuación me dijo que debía dejar la universidad y dedicarme a ser quien era y a la música que amaba. Contesté: «Joder, sí, pero ¿qué pasa con el reclutamiento?». Yo tenía diecinueve años y era carne de cañón de primera. Dijo: «Los jóvenes se libran del reclutamiento constantemente. Déjamelo a mí. Es algo que puede arreglarse». Henchido de una nueva resolución, aquella noche llegué a casa, reuní a mis padres en la cocina y les hablé de George y de mis planes. Inseguros, dudaron. Escuché sus razones, la necesidad de tener un trabajo estable y de verdad, las mismas razones acerca del negocio musical que hoy les daría a mis propios hijos, pero yo estaba decidido. George me había dado confianza y podía sentir las primeras luces del éxito que tanto anhelaba. Finalmente, mis padres me dijeron que se trataba de mi vida y accedieron a regañadientes; me desearon lo mejor y, «ring-ring, suena la campana»,* mis días de escuela terminaron para siempre.

George no volvió a cogerme el teléfono nunca más.

La trampa del reclutamiento

Ya era músico a tiempo completo, así que me busqué trabajo tocando en bolos para llevar a casa el dinero que pudiese. Una mañana de oto-

---

* Alusión a la canción «School Day (Ring! Ring! Goes the Bell)», de Chuck Berry (1957). *(N. del T.)*

ño, levanté la tapa metálica de nuestro buzón y vi una carta a mi nombre. La abrí. Decía: «Felicidades, has sido elegido para servir a tu país en las Fuerzas Armadas de Estados Unidos. Por favor, preséntate para el examen médico en tal fecha en la oficina de reclutamiento de Asbury Park». Ahí estaba: el precio a pagar. Sentí frío en las tripas. No estaba conmocionado, solo momentáneamente golpeado en el estómago por un mundo real que pegaba fuerte. Se me había escogido para representar mi papel en la historia, no porque lo desease o estuviese de acuerdo, sino porque se necesitaban cuerpos que frenasen la presunta amenaza comunista en el sudeste asiático. Mi primer pensamiento fue: «¿Es esto de verdad? ¿Qué tendrá esto que ver conmigo, con mi vida, mis ideas?». La respuesta a la primera pregunta era: «Puedes apostarte el culo». La respuesta a la segunda pregunta decidí que era: «Nada… nada de nada». Puede que simplemente estuviese asustado y no quisiese morir. No iba a tener la oportunidad de averiguarlo, pues allí mismo, en ese instante, decidí que no iba a ir. Fuera lo que fuese lo que hiciese falta —y entonces aún no sabía lo que podría ser— para *no* ir, lo haría.

Oculté lo de la carta a mis padres. Ellos no podían hacer nada. Era asunto mío. El alistamiento era al cabo de un mes o así, por lo que tenía tiempo para investigar. En 1968 había ya mucha información en la calle sobre cómo evitar ser reclutado. En mis viajes había conocido a jóvenes que se habían atiborrado a comer para engordar, que habían pasado hambre para adelgazar, o que se habían mutilado alguna extremidad. Había oído hablar de los ricos que conseguían recomendaciones médicas para que sus hijos no saliesen del país y se quedaran a salvo en casa. Yo no tenía recursos para algo tan extremo. Lo más curioso del caso fue que Mad Dog Vincent Lopez, Little Vinnie Roslin y yo teníamos nuestra primera cita con la oficina de reclutamiento la misma mañana. Así que, taimados compañeros de armas, nos pusimos a maquinar. Teníamos un amigo que decía que se había bañado en leche y dormido así tres días seguidos, y cuando se presentó a su examen médico era tal el hedor que lo mandaron inmediatamente a casa… aquello sonaba bien. La única respuesta segura de la que hablaban recurrentemente aquellos que se habían librado era «no apto mentalmente». No apto mentalmente… vaya, pues eso era cierto. Para el Tío Sam éramos mentalmente no aptos. Todo lo que debíamos hacer era demostrárselo y conseguir aquel bonito impreso 1Y de aplazamiento por problemas mentales.

Procedimos del siguiente modo:

PASO 1: Rellena tus formularios lo más confusamente posible. Hazles saber que están intentando reclutar a un drogadicto, un gay o un lunático patológico que aún moja la cama y que apenas podría escribir su nombre para ingresar en el ejército de Estados Unidos.

PASO 2: Haz que se lo crean. Haz el numerito del tipo que masculla, balbucea y sisea como si estuviera puesto de STP, LSD o de cualquier otra cosa que caiga en sus manos: el tío al que le importan una mierda las órdenes, el paria hippy, el destructor de la moral de la tropa, el corrosivo de la disciplina; un problema mucho mayor de lo que vales: fuera de aquí, joder, eres un chiste de recluta.

PASO 3: Previamente, sufre un accidente de moto lo bastante serio como para revolver y machacar tus sesos, lo que te convertirá en un riesgo médico en el campo de batalla. Rellena esa sección del formulario de forma sincera, vete a casa y recibe tu impreso 4F: no apto físicamente. (Lo intenté todo, pero al final esa sería mi calificación.)

Aquella mañana fuimos hasta Newark en un autobús lleno sobre todo de muchachos negros de Asbury Park. Casi todos tenían un plan. Me senté al lado de un fornido jugador de fútbol americano, un rubio rah-rah que llevaba una cuarta parte del cuerpo enyesada y que me confesó que su lesión era totalmente falsa. Había oficinas de reclutamiento, sobre todo en el sur, donde esos trucos no colaban y tu culo era transportado de inmediato al campo de entrenamiento, pero la de Newark tenía fama de ser una de las más facilonas del país. Supongo que lo era. Un porcentaje asombroso de los chicos que iban en el autobús fueron rechazados sirviéndose de algunos de los numeritos antes mencionados. Al acabar la revisión, después de haber conseguido burlar al ejército estadounidense, llegabas a una pequeña mesa al final de un largo y vacío corredor. Sentado allí, un soldado hastiado te miraba como si fuese a darte la peor noticia de tu vida: «Siento informarte de que has sido declarado no apto para el servicio militar». Su mirada volvía a los papeles y añadía: «Puedes entrar por esa otra puerta si quieres alistarte para algún servicio voluntario». Detrás de esa puerta había una sala muy, muy vacía. A continuación, por ser un buen chico y por haber hecho el viaje hasta allí, te daban un cupón válido por una comida en un restaurante dos manzanas calle abajo. Nos dirigimos todos hacia allí, con la sensación de flotar más que andar, y llegamos a un restaurante muy agradable y bien iluminado. En la entrada, un sonriente anfitrión nos saludó como si fuésemos sus primos millonarios perdidos años atrás, y nos acompañó hasta una escalera que conducía a una sala en un húmedo sótano. Allí, sentado a una larga y mohosa mesa de madera con mis amigos de tripas rugientes, probé la peor comida imaginable pero disfruté de uno de los mejores almuerzos de mi vida.

El viaje de regreso en autobús fue un pandemonio. Las calles de Newark estaban llenas en verano de atractivas jovencitas negras, y mis hermanos de Asbury Park no dudaban en hacérselo saber. Muchos habían sido los llamados, pocos fueron los elegidos. La puerta del autobús siseó al abrirse delante de la estación de tren de Asbury Park para descargarnos a Mad Dog, Little Vinnie y a mí, todos ya como hombres libres, indemnes, con nuestras vidas, dondequiera que nos llevasen, ante nosotros. Cuando el autobús se alejó, la calle quedó en silencio. Llevábamos juntos y despiertos tres días seguidos. Nos miramos unos a otros, exhaustos, nos dimos la mano y seguimos cada uno su camino. Me sentía aliviado, pero también con ganas de llorar. Hice autoestop para recorrer los veinticinco kilómetros hasta Freehold. Tras días sin pegar ojo, comiendo poco, tenso y cansado, entré en casa por la puerta de la cocina, donde estaba mi padre. Llamé a mi madre y les conté a ambos dónde había estado, que no les había dicho nada para que no se preocupasen y también por vergüenza después del fracaso de mis grandes planes neoyorquinos con George. Les informé de que no había pasado el examen médico de reclutamiento. Mi padre, que a menudo pronunciaba despectivamente las palabras «Qué ganas tengo de que el ejército se haga cargo de ti», estaba sentado a la mesa. Dejó caer la ceniza del cigarrillo, dio una calada, dejó escapar lentamente el humo de sus labios y masculló: «Eso es bueno».

Al hacerme mayor, a veces me preguntaba quién habría ido en mi lugar. Alguien tuvo que ir. ¿Cuál sería su destino? Nunca lo sabré. Más tarde, al conocer a Ron Kovic, autor de *Nacido el 4 de julio*, o a Bobby Muller, uno de los fundadores de los Vietnam Veterans of America, ambos hombres que habían luchado y se habían sacrificado, que volvieron a casa en silla de ruedas, hombres que se convirtieron en grandes activistas contra la guerra, sentí un deber y una necesidad de conectar. Quizá fuese otra dosis de mi complejo de culpa por haber sobrevivido, o tal vez fuese solo la experiencia común de una generación que había vivido una guerra que nos impactó a todos. Fueron hombres de Nueva Jersey como ellos los enviados a combatir en mi lugar. Todo lo que sé es que, cuando visito el muro de Washington D. C. y leo los nombres de mis amigos, me alegro de que el mío no esté ahí, ni el de Little Vinnie o Mad Dog.

DIECISÉIS

EL UPSTAGE CLUB

Tom Potter era un bohemio de cincuenta años con barba de chivo, cabellos entrecanos, barrigudo y con cinturón de pirata, además de un poco salido, que abrió y regentaba el club musical más estrambótico que yo haya visto en mi vida. Su esposa, Margaret, una peluquera y guitarrista de sexualidad ambigua, lideraba el grupo Margaret and the Distractions. Margaret parecía un muchacho, no me di cuenta de que era una chica hasta que vi su seno marcado por la camiseta descansando sobre la parte superior de su guitarra Telecaster, mientras aullaba «Mony Mony» de Tommy James en la sala de arriba del Upstage Club. No he vuelto a encontrarme con un tándem de marido y mujer tan fabulosamente incongruente.

Abierto hasta el amanecer, de las ocho de la tarde a las cinco de la madrugada: ese era el horario del Upstage Club, en Cookman Avenue, Asbury Park. Tom cerraba el local durante una hora, de las doce a la una de la noche, para barrer un poco y ponerse a tono para el turno de noche. No servían alcohol y en teoría tampoco había drogas, lo que convertía el lugar en un refugio nocturno sin parangón en la vida callejera de la costa a finales de los setenta. El club constaba de dos niveles: un piso superior para actuaciones y una cafetería en la planta baja, todo enloquecidamente decorado por el propio Tom. El diseño de interior consistía básicamente en destellos brillantes sobre pintura oscura, luces negras y, colgando del techo, una sirena fosforescente hecha de papel maché que se balanceaba como si nadara. Tom, que se creía un artista beatnik, era un dictador, el jefazo del lugar, y no ponía freno a sus impulsos. Era vulgar y chillón, «Saca tu culo por la escalera hasta la puta calle», pero también un tipo muy divertido si le caías bien. En caso contrario, no era muy agradable estar cerca de él.

Asbury Park no era mi territorio, aunque en los años cincuenta había ido bastante con mis padres los fines de semana de vacaciones. Su antiguo esplendor victoriano había ido decayendo hasta transformarse, a finales de los sesenta, en un deteriorado enclave turístico para la clase trabajadora. Lo bueno del declive de Asbury Park fue que la convirtió en una especie de ciudad abierta. Los bares gays estaban puerta con puerta con los garitos nocturnos y, como aún no habían empezado las revueltas raciales, el ambiente era un poco de todo vale. Los Castiles nunca tocaron allí. Los bares y garitos de playa se extendían a lo largo de Ocean Avenue, recorridos por la tropa de veraneo mayor de veintiún años que bebía a destajo; los carnets falsos se vendían al mejor postor, y la imagen general era la de un falso y decadente Fort Lauderdale para currantes.

Yo era un don nadie cuando pisé el Upstage. Nadie me conocía ni me había visto tocar la guitarra. Sabía que allí se hacían actuaciones. Además de su extraño horario, el golpe de genio de Tom Potter fue instalar una pequeña tarima al fondo de una sala en forma de larga caja rectangular, dos pisos por encima de una zapatería. Detrás de aquel escenario, la pared del fondo estaba cubierta por altavoces de veinticinco, treinta y cuarenta centímetros. Un verdadero «muro de sonido», sólido e implacable. Las cabezas de los amplificadores estaban incrustadas en un pequeño cubículo a tus pies, con lo que solo tenías que traer tu guitarra, agacharte y enchufarla. No se necesitaba más equipo. Esta innovación, y las inusuales horas de apertura y cierre del club, lo convertían en una meca para los músicos de la escena costera. Todas las bandas que venían a la zona para actuar en los clubes de música del Top 40 acababan en el Upstage tocando hasta el amanecer lo que les gustaba realmente. En verano, a las tres de la madrugada, se formaba una larga cola en la entrada de gente que esperaba para acceder al local. Aquello era un increíble hervidero de músicos.

El primer fin de semana que estuve allí, vi a Dan Federici y Vini Lopez tocando en un grupo liderado por el guitarrista Bill Chinnock, la Downtown Tangiers Rock and Roll, Rhythm and Blues Band. El lugar era una humeante sauna de cuerpos veraniegos, y supe que había encontrado mi nuevo espacio musical. Semanas más tarde volví con mi guitarra (aquí puede sonar la música de *El bueno, el feo y el malo*). Esperé. El club todavía no se había llenado. Alguien me dijo que debía ir a ver a Tom Potter para que me diese turno de actuación. Aquello era como reservar mesa en unos billares. Anotaban tu nombre en una lista y te daban, pongamos, de dos a dos y media, y podías hacer tu pase si encontrabas algún músico que te acompañase. Llegó mi momento, me dirigí al escenario, el batería y el bajista habían aceptado quedarse de guardia durante mi media hora. Me enchufé al poderoso muro de Tom, me eché hacia atrás y arranqué con «Rock Me Baby», entregándome al máximo. Abrasé la pintura de las paredes del local con toda la magia y la pirotecnia guitarrera que mis dedos de jovencito de dieciocho años pudieron ejecutar. Tenía ya mucha experiencia tocando, pero en Asbury era El Hombre Sin Nombre, un desconocido que estaba a punto de incendiar tu club. Vi que muchos se levantaban de sus asientos, se acercaban a la tarima y me prestaban atención. Dos tíos arrastraron un par de sillas al centro de la pista de baile y se sentaron en ellas, con los brazos cruzados sobre el pecho como diciendo «Venga, muéstralo», y vaya si lo mostré. La demencial muralla de altavoces vibraba de tal modo que pensé que el local entero iba a hundirse sobre la tienda de zapatos de dos pisos más abajo. La cosa aguantó durante los treinta minutos de aquel Armagedón guitarrero, y luego bajé del escenario.

Aquella noche hice nuevos amigos. Los dos tíos de las sillas eran Garry Tallent y Southside Johnny, y abajo en la oficina de Tom mantuve mi primera conversación con el pecoso Danny Federici. Me presentó a su esposa, Flo, también pecosa y con peluca rubia cardada. Natural de Flemington, Nueva Jersey, Danny era el mismo personaje abstraído y despreocupado al que, muchas aventuras y cuarenta años más tarde, acompañaría en su lecho de muerte. Mi actuación había sido todo un éxito. En Asbury Park había muy buenos guitarristas: Billy Ryan era un verdadero maestro del blues, Ricky Disarno le había pillado el rollo a Clapton. Tenían mucha técnica y grandes tonos, pero la puesta en escena, la voz y las mañas de cantante que había desarrollado en mis años de aprendizaje con los Castiles me situaban por delante. Yo me dirigía a ti, te excitaba y tocaba la guitarra como un demonio, exigiendo tu respuesta.

Me encontré brevemente con Vincent Lopez en la cafetería de la planta baja, con la cabeza rapada casi al cero, recién salido de la cárcel; parecía sentir la necesidad de explicarme la razón de su aspecto (la cárcel), y luego me preguntó si estaría interesado en unirme a su grupo, Speed Limit 25. En aquel momento yo era un agente libre, Speed Limit tenían una reputación en Asbury Park y ganaban dinero. Y yo necesitaba algo de eso. Me gustaba la escena de Asbury y le dije: «Claro, veamos cómo va». Como los ensayos con los demás miembros de Speed Limit 25 no cuajaron, Vini y yo decidimos montar algo juntos. Vini conocía a Danny de la Downtown Tangiers, así que los tres nos juntamos con el bajista Little Vinnie Roslin, de los Motifs, en una cabaña de Bay Avenue, en Highlands, Nueva Jersey, y nos pusimos a trabajar. Esta es la banda que inicialmente se llamaría Child, luego mutaría en Steel Mill, después en la Bruce Springsteen Band, y finalmente formaría el núcleo de la E Street Band original.

La presencia accidental de un club como el Upstage en Asbury Park constituía un recurso único e inestimable para los integrantes de la escena musical local. Llevé allí a Steve Van Zandt, y él también los dejó pasmados. Steve y yo éramos los mejores guitarristas solistas/líderes de grupo de la zona, y nuestra presencia en el club llevó a la gestación y formación de muchas bandas que se convertirían en el eje de la escena musical de Asbury Park. Con Big Bad Bobby Williams, un terremoto de ciento treinta kilos a la batería, y Southside Johnny, Steve fundó la Sundance Blues Band. Steve y Johnny estaban muy metidos en el blues y crearon una potente formación que actuaba por toda la costa. Southside Johnny procedía de Ocean Grove, la población metodista próxima a Asbury Park. Fue nuestro rey local del blues, de ahí su alias «Southside». Era un intelectual que no lo parecía, hosco, bondadoso, muy apasionado y ligeramente desquiciado, pero lo sabía todo sobre los artistas de blues y soul, sus carreras y sus discos. Provenía de un hogar con una gran colección de discos y había profundizado en la biblia del rhythm and blues y la música soul. Todos nos conocimos en aquel club.

Okupas

En casa, mi padre había decidido finalmente que ya tenía bastante. El pueblo y su enfermedad le habían vencido. Decidió marcharse a California para empezar una nueva vida. Quería que mi madre y el resto de la familia le acompañásemos, pero estaba dispuesto a irse él solo si era preciso. Freehold, Nueva Jersey, ya no iba a poder seguir pateando a Doug Springsteen. Mi hermana Virginia prefirió quedarse en Lakewood con su nueva familia. Yo opté por quedarme en Freehold, donde podía ganarme la vida modestamente gracias a mi ya creciente reputación como rey de las bandas de bar.

Seis meses más tarde, en 1969, con diecinueve años, me despedí de mis padres y mi hermana pequeña Pam plantado ante la puerta de casa. Todas sus pertenencias estaban empaquetadas y amarradas al techo de su Rambler de 1960. Se llevaron tres mil dólares, todo el dinero que tenían. Dormirían una noche en un motel y dos en el coche, y conducirían cinco mil kilómetros, «okies de la Costa Este»* rumbo a la tierra prometida imaginada por mi padre. Con la única excepción de él durante la guerra, ninguno de nosotros había salido del centro

---

* Durante la Gran Depresión se llamaba «okies», por Oklahoma, a los emigrantes que llegaban a California en busca de un futuro mejor. *(N. del T.)*

de Nueva Jersey. La única fuente de información de que disponíamos era mi novia hippy de aquella época, y les aconsejó que se instalasen en Sausalito, cerca de San Francisco, población pretendidamente bohemia para turistas. Al llegar allí, enseguida vieron que no era lugar para ellos. Mi madre cuenta que pararon en una gasolinera y le preguntaron al empleado: «¿Dónde vive la gente como nosotros?». A lo que este respondió: «Vosotros vivís en la península»; y durante los siguientes treinta años, eso hicieron. Y, en un pequeño apartamento en San Mateo, intentaron empezar de nuevo.

Cuando mi padre anunció sus planes de marcharse a California, mi hermana tenía diecisiete años y un hijo pequeño, no sabía hacer ni una tostada y su marido se buscaba la vida como podía. Yo tenía diecinueve y vivía en casa con los veinte pavos que ganaba semanalmente tocando. Si decidíamos quedarnos, íbamos a tener que arreglárnoslas solos. Es el mayor remordimiento de mi madre, la cosa en la vida de la que más culpable se siente. Pero se marcharon al oeste, llevándose a mi hermana pequeña con ellos. Mis padres estaban unidos por un lazo incognoscible. Habían hecho un trato hacía mucho tiempo: ella tenía a un hombre que no la abandonaría, y él a una chica que no podía dejarle. Estas eran las reglas y estaban por encima de todas las demás, incluida la maternidad. Eran dos en la carretera. Nunca se separarían. Así es como había empezado y así iba a terminar. Punto. Mi padre supo extraer de mi madre, una mujer ahorradora y generosa, su ambivalencia sobre la familia. En este terreno nada caritativo, se suelen hacer extraños compañeros de cama. Nos querían con ellos. Nos pidieron que les acompañásemos. Pero ellos no podían *quedarse*.

Así pues, tuvimos que tirar adelante como pudimos. Mi hermana desapareció en «Cowtown», las tierras interiores del sur de Jersey, y yo fingí que nada de aquello me afectaba. Dependía de mí mismo… ahora y para siempre. Y aquello lo sellaba definitivamente. Además, una parte de mí estaba contento por ellos, por mi padre. ¡Escapa, papá! Huye de este maldito pueblucho. Este lugar que tan a menudo se ha portado mal con nosotros. Si es preciso, corre. Joder, ¿acaso podría irte mucho peor que aquí? Fueran cuales fuesen sus motivos, cuerdos o dementes, de huida o de búsqueda, necesitó agallas y darle una última oportunidad al anhelo de creer en el mañana. Era algo que no podía echarle en cara a mi viejo. Era lo que yo quería para él. Lo que tuviera que quedar atrás, tenía que quedar atrás. Aunque fuesen tus hijos, ¡aunque fuésemos nosotros! Mi hermana Virginia, en una situación más difícil con el bebé y demás, se lo tomó peor, mucho peor. Lo cual era comprensible. Al final, me tragué cualquier resentimiento que pudiese albergar y, a decir verdad, todo lo que recuerdo es sentir la excitación de quedarme solo. A los diecinueve años, ya me había largado. Hacia ese otro mundo. Y en ese otro mundo, bueno… no había padres, no había hogar, solo había sueños y música, y el reloj marcaba permanentemente «las tres menos cuarto».* Los Springsteen de Freehold, Nueva Jersey, iniciaron su diáspora llevándoselo todo con ellos. Ya no éramos «nosotros».

Vini, Danny y yo nos haríamos cargo del alquiler de la casa de South Street. Mi primera familia se había mudado y llegaba mi nueva familia. Hacia la segunda semana se unió a nosotros una mujer grandota y encantadora que respondía al nombre de Fat Pat. Estaba pasando una mala racha, necesitaba un lugar en el que quedarse «por poco tiempo» y pasó a formar parte de la familia de Danny. Danny estaba casado con Flo y esperaban un hijo, Jason. Fat Pat se convertiría pronto en la enfermera y segunda madre del primer bebé de la E Street. Ninguno de nosotros había llegado aún a la veintena. Si añades a ese batiburrillo a un chucho llamado Bingo, un perro travieso y ruidoso que se cagaba por todas partes y dejaba la casa hecha un asco, se comprenderá que no tardásemos en llegar a una situación caótica.

El hogar de mis padres durante siete años se transformó instantáneamente en una covacha de hippies. El santuario de mi padre en la cocina pasó a ser el lugar escogido para celebrar las reuniones del grupo, con platos sucios apilados hasta alturas arquitectónicamente imposibles, paquetes de cereales medio vacíos y un descuido absoluto y generalizado. El dormitorio donde había muerto mi querida abue-

---

* «Quarter to Three», por la canción de Gary US Bonds de 1961. *(N. del T.)*

la se convirtió en «el cuarto de la radio». Danny, gran aficionado a todo tipo de aparatos, era adicto a las maravillas de la radio CB, es decir, de banda ciudadana. Para los neófitos, se trata de un sistema usado por los camioneros de trayectos largos para informarse entre ellos acerca de la situación de «Smoky» (la policía de autopista), observar a «patines preñados» (escarabajos Volkswagen) y dar un gran «10-4» (afirmativo) a quien estuviese en su longitud de onda. Había unidades domésticas de gran tamaño que te permitían comunicarte con otros tipos solitarios aficionados a aquel raro hobby en un área de gran alcance. Danny y Mad Dog se pasaban horas en el cuarto de la radio hablando con una delirante cohorte de bichos raros hasta que se forjaron amistades invisibles, se organizaron citas a ciegas, se extendieron invitaciones y muy pronto estuvo llamando a nuestra puerta el culto CB, formado básicamente por gente del condado de Monmouth. Se quedaban de piedra al entrar y encontrarse con que se habían hecho colegas de los residentes de una casa de melenudos, lo cual haría que en el antiguo salón de mis padres tuvieran lugar incómodas, estrambóticas e hilarantes veladas de choque cultural (al final, el nexo CB solía ser más fuerte que el distanciamiento cultural).

Para que la radio CB funcionase se necesitaba una enorme antena, preferiblemente situada a gran altura. El ansia de Vini y Danny por llegar a una más amplia franja de extraños y desconocidos les llevó a escalar hasta el tejado de la casa de South Street, rompiendo a su paso ventanas que no se reemplazarían, y congregando a una muchedumbre de curiosos que los observaban mientras intentaban instalar en nuestro tejado un artilugio que daba la impresión de que tratábamos de comunicarnos con formas de vida alienígena más allá de los anillos de Saturno. La señal empezó a emitir a gran potencia, y a todas horas, de día y noche, se presentaban ante nuestra puerta tipos de lo más raro.

En esa época, el personaje «Mad Dog» de Vini ya estaba desatado y perdía los estribos con facilidad. Durante una discusión con Danny —sobre no sé qué, ¿derechos de radiodifusión?, ¿tiempo en antena?— le lanzó una botella de leche de la nevera. Poco después, una pelea entre Vini y Shelly, uno de los inquilinos temporales, hizo que tuviese que salir corriendo a la calle para separarles delante de mis vecinos de toda la vida. Finalmente, estos se hartaron y el propietario acabó llamando a nuestra puerta para decirnos que iba a cerrar la casa para hacer «restauraciones» y que teníamos que largarnos. Después de haber vivido allí con mi familia durante seis años, duramos exactamente un mes.

Una noche, a última hora, metimos todas nuestras pertenencias en la vieja camioneta de los años cuarenta de nuestro mánager Carl «Tinker» West, y cargamos el sofá del salón sobre la plataforma trasera. Me subí al sofá y bajamos lentamente por el camino de entrada, nuestro dorado futuro únicamente obstaculizado por la policía local, que nos informó de que había una ordenanza municipal que prohibía las mudanzas nocturnas. Nos encogimos de hombros y ellos se limitaron a observar cómo nos alejábamos de allí, seguramente felices de vernos marchar. Hacía una noche hermosa y fragante, y tirado en el viejo sofá, con los árboles y las estrellas en lo alto, me embargó una maravillosa sensación. Las calles de mi infancia iban pasando de largo y sentí que ya no era un sufrido personaje de la historia de aquel lugar, sino un observador impasible y transitorio. Sentí el aroma nocturno de la madreselva y recordé los preciosos arbustos de madreselva plantados detrás del convento de las monjas. Allí nos reuníamos con mi pandilla en las plácidas noches de verano para sorber los dulces jugos de sus pequeñas flores. Me sentí henchido de la libertad de ser joven y dejar atrás todo aquello, de aquel nuevo desapego hacia un lugar que amaba y odiaba, y en el que había hallado tanto bienestar y dolor. Mientras la furgoneta de Tinker recorría aquellas calles que todavía escondían un misterio tras otro, sentí una ligereza, una momentánea liberación del pasado. Un destello de mi yo futuro brillaba resplandeciente en mi interior. Esto… todo esto… mi pueblo, el legado de mi familia, quedaba atrás por el momento. Tenía diecinueve años, mis padres estaban a miles de kilómetros de distancia, inaccesibles, con mi querida hermanita. Mi hermosa hermana mayor, Virginia, había desaparecido en el sur, Ruta 9 abajo, hacia una vida adulta de la que durante mucho tiempo yo tendría muy poco conocimiento o contacto.

Regresaría a visitar esas calles muchas, muchas veces, dando una vuelta en mi coche en soleadas tardes de otoño, en noches de invierno, y en las desiertas últimas horas de las veladas de verano. Conducía por

Main Street pasada la medianoche, observando, esperando que hubiese cambiado algo. Miraba las habitaciones cálidamente iluminadas de las casas preguntándome cuál sería la mía. ¿Tenía yo un hogar? Pasaba por delante de la estación de bomberos, la plaza vacía donde están los juzgados, el ahora oscurecido edificio de oficinas donde trabajaba mi madre, la fábrica de alfombras abandonada; bajaba por Institute Street hacia la fábrica de Nescafé y el campo de béisbol, pasaba por delante de mi haya roja, todavía enraizada e imponente ante el solar donde una vez estuvo la casa de mis abuelos; pasaba frente al monumento a nuestros héroes de guerra caídos situado al final del pueblo, y junto a mis muertos en el cementerio de Santa Rosa de Lima, mi abuela, mi abuelo, la tía Virginia, para finalmente salir a la profunda oscuridad de las autovías rurales del condado de Monmouth. Visitaría esos lugares incluso más a menudo en mis sueños, subiendo los escalones del porche de la casa de mi abuela, entrando en el recibidor, la sala de estar, donde algunas noches ella y mi familia se sentaban a esperar, mientras que en otras ocasiones soñaba con el vacío, habitaciones desiertas, explorando, desentrañando, intentando averiguar lo que había sucedido y cuáles eran las consecuencias en mi vida presente. Volvería una y otra vez, soñando o no, esperando un nuevo final para un libro que había sido escrito tiempo atrás. Conducía como si los kilómetros pudiesen reparar el daño hecho, reescribir una historia distinta, forzar a esas calles a desvelar secretos fuertemente custodiados. No podían hacerlo. Solo yo podía hacerlo, y me faltaba todavía mucho para estar preparado. Iba a pasarme la vida en la carretera acumulando cientos de miles de kilómetros y mi historia era siempre la misma... un hombre llega a la ciudad, se mete en problemas, deja la ciudad y conduce hacia la noche, fundido a negro. Tal y como me gusta.

Desde el sofá en lo alto de la camioneta, vi cómo las ruedas cruzaban el límite del pueblo, giraban hacia la izquierda por la Highway 33, adquirían velocidad y se dirigían hacia las brisas marinas y las nuevas libertades de la costa. Con la cálida noche silbándome al oído, me sentí maravillosa y peligrosamente a la deriva, lleno de un vértigo exultante. Este pueblo, mi pueblo, nunca me abandonaría, ni yo podría dejarlo atrás totalmente, pero... nunca más iba a vivir en Freehold.

DIECISIETE

TINKER (SURFIN' SAFARI)*

Carl Virgil «Tinker» West provenía del sur de California. Estudió para ingeniero, pero acabó como surfero trabajando en la Challenger Western Surfboards. Vino al este a principios de los sesenta y, en un edificio de ladrillo desocupado en medio de un arenoso y desierto parque industrial, abrió la Challenger Eastern Surfboards. Le llamaban «Tinker», «Remendón», porque no había nada que no pudiese arreglar. Tinker podía rediseñar cualquier cosa, la remendaba, la apañaba o hacía que volviera a funcionar. También podía atraparla, despellejarla y comérsela. Cuando llegue el Viernes Negro y el Apocalipsis devuelva los relojes al año cero, solo necesitarás y querrás a Tinker a tu lado. Le he visto

---

* *Surfin' Safari* fue el álbum debut de los Beach Boys, publicado en 1962. (*N. del T.*)

restaurar hermosamente coches y barcos desde las primeras fases, construir un completo sistema de calefacción en su garaje con solo un barril de petróleo y unos conductos, así como diseñar y montar un estudio de grabación y un equipo de sonido que nos mantendrían en la carretera durante años. Una vez que se metía bajo la tapa de un capó, podía hacer funcionar cualquier cosa, en cualquier sitio, y mientras tanto no dejaba de fabricar algunas de las tablas de surf más fantásticas de toda la costa de Jersey. Genio misántropo, Tinker amaba y valoraba el trabajo, pero no aguantaba a la gente. Si no estabas trabajando, no le servías de nada. Aunque llevaba coleta, provenía del Golden State y de vez en cuando se fumaba algún porro, la tolerancia de Tinker hacia la «relajada» ética hippy se aproximaba mucho a cero. Diez años mayor y mucho más en forma que el resto de la banda, regentaba la fábrica de tablas de surf como el Gran Kahuna que era. Si entrabas allí y te entretenías en asuntos personales que durasen más de treinta segundos, te daba una escoba, te decía «Haz algo útil» y te ordenaba que barrieses el suelo. No bromeaba. Te ponías a barrer o te largabas.

Tinker solo surfeaba los mejores días de septiembre y octubre —el surf de huracán, lo llaman—, sobre una vieja tabla de madera de balsa que pesaba una tonelada. Iba caminando hasta el final del embarcadero, rodeado por gigantescas olas que chocaban contra el muelle, echaba la tabla al agua al final de las rocas, se lanzaba sobre ella y despegaba surcando las olas más grandes y oscuras que se elevaban desde las profundidades del leviatán de la Costa Este. Íbamos a la playa a verle y no dábamos crédito… Tinker. Nos preparaba para la revolución, disparábamos flechas con arco, montábamos y cargábamos pistolas de pólvora negra que, al ser disparadas en la oscuridad de nuestro yermo juvenil, escupían por sus cañones una virulenta racha de fuego y luz. «Springsteen», decía, así se dirigía siempre a mí. «Springsteen, tú sí que vales, y no andas jodiéndola por ahí como todos esos gilipollas.» Yo valía, y no, no perdía el tiempo, nada de drogas, alcohol, chicas… chicas sí, pero solo si no interferían con «la música», fastídiame eso y estás fuera de mi vida. Para mí ya no habría días y noches desperdiciados. Ya había visto eso y no me interesaba. Tinker y yo nos llevábamos estupendamente.

Le conocí en el Upstage Club. Me acorraló después de un pase, me dijo que opinaba que tocaba muy bien y mencionó que tenía contactos en el equipo de los Quicksilver Messenger Service, en San Francisco. Conocía a James Cotton, el gran bluesman, y me comentó que creía que Janis Joplin buscaba un nuevo guitarrista y que yo podría aspirar al puesto. Todo lo anterior era cierto. En su fábrica había una sala libre en la que podíamos ensayar y, si había algo que él pudiese hacer, debía ir a verle. Ahí estaba ese tipo, con un negocio, algunos contactos, una base financiera, una personalidad arrolladora, y que parecía sinceramente interesado en mí. Yo siempre estaba dispuesto a aceptar a un padre sustituto que me apreciase, así que me pegué a Tink. Tinker amaba la música y sabía ver el talento cuando lo tenía delante. Era la única cosa ante la que hacía concesiones: la destreza.

Cuando dejamos Freehold, al principio nos instalamos a unas manzanas del océano en Bradley Beach. Pasé un verano y un otoño idílicos, que culminó con la llegada del primer bebé de la E Street, Jason Federici. Nosotros éramos todavía unos chavales, y él fue un crío cuidado por críos. Nos apiñábamos a su alrededor y le tratábamos como al pequeño trocito de magia que era. Steel Mill instaló su residencia artística en la fábrica de tablas de surf, utilizando como local de ensayo una sala de cemento vacía que Tinker tenía al fondo del edificio. Por desgracia en Bradley, cuando llegaba el momento de pagar el alquiler, los números no cuadraban. Así que Mad Dog y yo no tardamos en hacer de la fábrica surfera nuestro domicilio principal (¡y sin pagar alquiler!). Acabamos mudándonos allí. Vini dormía sobre un colchón en el cuarto de baño, con la cabeza a solo unos centímetros del inodoro. Yo ocupaba la suite principal, un cuarto situado a unos tres metros, con mi colchón en una esquina, el de Tinker en la otra, y equipado con una nevera y un televisor. En los años siguientes aspiraría los suficientes vapores de resina y fibra de vidrio como para aniquilar las neuronas de cien hombres. Escaseaba el espacio, así que Tinker y yo nos veíamos forzados a ponernos románticos con nuestras conquistas en un entorno muy reducido. La privacidad era mínima. En aquella fábrica el sexo era rápido y no demasiado bonito, se hacía en suelos de cemento, de pie contra las paredes de ladrillos del edificio, en un cuarto a escasa distancia de otros amantes sudorosos y arrebatados, o, la última esperanza, en el asiento trasero de algún coche abandonado en los polvorientos cenagales del parque industrial. No podías tener manías. Y nos las apañábamos.

Vini Lopez aprendió el oficio de moldeador, puliendo las elegantes líneas de las nuevas tablas cortas de Tinker para que espumearan como rayos sobre las turbias aguas de Jersey. Allí estaba, cubierto de polvo de fibra de vidrio de la cabeza a los pies, hasta que se quitaba su mascarilla y se dirigía al cuarto trasero para ensayar con la banda. Nos hacíamos llamar Child y tocábamos por los clubes y bares de la costa de Jersey de finales de los sesenta. Interpretábamos temas propios y algunas versiones, y el simple hecho de que éramos muy buenos era lo que nos permitía tener siempre bolos. Toda la costa, de norte a sur, era el feudo de las bandas que versionaban los temas del Top 40. Nosotros interpretábamos algunos de esos temas de éxito, pero no nos limitábamos a eso. Nuestra capacidad para excitar, entretener y dominar el escenario fue lo que nos mantuvo vivos.

Yo llevaba la vida de un aspirante a músico. Era un bohemio circunstancial y, como ya he dicho, no tomaba drogas ni alcohol. Tras una corta vida ingiriendo demasiada química, uno de mis antiguos compañeros, un colega guitarrista, echó a perder su talento y vivió como un auténtico marginado, hasta que al final se disparó un tiro en la cabeza para acabar con todo. Había visto a gente destrozada mentalmente, que se iban y no regresaban. Yo ya tenía bastante con mantenerme entero tal y como estaba. No podía imaginarme metiendo agentes desconocidos en mi sistema. Necesitaba control, respetar esos límites tan fáciles de saltarse. Me daba miedo a mí mismo, por lo que podía llegar a hacer o lo que podía pasarme. Ya había experimentado el suficiente caos personal como para ir en búsqueda de lo desconocido. Durante mis años en los bares, lo único que podía hacerme saltar y pelear era un borracho colgado que me importunase. Había visto a mi padre y ya había tenido suficiente. No iba a buscar estimulantes externos para ayudarme a perder o encontrar algo. La música iba a colocarme tanto como necesitase.

Tenía amigos que experimentaban de forma radical con las drogas, y luego estaba mi cuñado el obrero de la construcción, que, pese a haberse dejado el pelo largo como yo, no había experimentado «los sesenta» en absoluto. Toda su vida ha sido un hombre de los cincuenta (aunque su grado de tolerancia ha ido siempre en aumento). Yo era un falso hippy (lo del amor libre no estaba mal), pero la contracultura se oponía por definición a mi conservadora experiencia proletaria. Me sentía atrapado entre dos bandos, sin encajar en ninguno de los dos, o quizá encajando en ambos.

La última banda de bar

El Pandemonium Club, el ultimísimo local nocturno de la costa, abrió sus puertas en Sunset Avenue con la Ruta 35, justo a los pies de la colina donde se ubicaba la fábrica de tablas de surf. Podíamos llegar a pie. Los grupos tocaban en un pequeño escenario situado detrás del bar, un estrecho callejón de botellas de priva, hielo, cerveza y camareras era todo lo que te separaba de los parroquianos sentados a la barra. El culo de la camarera (un trasero espectacular que hacía que la velada pasara volando), la barra, los clientes pegados al taburete, aquellos de pie reunidos en torno a la barra, algunas mesas y la pista de baile se distribuían a tu alrededor en una panorámica de ciento ochenta grados.

El Pandemonium no tenía que currárselo mucho para estar a la altura de su nombre. Atraía a una clientela ecléctica y a menudo incompatible. Camioneros que circulaban por la Ruta 35, chicos del Monmouth College, veraneantes de clase media en busca de la arena y el surf de la costa, hippies que venían a escuchar música y borrachos de toda índole que gravitaban hacia la novedad y la falsa decoración lujosa del Pandemonium. La mayoría de los que acudían estaban en polos culturales totalmente opuestos. Podías ir al Pandemonium a escuchar música o a que te felicitasen por tu último pase, pero también a que un camionero de largos trayectos, un jugador pijo de fútbol americano o un aspirante a mafioso recubierto de poliéster se metiesen con tu pelo largo. Normalmente todo iba bien… aunque no siempre.

Al actuar en un bar a escasos centímetros de la camarera tienes una perspectiva única de cómo se desarrollan las interacciones humanas.

La fórmula siempre era la misma, solo cambiaba el momento del estallido.

Mujer + priva + hombre + priva + segundo hombre + priva = bronca.

Noche tras noche, contemplaba perplejo el espectáculo hasta que volaban las sillas, se arreaban puñetazos, se derramaba sangre, las mujeres simulaban falso asombro y aparecían los encargados de seguridad. Podías advertirlo con antelación, como una tormenta que se avecina. Así era como algunas chicas se divertían. A veces podías avisar a los gorilas y la cosa se enfriaba antes del primer puñetazo. Pero a menudo se producía con la brusquedad de un chubasco de verano y terminaba con la misma rapidez. Corte a la última escena: los gorilas respiran agitados, sus camisas rasgadas y sudadas, pequeñas manchas de sangre aquí y allá, una muchedumbre que se apiña curiosa en el aparcamiento iluminado y las celebradas luces rotatorias de la policía local tiñendo los rostros de un rojo tenue. Los polis se llevan a los maltrechos juerguistas. Todos se marchan a sus casas.

Un gran salto para la humanidad

Veinte de julio de 1969. La noche en que el hombre pisó por vez primera la luna fue nuestra primera noche en el nuevo club, el inicio de un contrato para toda una semana. Aquello era una mina de oro para nosotros y no podíamos fallar. Si conseguíamos que nos contrataran regularmente en el Pandemonium se esfumaría aquella vida de precariedad que llevábamos. Podríamos concentrarnos en componer, ensayar, y a lo mejor hasta grabar algunas de nuestras canciones. El gerente del Pandemonium era Baldy Hushpuppies, un ligón de mediana edad al que inevitablemente llamaban así porque era calvo y calzaba Hush Puppies. Precisamente aquella noche estaba fuera, y el Hijo de Baldy Hushpuppies, su vástago, era el encargado del garito. Resulta que la banda debía empezar el pase justo en el momento en que se iba a producir el primer alunizaje realizado por el hombre, a las 22.56. La mitad del escaso público de unas treinta personas quería que empezásemos a tocar, y la otra mitad que contemplásemos con solemnidad aquel crucial momento en la historia de la humanidad. En cuanto empezábamos alguien venía corriendo hasta el bar para que lo dejásemos, ya que se acercaba el momento del alunizaje, entonces parábamos y alguien se quejaba de que la banda no tocaba.

Finalmente nos decidimos: «¡A la mierda la llegada a la luna, no es más que un truco hecho por "El Hombre"! ¡Que os den, Armstrong, Aldrin y Collins, lo nuestro es el rock and roll!». Mad Dog Lopez, Danny y yo estábamos a favor de meterle caña. El único que se resistía era Little Vinnie Roslin, un hombre de ciencia un tanto sensible a los progresos de la tecnología, quien nos dijo que éramos unos cretinos de mierda, unos ignorantes de la historia, y que no pensaba participar en aquello. Dejó su bajo en el suelo y abandonó el escenario. Tenía razón, pero se había trazado una clara línea divisoria. Para ver la retransmisión solo había un pequeño televisor en blanco y negro situado en una esquina del bar, en torno al cual se apiñaba el grupito de clientes proalunizaje, pegados a las borrosas imágenes enviadas a través del espacio desde unos cuatrocientos mil kilómetros de distancia. Los del «a la mierda la llegada a la luna» seguían a lo suyo en la barra, cerca de nosotros.

Al final, Mad Dog estalló. Gritó por el micrófono: «Si alguien no apaga ese puto televisor, bajo y le pego una patada que lo atravieso». Al escuchar el ultimátum de Vini, el Hijo de Baldy Hushpuppies vino disparado hasta la barra y le dijo que aquel era su televisor y que o se callaba la jodida boca o nos echaba a todos a la puta calle. Mad Dog Lopez no consentía, ni consiente, ese tipo de vocabulario. Ataviado esa noche de modo excéntrico, como era habitual en él, con una túnica china y nada más debajo, Vini se enzarzó en una pequeña trifulca con el Hijo de Baldy Hushpuppies. Nos despidieron en el acto. Seis noche bien pagadas, en un local cerca de casa, se esfumaron por culpa de la túnica china de Vini. Subimos a pie la colina, muy cabreados y sin hablarle a Vini por habernos fastidiado el bolo. De todos modos, no íbamos a estar mucho más tiempo en el circuito de bares de la costa. El negocio de los conciertos nos esperaba.

DIECIOCHO

STEEL MILL

Descubrimos que otro grupo había registrado el nombre «Child», así que una larga noche en el Inkwell Coffee House, en el barrio del West End de Long Branch, Nueva Jersey, nos devanamos los sesos en busca de un nuevo nombre. El Inkwell era una institución para los melenudos del lugar, situada a una manzana escasa de la playa de Long Branch. Su propietario, «Joe Inkwell», era una presencia hitleriana que te arrancaba la piel si le mirabas mal, pero aun así nos llevábamos bien y el lugar era un refugio seguro a última hora de la noche para toda clase de tipos raros. En el interior todo parecía de los tiempos de la generación beat. Pedías una hamburguesa con queso, flirteabas con la camarera vestida con tejanos y estampado de leopardo, y pasabas el rato en un entorno seguro donde nadie iba a atacarte, salvo tal vez el propietario. Creo que fue Mad Dog quien propuso el nombre de Steel Mill. Esa era la dirección en la que íbamos. Música contundente y proletaria, con guitarras a todo volumen y un sonido influenciado por el rock sureño. Si mezclabas eso con un poco de rock progresivo y canciones propias, tenías Steel Mill... ya sabes, STEEL MILL... como LED ZEPPELIN...* rock primario, a pecho descubierto, básicamente metálico.

Con ese nombre nos pusimos a dar potentes conciertos de guitarras chirriantes y nuestro público fue aumentando considerablemente. Primero eran cientos, luego miles los que acudían a vernos en apariciones no anunciadas en un parque, en la armería local, el prado del Monmouth College, el gimnasio de la universidad, o cualquier otra ubicación que pudiese acoger a nuestra creciente tribu. Nos transformamos en algo que la gente quería ver. Dábamos un espectáculo brutal, con canciones lo bastante memorables como para que la gente quisiese volver a vernos, escucharlas de nuevo, aprenderse las letras y cantar sus estribillos. Empezamos a atraer y conservar a auténticos fans.

Tinker nos llevó a la Universidad de Richmond en Virginia, donde tenía algunos contactos. Tocamos gratis en el parque, dimos a conocer nuestra música y nos contrataron para tocar en algunos eventos universitarios. Nos hicimos enormemente populares en Richmond, atrayendo hasta a tres mil personas a nuestros conciertos sureños, sin tener aún un álbum a nuestro nombre. ¡Nuestro vudú había funcionado fuera del Garden State! Teloneamos a Grand Funk Railroad en Bricktown, Nueva Jersey, donde causamos sensación, y pusimos rumbo al sur, donde teloneamos a Chicago, a Iron Butterfly y finalmente a Ike y Tina Turner en el War Memorial de Virginia. Muy pronto nos hicimos con un segundo hogar en Richmond. Ya había dos ciudades en las que podíamos actuar cuatro veces al año, cobrando un dólar en la entrada, y regresar a casa con miles de dólares que nos ayudarían a pasar las épocas de sequía. El asunto era que no podías abusar de ninguna de las zonas, ¡y solo había dos! Una vez cada tres meses era mucho. Nos habíamos hecho demasiado grandes para los bares, demasiado pequeños para los grandes pabellones, y nos convertimos de un modo extraño en víctimas de nuestro propio éxito. Atraíamos a miles cuando actuábamos, pero para mantener el interés del público

---

* «Fábrica *de acero*», «Zepelín *de plomo*». *(N. del T.)*

y no devaluarnos, teníamos que dosificar nuestras apariciones. Buscamos otras localizaciones, teloneando a Roy Orbison en un festival en Nashville, Tennessee, y tocando en Chapel Hill, Carolina del Norte, pero eran nuestros fans de Jersey y Virginia los que nos costeaban los bocadillos y las hamburguesas con queso. En las largas semanas entre actuación y actuación teníamos mucho tiempo para ensayar, perfeccionar el sonido de nuestra banda y asimilar la singular posición de ser auténticas superestrellas locales totalmente desconocidas fuera de nuestras áreas. Así que… ¿qué podíamos hacer?

Ve al oeste, joven

Tinker siempre estaba contándonos historias de San Francisco. Pues claro, joder, estábamos en 1970. Vayamos allí y demostrémosles lo que podemos hacer. Llevábamos ya un año tocando junto a otras bandas de ámbito nacional y nos iba bien. Sacad vuestra artillería, grupos de San Francisco. Éramos arrogantes de cojones y estábamos seguros de ser lo bastante buenos como para dejar nuestra marca en cualquier parte. Creíamos ser la banda sin descubrir más grande que había existido nunca e imploramos a Tinker que nos llevase a donde los hippies campaban a sus anchas. Hicimos un trato. Tinker nos dijo que si ahorrábamos cien dólares por barba y registrábamos nuestros temas como medida de protección, nos llevaría hasta la otra costa. Una tarde, Danny y yo nos sentamos dos horas a la mesa del comedor y solo pudimos registrar sobre papel una canción. Pensamos: «Joder, rellenemos el resto con un montón de notas al azar, que Tinker nunca lo sabrá». Y eso hicimos. Dimos un último concierto en la fábrica de tablas de surf a fin de conseguir dinero para embarcarnos en nuestra aventura, construimos una caja de contrachapado que iría en la plataforma del camión de Tinker, y la cubrimos con una lona del ejército para protegerla de la lluvia. También preparamos un coche familiar (el de Danny) con colchones y bidones de agua para que los conductores descansasen y pudieran recuperarse. Con estos dos vehículos, cien dólares cada uno y una plegaria, acometeríamos el gran viaje a través del país en tres días. Nos habían contratado para un concierto de Nochevieja en el Instituto Esalen, en las montañas de Big Sur, California. Esalen fue uno de los primeros balnearios de Estados Unidos basado en el movimiento del potencial humano. En aquella época, nadie había oído hablar de nada parecido. Para nosotros aquel era solo otro bolo más, y no teníamos ni idea de dónde íbamos a meternos. Con la excepción de Tinker y sus breves excursiones por el sudeste, ninguno de nosotros había salido apenas de Nueva Jersey.

La noche antes de partir hacia California, Mad Dog y yo fuimos al cine local a ver *Easy Rider*. No fue un buen augurio. Mientras veíamos la historia del viaje de Peter Fonda y Dennis Hopper a través de Estados Unidos, nos embargó un miedo creciente. Cuando al final de la película un paleto cromañón le dispara a Hopper y este cae con su moto, nos dimos cuenta de que quizá ahí fuera la gente no iba a ser muy amistosa con tipos como nosotros. Por descontado, Tinker ya había tomado en consideración esa contingencia; no éramos hippies amantes de la paz, así que íbamos armados. En la cabina de nuestro camión llevábamos nuestras pistolas, arcos y flechas y un rifle, todo perfectamente legal. Ya nos habíamos topado anteriormente con «malas vibraciones» –un empleado de gasolinera que se negaba a llenarnos el depósito, un restaurante de carretera silenciado por la tensión–, pero nada grave. Tinker hablaba la jerga de los mecánicos de coches. Resulta asombroso cómo se rompen las barreras culturales con una pequeña charla sobre motores. Viajábamos en un cacharro que era una antigualla. La gente mostraba curiosidad ante nuestro viejo camión Ford y se preguntaban de qué cojones íbamos. Tinker podría haber roto el hielo hasta con el mismísimo Grand Poobah del Ku Klux Klan por su lacónico dominio de los misterios arcanos de un motor de combustión interna. Poseía grandes conocimientos de mecánica, acompañados de una confianza extraña y poderosa que hacía que la gente se sintiese cómoda. Y, si eso fallaba, tenía pinta de ser la clase de tipo que podía pegarte un tiro.

Llegó la mañana señalada, la camioneta estaba cargada, el coche familiar listo; yo tenía veintiún años y nos íbamos al oeste. El oeste… hora de soñar. El oeste… California. Allí estaba la música. El Haight,

San Francisco, los Jefferson Airplane, los Dead y Moby Grape, uno de los grupos favoritos de Steve y míos de todos los tiempos. El oeste… libres. Y además allí estaba mi familia. Había oído hablar de los desiertos, las palmeras, el buen tiempo, Seal Rocks, las secuoyas gigantes de Muir Woods, la Bahía, el Golden Gate… En nuestras contadas llamadas telefónicas, mi madre me explicaba cómo era su vida allí. Llevaba casi un año sin verles. En aquella época nadie podía permitirse cruzar el país en autobús, tren o avión. Ni siquiera conocía a nadie que hubiese viajado en avión. Así que allá iba. Sería una combinación de reencuentro familiar y triunfo arrollador que pondría las cosas en su sitio.

Nuestra caravana de dos vehículos partió al amanecer desde la fábrica de tablas de surf, dejamos atrás el parque industrial y enfilamos la Ruta 35, luego la 33, y después la Turnpike South de Nueva Jersey. En pleno invierno, elegimos la ruta del sur a través del país para evitar en lo posible el hielo y la nieve. Éramos siete: aparte de mí, Tinker, Vinnie Roslin, Mad Dog, Danny, un colega que también iba al oeste y nos ayudaría a conducir, y el ser vivo favorito de Tinker, J. T. Woofer, su perra. En la cabina del camión de los años cuarenta íbamos confortablemente Tinker y yo, además de J. T. El resto de los viajeros iba en el viejo coche familiar de los sesenta de Danny.

Teníamos tres días para llegar a California. No había dinero para moteles ni disponíamos de equipo para acampar, así que no íbamos a parar. Conduciríamos en turnos rotativos, por horas, haciendo paradas únicamente para comer y repostar. Yo no conducía… en absoluto. No tenía coche, ni permiso de conducir; a los veintiún años, mis medios de transporte seguían siendo la bicicleta o el pulgar. Desde los quince años había ido a todas partes haciendo autoestop y me había acostumbrado a ello. Cuando digo que no conducía me refiero a que NO SABÍA CONDUCIR. No podía manejar con ninguna garantía de seguridad un vehículo motorizado. Mi viejo nunca tuvo la paciencia necesaria para enseñarme, y Tex, después de un desastroso intento dando vueltas sin control por el aparcamiento de la Freehold Raceway, también se llevó las manos a la cabeza y desistió. Al volante yo era un incompetente total. Así que se me descartó como uno de los conductores del viaje.

Por eso nos venía muy bien contar con aquel colega extra. Faltaban todavía unos años para que yo pudiese «hacer carreras por las calles».*

El viaje fue bien hasta que llegamos a Nashville, Tennessee. No sé bien cómo, en Nashville, Tink, J. T. y yo nos separamos del coche de los conductores, con «Phantom» Dan Federici al volante. Más tarde nos dirían: «Miramos por todas partes y no os vimos». Aquello creó un problema enorme. Todos los que conducían iban con Danny. Para llegar a Big Sur, California, cinco mil kilómetros en tres días desde Nueva Jersey, no podíamos parar. Si queríamos llegar a nuestra cita en Nochevieja, las ruedas no podían dejar de girar. Faltaban aún miles de kilómetros y Tinker no podía conducir todo el tiempo, la perra no sabía, y solo quedaba yo. Así que hacia medianoche, Tink simplemente dijo: «No puedo seguir conduciendo, es tu turno». Respondí: «Ya sabes que no sé conducir». Y él replicó: «No es difícil. Además, tienes que hacerlo o perderemos el único trabajo que tenemos en la Costa Oeste». Así que me puse al volante de aquella monstruosa antigualla que recordaba al camión de *El salario del miedo* de Clouzot transportando nitroglicerina por las junglas de América Central. Lo que siguió fue algo espantoso, horrible: el brutal chirrido de las anticuadas marchas que nos hacía avanzar a trompicones por la autopista, unos volantazos que llevaban el camión de lado a lado del carril, con el equipo del grupo y todas nuestras posesiones de valor a bordo. Una colisión frontal con las almas confiadas e ignorantes que venían en nuestra dirección parecía inminente.

Aun así, debíamos lograrlo. Y así fue como lo hicimos. En cuanto nos dimos cuenta de que era imposible que yo arrancase desde punto muerto, decidimos que Tinker pusiera la primera marcha, el camión empezaría a rodar, y entonces nos cambiaríamos de asiento dentro de aquella pequeña cabina, pisando a la pobre J. T., que aullaba desde el suelo. A partir de ahí, yo me encargaría de pasar de segunda a cuarta, y así durante todo el tiempo que estuviésemos en la autopista. Condujimos miles de kilómetros, el resto del trayecto, empleando ese

* «Racing in the Street», canción de Springsteen incluida en el álbum *Darkness on the Edge of Town.* (N. del T.)

método. No volvimos a ver ni a saber de Danny o del otro vehículo. No teníamos plan B por si alguien se perdía. No había teléfonos móviles ni forma de comunicarnos. Lo único que teníamos era un destino común, así que pusimos rumbo hacia el sol. No puede decirse que Carl Virgil West descansase mucho durante el viaje. Yo conducía por el desierto de noche mientras él se tomaba un descanso para «dormir», con el camión yendo de un lado a otro de la autopista, y cuando lo miraba veía el miedo brotando de sus ojos abiertos como platos. No podía culparle por ello. Yo conducía fatal. Tuvimos suerte de no matarnos por mi culpa.

Aquel camión no era fácil de manejar. Yo me limitaba a conducir, sin carnet, sin experiencia. Cuando nos aproximábamos a una frontera estatal, una cabina de peaje o un control de pesaje, le daba un codazo a Tinker en las costillas y volvíamos a cambiar de asiento sin detener el vehículo. Lo hacíamos cada vez mejor, pero al llegar a los pasos de montaña nos entró el pánico. El cambio de marchas del camión era muy anticuado y no ayudaba mucho a la conducción. Tenía que embragar, cambiar, embragar, cambiar, embragar, cambiar, con el motor implorando piedad, avanzando a trompicones. Me estaba cargando la máquina, pero para cuando llegamos a California yo había aprendido a conducir y Tinker había pasado muchas horas en vela y le había salido más de una cana.

Oeste

El paisaje era realmente hermoso. Me sentía exultante al volante cuando atravesamos el desierto del oeste al amanecer, los cañones sombreados de púrpura y azul profundo, el cielo amarillo pálido de la mañana perfilando la negra silueta de las montañas que íbamos dejando atrás. Con el sol del este elevándose a nuestras espaldas, los marrones y rojos profundos de las llanuras y colinas cobraban vida. Las palmas de las manos sobre el volante se volvían blancas como la sal por la aridez del entorno. Por la mañana la Tierra despertaba en tonos apagados; después, con la luz plana del sol de mediodía, todo se revelaba como un puro horizonte que descendía sobre los dos carriles de asfalto y desaparecía en… la nada: mi visión favorita. Luego el atardecer, el sol candente en los ojos, goteando oro sobre las montañas del oeste. Todo aquello te hacía sentir en casa, y caí perdida y eternamente enamorado del desierto.

Seguimos adelante, cruzamos Texas, Nuevo México y Arizona hasta llegar a la frontera de California, y luego nos dirigimos al norte hacia las montañas de Big Sur. Ya casi habíamos llegado, pero nos quedaba pasar otra horrorosa noche estilo Halloween. La Highway 1 en dirección Big Sur había sido barrida por una tormenta costera, algo bastante habitual, así que Tinker buscó en el mapa una ruta alternativa. Nos detuvimos en una gasolinera para pedir consejo. Tinker señaló una fina y ondulada línea en el mapa y le preguntó al empleado: «¿Qué tal por aquí?». Este respondió: «Os llevará hasta allí, pero yo no iría por esa carretera en este viejo camión». Tinker y cada perverso e intrépido hueso de su cuerpo solo escucharon lo primero. Tomamos la carretera. Durante los primeros kilómetros se extendió ante nosotros una hermosa autopista recién asfaltada hasta que, en una inesperada curva en la montaña, la carretera se convirtió en una resbaladiza pista de gravilla y polvo. De pronto rodábamos por un camino intransitable e infernal, con una montaña al alcance de la mano en la ventanilla del conductor, y al otro lado, en la del pasajero, un precipicio sin barandilla y una tumba esperándonos allá abajo. Al volante, con los ojos enrojecidos como los de un zombi, Tinker se había quedado mudo. Entre sacudidas y derrapes, condujo en plena noche, cincuenta kilómetros en tres horas, por aquel paso de montaña imposible. J. T. yacía ovillada en el suelo como si su corta vida canina estuviese siendo amenazada por fuego de mortero. La perra sentía que pendíamos de un hilo, y después de una hora o así mi estómago ya no pudo aguantarlo más. La visibilidad desde la cabina era casi inexistente. Me estiré en el asiento y cerré los ojos, pero no dormí. El camión resbalaba y traqueteaba, mientras caía sobre el techo de la cabina una lluvia de gravilla desprendida de la montaña. Tomamos una última curva y, de pronto, se acabó. La autopista se abrió de nuevo ante nosotros y no tardamos mucho en cruzar las puertas del Instituto Esalen en Big Sur. No se veía una sola luz, reinaba una oscuridad total. Pronto me encontré bajando por un pequeño sendero, buscando nuestros alojamientos, en la oscura ladera de una montaña en California.

El palacio de Gopher

Íbamos a alojarnos con Gopher, un amigo de Tinker, en el lado «proletario» de un arroyo que separaba a los ricos ombliguistas de Esalen de su personal de servicio. No fue fácil dar con él. Gopher vivía en un árbol en la empinada ladera de una montaña. Había construido su «hogar» en torno a un eucalipto gigantesco cuyas raíces brotaban del suelo de la sala de estar, el tronco se elevaba hasta atravesar la planta dormitorio de arriba y luego salía por el techo (hola, Big Sur). Había una chimenea, pero ni agua caliente ni otras comodidades. Para subir al dormitorio tenías que trepar por el tronco. Parecía el lugar ideal para un duende, pero sus «habitaciones» en miniatura se quedaban pequeñas con Tinker, J. T. y yo, no digamos ya cuando más tarde apareció la patrulla perdida de Danny y los dos Vinnies. El sonido del rasgueo de mi guitarra les había guiado hasta el palacio de Gopher, y pasamos un buen rato contándonos nuestras respectivas historias del viaje.

Unas horas antes de nuestra llegada, Gopher había creído oír ruidos entre los matorrales y, pensando que se trataba de algún intruso, había descargado su escopeta en la oscuridad, dejando sin suministro eléctrico a toda la ladera de la montaña. Nos sentamos junto al fuego de la chimenea, como neandertales apiñados en el corazón de un nuevo mundo oscuro e invisible. Al final, exhaustos, nos fuimos a dormir. Cuando nos despertamos al amanecer y salimos por la puerta de la casa de Gopher, nos quedamos pasmados ante lo que veíamos: árboles imponentes, una vegetación tan exuberante que te perderías con solo apartarte del sendero, colores, flores de invierno, todo ello en una verdecida ladera montañosa desde la que se avistaba el esmeralda encendido por el sol del Pacífico. Si te quedabas mirando durante un rato, podías ver a lo lejos ballenas expulsando sus chorros al aire. Yo nunca había estado inmerso en la naturaleza como en ese momento y notaba ese poder intoxicante que te hace sentir muy pequeño. Me acerqué a un árbol de una especie que jamás había visto, cubierto por lo que parecían extrañas hojas multicolores. Al caminar hacia su base, miles de mariposas brotaron desde las ramas y salieron disparadas hacia el intenso azul del cielo. Aquel era otro mundo.

Nos familiarizamos rápidamente con el entorno. Estábamos en la zona de los trabajadores, y ese era el lugar en el que debíamos estar. Aún faltaban unos años para que yo empezase a mirarme el ombligo como los ricos, por lo que, una vez cruzado el arroyo en dirección al instituto, había cosas que simplemente no llegabas a comprender. Lo primero que Mad Dog y yo vimos fue a un grupo de gente sobre el césped, enroscados en sábanas blancas, regresando a su «estado de ameba». A Vini y a mí aquello nos pareció desternillante y pronto concluimos, equivocados o no, que aquel lugar, aunque maravilloso, era el hogar de unos charlatanes de feria y sanadores como los de Jersey, solo que de más categoría y disfrazados según la moda new age. Disfrutaban de unas fantásticas fuentes termales que brotaban de la pared de un acantilado sobre el mar. Después de las aguas termales, un baño frío, y todo el mundo desnudo. Aquello atrajo la atención de unos tipos de Jersey con poco mundo como nosotros, así que nos pasamos todo el tiempo que pudimos allí, mostrándonos encantadores con las damas ricas y bañándonos en las dulzuras revitalizadoras de la naturaleza. Algunos de los colegas hicieron «amigas» entre las clientas del balneario, y hubo más de una escapada nocturna por la ladera de la montaña. Por las mañanas, el personal de servicio nos pasaba algo de desayuno por la puerta trasera de la cocina, y luego dedicábamos el día a explorar los alrededores, a observar el esperpéntico espectáculo en las instalaciones del instituto, o a ensayar para nuestra actuación de Nochevieja en una cabaña junto al mar.

Una tarde di un largo paseo por el bosque. Manteniéndome en el sendero para no perderme, empecé a seguir el sonido de unas congas a lo lejos. Llevaba unos diez minutos adentrándome en el bosque cuando, en un claro entre la espesura, me topé con un tipo negro y alto vestido con un *dashiki*, encorvado sobre unas congas y entreteniendo a la naturaleza. Levantó la vista y me encontré cara a cara con

Richard Blackwell, mi amigo de la infancia en Freehold. ¡Menuda casualidad! Tuvimos un momento «Doctor Livingston, supongo», no podíamos creer que ambos estuviésemos a miles de kilómetros de casa, exactamente en el mismo lugar y momento. Decidimos que era cosa del destino, y le pregunté si quería tocar con nosotros durante nuestra expedición por la Costa Oeste. Primera parada, Nochevieja.

Cuando caía la noche, todo se desmadraba al estilo Costa Oeste. De las montañas cercanas llegaban mamás de la tierra tatuadas, viejos montañeses entrecanos, virginales muchachas hippies puestas de ácido, hablando en lenguas extintas y dispuestas a follar. Abundaban las drogas, lo cual hizo que despegara el espectáculo en pleno territorio de la contracultura californiana. Bailes que llevaban al trance, los lugareños mezclándose alegremente con los clientes del instituto y nosotros arrastrando al público al frenesí, con Richard Blackwell, el amigo del barrio, al que se unió Tinker, generando una infinita pulsación con las congas. Aquello duró un buen rato y colmó las expectativas de diversión de un chico de Jersey sobrio y limpio de drogas. Te las ofrecían todo el tiempo, pero yo era un joven tozudo plenamente convencido de mis temores. No me interesaban, así que toqué y toqué hasta complacer a los hippies de las montañas con sus hogueras flameantes, rostros antiguos con los ojos en blanco junto a estadounidenses corrientes y adinerados que habían venido al oeste buscando una nueva luz y nos pagaban a lo grande por lo que en Nueva Jersey hacíamos por dos pavos.

Finalmente, hacia el amanecer, la cosa se calmó. La gente regresó a las colinas y nosotros nos quedamos allí, exhaustos. Les habíamos entretenido y lo habíamos pasado bien, pero aquello era distinto a lo que vivíamos en casa. Aquí la música era parte de un evento tribal de mayor magnitud para «elevar la conciencia». El músico era un chamán y un facilitador psíquico. Más hombre místico que duro rocanrolero o intérprete soul. Yo tenía la banda y la destreza necesarias para lograrlo, pero no estaba seguro de que aquello fuese lo mío.

Tras el concierto nos quedamos unos días disfrutando de los placeres de Big Sur. La mañana de nuestra partida, me senté en un banco con vistas al Pacífico junto a un convencional empresario texano de mediana edad. Perdido en la tierra de los freaks, buscaba algo intangible en aquel balneario. Le pregunté por qué estaba allí. Me dijo simplemente: «He ganado muchísimo dinero, pero no soy feliz». Aún me faltaban muchos años para enfrentarme a ese problema, pero había algo en él que me emocionó. Anhelaba algo más que lo que su vida y el mundo de los negocios le habían proporcionado. Venía desde muy lejos, pagando su buen dinero, y había abierto su mente para intentar encontrar algo. Le deseé lo mejor, esperando que hubiese caído en buenas manos.

Unas horas más tarde me encontraba sentado en un verde promontorio rocoso a un lado de la Highway 1. En mi regazo tenía la bolsa de viaje; el sol estaba alto y el ambiente era seco, y yo observaba a un pequeño ejército de hormigas deslizándose entre mis botas y cargando partículas de polvo hacia su imperio en el montículo. El aroma a corteza de eucalipto y la hierba alta me rodeaban recordándome que era un joven viajero en una tierra extraña. Me sentía bien. Un halcón volaba en círculos sobre mí en el extenso cielo azul, mientras transcurrían cuarenta minutos, luego una hora. Un coche aminoró la marcha y se detuvo en el arcén de la carretera. A través del destello solar que se reflejaba en el parabrisas distinguí dos grandes sonrisas. Eran papá y mamá, que venían a dar la bienvenida a la tierra prometida a su único hijo varón.

The Promised Land*

La tierra de los sueños y esperanzas de mis padres estaba ubicada en un pequeño apartamento de dos habitaciones, en el primer piso de un complejo residencial del suburbio californiano de San Mateo. Consistía en un salón/cocina, un dormitorio para mis padres y uno más pequeño para mi hermanita. Estaban orgullosos de él. Les gustaba California. Tenían empleos y una nueva vida. Mi padre se había afi-

---

* «La tierra prometida», canción incluida en el álbum *Darkness on the Edge of Town*. *(N. del T.)*

cionado a pintar acuarelas por números y tocaba un órgano casero, sus amargas notas chirriando bajo esas manoplas que llamaba manos. Parecía estar bien. Dejar atrás Freehold le había sentado estupendamente. Mi madre era de nuevo una respetada secretaria legal en una firma en el Hillsdale Shopping Center, y mi padre era conductor de autobuses del aeropuerto.

Dormí en el sofá del salón, disfruté de la comida casera, fui de compras a las tiendas de segunda mano de la cercana iglesia de Saint Vincent de Paul y del Ejército de Salvación, y me sentía muy bien en casa. Un día estaba viendo la tele en el salón mientras mi hermanita de ocho años intentaba hacerme un pastel de bienvenida. Estaba en la mesa de la cocina con un gran bol de masa y una batidora eléctrica. De pronto oí un grito estremecedor y corrí a la cocina: toda la masa estaba esparcida por las paredes y mi hermanita aullaba con la batidora en marcha enganchada a sus cabellos. Al principio no entendí lo que estaba viendo. Hasta que comprendí que un mechón de su precioso pelo castaño debía de haberse escurrido dentro del bol y la batidora se le había enredado, y ahora vibraba como un alma en pena contra su pequeño cráneo. Desenchufé el aparato, usé unas tijeras, le di unos besos para calmarla y nos reímos: no había pasado nada.

Al cabo de poco, toda la banda estaba pernoctando en el suelo del salón de mis padres. Solo serían unos días. Habíamos venido para que nos descubrieran y nos iba a costar algún trabajo, así que empacamos nuestras cosas y nos dirigimos a nuestra primera prueba en San Francisco. Llegamos al Family Dog, cuartel general de los Quicksilver Messenger Service y venerable salón de baile de San Francisco que buscaba nuevos grupos para telonear a sus bandas estrella. Tinker nos había conseguido la audición. Recuerdo que aquella soleada tarde nos presentamos unas tres o cuatro bandas a la prueba. Las dos primeras no eran demasiado buenas y, confiados, subimos a escena y lo hicimos lo mejor que pudimos. Tocamos unos veinte minutos, la clase de material que nos había hecho superestrellas en nuestro territorio, y no dudamos de que íbamos a conseguir el contrato. Tras nosotros, subió la cuarta banda. Eran buenos. Musicalmente sofisticados, tenían a varios vocalistas muy decentes y algunas canciones estupendas. No ofrecían el espectáculo que dábamos nosotros, pero eso no parecía preocuparles. Simplemente tocaban… muy, muy bien. Les dieron el contrato. Nosotros perdimos. Al enterarnos, todo el grupo empezó a quejarse diciendo que si habían hecho trampa, que si el tipo que regentaba el local no tenía ni idea, que si bla, bla, bla…

Aquella noche volví a casa de mis padres y me tumbé en el sofá a reflexionar. Aquel grupo era mejor que nosotros, y hacía tiempo que yo no había visto a nadie, y menos a nadie todavía desconocido, que fuese mejor que nosotros… mejor que yo. El tipo encargado de contratar a los grupos estaba en lo cierto. Mi confianza se había visto puesta en entredicho y tuve que enfrentarme a una idea bastante desagradable. No íbamos a ser los perros viejos que éramos en nuestro pequeño pueblo. Íbamos a ser uno de los muchos grupos musicales competentes y muy creativos que luchan por un pequeño hueso. Esa era la realidad. Yo era bueno, muy bueno, pero quizá no tan bueno o excepcional como me pensaba después de escuchar a la gente repetírmelo tanto. Allí mismo, en aquella ciudad, había tíos que eran por derecho propio igual de buenos o mejores. Hacía tiempo que eso no ocurría y debía hacerme a la idea.

Al cabo de unos días volveríamos a intentarlo. Hicimos una prueba en un club llamado Matrix y esta vez nos contrataron. Seríamos teloneros de Boz Scaggs, Elvin Bishop y Charlie Musselwhite, y nos ganaríamos una de nuestras primeras reseñas inequívocamente positivas, del crítico musical del *San Francisco Examiner* Philip Elwood. El título hacía referencia a la lluvia que caía fuera sobre San Francisco, «Una noche húmeda con Steel Mill», y cumplía todas nuestras expectativas. El señor Elwood escribió: «Nunca me había sorprendido tanto un talento totalmente desconocido». Aquello nos dio el empujón de moral que necesitábamos para impresionar a la gente y la prensa allá en casa, y nos permitió pensar que quizá sí tuviésemos todavía un futuro en la música. Nuestra paga por tocar en el Matrix era el dinero para el peaje del puente de la Bahía y unos perritos calientes. Eso fue todo. Tocábamos gratis. Pero la experiencia fue fantástica. Conocimos y charlamos con verdaderos artistas que grababan discos. Como no éramos el grupo que el público iba a ver tuvimos que trabajar muy duro, y así lo hicimos. No creo que asustásemos a nadie, pero en cada pase impresionamos a nuestra parte del público. Nuestra siguiente parada iba a ser el Valhalla de San Francisco, el Fillmore West de Bill Graham.

En el salón de los dioses

Todos los grandes habían pisado el escenario del Fillmore West –The Band, B. B. King, Aretha, los grupos más importantes de San Francisco–, y los martes se organizaba allí una noche de audiciones. Conseguimos un hueco para actuar y, atenazados por los nervios, nos subimos al escenario para intentar dejar nuestra huella. Éramos una más de las cinco o seis bandas que tocaban durante una hora o así para un público de pago que se sentaba en el suelo. Todos los grupos que actuaron eran buenos. Tenías que serlo simplemente para lograr una audición, pero no vi a nadie realmente excitante. La mayoría resultaban monótonos, en ese estilo tan relajado de San Francisco. Todo eso cambió cuando los currantes de Nueva Jersey tomaron el escenario. Tocamos rock and roll a tope, ejecutando nuestro explosivo y físico show escénico y logrando que el público se levantase y nos jalease. Nos despedimos entre grandes aplausos, satisfechos por el nuevo respeto conseguido, y nos pidieron que volviésemos otro martes. Aquella misma noche, mientras paseaba por la sala hablando con la gente y disfrutando todo lo que podía de aquella gloria de la Costa Oeste, otro grupo iluminaba el escenario. Una banda llamada Grin, cuyo guitarra solista Nils Lofgren hacía sonar su instrumento por el altavoz de un órgano Hammond Leslie, animó el local hasta la hora de cierre. Nos fuimos a casa exultantes, contando los días que faltaban hasta el siguiente martes. Una semana después regresamos y una vez más obtuvimos una reacción entusiasta. Tras la actuación nos ofrecieron la posibilidad de grabar una maqueta en los estudios Fillmore de Bill Graham. Por fin ahí estaba la razón por la que habíamos recorrido cinco mil kilómetros, nuestra oportunidad dorada.

Una fresca tarde californiana, Steel Mill entraba en el primer estudio de grabación profesional que habíamos visto. Era el clásico refugio de las estrellas de rock, con sus paredes revestidas de madera al estilo Costa Oeste e infestado de macetas con plantas, el tipo de lugar en el que me pasaría demasiado tiempo en los siguientes años. Grabamos tres de nuestros mejores temas propios, «The Judge Song», «Going Back to Georgia» y «The Train Song», como maqueta para el sello Fillmore Records de Bill Graham. Cuando te escuchas por vez primera en una cinta grabada profesionalmente, te entran sudores fríos y ganas de salir reptando de allí. Siempre suenas mejor en tu mente y en tus sueños que cuando te escuchas en la fría luz de la sala de audición. Allí, el modo en que realmente suenas se desploma sobre ti como un peso de quinientas toneladas. En tu mente siempre eres un cantante un poco mejor, un guitarrista un poco mejor y, naturalmente, como le ocurre al neófito, un poco más guapo. La cinta magnética y el celuloide no tienen ninguna consideración hacia las ilusiones cuidadosamente protegidas que te construyes para enfrentarte al día a día. Simplemente debes acostumbrarte a ello. No ser tan bueno como me pensaba se convirtió por desgracia en un asunto al que volvía una y otra vez durante nuestra incursión por la Costa Oeste.

Aquella maqueta sería lo más lejos que íbamos a llegar. El contrato nunca se materializó. Nos ofrecieron una especie de honorarios, pero nada que demostrase algún interés real. Aun así, algo estaba ocurriendo. Habían escrito una reseña sobre nosotros. Teníamos un bolo medio fijo en uno de los grandes clubes de la ciudad, el Matrix. Habíamos llamado la atención de la organización Fillmore de Bill Graham y atraíamos a un público que era nuestro, escaso pero entusiasta. Veía a mis padres solo de vez en cuando, pues prefería encontrarme donde estaba la acción con la banda, lo que nos llevó a pernoctar en una serie dispar de lugares como Berkeley, el condado de Marin o donde fuese que alguien nos dejase un suelo en el que dormir. Fui arrestado por hacer autoestop (mi especialidad) en la autovía de California. Llevaba poco dinero encima y no tenía ni carnet de identidad ni lugar de residencia. Eso les bastó para llevarme a comisaría. Mi madre, recuperando un papel que había interpretado muchas veces en Nueva Jersey, donde me habían detenido en comisarías locales por delitos tan variados como colarme sin entrada en una playa, hacer autoestop o ser pillado en el Cadillac «prestado» del padre de mi novia, acudió en mi rescate, pagó la fianza y me llevó al Matrix a tiempo para la actuación de aquella noche. Yo era todavía un crío, estaba bien tenerla cerca y poder depender de ella, pero pronto tuvimos que enfrentarnos a la realidad de los hechos. Nuestros progresos habían llegado a un punto muerto. No teníamos dinero, ni empleo remunerado, ni perspectivas de futuro. A diferencia de Nueva Jersey, no podíamos montar conciertos trimestrales para llegar a fin de mes. Aquí no disponíamos de un modelo de negocio viable o financieramente sólido. Habíamos sido «descubiertos» y nada más. Simplemente había demasiados grupos buenos por allí como para que alguien nos pagase por tocar. Había hecho bien cuando dejé que mis padres se fueran sin mí y me quedé en Nueva Jersey. *Solo* podíamos sobrevivir como músicos en nuestra pequeña tajada de la Costa Este. Teníamos que regresar.

Tinker pidió prestado algo de dinero para costear el viaje de vuelta a casa y, sintiéndonos no unos completos fracasados pero tampoco los triunfadores que habíamos imaginado, empaquetamos rápidamente nuestras pertenencias, me despedí de mis viejos y salimos a la carretera rumbo a Richmond, Virginia. Richmond, uno de los dos lugares donde podíamos hacer algo de pasta. Si lográbamos llegar hasta allí, tendríamos trabajo, ganaríamos unos cuantos dólares y podríamos regresar a la zona costera para recuperar nuestra previamente infravalorada condición de dioses locales del rock.

Seis días en la carretera

Nuestra caravana de dos vehículos volvió a enfilar de nuevo hacia el sur. Al poco de salir de San Francisco, Danny se inclinó para sintonizar la radio mientras conducía, se salió del carril de la autopista, chocó contra una señal de zona de obras, hizo que los operarios de carretera corriesen a refugiarse entre los matorrales, abolló terriblemente la carrocería de nuestro estimado coche familiar, y seguimos felizmente en dirección a Nueva Jersey. Nada grave. Los verdaderos problemas no tardarían en llegar. Yo iba con J. T., la perra, en la parte trasera del familiar. Paramos en una autopista de Arizona para mear, seguimos la marcha, y una hora más tarde me di cuenta de que en la parte trasera del vehículo había demasiado espacio. J. T. se había quedado abandonada en algún punto de la autopista. Le hicimos señas a Tinker para que parara y le di la noticia. Sus ojos se desviaron hacia el desierto, reprimiendo su tremendo disgusto, y masculló: «Volved a por ella». Dos horas después de haber dejado a J. T. tirada junto a la carretera, llegamos a donde pensábamos que estaba el lugar donde habíamos parado a mear. Nada… solo un silencio árido, un silencio tal que, en el afilado aire del desierto, podías oír la sangre corriendo por tus venas. Vacío… un vacío vasto e interminable. Entonces, hacia el oeste, vimos como una mancha borrosa moviéndose en el horizonte. Allá, a lo lejos, algo vivo se movía. Subimos de nuevo al vehículo y, a poco menos de un kilómetro por la carretera, ahí estaba J. T., dirigiéndose de regreso a la frontera con California. Abrimos la puerta del coche y un sabueso feliz, jadeante y moviendo la cola, saltó a la parte trasera y se puso a lamer todo lo que estaba a su alcance. Dos horas después de dejar a Tinker, llegamos a donde estaba con su camión, de pie en el arcén como un centinela. J. T. saltó y subió a la cabina, y un Tink de rostro inexpresivo dijo: «Vámonos».

Cuando faltaban dos días para llegar a Richmond, el coche familiar de Danny, que ya estaba en las últimas, dijo que hasta ahí llegaba. Muerto. No disponíamos de piezas de recambio y ni siquiera las poderosas habilidades de Tinker pudieron ponerlo de nuevo en marcha. Muy bien, teníamos concierto en Richmond. Éramos cinco tíos. En la cabina del camión había espacio para tres más la perra. Eso dejaba a dos de nosotros en la cuneta. Entonces Tinker señaló la gran caja de contrachapado en la plataforma trasera que contenía nuestro equipo. Tras media hora reorganizando su interior, quedó un espacio de medio metro entre el equipo y la pared de la caja. Dos de nosotros iban a tener que viajar allí comprimidos.

Estábamos en pleno invierno y hacía un frío espantoso; en la cabina la calefacción era mínima, pero en la caja del camión no había forma de calentarse. No recuerdo cómo lo hicimos, pero Little Vinnie y yo subimos a la plataforma trasera y, con los abrigos puestos, nos introdujimos reptando en nuestros sacos de dormir. Estábamos apretujados cara a cara, encerrados en un espacio de medio metro por metro y medio en una gélida oscuridad. Disponíamos de agua, una linterna, y nos teníamos el uno al otro. Sin modo de comunicarnos con la cabina, íbamos embutidos detrás de más de mil kilos de equipo musical, y si la camioneta se balanceaba hacia un lado y aquel peso se movía… problema. Apresados entre la puerta trasera de la caja y nuestros amplificadores Marshall, nuestro destino corría parejo al del camión de Tinker. De ocurrirle algo a este, estábamos encerrados con candado y no teníamos escapatoria. Llevábamos un recipiente vacío para mear y la garantía de que los que iban delante pararían cada dos horas para ver cómo estábamos. Así nos pasamos dos días. Mad Dog sustituía a uno de los dos de vez en cuando. Danny tenía problemas con el «confinamiento» y la caja negra no era para él. Al cabo de un rato, simplemente te quedabas allí en la fría negrura y dejabas volar la mente.

Cualquiera que fuese su resultado, el viaje a California tendría en mí un impacto duradero. Me dio la oportunidad de ver el país. Me enfrenté a verdaderos talentos artísticos y salí bien parado, pero no olvidaría a la banda que nos había echado del Family Dog. Tenían algo de lo que nosotros carecíamos, un cierto nivel de sofisticación musical. Eran mejores que nosotros y eso me mosqueaba. Y no es que no esperara toparme con talentos superiores al mío; es algo que ocurre, así lo planeó Dios. Yo era rápido, pero, como sabían los viejos pistoleros, siempre hay alguien más rápido que tú, y si puedes hacerlo mejor que yo te ganarás mi respeto y mi admiración, y me inspirarás para trabajar más duramente. Eso no me asustaba. Lo que me preocupaba era no saber sacar el máximo partido a mis habilidades, no tener una visión lo bastante amplia o inteligente para ver de lo que era capaz. Solo me tenía a mí mismo. Un único talento. No era un genio natural. Iba a tener que usar cada gramo de lo que había en mí, mi astucia, mi destreza musical, mi teatralidad, mi intelecto, mi corazón, mi voluntad, noche tras noche, para exigirme más, trabajar con mayor intensidad que los demás para sobrevivir sin ayuda en el mundo en que vivía. Sentado allí a oscuras, supe que al volver a casa iba a tener que cambiar algunas cosas.

DIECINUEVE

EL REGRESO A CASA

Llegamos a Richmond exhaustos, pero contentos de volver a estar en territorio familiar. Tocamos, nos pagaron. Qué dulce sensación. Volvimos con el camión a Jersey como héroes conquistadores, y, como prueba, teníamos… nuestra… nuestra… ¡RESEÑA! Un crítico musical de un conocido periódico nos había ensalzado a nivel estatal como los chicos malos de Jersey que habían enseñado a los petimetres de la Costa Oeste lo que era ¡EL ROCK! Si no nos creías, podías leerlo todo en el *Asbury Park Press*. Informaron de nuestro regreso como si fuera el de Odiseo a Ítaca. Por un corto tiempo, habíamos puesto a Jersey, el centro de los chistes de muchos cómicos de medio pelo, en el mapa del rock and roll. Vendrían más triunfos, pero por el momento dimos un concierto para celebrar la vuelta al hogar, y yo guardé algo de dinero en mi banco, un calcetín en el cajón superior de mi cómoda en la fábrica de tablas de surf. Y entonces me senté a reconfigurar la banda.

Durante nuestro safari por la Costa Oeste se había abierto una brecha entre Little Vinnie y el resto del grupo. Esas cosas ocurren. Solo las bandas más afortunadas no se distancian. Hubo desacuerdos acerca de las horas de ensayo y el grado de esfuerzo invertido. Todos nos movemos a ritmos distintos, y el compromiso de dos músicos nunca es exactamente el mismo. Puedes verte rezagado de la dinámica de un grupo casi sin darte cuenta. Vinnie era buen tío, un bajista carismático y uno de mis primeros héroes del rock and roll en los Motifs. Provenía del mismo entorno greaser que yo y había pasado por las desventuras de nuestro viaje a California. No iba a ser fácil echarlo. Así que me acobardé y dejé que fuese Mad Dog quien lo hiciese. Como Dog era mucho menos sentimental que yo, probablemente manejó el asunto con su habitual aplomo y falta de tacto. Imagino que se lo soltó sin más, haciendo que Vinnie se sintiese afortunado por no ser atacado, y siguió su camino.

Había llegado el momento de llamar a mi viejo paisano Steve Van Zandt. Pese a nuestra amistad, ambos éramos cantantes y guitarras solistas, por lo que nunca habíamos tocado en la misma banda. Steel Mill se había ganado un nombre lo bastante importante como para que yo pensase que Steve se plantearía ayudarme tocando el bajo durante un tiempo. Fuimos a una tienda de música donde Steve compró un bajo Ampeg transparente y un amplificador. Acto seguido volvimos a la fábrica para ensayar, y le enseñamos a Steve nuestro material original. Lo organizamos a la perfección para que Steve estuviese montando su equipo en el momento en que Little Vinnie viniera a recoger el suyo. Fue una situación de lo más agradable. Steve se marchó a la habitación de al lado, Vinnie se cagó en nosotros, aguantamos su enfado y seguimos con el ensayo justo donde lo habíamos dejado. Con Steve al bajo, su forma de tocar y nuestra larga amistad inyectaron un nuevo espíritu a la banda.

Revuelta de rock and roll

Volvimos a nuestro antiguo circuito, de la A a la B, de Jersey a Richmond, y vuelta a empezar. A finales de los sesenta y principios de los setenta, tener problemas con la policía parecía formar parte de la coyuntura cultural. Si tocabas unos minutos de más, mandaban a los polis locales a poner fin a aquel estruendo pagano. Se convirtió en algo casi rutinario. La policía se presentaba detrás del escenario, tenía lugar una especie de debate entre los responsables, y normalmente se llegaba a un acuerdo. La mayoría de los polis lo único que querían era acabar con la actuación, mandar a casa a los chicos y volver a la tienda de dónuts, pero en ocasiones te topabas con tipos duros. Cuando tocábamos, en comunión con nuestro público, nos hacíamos los amos del local. Directamente lo poseíamos. No nos poníamos chulos y por lo general cooperábamos, pero en aquellos tiempos las fuerzas culturales opuestas se atraían las unas a las otras.

Hacia el final de una actuación muy divertida en el gimnasio de la Universidad de Richmond, observé que, en el pequeño cuarto donde se encontraban los interruptores del local, se estaba produciendo una acalorada discusión. El cuarto estaba a escasa distancia detrás de la plataforma de la batería. La discusión aumentaba y nuestro roadie Billy se había enganchado con un agente de policía en uno de esos combates de lucha típicos de Abbott y Costello, ambos pugnando por mantener al otro alejado de los interruptores. La electricidad se encendía. Se apagaba. Se encendía. Se apagaba. Vini Lopez, que nunca se quedaba de brazos cruzados ante la menor interrupción de cualquiera de nuestras empresas, saltó de su taburete y se unió a la trifulca. Los invasores uniformados de azul fueron literalmente rechazados a golpes y el espectáculo continuó entre vehementes gritos de «A la mierda la poli». Poco después del bolo, estábamos cargando nuestro equipo en el camión de Tinker cuando nos dimos cuenta de que Vini no estaba. Le buscamos por toda la sala, por las calles de alrededor del edificio, y esperamos a que apareciese. Nada. Entonces un estudiante nos contó que, haría como unos diez minutos, había visto a la policía arrestando y llevándose a un joven esposado que no paraba de insultarles. Vini fue conducido directamente a la prisión del condado y no volveríamos a verle durante todo un turbulento mes.

Como no podíamos pagar la fianza, tendríamos que hacer lo que mejor sabíamos y montar un concierto de «Liberad a Mad Dog». El evento se celebraría en el Club de Natación Clearwater de Middletown, Nueva Jersey. Acudieron varios miles de personas, y nos dispusimos a tocar con un batería importado de Richmond con el que habíamos ensayado a fondo. La noche empezó sin problema, hasta que se supo que la policía había mandado a un agente de narcóticos de paisano para que se paseease entre el público y arrestase a aquellos que fumasen las malas hierbas de la naturaleza. La gente, sintiéndose en mayoría, no estaba dispuesta a tolerar aquel acoso y lanzó al estupa, totalmente vestido, a la piscina central del complejo. Los ánimos se calentaron. La situación empeoró cuando el jefe de policía de Middletown envió un autobús repleto de agentes, con su recién adquirido equipo de fuerzas especiales, para asegurarse de que aquello terminase en el acto. Siempre solíamos alargar un poco más nuestras actuaciones, lo que, en aquel caso, se vio como un provocador intento criminal. Cortaron la electricidad (otro *déjà vu*). Tink, haciendo honor a su nombre, hizo un puente y devolvió la corriente al escenario. El público aulló y jaleó. Aquello precipitó las cosas. Los polis entraron en el local blandiendo sus porras y algunos de ellos se dirigieron directamente hacia nosotros para acabar con la actuación. Un agente esmirriado y bajito me atizaba en la barriga al grito de «¡Venga, cabrón, venga!». Me volví y vi a Danny desmontando la cabeza del carísimo amplificador Marshall y levantándola de sus enormes altavoces. En ese momento algunos agentes se acercaban al escenario por detrás y, «accidentalmente», los altavoces cayeron sobre ellos. (Eso sería aproximadamente el equivalente de una caja de ocho bolas de bolera cayéndote sobre el trasero.) Algunos quedaron atrapados debajo, salieron arrastrándose como pudieron y se largaron. Otro agente consiguió subir al escenario, agarró el brazo de Danny e intentó arrestarlo. Flo, la esposa de Danny, una auténtica chica de Jersey,* saltó al escenario y cogió a su hombre por el otro brazo. Se produjo un tira y afloja a lo Keystone Kops en el que Danny, resistiéndose al arresto, era la soga con la que forcejeaban el policía y su mujer. Un

---

* Alusión a «Jersey Girl», canción de Tom Waits que Springsteen popularizó interpretándola en numerosas ocasiones. *(N. del T.)*

chico grandullón al que había visto en otros conciertos se encaramó al escenario y se plantó ante el agente, a escasos centímetros de su cara, repitiendo el popular insulto de la época: «Cerdo, cerdo, cerdo, cerdo», etcétera. El agente alucinó, soltó a Danny y saltó del escenario para perseguir al chico entre el público. Y «Phantom Dan» se desvaneció en la noche.

Durante una semana los periódicos se llenaron de titulares del tipo «¡BATALLA CAMPAL DE ROCK AND ROLL!». Informaron de que se habían encontrado cuchillos y pistolas debajo del escenario (falso) y de que un agente había sido agredido con un amplificador (cierto). Acudió la Unión Estadounidense por las Libertades Civiles para investigar la «brutalidad policial», y todo el mundo contento. Todos andábamos escondidos, hasta que se emitió una orden de arresto contra Danny por agredir a un agente de policía. Ahora nos habíamos quedado sin batería ni organista. Con el dinero ganado en el catastrófico fiasco del club de natación de Middletown pudimos pagar la fianza de Vini y sacarle de la cárcel de Virginia. Pero ¿qué íbamos a hacer con Danny? Él no quería entregarse. Algo comprensible: en los sesenta, el tratamiento policial dado a los melenudos de Nueva Jersey podía ser poco delicado. En la prisión de Freehold tenían un agujero donde te dejaban tirado y desnudo como un simio hasta que consentías que el barbero de la prisión te hiciese el habitual corte de pelo carcelario. No, no estaba nada claro que Danny fuese a ser tratado compasivamente, así que continuó fugado. Problema: necesitábamos seguir tocando, y además dentro de unas semanas teníamos un gran concierto en el Monmouth College. Conforme se acercaba la fecha probamos a varios organistas, pero ninguno nos convenció. Finalmente, Phantom nos dijo que se arriesgaría a tocar. Pensamos que, una vez en escena, la policía no se atrevería a arrestrlo frente a tres mil hippies vociferantes. Ese era nuestro plan.

Llegó la noche, y lo único que debíamos hacer era asegurar la entrada y la salida de Danny del gimnasio sin que los polis cayeran sobre nosotros. Montamos el equipo y entró la gente; Danny estaba escondido en el asiento trasero del coche de un amigo en el aparcamiento del gimnasio, esperando la señal. Cinco minutos antes de que empezara la actuación, programada para las ocho, salí a escondidas por la puerta trasera, di unos golpecitos en la ventanilla posterior y le dije la contraseña: «A escena». Y él va y me suelta: «No salgo». ¿Eh...? «Que no salgo. Hay policías por todas partes. Los he visto en el tejado.» Me incorporé y miré alrededor; todo lo que se oía era el chirrido de los grillos entre los árboles cercanos. Observé detenidamente el tejado. Nada. Busqué por el aparcamiento. Nada. Entonces Danny bajó la ventanilla y el aroma de algo dulce y acre salió flotando hacia la noche. Danny había estado fumando hierba hasta alcanzar un estado de ligera paranoia. Le expliqué en un lenguaje muy claro que tenía que bajar del vehículo. Su seguridad estaba en mis manos y no iba a pasarle nada. Tras las habituales quejas, súplicas y camelos de Phantom, y después de que yo adoptase el fatigoso papel de la voz de la razón, salió del coche y entramos en el edificio sin problemas.

En cuanto cruzamos la puerta, un amigo de Danny, «Party Petey», otro machaca-órganos local, le saludó con un estrepitoso «¡Daaaa-nnnnyyyy!». En cuestión de segundos, Mad Dog Lopez lo noqueó de un sopapo y tuvimos que pasar por encima de su cuerpo para subir al escenario. Arrancamos el concierto con brío tocando «The Judge Song», felicitándonos satisfechos por nuestra brillante artimaña contra la policía local. Nadie en absoluto iba a atreverse a detener a Danny ante aquella sala repleta. Al finalizar la actuación, en un gesto de solidaridad hippy, invité al público a corear aquello de «hermanos y hermanas», hasta que el lugar se convirtió en una masa ondulante de ojos vidriosos y camisetas desteñidas con lejía. Danny dejó el órgano, bajó del escenario por delante y salió por la puerta aún en libertad. ¡El poder para el pueblo! Pero a qué precio tan jodidamente agotador. No podíamos continuar así, y a la semana siguiente convencimos a Danny para que se entregase. Pagamos la fianza, se celebró un pequeño juicio y, si no recuerdo mal, todo acabó en nada. Eso fue todo. Yo ya había tenido bastante. Mis días de forajido habían acabado.

Con Steve y conmigo, Steel Mill seguía siendo una gozada. Aparte de disfrutar de tener a mi colega al lado, como bajista Steve poseía un estilo enérgico y agresivo, y aportaba bonitas armonías vocales. Yo siempre había dudado de mi capacidad como cantante. Sentía que no tenía ni el tono ni el registro necesarios. Y me consideraba incapaz de implicarme a fondo en lo que cantaba. Joe Strummer, Mick Jagger y muchos de los cantantes del rock and roll y el punk no tenían una gran voz, pero su convicción visceral, el modo en que hacían suya la canción, lo compensaba y les daba un estilo profundamente personal. Aun así, pensaba que nuestra banda podía mejorar en el aspecto vocal y para ello estaba dispuesto a dar un paso atrás como cantante solista único. Había un tipo en Richmond, Robbin Thompson, vocalista de un estupendo grupo llamado Mercy Flight. En mi opinión tenía una de las mejores voces sin descubrir del rock que yo había oído nunca. Sonaba a John Fogerty y Rod Stewart, y lideraba a su banda con poderío y estilo. Robarle su mejor componente a otro grupo, en especial si les conoces personalmente, no es algo de muy buen vecino que digamos. Aunque no era una cosa que me quitara el sueño. Yo quería al mejor grupo imaginable. Comuniqué mi idea al resto de la banda. No creyeron que fuese necesario, pero aceptaron.

Robbin Thompson se vino al norte y durante una temporada fuimos los Sam & Dave del rock duro. Era una buena banda. Probablemente no tan buena como el cuarteto original. Robbin era un gran vocalista, pero había algo difícil en la tensa estrechez de una formación más reducida; además, se trataba de mis propios temas, que se ajustaban mejor a la banda cuando yo era el único cantante. Otra lección aprendida que revisitaría de nuevo, treinta años después, con la E Street Band.

Estilísticamente, empezaba a aburrirme el sonido de Steel Mill, ese rock de sonoridad heavy y boogie enraizado en el blues. Escuchaba a Van Morrison, el álbum *Mad Dogs and Englishmen* de Joe Cocker, y me interesaba regresar a mis raíces soul. Hablé con Mad Dog y Steve para avanzar hacia algo totalmente diferente, una banda de soul y rock aumentada a diez miembros, que únicamente interpretase material propio.

Recientemente había visto en el Upstage a un joven teclista negro que me había dejado alucinado. Tenía dieciséis años y era uno de los mejores músicos que había escuchado en Asbury Park. Davey Sancious era un puro genio musical, con una increíble presencia escénica.

Era una estrella en ciernes y le quería en mi banda. David había tenido el coraje de atravesar las barreras para entrar en el mundo mayoritariamente blanco del Upstage Club en busca de aventuras musicales. Por esa razón se había convertido en una figura totalmente novedosa en la escena, causando gran sensación. En aquella época había en Asbury algunas mezclas raciales, pero no muchas. Garry Tallent tocaba en Little Melvin and the Invaders, una banda de soul en la que todos eran negros, con un joven Clarence Clemons al saxo, y que actuaba en los clubes negros de Asbury y alrededores. Cuando mis grupos de soul favoritos tocaban en el Orchid Lounge de Springwood Avenue, solía pasarme por allí. En el Orchid eras siempre un extraño, pero nadie te molestaba. Todos comprábamos la ropa en el Fisch's, la principal tienda de la comunidad negra que vestía al estilo *superfly*. Las revueltas raciales cambiaron aquello. Las dos comunidades se volvieron más recelosas, Fisch's ardió hasta quedar reducido a un montón de escombros, y en las visitas a Springwood ya no eras tan bien recibido, pero aquello también animó a los músicos más aventureros a congeniar entre ellos. Davey se unió a la nueva Bruce Springsteen Band, y dejé definitivamente atrás mis días gloriosos de duros guitarreos y largas melenas.

VEINTE

ENDLESS SUMMER*

En la fábrica, la vida seguía su curso. Mad Dog y yo habíamos aprendido a hacer surf gracias a los chicos que traían sus tablas a reparar, y durante una temporada nos lo tomamos en serio. Dormíamos debajo de los pilotes de la playa de North End, en Long Branch. La Surf Shop de Mad John estaba en el muelle por encima de nosotros, y cuando llovía subíamos a la tienda y nos apretujábamos como sardinas entre las tablas con otros surferos sin techo. Al llegar la mañana salíamos a trompicones para disfrutar de otro día de agua y olas practicando el suave surf propio de la costa de Jersey. Surfeábamos del amanecer al anochecer, y así pasé dos de los mejores veranos de mi vida. Como dice la canción, todo era música, chicas y olas. Tenía una tabla larga Challenger Eastern de segunda mano y aprendí a surfear con

* «Verano interminable», álbum de los Beach Boys publicado en 1974. (N. del T.)

ella. Me encantaba aquella tabla con la que disfruté del océano como nunca. Cuando llegó la revolución de las tablas cortas, me sentí forzado a hacerme con uno de aquellos cohetes de metro y medio. Tinker las fabricaba porque a los más jóvenes les gustaban, pero él era un tío inmutable de la vieja escuela y nunca fueron de su agrado. Cuando pillé mi primera ola con la mía, era tan sorprendentemente rápida y manejable que salió disparada bajo mis pies. ¡Sooo, Silver! Me di en los dientes delanteros con ella mientras Steve Van Zandt, poco aficionado al agua, observaba petrificado la escena desde la orilla de Bradley. Llegué a pie a la playa, miré a Steve y le dije: «Algo no va bien, hace demasiado viento». Steve, con los ojos como platos, contestó: «Te has roto un diente, uno de los incisivos». Por primera vez en mi vida visité a un dentista (previamente solo había pasado por el ritual del cordel que mi padre ataba por un extremo al pomo de una puerta y por el otro a mi diente suelto). Me reconstruyó la pieza rota y enderezó el otro incisivo, preparándome para el estrellato.

Aquel otoño casi me ahogo surfeando en un océano huracanado en el que nunca debería haberme adentrado. Mad Dog y yo habíamos estado toda la mañana en la playa debatiendo si nos metíamos o no en el agua. Finalmente, a eso del mediodía, apareció un cowboy y nos convenció para que le acompañásemos. Estábamos pasándolo en grande cuando en el horizonte se levantó una ola gigantesca. Remé con las manos como un poseso, redescubriendo de inmediato mi catolicismo y poniéndome a rezar como nunca antes: «Por favor, Señor, permite que me deslice sobre la cresta de ese monstruo». No hubo suerte. Fui brutalmente golpeado, lanzado hacia el espigón y aplastado por otras dos olas gigantescas; la tabla se me había escapado al instante de las manos, ya que en los años setenta no te las atabas con un cable. Mi escasa preparación como nadador consiguió apenas salvarme y me arrastré hasta la arena, magullado y herido, como la primera criatura surgiendo del caldo prejurásico. Yací largo tiempo allí, respirando a sorbos, con el corazón estallándome, dando las gracias al Dios en el que no creía. Aloha, Hawái. Ya no habría más olas de cinco metros para mí.

Hicimos audiciones en la fábrica buscando vocalistas femeninas para la Bruce Springsteen Band, mi nueva tarjeta de presentación. Mujeres jóvenes y valientes respondieron a nuestro anuncio en el *Asbury Park Press* y, a fin de mostrar su talento, condujeron a través de aquella sombría y desierta zona industrial hacia lo que debió de parecerles el paraíso de un violador. Se presentaron vocalistas al estilo Las Vegas, cantantes de ópera, y horribles y desternillantes aspirantes prekaraoke que pusieron a prueba nuestra paciencia y buenos modales. Llegué incluso a hablar por teléfono con una tal Patti Scialfa, que aún iba al instituto y a la que di el consejo paternal de que aquel era un trabajo que requería viajar y que lo mejor para una señorita como ella era seguir con sus estudios. Finalmente acudió a nuestra llamada una pareja de buenas cantantes negras de góspel de la parte oeste de Asbury, Delores Holmes y Barbara Dinkins, que encajaron perfectamente en lo que buscábamos. Más difícil todavía fue dar con los metales. Imperaban los llamados «jazzbos» y no fue nada fácil encontrar tipos dispuestos a tocar, sin apenas cobrar, al más rudimentario estilo R&B. Lo conseguimos, y por fin teníamos una buena banda.

Compuse «You Mean So Much to Me Baby», más tarde versionada por Southside Johnny y Ronnie Spector en el álbum debut del primero. Hicimos como una docena de actuaciones y enseguida comprendí que, a esas alturas del partido, era imposible mantener financieramente a una banda de tal envergadura. Aprendí pronto que la gente paga por el nombre de la franquicia. Steel Mill ya no existía y tampoco mi capacidad de atraer público. La Bruce Springsteen Band, incluso anunciada como «anteriormente Steel Mill», no atraía al público en número suficiente para mantenerse a flote. Tras Steel Mill, había decidido acabar con la democracia y con los antiguos nombres de grupo. Yo lideraba la banda, tocaba, cantaba y componía todo nuestro material. Si iba a cargar con todo el trabajo y la responsabilidad, ¿por qué no asumir el poder? No quería volver a meterme en disputas sobre la toma de decisiones ni que hubiese ninguna duda acerca de quién señalaba la dirección creativa de mi música. Quería la libertad para seguir a mi «musa» sin discusiones innecesarias. De ahora en adelante, yo tendría la sartén por el mango, si es que podía conseguir una.

Ahora veo que aquella fue una de las decisiones más inteligentes de mi juventud. Siempre he creído que la E Street Band continúa existiendo —y han pasado ya más de cuarenta años desde su nacimiento— debido en parte al hecho de que no había confusión sobre cuál era el papel de cada miembro. Cada uno sabía cuál era su labor, su lugar, sus virtudes y limitaciones. Mis compañeros de grupo no siempre estaban contentos con las decisiones que yo tomaba, y quizá algunas de ellas les enojaran, pero nadie discutía mi derecho a tomarlas. Dejar las cosas claras nos permitió forjar un vínculo basado en el principio de que trabajábamos juntos, pero era mi banda. Instauré una dictadura benevolente; se aceptaban las aportaciones creativas dentro de la estructura que había creado, pero era mi nombre el que firmaba los contratos y el que aparecía en los discos. Más tarde, cuando los problemas llamaran a la puerta, sería yo quien me los comería. Pero, de ahora en adelante, yo iba a tener la última palabra. Incluso entonces surgieron problemas, pero habíamos puesto en marcha un sistema razonablemente bien definido para contextualizarlos y afrontarlos.

El primer golpe que recibí por esta decisión fue la pérdida de la mayor parte del público al que atraía el poderío heavy de Steel Mill, y los ingresos fijos que reportaba. La Bruce Springsteen Band se redujo de nueve a siete miembros cuando perdimos a nuestra sección de metales. Gracias a la reputación de Steel Mill hicimos algunas actuaciones en el sur, y nos encontramos con que había algunos lugares, incluso en 1971, que no querían que llevásemos a nuestras cantantes negras. Decían que no querían «ese sonido», pero simplemente reclamaban que sonásemos más como el rock directo de mi antiguo grupo. Durante una de nuestras breves estancias en Richmond recibí una llamada de una de las chicas, que se había llevado consigo a su problemático novio. Fui a su motel y cuando me abrió la puerta descubrí que se habían peleado, y que él, antes de largarse, le había pegado tan fuerte que le había hecho un profundo corte en la mejilla. Aquella noche tocamos en formación de quinteto, regresamos maltrechos a Jersey y perdimos a nuestras cantantes y todo nuestro trabajo en la carretera.

Por aquella época, las tendencias misántropas de Tinker habían acabado hartando a casi todos los miembros del grupo. Insultar y despreciar alegremente a los demás era algo natural y cotidiano en Tinker. Lo hacía con todo el mundo, excepto conmigo. Creció el resentimiento, y también hubo discusiones acerca de algunas de sus decisiones como mánager. Todo esto, junto con la erosión natural de nuestra relación, llevó al final de la carrera de Carl West como nuestro representante. Tinker había hecho mucho por mí, y pronto haría aún más. Nuestra amistad era auténtica, y ni Tinker ni yo andábamos sobrados de eso. Dejamos la fábrica de tablas de surf Challenger Eastern en Wanamassa y nos mudamos a un nuevo emplazamiento en un garaje en Highlands. En aquel entonces Highlands era un peligroso pueblo de pescadores paletos en los bajíos del centro de Jersey, donde las langostas llegan hasta tierra. Reformamos nosotros mismos el interior de aquel espacio, martilleando clavos, levantando paredes y aislando nuestro estudio de grabación. Todo el conjunto fue otra típica producción de Carl West, sin conexión a la red de suministros y todo de extranjis. Éramos los fantasmas dentro de la máquina, un grupo de pueblerinos que vivían escondidos, sin pagar impuestos, totalmente divorciados del mundo convencional.

Un día de otoño me pasé por el garaje para darle la noticia. Tinker estaba en la entrada, debajo de su camión con las piernas fuera, trabajando en su motor.

—Tink...

Oigo el tintineo metálico de sus herramientas al cogerlas y volverlas a dejar en el pavimento, pero todo lo que veo es su cuerpo de cintura para abajo.

—¿Sí...?

—Los chicos han decidido que ya es hora de que vayamos por libre, que manejemos nosotros las cosas por un tiempo y a ver qué pasa...

—Como queráis...

Silencio. Ruido de herramientas sobre el cemento... más silencio. Me largué.

El nuevo sonido que perseguía, una amalgama de buenos temas propios mezclados con música rock influenciada por el soul y el R&B,

acabaría siendo la base para el sonido de mis dos primeros discos, *Greetings from Asbury Park, N. J.* y *The Wild, the Innocent & the E Street Shuffle*. Decidí que no habría más histrionismos a la guitarra. Valoraba más el conjunto instrumental al servicio de la canción. Pero pronto descubriría que, aunque esto fuese más gratificante a nivel musical y personal, en el Garden State no iba a resultar financieramente tan fructífero como el rock duro y machacón. La supervivencia se hizo más difícil. Me vi dependiendo de los veinte dólares por noche que me pagaba Tom Potter por tocar en el Upstage los fines de semana. Podía vivir con treinta o cuarenta dólares semanales sin problema. Pero más tarde Tom decidiría cerrar el Upstage Club y poner rumbo a Florida. Yo me había mudado a su apartamento. Tom se había separado de Margaret y ahora vivía allí solo. Era algo muy triste. El lugar era todo un espectáculo friki diseñado específicamente para *dos*, dos personas encantadoras pero de lo más raras. Estaba decorado sobre una extraña base cromática de negro y rojo, con miles de chapas pegadas al techo de la cocina, construcciones hechas de botellas y latas por todas partes, una nevera completamente forrada con desplegables de la chica del mes de *Playboy*... cada pieza de desecho usada para crear algo jamás visto en el estilo bohemio y lisérgico de Tom. El efecto general era como estar en el asiento trasero del Cadillac de Tom Waits. Lo recuerdo como una genuina obra de arte marginal. Vivir allí era una pasada delirante, pero es lo que hicimos un par de colegas y yo.

Tom Potter, el pirata Tom, loco, jactancioso, juerguista y que se joda el mundo, estaba destrozado. Margaret se había ido, llevándose sus extrañas atracciones con ella, y no iba a volver. Y a él le habían arrancado a golpes su espíritu alegre y gamberro. Vivimos juntos un tiempo antes de que se marchara, y se comportaba de forma callada, reflexiva. Rompía a llorar sin motivo, y era como una sombra de aquel tipo que había regentado el espectáculo circense del sábado noche en el club juvenil probablemente más salvaje de toda la nación. Ya no habría más concursos de «la minifalda más corta». Se había acabado el salir a rastras del club al amanecer y vagar hasta el paseo marítimo para tumbarse a dormir en la playa. Black Tiny, White Tiny, Big Bad Bobby Williams, Southside, Garry, Steve y yo, Big Danny, Little

Danny, Party Petey, los forajidos errantes con sus motos, las jovencitas descarriadas, las strippers de última hora y los cientos de músicos de la costa que llegaban en tropel al local como si fuese una Meca estival, iban a tener que buscarse un nuevo hogar. El Upstage, el sitio donde había forjado mis más potentes amistades musicales, el verdadero lugar de nacimiento de la E Street Band, había cerrado.

La mañana en que Tom partió hacia Florida, nos reunimos frente al club y le dimos las gracias por haber estado allí cuando le necesitábamos y por el fabuloso caos que había creado. Tras unos cuantos abrazos y apretones de manos, se subió a su cacharro y puso rumbo al sur. Nunca más volveríamos a verle.

VEINTIUNO

BEATNIK DELUXE

Una farmacia en la planta baja, y un salón de belleza abandonado en el primer piso, totalmente equipado y con dos hileras de sillones con secadores de pelo en forma de colmena. Ahí era donde Tom y Margaret habían trabajado en sus antiguos empleos diurnos y donde yo compuse la mayor parte de *Greetings from Asbury Park, N. J.* Las habitaciones estaban en el segundo piso, donde había un gran ventanal en saledizo que daba a la fachada de la sede de la Nación del Islam. Tom tenía una cama gigantesca, que había levantado sobre pilotes a más de un metro del suelo y que ocupaba el ochenta por ciento del dormitorio. Si aquella cama hubiese hablado, Tom tendría que haberle cortado la lengua. Yo me instalé en una habitación trasera por la que se accedía a una pequeña cocina y a un desastrado jardín en la azotea. Era el lugar más genial que se pudiese imaginar, y junto con otros dos colegas el alquiler nos salía a sesenta pavos mensuales por cabeza. Aunque aquellos sesenta pavos iban a resultar cada vez más difíciles de conseguir.

Sin bolos, desterrados del circuito costero del Top 40 por nuestro repertorio y finiquitados nuestros días de conciertos, necesitábamos una nueva fuente de ingresos. Steve y yo tuvimos una idea. Un sábado por la noche en plena temporada estival, nos dedicaríamos a peinar Asbury de punta a punta. El club donde menos ambiente hubiese sería el objetivo de nuestra propuesta. Nos lo curramos de norte a sur, y hacia medianoche entramos en un bar llamado Student Prince. Acababa de ser adquirido por un albañil de Freehold, que estaba atendiendo el local. Al ver que no había nadie aparte de Steve, yo y un triste cliente sentado en un taburete al final de la barra, nos dijimos que aquel era el lugar. Fuera, Asbury era un hervidero, pero habíamos dado con su agujero negro. Nuestra propuesta era sencilla. No tendría que pagarnos nada. Nosotros cobrábamos un dólar en la puerta, tocábamos lo que quisiéramos, recogíamos la caja de la entrada y nos íbamos a casa. No perdía nada.

Se lo planteamos, lo pensó un minuto y dijo:

—¿Qué vais a tocar?

—Lo que queramos…

—Uh… No sé.

El local estaba vacío en plena temporada alta, y esa es la sensación más solitaria que puede tener el propietario de un bar en la costa de Jersey; te sienta como un puñetazo en el estómago. ¡¿Y aun así, la reticencia hacia los grupos que tocaban material propio era tan grande en aquella área que el tipo dijo «No sé»?! Al final aceptó el trato. Nos presentamos al siguiente sábado, el quinteto definitivo, Mad Dog, Steve, Dave Sancious, Garry Tallent y yo. Cobramos un dólar a la entrada, y tocamos para quince personas. Pases de cincuenta y cinco minutos, de las nueve a las tres de la madrugada. Hicimos quince dólares, tres por barba, y nos fuimos a casa. Con Steel Mill habíamos llegado a ganar tres mil dólares por noche, sin tener aún contrato discográfico y cobrando la entrada a un dólar. Cuando el dinero se repartía, después de pagar los gastos, los miembros del grupo se iban a casa con cientos de dólares en el bolsillo. ¿Te imaginas cuánto tiempo se podía vivir con esa cantidad en 1971 o 1972 sin pagar impuestos, sin nadie a tu cargo y sin pagar alquiler? Una buena temporada. Y ahora mandaba a mis hombres a casa con tres míseros dólares.

A la semana siguiente repetimos la jugada. Tocamos para treinta amantes de la música y ganamos treinta dólares. Seis pavos por cabeza. A la siguiente semana tocamos para ochenta, luego para cien, luego para ciento veinticinco, y empezamos a actuar los viernes y sábados, y luego los miércoles, viernes y sábados, atrayendo de una tacada a cien o ciento cincuenta personas por noche, el aforo máximo del local. Nos sacábamos un sueldo. Conseguimos un pequeño núcleo de fans que gravitaban en torno a la única música independiente que se hacía en la zona. Ellos nos mantenían con vida. Era un ambiente minoritario pero muy guay. Acudían los amigos y subían a tocar con nosotros. Vinieron Danny Federici y Flo, y ella le atizó con una jarra de cerveza por flirtear con otra chica. Una noche alguien disparó una pistola. Nadie resultó herido. El club se convirtió en una especie de fiesta privada que tenía lugar tres veces por semana para un grupo bastante enrollado. El albañil estaba encantado. La banda estaba encantada. Y el público también.

El Student Prince era el lugar donde me encontraba cuando se produjo el evento cultural de mi generación, el fin de semana del 15 al 17 de agosto de 1969, cuando quinientas mil personas se congregaron en White Lake, en Bethel, Nueva York, en la granja de Max Yasgur, culminando todo lo que se había ido conquistando hasta la fecha. Para mí, fue otro fin de semana más, que pasé tocando en aquel pequeño club para una clientela de amigos y parroquianos que bebían cerveza y tomaban chupitos. Desde allí, todo lo que sucedía en el norte me parecía demasiado bullicioso, con demasiado tráfico, demasiadas drogas. Y aunque en aquel momento, en comparación, lo mío no pareciese gran cosa, ya estaba embarcado en mi propia aventura.

Hombre Grande caminando

Seguía interesado en mi sonido rock y soul y andaba a la busca de un buen saxofonista. Estaba inmerso en la escucha de los discos de Gary

U. S. Bonds, King Curtis, Junior Walker y Dion, y me fascinaba el sonido de un vigoroso saxofón rocanrolero. Un tipo, Cosmo, se presentó a tocar con nosotros y resultó ser muy bueno. Peinaba una mata de rizos pelirrojos y escondía una faceta semipsicótica que, según los rumores, era aún peor que la del mismísimo Mad Dog. Dos como ellos y pronto colgarían nuestras fotos y fichas policiales en la pared de la oficina de correos de Asbury Park.

Garry dijo que conocía a un tal Clarence Clemons. Había tocado con él en Little Melvin and the Invaders, banda local de soul que actuaba en los clubes negros de la zona de Asbury Park. Aseguraba que lo que hacía Clarence era magia. El problema era que nadie sabía dónde encontrarlo. Por una de aquellas casualidades, resultó que Clarence tocaba en el Wonder Bar, al norte de Asbury, la misma noche que nosotros actuábamos en el Student Prince, en la parte sur. Él ya había oído hablar de mí y acudió con su saxofón para ver a qué venía tanto revuelo.

Era una oscura noche de tormenta. Los vientos del nordeste habían barrido el circuito de clubes, y Ocean y Kingsley eran una tierra de nadie húmeda y racheada, con las farolas de la calle azotadas por el viento. Asbury estaba desierta. Estábamos tocando para unos pocos espectadores entusiastas que habían entrado para calentarse, tomar una copa y escuchar un poco de música. Mientras el Big Man se acercaba a la entrada del Prince, un poderoso vendaval que soplaba por Ocean Avenue arrancó la puerta del club de sus goznes y la lanzó hacia la calle. Un buen augurio. Levanté la vista y al fondo del local vi una gran figura negra de pie entre las sombras. Ahí estaba. King Curtis, Junior Walker y todas mis fantasías de rock and roll en un mismo cuerpo. Se acercó y preguntó si podía unirse al grupo. Subió a la tarima, se situó a mi derecha y soltó un tono que resonó como una fuerza de la naturaleza brotando de su instrumento. Era algo grande, recio y crudo, como nada que yo hubiese oído jamás. Mi respuesta inmediata fue que ese… ese era el sonido que había estado buscando. Más aún, había tal química entre nosotros dos, uno al lado del otro, que sentí como si el futuro estuviese escribiéndose allí mismo. Sin embargo, la noche fue solo un adelanto. C tenía trabajo fijo y yo no podía ofrecerle nada todavía, así que al concluir la velada hablamos, intercambiamos cumplidos y nos prometimos seguir en contacto. Volvería a encontrarme con Clarence, pero antes me esperaban unos setenta kilómetros de mala carretera que recorrer.

Habíamos vuelto a tener cierta estabilidad. Haciendo ciento cincuenta dólares por noche, volvíamos a casa con treinta pavos por cabeza tres noches a la semana. Eso sumaba noventa dólares semanales, dependiendo de las pequeñas fluctuaciones de público. Lo suficiente para vivir y ahorrar algo. Durante aquella época me obsesioné con una preciosa surfera, una chica alocada que se drogaba, vivía como una salvaje y no aceptaba órdenes de nadie. Era el perfecto antídoto para un controlador obsesivo como yo, y reabrió mi apetito por aquellas rubias despampanantes que nunca había conseguido. Era tan vivaz, divertida e imprevisible que no pude resistirme a ella. Removió todo mi complejo mesiánico de educación católica y luego bailó sobre él, machacando huesos y corazón como me tenía merecido. Era una chica con bastante mundo, que había estado en California y que conocía a algunas estrellas de rock de segunda, a los que traía para que «descubriesen» a mi banda y luego se acostaba con ellos. Lo único que saqué de todo aquello fue algún apretón de manos, alguna camiseta gratis y un «qué buenos sois, tíos». Estuve un tiempo viviendo con ella y su amiga en un apartamento de Long Branch, Nueva Jersey. Mientras la chica surfera jugueteaba en la oscuridad, su amiga me contó lo que sucedía realmente, alivió mi maltrecho ego, me dijo que merecía algo mejor… y ya puedes imaginarte el resto. Ella tenía una preciosa niña de corta edad y yo hice de papi durante un tiempo. Resultaba enternecedor, pero no éramos más que dos críos con aquella hermosa criaturita siguiéndonos a todas partes. Lo único que había guardado de la infancia, pese a mis continuas mudanzas, era mi primer caballo de balancín. Hecho de madera, pintado en color crema pálido con lunares de un rojo suave, no medía más de sesenta centímetros de alto, un Appaloosa de patio de recreo por el que yo sentía un gran cariño. Se lo regalé a su hijita.

Al final aquel asunto acabó por descolocarme y decidí poner nuevamente rumbo al oeste para encontrar un lugar donde nada me recordase todo aquello. «Sandy, my boardwalk days are through» («Sandy, mis días de paseo marítimo han acabado»).* Mi chica surfera desapareció y nuestra amiga común se enroló en el Ringling Bros. and Barnum & Bailey Circus, de modo que nuestros caminos volverían a cruzarse en la carretera. Años más tarde me encontraría a madre e hija juntas en el Stone Pony, ambas todavía bellísimas. Sin embargo, antes de abandonar Jersey, iba a ocurrirme un último hecho importante en la Costa Este.

El encuentro con Mike

Yo estaba con un amigo mío, Louie Longo, junto al parque de caravanas de Highlands, Nueva Jersey. Tinker vivía en una cabaña al otro lado de la calle. Habíamos conservado nuestra amistad y nos veíamos con bastante frecuencia. Iba a visitarle a la nueva fábrica que habíamos construido en Main Street, mientras se dedicaba a diseñar sistemas de sonido y a trabar amistad con sus nuevos vecinos, a incordiarlos e insultarlos. Seguía restaurando primorosamente sus barcos y coches clásicos, pasando por completo del gobierno, planeando asuntos imposibles de un millón de dólares y básicamente «tinkereando». Un día, mientras yo estaba sentado en la entrada contando briznas de hierba, Tinker aparcó delante de la casa de Louie. «Me voy a Nueva York a ver a ese productor discográfico. Deberías venirte conmigo y tocarle algunas canciones. ¿Te apuntas?» Por alguna razón, aquella tarde no me decidí enseguida. Quizá estuviese quemado por todas las oportunidades engañosas con las que me había encontrado. A esas alturas ya llevaba unos cuantos años conociendo a tipos que podían, querían e iban a abrirnos las puertas del negocio musical, pero nada de aquello había salido bien. Sin embargo… recientemente había empezado a componer algunos temas acústicos muy buenos y seguía considerándome el mayor talento por descubrir del momento, así que me subí

---

* Verso de «4th of July, Asbury Park (Sandy)», canción de Springsteen publicada en el álbum de 1973 *The Wild, the Innocent & the E Street Shuffle. (N. del T.)*

al coche familiar de Tinker y enfilamos el camino de baldosas amarillas hacia la Ciudad Esmeralda.

Llegamos a un edificio de la Quinta Avenida y tomamos un ascensor hasta Wes Farrell Music. El horario laboral ya había concluido
cuando entramos en una oscurecida planta de oficinas con un largo
pasillo de cubículos para compositores. Tenía ante mí a un hombre de
treinta y tantos años, bajo y moreno, que recibió a Tinker con un
cerrado acento neoyorquino. Tink me presentó y le estreché la mano
a Mike Appel. Entramos en la oficina de Mike, un pequeño cuarto
en el que había un piano, una grabadora, una guitarra y un par de
sillas. Se respiraba la austeridad del Brill Building en aquel pequeño
espacio en el que los compositores pasaban horas contratados por un
editor musical intentando dar hoy con los éxitos de mañana. En su
caso, el editor era Wes Farrell. Mike había participado en la composición del bombazo de la Partridge Family «Doesn't Somebody Want
to Be Wanted». Me informó de quién era y de lo que podía hacer por
mí (publicar, producir, representar), y entonces le toqué unas pocas
canciones, precursoras de las que compondría para *Greetings from Asbury Park, N. J.* Mike se mostró interesado y yo le expliqué que pronto me iría a California para emprender mi gira del corazón roto de
1971. Podía ser que regresase en el futuro, o tal vez nunca. Me dio su
número y me dijo que, si volvía, le llamase.

VEINTIDÓS

CALIFORNIA DREAMIN'*
(TOMA DOS)

Los días previos a Navidad, Tinker y yo nos preparamos para cruzar una vez más el país en su viejo coche familiar Ford. El método iba a ser el mismo: setenta y dos horas, cinco mil kilómetros, sin dormir, sin paradas. En ruta hacia el sur, decidimos parar en nuestros antiguos dominios de Richmond, Virginia. Acabamos en un club de striptease, donde Tinker se ligó a una bailarina de danza del vientre. Decidió pasar la noche con su nueva amiga y yo me quedé en casa de una antigua novia sureña. Cuando nos encontramos al día siguiente en el Ford, ahí estaba la bailarina de striptease, con sus maletas. Había decidido que ya estaba harta del nuevo sur y se apuntó a viajar hacia el nuevo oeste. Era una chica encantadora y fue un placer tenerla como

---

* «Soñando con California», canción de Mamas & the Papas. *(N. del T.)*

acompañante. Tenía amigos en la costa y nos habló de sus intenciones de abrir un estudio de danza del vientre en el norte de California, justo la clase de zona donde algo así podía funcionar. El viaje transcurrió sin incidentes destacables salvo por unas atroces tormentas de nieve que nos encontramos al atravesar las montañas del oeste. Yo seguía sin tener carnet de conducir, pero, como de costumbre, eso no era lo más importante. Llegamos a zonas de la autopista donde había aparcados camiones de dieciocho ruedas, con los motores en marcha y sus conductores dormidos en la cabina, que llevaban atascados desde hacía kilómetros y no podían ascender por las montañas debido al hielo y la nieve.

Una noche la carretera desapareció ante nuestros ojos; había tanta nieve que resultaba imposible distinguir los arcenes. Habíamos puesto cadenas en los neumáticos, pero seguíamos patinando sobre el hielo en aquel terreno peligroso. La chica de la danza del vientre se estaba poniendo nerviosa y detuvimos el vehículo. Tinker y yo salimos fuera; estábamos en un paso de montaña sin otros coches a la vista. Del cielo caía una gran cantidad de nieve que se amontonaba a nuestro alrededor. El silencio era abrumador. Una nevada descomunal como aquella puede resultar enervante. En el este estábamos acostumbrados a la libertad que conlleva una buena tormenta de nieve. No se trabajaba ni se iba a la escuela, el mundo entero cerraba su bocaza durante un buen rato, las calles de la ciudad se cubrían de un blanco virginal, como si todos los malos pasos dados los hubiese borrado la naturaleza. No puedes correr; solo quedarte sentado. Abres tu puerta a un mundo sin pisadas, donde tus antiguos senderos, tu historia, han sido cubiertos momentáneamente por un paisaje de perdón, un lugar donde algo nuevo puede suceder. Es una ilusión, pero puede estimular las partes regeneradoras de tu espíritu para ser bueno por sugestión de Dios y la naturaleza. Demasiada nieve —y me refiero a una cantidad enorme— es otra cosa. Esa sensación de libertad se transforma en confinamiento. El peso mismo de la nieve se torna existencial y se instala el pavor a un mundo cubierto y oscuro. Lo he experimentado dos veces. Una vez en Idaho, donde estuvo nevando sin parar durante setenta y dos horas, sin luz y sin electricidad, y cayeron sobre nosotros la noche eterna y el día del juicio. La otra fue aquella tarde en la autopista, en el paso de montaña. El silencio era total, demasiada gravedad, escasos límites y ninguna dimensión. El mundo había sido aplanado por la nieve hasta convertirse en una tabla invisible de cuyos bordes podías caerte fácilmente. Se había simplificado hasta lo transitable y lo intransitable. Los antiguos cartógrafos oceánicos estaban en lo cierto: el mundo era plano y un movimiento equivocado hacia la izquierda o la derecha podía situarte al borde del abismo, y más allá había monstruos.

Volvimos a subirnos al ataúd que era nuestro vehículo y Tink nos hizo avanzar lentamente, el misántropo que en él habitaba exaltado ante la idea del fin del mundo, hasta que alcanzamos puntos menos elevados y regresamos a la tierra de los vivos y las carreteras seguras. El resto del viaje se redujo a áreas de descanso, bares de carretera, relatos por parte de nuestra pasajera de su vida erótica, y la habitual e interminable autopista. Llegamos a la frontera con California y Tinker me depositó ante la puerta de los míos en San Mateo. Mis padres me recibieron en pijama; entré, dejé caer mi bolsa al suelo y me desplomé sobre el sofá, donde dormí durante veinticuatro horas con un sueño profundo.

Había planeado una vida nueva en un nuevo lugar alejado de mis penas amorosas. Había ahorrado unos trescientos dólares. Aquel iba a ser el dinero para volver a empezar. Lo primero que tenía que hacer era encontrar un empleo remunerado tocando en algún lugar. Pero pronto descubrí que, aunque había locales donde podía tocar mi música acústica gratis —noches de micrófono abierto, etcétera—, en ninguno de ellos te pagaban. De nuevo era un completo desconocido. Había dejado mi reputación de rey de las bandas de bar en la Costa Este, y ahora era simplemente otro aspirante más con una guitarra y un puñado de canciones. No iba a tener suerte por ese lado, así que me planteé unirme a un grupo ya establecido que necesitase a un cantante y guitarrista capaz de hacer que la gente se moviese al ritmo del rock and roll. Con esa idea en mente visité algunos clubes. Una noche, en San Francisco, me topé con una banda de funk y soul muy buena que hacía brincar al público presente. Durante un descanso entablé conversación con uno de los músicos, quien mencionó que andaban buscando a un guitarrista para sustituir al suyo, que les dejaba. Parecía el trato perfecto. Su música era un poco más jazz que mi propio estilo, pero supuse que sería capaz de ajustarme, por lo que intercambiamos números de teléfono y fijamos una fecha para ir a verles y tocar juntos. Una noche entre semana me fui hasta un almacén al sur de San Fran, entré en el local, saludé a los chicos y me enchufé. Tocamos unos cuarenta minutos. Su música me resultaba compleja, pero pensé que todo había ido bien. Hicieron un descanso y se reunieron en otra habitación; entonces apareció el tipo con el que había hablado en el club y me envió de vuelta a casa sin empleo. No me había sentido tan totalmente rechazado desde mi anterior viaje a San Francisco. Aquel lugar empezaba a caerme mal.

Pasé las tres semanas siguientes buscando por todas partes un trabajo remunerado tocando música. Al final pensé que lo mejor era montar yo un grupo, hacer algunas audiciones, incendiar algún club con nuestra música y dejar que la naturaleza siguiese su curso. Un día iba paseando por el centro comercial Hillsdale y entré en una tienda de fotografía de revelado rápido para sacar copias de las fotos que había tomado durante el viaje. Me puse a charlar con el dependiente, un chico de unos veintipico años, y mencionó que tocaba el bajo. Tenía un grupo y buscaban guitarrista; me preguntó si quería ir a verles el fin de semana y tocar con ellos. Vivían en San José, que quedaba bastante lejos, pero qué demonios, estaba desesperado y se me acababa la pasta.

Ese fin de semana pedí prestado el coche a mis padres, conduje una hora en dirección sur y seguí las indicaciones hasta llegar a un suburbio de clase media en las afueras de la ciudad. Aquella era la tierra de Ozzie y Harriet: casas rancheras modestas, una al lado de la otra, los habituales garajes para dos coches y verdes extensiones de césped. Llegué a la casa de mi amigo y ahí estaban, mi nuevo grupo. La puerta del garaje estaba subida y vi a mi colega al bajo y lo que parecían dos chavales de unos catorce años a la batería y la guitarra. Estaban dispuestos en la clásica formación, mirando a la calle, con unos pocos amplis pequeños rodeando al batería, un chico que parecía Daniel el Travieso con el pelo largo. Eran críos, unos niños, niños *pequeños* aprendiendo a tocar. Críos con guitarras que seguramente les habían comprado papá y mamá por Navidad. Y ahí estaba yo.

Saqué mi guitarra del coche, me instalé y les ofrecí un espectáculo toda la tarde. Usé todos los trucos que conocía, y conforme pasaban las horas logré atraer a unas cuantas personas que acudían desde sus cortacéspedes y barbacoas. Toqué como si estuviese en el Madison Square Garden. Lo necesitaba. Al anochecer, recogí mis bártulos, les di las gracias por el buen rato y puse rumbo al norte hacia casa. Me sentía triste, tonto y feliz. No iba a triunfar en esta tierra. California no iba a ser mía. Desde los quince años me ganaba la vida. Desde que me dedicaba a la guitarra nunca había pedido dinero a mis padres, y no iba a empezar ahora. Simplemente no lo tenían; no les sobraban ni veinte dólares ni diez. Mi vida allí iba a ser el sofá, una manta y una almohada en la sala de estar de mis padres, y algo de calderilla en el bolsillo. Aquella tarde con músicos adolescentes me lo dejó todo muy claro. Debía regresar a donde yo era quien era, un hijo de Nueva Jersey, un pistolero, un rey de las bandas de bar, el héroe local de pueblo, el pez grande en el estanque pequeño, alguien que se ganaba el pan. En aquel momento, mi pequeño feudo en la Costa Este era el único lugar donde mi talento podía sustentarme. De pronto, mis problemas sentimentales parecían una minucia y empecé a planear el regreso al hogar.

México (La venganza de Moctezuma)

Durante mi estancia, mi padre me pidió que le acompañase en un viaje a México y dijo que tenía previsto parar en Long Beach, donde estaba amarrado el *Queen Mary*. Era el transatlántico en el que había embarcado en la Segunda Guerra Mundial y quería verlo una vez más. Su plan era bajar desde allí hasta Tijuana, ver un partido de jai alai, hacer un poco de turismo y, a nuestro regreso, encontrarnos en Disneyland con mi madre y mi hermana pequeña. Con el ánimo de curar viejas heridas, le dije que sí y nos pusimos en marcha. Insistió en que nos llevásemos al perro de la familia, Smokey, mitad perro pastor, mitad quién sabe qué, que acababa de estropearnos las navidades. Habíamos asistido a la misa del gallo y al volver nos encontramos con una escena caótica, como si los elfos de Santa Claus se hubieran cepillado en grupo a Rudolph el Reno de Nariz Roja en nuestro salón. Espumillón, bolas navideñas, agua, papel de regalo y cintas de empaquetar estaban esparcidos por el pequeño apartamento. El árbol de Navidad yacía derrumbado en el suelo y todos los regalos habían sido abiertos y mordisqueados. Y allí en medio, sentado y jadeante, estaba Smokey, esperando a ser felicitado.

Desde el principio, la *joie de vivre* en el coche no fue lo que uno hubiese esperado. Hacíamos lo que podíamos, pero seguíamos sin congeniar. Nuestra parada en Long Beach fue un fracaso. Yo me comporté como un majadero y estuve quejándome durante toda la visita al *Queen Mary*. La travesía de mi padre en aquel barco había sido uno de los hechos más significativos de su vida, pero fui incapaz de respetarlo. Daría lo que fuese por poder volver a pasear por aquel barco con mi padre. Atesoraría cada paso, querría saber cada detalle, escuchar cada palabra y recuerdo que compartiese conmigo, pero en aquel entonces yo era todavía demasiado joven para dejar atrás el pasado, demasiado joven para reconocer a mi padre como el hombre que era y honrar su historia.

Pusimos rumbo hacia el sur, cruzamos la frontera con México en San Diego y nos hospedamos en un motel a las afueras de Tijuana. Encerramos al perro en la habitación y nos adentramos en la ciudad. Vimos jugar a jai alai y paseamos por el barrio turístico, donde mi padre compró un reloj a un vendedor callejero y se jactó ante mí del chollo que había conseguido hasta que se paró para siempre veinte minutos después. Nos hicimos una foto cómica, yo montado en un burro pintado como una cebra y mi padre sonriendo en el carro detrás de mí. Nos pusimos *sombreros*;* en el mío se leía «Pancho», en el suyo, «Cisco». Cuando regresamos al motel, Smokey había estado mordisqueando la puerta y dejando arañazos y virutas del pomo hacia

---

* En español en el original. *(N. del T.)*

abajo; sin parar de maldecir, el viejo tuvo que pagar los desperfectos. *Adiós, México.**

De vuelta a El Norte. Nos dirigimos a Disneyland, donde nos encontramos con mamá y mi hermanita y, tras pasar una tarde en «el lugar más feliz de la Tierra», emprendimos el regreso por un críptico atajo que mi padre propuso y que acabó añadiendo tres tenebrosas y fantasmales horas a nuestra vuelta a casa. Acabamos todos reventados.

Poco después de regresar, Tinker me telefoneó para contarme que volvía al este, y le dije que contase conmigo. Me despedí de los míos, les dije que les quería, y después fueron otras setenta y dos horas y cinco mil kilómetros hasta llegar a Jersey. Tras haber compartido el lavabo, lo único que dejé allí para mi padre fue una infección de ladillas que yo había pillado en algún lugar del camino. Adiós, hijo, gracias por los recuerdos.

---

* En español en el original. *(N. del T.)*

VEINTITRÉS

ES UN BAR, IDIOTAS

Nada más llegar me enteré de que Steve, Southside y su Sundance Blues Band actuaban en el Captain's Garter de Neptune, Nueva Jersey. Agarré mi guitarra y me fui corriendo al club a por un poco de acción. El lugar estaba abarrotado y dimos caña como en los viejos tiempos, con el público jaleándonos, todos enganchados al escenario y la música. Fue una gran noche. Al final de la velada, Steve y yo fuimos a la oficina del gerente para cobrar y, obviamente, cerrar con él futuras actuaciones. Acabábamos de poner patas arriba su club y esperábamos felicitaciones y trabajo.

El gerente era un tipo grande e impertérrito, joven pero de pelo totalmente canoso, que llevaba puesto un anorak tipo salvavidas de color rojo. Inmutable, se quedó de pie detrás de su mesa y no nos hizo elogio alguno. Le preguntamos qué posibilidades había de conseguir futuros contratos, y nos explicó tranquilamente que no había ninguna. Nos dijo que, en efecto, el público había sido numeroso y entusiasta, pero que nadie bebía. Estaban demasiado pendientes de la música. Y entonces añadió, como si no nos hubiésemos percatado: «Es un bar, idiotas». Allí se hacía dinero vendiendo alcohol. Los camareros recibían sus propinas sirviendo copas. Si no se vendía alcohol, no había dinero. Y sin dinero, nuestro pequeño mundo en la Highway 35 y en Neptune dejó de girar. El Captain's Garter no estaba en el negocio de los conciertos y, por tanto, nosotros no íbamos a formar parte de su negocio. Aquel fue mi primer encuentro con Terry Magovern, gerente de bar, salvavidas y Navy SEAL, un hombre que trabajaría conmigo como asistente y sería un buen amigo durante veintitrés años. Nos despidió.

Plan B (Regreso a la Ciudad Esmeralda)

Seguía teniendo mi habitación en el piso beatnik de Tom Potter en Asbury. Había decidido que mis días en bandas de bar se habían agotado. Necesitaba viajar ligero y ser capaz de impresionar a alguien solamente con mi voz, mi guitarra y mi canción. Voz… guitarra… canción… tres herramientas. Mi voz jamás iba a ganar un premio. Mi acompañamiento a la guitarra acústica era rudimentario, lo que me dejaba solo las canciones. Las canciones iban a tener que ser la bomba. Pensé que en el mundo abundaban los buenos guitarristas, muchos de ellos iguales o mejores que yo, pero ¿cuántos grandes autores de canciones había? Compositores con voz propia, con una historia que contar, capaces de arrastrarte al mundo que habían creado y mantener tu interés en las cosas que les obsesionaban. No demasiados, un puñado como mucho.

Dylan sobresalía por encima de esa clase de compositores. Bob Dylan es el padre de mi país. *Highway 61 Revisited* y *Bringing It All Back Home* no solo eran grandes discos, sino también la primera vez que me veía expuesto a una visión verdadera del lugar donde vivía. Ahí estaban la oscuridad y la luz, se había rasgado el velo de la ilusión y el engaño. Bob había puesto su bota sobre la cortesía alienante y la rutina cotidiana que camuflaban la corrupción y la decadencia. El mundo que describía estaba a la vista, en mi pequeño pueblo, y se expandía por esa televisión cuyos destellos entraban en nuestros hogares aislados, pero nadie hablaba de ello y se toleraba en silencio. Él me inspiró y me dio esperanza. Hacía las preguntas que el resto de la gente no se atrevía a hacer, especialmente a un quinceañero: «How does it feel… to be on your own?» («¿Cómo se siente uno… al ir por su cuenta?»).* Una brecha sísmica se había abierto entre generaciones y de repente te sentías huérfano, abandonado en el fluir de la historia, tu brújula girando, internamente sin hogar. Bob señaló el verdadero norte y sirvió como faro para ayudarte a encontrar tu camino en aquella tierra salvaje en la que se había convertido América. Plantó una bandera, escribió las canciones, cantó las palabras esenciales para la época, para la supervivencia emocional y espiritual de muchos jóvenes norteamericanos de ese momento.

Tuve la oportunidad de cantar «The Times They Are A-Changin'» para Bob cuando recibió el premio Kennedy. Estuvimos juntos un breve momento, mientras bajábamos por una escalera trasera del Kennedy Center, y entonces me dio las gracias por estar allí y me dijo: «Si alguna vez puedo hacer algo por ti…». Pensé «¿Bromeas?», y respondí: «Ya lo hiciste». Como músico joven, aquella era la dirección que deseaba tomar. Quería ser una voz que reflejase la experiencia y el mundo en que vivimos. Así que, en 1972, supe que para lograrlo debía escribir muy bien y de forma más individual y personal de lo que jamás lo había hecho. Tras mi regreso, ahorré unos cuantos dólares actuando aquí y allá y, por primera vez en mi vida, dejé de tocar en un grupo y me concentré en componer canciones. Por las noches con mi guitarra en mi habitación, y con un piano de pared Aeolian aparcado al fondo del salón de belleza, empecé a componer la música que conformaría *Greetings from Asbury Park, N. J.*

Telefoneé a Mike Appel. Se acordaba de mí y me dijo que fuese a verle, así que me subí al autobús que cruzaba el túnel Lincoln hacia Nueva York, me encontré con Mike en las oficinas de Wes Farrell y le canté mis nuevas composiciones. Su respuesta fue que con aquellas

---

* Versos de «Like a Rolling Stone», de Bob Dylan, publicada en 1965. *(N. del T.)*

canciones podíamos echar abajo algunas puertas. Enloqueció de excitación como solo Mike podía hacerlo. Las palabras volaban a kilómetros por minuto, las gesticulaciones con las manos amenazaban con desmembrarle, se le iluminó el rostro y en cuestión de treinta segundos me comparó con Dylan, Shakespeare, James Joyce y Bozo el Payaso. Mike se entusiasmaba de tal modo que era capaz de provocar erecciones a la mitad de los muertos de un cementerio. Era lo que me atrajo de él. Hacía que te excitaras contigo mismo. Mike tenía esa convicción del ciento diez por ciento, típica de los predicadores de carpa y los charlatanes de feria, en todo lo que salía por su boca en cualquier momento. Es un don. Cuando salí de su oficina, mi superestrellato ya había sido decretado. Todo lo que necesitábamos era conseguir que alguien escuchase a un don nadie. Seguí componiendo y yendo a verle, y conocí a su socio, Jimmy Cretecos, una versión más suave y templada de Mike. Empezamos a trabajar juntos y grabamos algunas cintas básicas. Visité el espectacular apartamento de Jimmy en Tuxedo Park. Tenía una esposa guapísima y un piso muy lujoso, por lo que supuse que aquellos tipos habían triunfado. Habían logrado unos cuantos éxitos pegadizos, pero Mike decía que donde ganaban más dinero era componiendo jingles publicitarios. Fui con Mike a una de sus sesiones y acabé tocando la armónica en una maqueta para un anuncio de chicles Beech-Nut.

Mientras tanto, hacíamos planes y preparativos solo frenados por una cosa. Tal como me explicó Mike, para que él consintiera en usar sus muchos talentos a mi favor, antes tenía que protegerse. Eso significaba contratos. Yo no había firmado un contrato en mi vida, no sabía una mierda de esos asuntos y por tanto era extremadamente suspicaz a ese respecto. Había vivido tanto tiempo al margen de todo que ignoraba por completo las cuestiones legales, ya fuesen musicales o de cualquier otro tipo. No conocía a ningún abogado; me habían pagado siempre en metálico y jamás había pagado un centavo de impuestos, ni firmado un contrato de alquiler o cualquier formulario que me atase de algún modo. No tenía tarjeta de crédito ni talonario de cheques, tan solo la calderilla tintineando en mi bolsillo. No tenía amigos universitarios. Mi Asbury Park era una isla de currantes e inadaptados provincianos. Tipos listos, pero nada leídos. Nunca había conocido a nadie que hubiese grabado un disco o hubiese firmado un contrato discográfico importante. Nunca había visto un contrato de ninguna clase ni había estado en contacto con un hombre de negocios. No tenía recursos a nivel profesional.

Mike me explicó cada uno de los contratos, para lo que me servirían y el modo en que nos protegerían. La producción: ese era nuestro trato a nivel de grabaciones. Yo firmaba con Laurel Canyon Productions, la compañía de Mike y Jimmy, y ellos se encargarían de producir mis discos y de venderlos a una gran discográfica. Luego, la edición: un contrato editorial por el que Mike y Jimmy publicarían mi música en su editorial Laurel Canyon Publishing, en teoría para lograr que otros artistas grabasen mis canciones. Yo recibiría la mitad de los royalties pero nada en concepto de ingresos editoriales. Y, por último, la representación: nos repartiríamos todo al cincuenta por ciento siguiendo el modelo de Mike, el mismo de Elvis y el Coronel.* El problema era que todos los gastos iban a correr de mi parte. Todo aquello concedía excesivos poderes a Mike y Jimmy y resultaba contraproducente, y conduciría finalmente a muchos perjuicios, pero ¿quién era yo para decir nada?

La cuestión era que Mike me gustaba y entendía lo que yo quería hacer musicalmente. Nuestro objetivo no era publicar unos pocos discos de éxito y algunos hits modestos. Queríamos tener un impacto, una influencia, llegar a lo máximo que puede llegar un artista que graba discos. Ambos sabíamos que la música rock estaba en aquel momento moldeando la cultura. Mi intención era colisionar con los tiempos y crear una voz que tuviese un impacto musical, social y cultural. Mike entendía que ese era mi objetivo. Yo no era modesto al proclamar mis aptitudes. Naturalmente que me veía como a un impostor —así somos los artistas—, pero también pensaba que era la cosa más auténtica que jamás hubieses visto. Tenía un ego enorme y había acumulado el talento y el oficio necesarios para alcanzar mis ambiciones después de años de estudio y experiencia. Albergaba

---

* Colonel Parker, representante de Elvis Presley. *(N. del T.)*

mis dudas, y me tomaba con humor las pelotas que tenía y el gran mordisco que pretendía dar, pero, maldita sea, ahí estaba la gracia y… yo era genuino. Lo llevaba en la sangre.

Al final habría firmado los calzoncillos de Mike si él me los hubiese puesto delante, solo por conseguir meter un pie por la puerta. Estaba más cerca de lo que nunca había estado de hacer el trabajo de verdad que tanto ambicionaba. Lo sentía. Me pasé algunas noches intentando discernir por mi cuenta el lenguaje del negocio, la parte legal de los contratos. Fue muy gracioso. Me senté con el abogado de Mike, Jules Kurz, que amablemente me explicó las disposiciones básicas de los contratos, pero al final me dije «A la mierda»; tenía que entrar en el negocio, y si estos ininteligibles papeles eran el precio a pagar, que así fuera. Si soy un perdedor, todo esto no vale nada, y si soy un triunfador, ¿a quién le importa? Habré llegado a donde quería y el resto ya lo solucionaremos. No miré atrás hasta mucho tiempo después, y para entonces, claro está, ya era demasiado tarde. Asustado, lentamente, con reticencia e inquietud, una noche firmé un contrato tras otro, hasta el último, sobre el capó de un coche en un aparcamiento de Nueva York. Trato hecho.

VEINTICUATRO

ADELANTE Y HACIA ARRIBA

Nuestra primera audición fue en Atlantic Records. Todo lo que recuerdo es subir a una oficina y tocar para un desconocido. No estaban interesados. Lo siguiente que Mike consiguió –y yo no podía creérmelo– fue una audición con John Hammond. ¡John Hammond! El legendario productor que había contratado a Dylan, Aretha y Billie Holiday; un gigante de la industria discográfica. Acababa de leer la biografía de Dylan escrita por Anthony Scaduto, ¡e iba a conocer al hombre que la había hecho posible!

Cuando se usaba correctamente, la boca motorizada de Mike Appel era un feroz instrumento quirúrgico. Mike podría haber convencido a Jesús para que bajase de la cruz, a Santa Claus para que renunciase a la Navidad y a Pam Anderson para que dejase de aumentarse los pechos. Su cháchara nos sacó de las calles para llevarnos al sanctasanctórum de la oficina de John Hammond. Mi hombre era un representante genial. Para que te hagas una idea de lo mucho que ha cambiado el negocio de la música, John Hammond, una figura histórica en la industria, ¡recibía en su despacho a don nadies como nosotros, salidos de las calles de Nueva York! Estoy seguro de que Mike le soltó un discurso de la hostia, pero aun así... Más tarde John me contaría que su secretaria de confianza y guardiana de la puerta, Mikie Harris, tras hablar con Mike, simplemente le había dicho: «Creo que deberías ver a ese tipo». Las puertas de El Dorado se abrieron y entramos con paso decidido.

No tenía guitarra acústica propia, así que le pedí prestada una con el cuello resquebrajado a Vinnie «Skeebots» Manniello, el antiguo batería de los Castiles. Tampoco tenía funda, por lo que tuve que llevarla al hombro al estilo *Cowboy de medianoche* en el autobús y por las calles de la ciudad. Una sensación un tanto cursi, como si estuvieses alardeando y de repente fueras a ponerte a cantar en cualquier momento. Con la guitarra desnuda en las manos, Mike y yo entramos en la oficina de John Hammond y nos encontramos cara a cara con mi héroe del negocio musical, con su canoso pelo a cepillo, las gafas de pasta, su enorme sonrisa y su traje y corbata grises. Habría sido presa de un estado de pánico total de no ser porque, subiendo en el ascensor, me había hecho una especie de jiu-jitsu mental a mí mismo. Me dije: «No tengo nada, así que no tengo nada que perder. Si esto funciona, saldré ganando. De no ser así, seguiré teniendo lo que tenía al entrar. Soy un agente libre. Me abriré camino en el mundo siendo yo mismo, y al salir de aquí seguiré siendo la misma persona pase lo que pase». Cuando llegamos arriba, casi me lo creía. Entré nervioso pero confiado.

En cuanto se abrió la puerta, mi representante, Mike Appel, mostró una tendencia personal a la confrontación superflua que con el tiempo nos pasaría factura. Yo soy de los que creen que, una vez que la puerta se ha abierto, no debes seguir dándole patadas. No así Mike, que entró pavoneándose. Inmediatamente, sin la más mínima vergüenza y antes de que yo tocase una nota, le dijo a John Hammond de Columbia Records que yo era el segundo advenimiento de Jesús, Mahoma y Buda, y que me había llevado allí para comprobar si su descubrimiento de Dylan había sido de chiripa o si de verdad tenía oído. Me pareció un modo interesante de presentarnos y congraciarnos con el hombre en cuyas manos estaba nuestro futuro. A continuación, Mike se sentó en el alféizar de la ventana, satisfecho como un niño por haber podido expresar que no estaba para chorradas, y me pasó la pelota, un número que a menudo repetiríamos en el futuro. Más tarde John me contaría que aquello le descolocó y le predispuso a detestarnos, pero simplemente se reclinó en su asiento, se puso las manos detrás de la cabeza y, sonriente, me dijo: «Tócame algo». Me senté ante él e interpreté «Saint in the City». Al terminar, le miré. La sonrisa seguía en su sitio y le oí decir: «Tienes que estar en Columbia Records». Una canción, eso fue todo lo que hizo falta. Sentí cómo el corazón se me subía a la garganta, partículas misteriosas bailaban bajo mi piel y remotas estrellas iluminaban mis terminaciones nerviosas.

«Esta ha estado muy bien, tócame otra», siguió diciendo. Toqué «Growin' Up», y luego un tema titulado «If I Was the Priest». Le gustó la imaginería católica, señaló la ausencia de clichés y dijo que harían falta algunos arreglos para que pudiese tocar ante Clive Davis. Me explicó que había tenido éxitos y fracasos con los artistas que había contratado para Columbia, y que en aquel momento Clive tenía la última palabra. Entonces pidió verme actuar en vivo esa noche. Mike y yo le dijimos que trataríamos de encontrar un club donde nos dejasen tocar unas cuantas canciones; nos dimos la mano y abandonamos su oficina. Entramos en el ascensor y, cuando salimos del edificio Black Rock de la CBS y pisamos la calle, estalló la euforia.

¡Habíamos ascendido a los cielos y hablado con los dioses, que nos habían dicho que escupíamos truenos y lanzábamos centellas! Estaba en marcha. Estaba todo en marcha. Tras años de espera, de esforzarme por alcanzar algo que pensé que quizá nunca llegaría, había sucedido. Con la maltrecha guitarra de Skeebots, la espada que acabábamos de sacar de la roca ahora colgando desnuda y orgullosa de mi hombro, nos zampamos una hamburguesa con queso para celebrarlo y, flotando por la calle, subimos a un taxi y nos dirigimos al Village. Yo tenía veintidós años.

Empezamos por el Bitter End; nada. El Café au Go Go; tampoco. Mis antiguos dominios en el Café Wha?; cerrado. Y finalmente llegamos a un club en un sótano de MacDougal Street, el Gerde's Folk City original. Sam Hood era entonces el gerente, un tipo que en el futuro me ayudaría mucho al hacerse cargo del Max's Kansas City, en Union Square. Nos dijo que aquella era noche de micrófono abierto y que podía subir a escena entre las ocho y las ocho y media. John Hammond apareció un poco antes de las ocho, ocupó su lugar entre como mucho otros seis clientes, y entonces dio comienzo el espectáculo. Actuar en vivo era algo que yo sabía hacer. Contaba historias, hacía chistes y escenificaba los temas que cantaba. «Saint in the City», «Growin' Up», «If I Was the Priest», una canción llamada «Arabian Nights», algunas otras, y el pase finalizó. John resplandecía. Yo era bueno actuando.

Empezaron a suceder cosas… lentamente. Unas semanas después de conocer a John, me acompañó a la oficina de Clive Davis, donde fui recibido calurosamente. Toqué unas pocas canciones para Clive y, a bombo y platillo, me invitaron a formar parte de la familia de Columbia Records. John me llevó a su estudio de la calle Cincuenta y dos y grabamos una maqueta que él produjo. Eran los últimos tiempos del sistema de estudios de grabación al estilo de los años cincuenta. Todos vestían traje y corbata, y eran gente adulta. El ingeniero, los asistentes, todos ellos veteranos técnicos de grabación de la vieja escuela. Canté una docena de canciones o más ante un micrófono situado en el centro de una sala aséptica. En otras pocas toqué el piano. Todo muy desnudo; así es como me veía y me oía John. Escuchando hoy aquellas maquetas, no sé si yo hubiese elegido a aquel chico para invertir mi dinero, pero agradezco que lo hiciera.

Mientras tanto, sobrevivía con los restos de mis ahorros del «cajón de la cómoda», unos pocos pavos que me pasaba Mike y la bondad de los desconocidos. Tenía una novia cariñosa que de vez en cuando me soltaba algo de dinero para comer, y otra chica, que mantenía en secreto, que contaba con su propio negocio y conducía un flamante deportivo. Ella era fabulosamente judía, un poco mayor que yo, y en ocasiones me recogía en la esquina de Cookman Avenue para que pasase la noche con ella en su apartamento con vistas a las playas de Asbury Park. Allí a veces nos enrollábamos en lo que, estoy seguro, fue el peor sexo de nuestras vidas (si tal cosa existe). Ella tenía la sartén por el mango, lo que no me importaba, y durante un tiempo mantuvimos una bonita y desastrosa semirrelación. Las veladas periódicas en sus aposentos de sólida clase media me ayudaban a entrar en calor después de mis correrías a pie de calle por Asbury, y fueron muy bienvenidas y reconfortantes.

El adelanto por el contrato discográfico aún no se había materializado y aquellos fueron días de escasez, quizá los de mayor penuria de mi vida. Por primera vez me quedé totalmente arruinado y tuve que buscar modos de rapiñar comida. Ni siquiera teníamos los sesenta dólares que costaba el alquiler del piso de Tom. Una noche llamé a Mike in extremis y le dije que la situación era desesperada y que nos quedábamos en la calle, y él me dijo que podía darme treinta y cinco dólares si iba a la ciudad a por ellos. Apuré los peniques que quedaban en el cajón de la cómoda y pensé que tendría bastante para llegar a la ciudad si le pedía prestado el Dodge Seneca a mi chica (con su transmisión automática), llenaba el depósito con unos pocos dólares y llevaba la calderilla justa para los peajes. Controlé mi presupuesto hasta el último centavo.

Pillé el coche, eché unos pocos dólares de gasolina y me dirigí a la ciudad. Todo fue bien hasta que llegué al túnel Lincoln. En la ventana de la cabina de peaje aparecía bien visible el famoso cartel de NO SE ACEPTAN PENIQUES. Y peniques era todo lo que llevaba. Le ofrecí a la encargada un dólar en peniques, mi último dólar, y me dijo: «No puedo aceptarlos». Le dije: «Señora, es todo el dinero que tengo, y si me obliga a dar la vuelta no me queda suficiente gasolina para llegar a mi casa». Me tenía totalmente a su merced. Ella dijo: «Vale, pues quédate ahí sentado mientras cuento las monedas». Y eso es lo que me obligó a hacer. De forma muy meticulosa, intencionadamente lenta cual tortuga, con las monedas chirriando sobre el mostrador metálico que tenía delante, contó los cien peniques, uno a uno, que costaba el peaje del túnel Lincoln. Entonces, con cara de póquer, puso la mano en la ventanilla del conductor y dijo: «Este no puedo aceptarlo, tendrás que dar la vuelta». Y, sujeto entre el índice y el pulgar, tenía un penique… canadiense. Salí del Dodge en medio de una cacofonía de bocinazos detrás de mí, harto de aquel numerito teatral, y me puse a buscar concienzudamente por todos los rincones del coche mientras la mujer ponía el grito en el cielo. En 1972 no había automóvil que se preciara que no tuviera un penique atrapado en algún lugar bajo los asientos. Después de largos minutos excavando, finalmente encontré uno, entre los pliegues de la tapicería del asiento trasero. Me levanté y se lo entregué, en medio de lo que sonaba como una hermosa y profana ópera de ladridos de claxon y gritos a pleno pulmón por parte de la cabreada caravana que se extendía detrás de mí. Todo lo que dijo la mujer fue: «Adelante… ¡pero no se te ocurra volver por aquí con peniques!». Lección: en el mundo real no llegarás a Nueva York con noventa y nueve centavos. Necesitas el dólar entero.

Me encontré con Mike, agarré los treinta y cinco dólares y me volví a casa. Pero mis colegas no podían pagar su parte del alquiler, de modo que no tardarían en echarnos. Nos escabullimos del piso en plena madrugada, y yo pasé la noche en la playa, en el saco de dormir, a mi lado la tabla de surf y una bolsa con todas mis posesiones terrenales. Un momento bajo. Al día siguiente, de camino a Loch Arbour Beach, mi lugar favorito para hacer surf situado en la parte norte de Asbury, me encontré con un viejo amigo sentado en la terraza de una casita de veraneo. El tamaño de Big Danny Gallagher superaba al de Clarence Clemons. Era un gigante. Su cabeza estaba coronada por una cegadora mata pelirroja, y al hacerse mayor se dejaría una fiera barba al estilo Viejo Testamento que le haría parecer un personaje del folclore irlandés. De joven, su figura resultaba temible, y en ocasiones su temperamento no le iba a la zaga. Al verme pasar, me dijo que su hermano había muerto de una sobredosis. Estaba allí sentado, como en trance, intentando asimilarlo. Me preguntó qué me había pasado y le dije que me habían echado del piso de Potter y que ahora era un indigente. Inmediatamente me invitó a quedarme en su casa.

Era un pequeño apartamento de dos habitaciones en el piso de arriba. El dormitorio estaba totalmente ocupado por la enorme cama de agua de Danny. Luego estaba la otra habitación, sala de estar y cocina, donde me instalé a dormir en el suelo con mi saco. Ahí es donde viví mientras grababa *Greetings from Asbury Park, N. J.* Tomaba el autobús a la ciudad; trabajaba teloneando a Dave Van Ronk, Biff Rose o Birtha, una de las primeras bandas de metal formada por chicas que actuaba en el Max's Kansas City; me pagaban unos pocos dólares; y luego corría hasta Port Authority justo a tiempo para coger el último autobús a Asbury. Sam Hood me había contratado en el Max's, donde atraía a una agradable parroquia de hipsters: Paul Nelson, el gran crítico musical; Paul Williams, fundador de la revista *Crawdaddy*, la primera publicación que se tomó en serio el rock and roll; y David Blue, el cantante folk y leyenda del Village. Una noche se me acercó y se presentó después de mi pase, y luego le acompañé a conocer a Jackson Browne en el Bitter End (de gira con su primer álbum), y a Odetta, la gran cantante folk, que actuaba a última hora de la noche en una cafetería local. A petición de David Blue, Jackson me dejó cantar durante su actuación e interpreté «Wild Billy's Circus Story». Era joven, viajaba ligero y me emocionaba estar en su compañía.

Greetings from Asbury Park, N. J.

En Blauvelt, Nueva York, en los 914 Studios de Brooks Arthur, comenzó la grabación de *Greetings* en un ambiente tenso. Producían Mike y Jimmy. Mike trajo a su ingeniero, Louis Lahav, un antiguo paracaidista israelí que había conocido a Mike y Jimmy a su llegada a América. Bien poco grabamos aquel primer día de trabajo en mi primer álbum. Mike no paró de discutir con el ingeniero sindicado de Columbia, que insistía en hacer su trabajo al mando de la consola de grabación. Esto cambiaría años después, cuando los artistas empezaron a escoger a ingenieros y productores a voluntad. El año 1973 marcó el inicio de esta clase de control artístico, pero aún no se había implantado en la industria discográfica. El día se desarrolló en medio de una serie de enfrentamientos, insultos y airadas llamadas telefónicas, mientras yo esperaba sentado. Mike se comportaba como de costumbre, combativo y ridículamente divertido, sin parar de machacar a aquel pobre tipo. Al final se llegó a un acuerdo entre el sindicato, la compañía discográfica y la de Mike y Jimmy, Laurel Canyon Productions. Louis Lahav sería el ingeniero, Mike y Jimmy producirían, yo grabaría y el ingeniero del sindicato cobraría su sueldo completo y se sentaría a leer el periódico. ¡Paz en el valle! Mis tres primeros álbumes se grabaron mediante distintas versiones de este apaño. El estudio se encontraba en la Ruta 303, al lado de un restaurante griego. Allí las tarifas de grabación eran baratas; podíamos trabajar a gusto sin que nos observasen los peces gordos de la discográfica, que podían sentir excesiva curiosidad por el modo en que se gastaba su dinero; y comíamos en el restaurante griego, donde encontré como musa a una camarera con el cuerpo más perfecto que yo había visto desde el de mi tía Betty. Todo iba bien.

Había convencido a Mike y Jimmy de que debía grabar con una banda. John Hammond, Clive Davis y Columbia pensaban que habían fichado a un cantautor folk. En aquella época los cantautores estaban al alza. Dominaban las listas, con James Taylor a la cabeza. Fui contratado por Columbia al mismo tiempo que Elliott Murphy, John Prine y Loudon Wainwright, todos «el nuevo Dylan», para competir en batalla acústica con nuestros contemporáneos en lo alto de las listas. Lo que me diferenciaba de mis compañeros era que yo había acumulado en secreto años de experiencia rocanrolera, fuera del mundo conocido y ante todo tipo de público imaginable. Ya había visto lo más duro que podía deparar la carretera y estaba listo para más. Estos talentos largo tiempo perfeccionados me servirían para distinguirme de la manada y ayudarme a dar a conocer mis canciones.

Hasta después de grabar *Greetings*, Mike Appel nunca me había visto tocar con una banda completa y ante público, por lo que mi representante no tenía ni idea de lo que yo era capaz. Intenté explicárselo: «No lo entiendes, ponme frente al público con una banda y prenderé fuego al local». Cuando empezamos a salir de gira para promocionar el álbum, me acompañaban Mad Dog, Danny Federici, Garry Tallent y Clarence Clemons. Mike no era tonto. Al ver nuestra primera actuación, me dijo: «Eh, sabes lo que te haces». Hasta ese momento, creo que pensaba que solo me estaba siguiendo el rollo al dejarme usar a mis chicos en el estudio.

Para las sesiones de *Greetings* conseguí traer a mis colegas Vini Lopez, Davey Sancious y Garry Tallent, con un cameo de Steve Van

Zandt, que sacudió la unidad de reverb de mi ampli Danelectro durante la introducción de «Lost in the Flood». Steve iba a participar en el disco, pero al final optamos por no usar guitarra eléctrica como concesión a mi fichaje como cantautor. Grabamos todo el disco en tres semanas. La mayoría de las canciones eran autobiografías deformadas. «Growin' Up», «Does This Bus Stop», «For You», «Lost in the Flood» y «Saint in the City» germinaron a partir de personas, lugares, garitos e incidentes que yo había visto o vivido. Las escribí de forma impresionista, cambiando los nombres para proteger a los implicados. Y trabajé para encontrar algo que se identificase conmigo.

Cuando al final lo entregamos, Clive Davis nos lo devolvió diciendo que no había hits, «nada que pueda sonar en la radio». Me fui a la playa y escribí «Spirit in the Night», volví a casa, machaqué mi diccionario de rimas y compuse «Blinded by the Light», dos de los mejores temas del disco. Logré dar con Clarence, que había estado en paradero desconocido desde aquella primera noche en el Prince, y usé su fantástico saxofón en estos dos últimos cortes. Qué gran diferencia con el resto. Aquella era la versión más lograda del sonido que tenía en mente para mi primer álbum. La pre-E Street Band dio lo mejor de sí para lograr un sonido digno de estudio y las palabras fluyeron como una súbita tormenta, chocando las unas con las otras sin concesiones.

Nunca más volvería a componer del todo en ese estilo. Después de publicarse el disco, se me comparó reiteradamente con Dylan y por ello me distancié. Pero las letras y el espíritu de *Greetings* surgían del inconsciente. Tus primeras canciones emergen de un momento en el que escribes sin estar seguro de que vayan a ser escuchadas. Hasta entonces, solo estáis tú y tu música. Eso solo ocurre una vez.

VEINTICINCO

LOSING MY RELIGION*

A los veintidós años jamás había bebido alcohol… nunca. Tocaba en bares y había estado rodeado de priva toda mi vida, pero nunca sentí la tentación de probarla. La experiencia con mi padre y sus borracheras había sido suficiente. La presencia avasalladora y terrible que adoptaba al beber me convencieron de no hacerlo yo. Él se perdió a sí mismo. La bondad y la benevolencia de su corazón, que eran muchas, desaparecían en una avalancha de rabia autocompasiva y ferocidad que convirtieron nuestro hogar en un campo de minas de temor y ansiedad. Nunca sabías cuándo iba a explotar. De niño, mi nerviosismo era tal que empecé a parpadear sin control, cientos de veces por minuto. En la escuela me llamaban «Blinky» («Parpadeos»). Me chu-

---

* «Perdiendo mi religión», canción de R. E. M. *(N. del T.)*

paba los nudillos de ambas manos día y noche, hasta convertirlos en callos rocosos del tamaño de canicas. No, la bebida no era lo mío. Pero ahora que mi primer álbum estaba a punto de salir, me sentía nervioso ante la perspectiva de que mi sueño de rock and roll fuese a hacerse realidad. ¿Había hecho un buen disco? ¿Lograría destacar a nivel nacional? ¿Era yo quien creía ser, quien quería ser? La verdad es que no lo sabía, pero sí sabía que estaba a punto de descubrirlo, y eso me excitaba e intimidaba.

Supongo que se me notaba. Un día, al volver a casa de su trabajo en la construcción a última hora de la tarde, Big Danny se me acercó y me dijo: «No tienes buen aspecto. Sé lo que te hace falta, vente conmigo». Esa noche fuimos en coche hasta el Osprey, un bar en Manasquan, Nueva Jersey, y entramos. Había pasado muchas noches en el exterior de ese local, escuchando a las bandas que tocaban dentro, concentrándome en la música y soñando despierto al ver entrar y salir por las puertas a las universitarias de piel bronceada. Los veranos del 64, 65, 66 y 67 recorría en autostop casi a diario los treinta kilómetros desde Freehold, ida y vuelta. Había viajado con madres preocupadas, conductores borrachos, camioneros, corredores de carreras ansiosos por demostrar la potencia que escondía su capó, y un comerciante de mediana edad que se mostró un poco demasiado interesado en mí. Me subí a coches cuyos dueños habían conectado sus radios a un sistema de sonido con cámaras de eco, tocadiscos para singles a 45 rpm colocados en la suspensión bajo el salpicadero, cerca del cambio de marchas. Había montado con todo tipo de palurdo, patán, ciudadano responsable o camorrista que ofrecía la costa de Jersey. Me encantaba hacer autostop y conocer gente. Ahora lo echo de menos.

De adolescente, me había pasado cientos de horas fuera del Osprey bajo un sol abrasador escuchando los sonidos que brotaban de su interior, pero nunca había entrado. En aquella época vislumbraba las sombras a través de las puertas de tela metálica del club. Las siluetas de los músicos instalados en medio del bar, justo a la entrada del local. Oía el tintineo de los vasos de cerveza, las risas de la gente, las bulliciosas conversaciones y el cortante chisporroteo del platillo del batería atravesándolo todo y derramándose en las calles de Manasquan, tan calurosas a mitad de agosto que podría freírse un huevo en ellas. En los intermedios, aquellos músicos con pinta de enrollados salían a fumar y charlaban casualmente con el joven muchacho que se pasaba las tardes apoyado en un coche junto a la acera. Eran solo músicos de bar buscándose la vida, pero yo *quería* lo que ellos tenían, poder entrar en aquel paraíso con olor a Coppertone, empapado en cerveza y lleno de humo, que estaba a solo unos pasos prohibidos más allá del vaivén de aquellas puertas de tela metálica. Al terminar el descanso les veía dar aquellos codiciados pasos de vuelta al interior y volvían a convertirse en siluetas detrás de la barra, por encima del público vociferante. En cuanto se escapaban del local las primeras notas de «What'd I Say» o cualquier otro clásico de fiesta universitaria, yo volvía a mi puesto de centinela. La clase había empezado.

Así que irrumpimos por aquellas puertas, y Big Danny me llevó a golpes de barriga hasta la barra, que en realidad estaba a solo unos pasos de la acera donde yo tomaba sin cesar mis clases particulares. Aquella noche actuaban las Shirelles, que habían destacado con éxitos como «Will You Still Love Me Tomorrow» y «Baby It's You», pero antes… me plantaron un vasito sobre la barra y lo llenaron con un líquido dorado. Danny dijo: «No lo sorbas, no lo saborees, solo trágatelo de golpe». Lo hice. Sin problema. Nos tomamos otro. Lentamente, algo me embargó; por vez primera estaba colocado. Otra ronda, y al poco tiempo estaba pasando la mejor noche de mi joven vida. ¿De qué me había estado preocupando con tanto miedo? Todo iba bien, incluso estupendo. Los ángeles del mezcal revoloteaban a mi alrededor e informaban todo mi ser; todo lo demás eran chorradas. Las Shirelles salieron a escena. Vestían trajes de lentejuelas que parecían pintados sobre el cuerpo y sonaban fantásticas. Me puse a cantar. Yo, el llanero solitario, empecé a hablar con quien demonios estuviese por allí cerca y, en cierto momento de la velada, se produjo un milagro. Olí a perfume y vi moverse a mi lado a una mujer que me resultaba familiar, cabellos negro azabache, piel aceitunada. Reconocí en ella a una de las animadoras de mi antigua alma máter, el Instituto Regional de Freehold. Empezamos a charlar mientras yo seguía chupando sin freno de mi nuevo mejor amigo, José Cuervo Gold.

La conversación se inició en plan ligero: «¿Cómo te ha ido?». Y luego, conforme avanzaba la noche y la bebida hacía su efecto y gritábamos por encima de la banda, me enteré de que se había divorciado de su amorcito del instituto, lágrimas, se acabó. Y aunque francamente no me importase lo más mínimo, yo la escuchaba como si me estuviese revelando los manuscritos del mar Muerto. Pero todo lo que oía era su pelo, sus ojos, sus labios, su camiseta, y entonces, cuando los espíritus oscuros del tequila empezaron a abrirse paso por debajo de mi cinturón… anunciaron el cierre. Las luces de la sala se encendieron. Los porteros conducían al público hacia la salida y de pronto me encontré diciéndole adiós a… ¡Big Danny! Estaba montado en un coche rumbo a Freehold, el escenario de mis pecados de infancia, y estaba dispuesto a añadir algunos más. En el asiento trasero iba un colega mío que se había ligado a la amiga de mi chica. Ambos nos dirigíamos hacia mi pueblo natal.

En algún lugar de la autopista, justo al oeste de un desastroso parque temático llamado Cowboy City, donde en una tarde veraniega cualquiera de Jersey podías montar en pequeñas mulas, ser atracado en una diligencia y asistir a representaciones de duelos del viejo Oeste, sonó por la radio un almibarado lamento de amante que provocó las lágrimas en los ojos azules de mi animadora mientras me contaba que aquella había sido su canción y me preguntaba si yo también estaba conmovido. Cometí el error de decir «No mucho»… y entonces mi colega y yo nos vimos depositados en una cuneta de la Ruta 33, a las cuatro de la madrugada, atrapado en la confusión emocional causada por el repentino enfado de mi amor del instituto.

Nos despedimos de las luces traseras, viendo cómo el coche se alejaba, y rompimos a reír histéricamente por la borrachera, rodando terraplén abajo por la hierba hasta la valla de alambre del Depósito de Munición Naval de Earle. Sacamos los pulgares y –por suerte eran los tiempos en que los conductores nocturnos todavía recogían de madrugada a dos borrachos tambaleantes del arcén de la carretera– logramos que un alma gemela nos llevara animosamente de vuelta a Asbury Park. Entré a hurtadillas en casa ya de día, después de lo que pensaba que había sido la mejor noche de mi vida. Así lo creí hasta la mañana siguiente, cuando me desperté con mi primera resaca, con la cabeza retumbando, el cuerpo dolorido, la boca seca y sintiéndome como un estúpido. Aun así, valió la pena. Por una noche, había acallado mi flagelante voz interior, esa bocaza dubitativa y culpabilizadora. Comprendí que, a diferencia de mi padre, yo era simplemente un bebedor alegre con tendencia a comportamientos alocados y ocasionales desventuras sexuales, por lo que a partir de entonces y durante una larga temporada fluyó el mezcal… tequila.

Acabamos de grabar *Greetings*. Llegaron los primeros dólares del adelanto, que por desgracia tuve que usar para pagar la fianza de Big Danny y sacarle de la cárcel por alguna infracción que ya no recuerdo. Volvimos a nuestro apartamento y le puse mi disco a Danny, su primer oyente. ¡Éxito! Le gustó, pero tenía una pregunta: «¿Dónde está la guitarra?». Yo era el guitarrista vivo más rápido… del condado de Monmouth, y no aparecía ni una guitarra solista en mi disco. Nadie en la zona había escuchado aquel nuevo material tan distinto que había compuesto. Yo había tomado la decisión consciente de redoblar mis habilidades compositivas; creía que era lo mejor que podía ofrecer en aquel momento. En el pueblo harían falta aún unos cuantos discos para que mi modesta legión de admiradores comprendiera lo que me traía entre manos, pero había grabado un álbum de verdad, con una discográfica de verdad, con canciones y portada. Algo inaudito por allí.

Lo escuché en la radio

La cosa empezaba a calentarse. Se envió un vídeo a todas las sucursales de Columbia Records en las principales capitales, en el que Clive Davis aparecía recitando la letra de «Blinded by the Light» como si fuese Shakespeare. Aun así, *Greetings* solo vendió veintitrés mil copias; aquello era un fracaso según los parámetros de una discográfica, pero para mí era un bombazo. ¿Quiénes serían aquellos desconocidos que habían comprado mi disco?

Un día me encontraba en una esquina, antes de una actuación en una universidad de Connecticut, cuando un coche se detuvo ante un semáforo y oí «Spirit in the Night» sonando a todo volumen en la radio: ¡el mayor sueño de rock and roll hecho realidad! Nunca olvidas la primera vez que escuchas una canción tuya en la radio. De repente, formaba parte del misterioso tren de la música popular que me había subyugado desde que pasábamos en el sedán de mi abuelo junto a los «botones» de la antena de radio local, con los humeantes sonidos doo-wop acariciando mis adormilados ojos. La radio me había mantenido vivo y respirando a lo largo de mi adolescencia. Para mi generación, la música sonaba mejor cuando brotaba de un pequeño transistor de lata. Más adelante, cuando grabábamos, siempre había encima de la consola uno de esos altavoces diminutos, y no se aprobaba una mezcla hasta que la música salía rugiendo de su interior. La música en la radio es un febril sueño compartido, una alucinación colectiva, un secreto del que participan millones de personas y un susurro en el oído de la nación. Cuando la música es buena, se produce una subversión del mensaje controlador emitido a diario por los poderes fácticos, las compañías de publicidad, las cadenas mediáticas generalistas, las agencias informativas y, en general, los guardianes del statu quo con su embotamiento mental, su frigidez espiritual y su negación de la vida.

En los años sesenta, la primera versión de mi país que me impactó como verdadera y sin filtros fue la que oí en las canciones de artistas como Bob Dylan, los Kingsmen, James Brown y Curtis Mayfield. «Like a Rolling Stone» me hizo tener fe en que una visión genuina, sin comprometer y sin adulterar, podía difundirse entre millones de personas para cambiar su mentalidad y avivar su espíritu, podía ser una transfusión de sangre en el anémico paisaje del pop norteamericano y lanzar un aviso, un desafío que podía llegar a formar parte esencial de la conversación estadounidense. Era música que a la vez podía remover el corazón de tus compatriotas y despertar la mente del quinceañero tímido y perdido en una pequeña población de Nueva Jersey. «Like a Rolling Stone» y «Louie Louie» me hicieron saber que en algún lugar había alguien que hablaba otro idioma y que ese éxtasis absurdo se había colado en la primera enmienda de la Constitución y era patrimonio de los norteamericanos. Lo escuché en la radio.

Allí de pie en aquella esquina, escuchando «Spirit in the Night» a través de la ventanilla del coche de un extraño parado en un semáforo, finalmente me sentí como una pequeña pieza de aquel glorioso tren. Era más que excitación. Era todo lo que yo anhelaba: encontrar un modo de honrar a aquellos que me habían inspirado, dejar mi huella, decir la mía y con suerte inspirar a aquellos que tomasen el testigo mucho después de nuestra desaparición. Aunque jóvenes, nos tomábamos muy en serio nuestra diversión, y cuarenta y tres años después todavía siento el mismo estremecimiento cuando oigo una de mis nuevas canciones materializarse a través de las ondas.

VEINTISÉIS

ENTRENÁNDONOS EN LA CARRETERA

Greetings from Asbury Park, N. J. se publicó el 5 de enero de 1973 y recibió muchas críticas positivas y algún que otro varapalo. Y luego salimos a la carretera. Nuestra primera actuación oficial fue una aparición promocional como teloneros de Cheech y Chong en una universidad de Pennsylvania. Cheech y Chong estaban en su cima como humoristas fumadores de hierba, así que el auditorio estaba abarrotado. Nos estrenamos con un breve espectáculo de rock and roll cañero. Big Man también estaba allí. Me colgué mi guitarra nueva, un híbrido de los cincuenta con cuerpo de Telecaster y cuello de Esquire que había adquirido en Belmar, la tienda de guitarras de Phil Petillo, por ciento ochenta y cinco dólares. Con su gastada superficie de madera, como el trozo de la sagrada cruz que era en realidad, sería la guitarra que iba a tocar durante los cuarenta años siguientes. Aquel fue el chollo de mi vida. Para los conciertos habíamos adaptado las canciones de *Greetings* a un sonido entre rock y soul, y lo pasamos en grande durante veinticinco minutos o así hasta que me dieron una palmadita en la espalda mientras tocaba el piano y un tipo me susurró al oído que desalojase el escenario. Alguien había decidido que nuestro tiempo se había agotado. Nos fuimos con una ovación decente y un concierto en el bote, mil y uno más por hacer.

Las condiciones de la gira no eran las óptimas. Los cinco viajábamos en el trasto de Vini, y todos menos yo se turnaban para conducir. Seguía sin tener carnet de conducir y mi manejo del volante era considerado inepto y peligroso para la banda. Conducíamos, dormíamos donde podíamos –moteles baratos, casas de promotores, con novietas en distintas ciudades–, conducíamos, tocábamos, conducíamos, tocábamos, conducíamos, tocábamos. Fuimos teloneros de Chuck Berry, Jerry Lee Lewis, Sha Na Na, Brownsville Station, los Persuasions, Jackson Browne, los Chambers Brothers, los Eagles, Mountain y Black Oak Arkansas. Compartimos cartel con NRBQ y Lou Reed e hicimos una gira de treinta días por pabellones con los exitosos Chicago y su sección de metales. Fuimos cabeza de cartel en el diminuto Max's Kansas City, con aforo para ciento cincuenta personas, donde tuvimos de teloneros a Bob Marley & the Wailers (en su primera gira por Estados Unidos). Fuimos aplaudidos en escenarios de todo el país, en ocasiones abucheados, nos lanzaron frisbees desde el público, escribieron grandes críticas sobre nosotros y también nos dieron palos. Mike nos buscó actuaciones en espectáculos de coches y hasta en la prisión de Sing Sing. Se trataba de un trabajo que te ocupaba todo el día, pero, en lo que a mí respectaba, aquello era vida. Yo no pensaba pasar por el aro de un empleo de nueve a cinco, sino que lo mío era aquel largo y a menudo arduo fin de semana de siete días, que me hacía sentir en la gloria.

Las condiciones eran generalmente horribles, pero ¿comparadas con qué? El más inhóspito motel de carretera era mejor que los sitios donde yo vivía. ¡Tenía veintitrés años y me ganaba la vida con la música! Amigo, por algo no lo llaman «trabajar», sino ¡TOCAR!* He deja-

---

* Juego de palabras intraducible con las dos opciones del verbo *play*, «jugar» y «tocar». (*N. del T.*)

do sudor suficiente en escenarios de todo el mundo como para colmar uno de los siete mares; nos he llevado a mí y a mi banda hasta el límite y más allá durante más de cuarenta años. Lo seguimos haciendo, pero sigue siendo «tocar». Cada noche es un privilegio y un placer catártico y gozoso que vigoriza el alma, te da vida y te deja exhausto, te aclara la mente, te deja sin voz y con los músculos doloridos, empapado en sudor. Podrás cantar sobre tus penas, las miserias del mundo, tus experiencias más devastadoras, pero cuando se unen las almas ocurre algo que ahuyenta la tristeza. Algo que hace que entre el sol, que te mantiene respirando, que te eleva de un modo que no puede explicarse, solo experimentarse. Es algo por lo que vivir, y fue mi línea de conexión con el resto de la humanidad en una época en que me era difícil establecer esas conexiones. ¿Es duro?... Sí. ¿Está cualquiera física y psicológicamente preparado para ello?... No. ¿Hay noches en las que no saldrías a escena?... Sí. Pero en una de esas noches, llegará un momento en que algo ocurre, la banda despega, un rostro se ilumina entre el público, alguien con los ojos cerrados canta la letra, la música que tú has compuesto, y de repente te sientes embargado por el sentimiento de las cosas que más te importan. O... puede que haya algunas mujeres guapas entre el público: ¡eso también funciona siempre!

Enséñame la pasta

Ganábamos treinta y cinco dólares a la semana y teníamos cubiertos el alquiler y las facturas. Aquel era el trato, el único modo en que podíamos costear nuestras giras. Seguíamos un sistema basado en el honor: decías cuáles eran tus gastos y recibías el dinero. Cada uno de nosotros era un caso distinto: algunos pagaban pensiones alimenticias, manutención de los hijos, vivían circunstancias extenuantes; algunos necesitaban más que otros. Todos cumplíamos las reglas... más o menos.

Tras Steel Mill, había decidido trabajar con mi colega Danny Federici, un tipo que, por muy bueno que fuese, podía acortar tu esperanza de vida. Necesitaba demasiados cuidados. Normalmente todo lo que tuviese que ver con Danny era desastroso. Sin embargo, cuando llegó el momento de formar una banda de directo, Davey Sancious no estaba disponible, así que necesitaba un teclista, y Danny era el mejor que conocía. Tocaba de maravilla y era un genuino músico folk, pues había desarrollado su estilo desde que de niño tocaba el acordeón. Su mano derecha poseía un lirismo, una fluidez y espontaneidad, que nunca había oído en otro músico. Nunca había escuchado a nadie que hiciera tan corto el trayecto entre sus dedos y el corazón. Su mano izquierda no hacía prácticamente nada; su mente consciente quedaba anulada, pero no su intelecto musical. Las notas surgían veloces, maravillosamente elegidas y perfectamente emplazadas con un refinamiento que parecía fluir sin esfuerzo desde su alma. Era el acompañante ideal, modesto, siempre al servicio de la canción, nunca tocando de más ni pisando a los demás, simplemente encontraba el espacio libre y lo llenaba con una perfecta floritura. Si necesitaba dar soltura a cualquier pieza grabada, mandaba a Danny al estudio y le dejaba tocar. Nunca fallaba.

Por desgracia, era también un tío cuya naturaleza le hacía aprovecharse de cualquier situación, así que intentar engañar a sus colegas era tan natural para él como las hermosas notas que brotaban libremente de sus dedos. Exageraba sus gastos y siempre se llevaba más que el resto. A los veintitrés años, Danny y yo ya teníamos a nuestras espaldas una larga y turbulenta historia. A lo largo de nuestro pasado conjunto, habíamos pasado por todo tipo de problemas de mierda. Lo que más me cabreaba era tener que hacer caso constantemente a la molesta voz de la razón y la moderación, el árbitro del comportamiento personal y los límites profesionales… Hacer de «papi». Al final, alguien tenía que establecer esos límites; así lo hice, y él volvió a pasarse de la raya. Estábamos sin un duro y él seguía robándonos a todos. Conduje directamente hasta el apartamento de Dan, me enfrenté a él con rabia, recibí el encogimiento de hombros habitual de Federici, destrocé a patadas los caros altavoces de su estéreo y me fui. Quería a Danny, pero en los siguientes cuarenta años alguna versión de esto, o algo peor, formaría parte de nuestra amistad.

Aquella Navidad volvimos triunfantes a mi pueblo natal, Freehold. Qué mejor regalo que el regreso por sorpresa del hijo triunfador a sus raíces, la humildad, la generosidad. Nooo... no me había olvidado de ti. Hicimos un concierto navideño para la gente del lugar en un club ruso llamado Rova Farms, a las afueras de la ciudad. Habría unas quinientas almas en el local, y aquella noche se montó allí la bronca a gran escala más acojonante de nuestras vidas en el circuito de clubes. Todo fue bien durante una hora más o menos. Para celebrar como Dios manda el espíritu festivo de la Navidad, habíamos aprendido recientemente el «Santa Claus Is Coming to Town» de las Crystals. Y en cuanto empezamos con la canción, estalló en el local una pelea multitudinaria a puñetazos. Puede que fuera algún asunto entre pandillas, no lo recuerdo. Miré hacia la barra y vi al camarero de pie en el mostrador pateando las caras de sus clientes. Al fondo del local había una galería en el primer piso al estilo del viejo Oeste, y mientras yo cantaba mis felicitaciones navideñas, vi cómo levantaban a un hombre en el aire, lo lanzaban por la barandilla y caía al suelo de la planta baja. Richard Blackwell, que aquella noche tocaba las congas, saltó del escenario para buscar entre el público a su hermano David, mi amigo de la infancia. La policía irrumpió en el local y detuvo el concierto. Milagrosamente no hubo que lamentar ninguna víctima, aunque varios salieron de allí en camilla. Tocamos una hora y pico más en ambiente de tensa calma. Luego felicitamos la Navidad a todos los presentes y les dimos las buenas noches. ¿Quién dijo que no puedes volver a casa?

VEINTISIETE

THE WILD, THE INNOCENT & THE E STREET SHUFFLE[*]

En aquellos primeros días, las giras se sucedían una tras otra. Nadie contaba las actuaciones. Simplemente tocábamos. Mi contrato con Columbia estipulaba que debía entregar un álbum cada seis meses. Esa disposición era un vestigio del negocio discográfico de los años cincuenta y sesenta, cuando los singles dominaban las listas de ventas. En aquellos tiempos, los artistas se limitaban a acompañar su exitoso single con una colección de ruidos intestinales como relleno, y lo llamaban álbum. Hasta que apareció *Sgt. Pepper's* y las reglas cambiaron de la noche a la mañana. El álbum se convirtió en el estándar de lo que debía ser una grabación pop. De pronto empezó a considerarse normal y establecido que un artista hiciese un álbum cada dos o tres años.

---

* «El salvaje, el inocente y el shuffle de la E Street», álbum de 1973. *(N. del T.)*

Grabar más, incluso uno al año, significaba que estabas sobreexponiéndote. Pero no aún en 1973.

Hicimos *Greetings from Asbury Park, N. J.* y *The Wild, the Innocent & the E Street Shuffle* en el mismo año y sin dejar de actuar. Tardamos tres meses en grabar *The Wild, the Innocent* en los 914 Studios. Para entonces, Mike y Jimmy ya me habían visto tocar en vivo lo suficiente como para comprender que era hora de incorporar el rock and roll. David Sancious estaba de vuelta al piano e iniciamos nuestro doble ataque de teclados; tocó maravillosamente en el álbum y fue una gran contribución para nuestro equipo de grabación y de directos. Cada día conducíamos hasta Blauvelt desde la costa y regresábamos por la noche. Richard Blackwell también se presentó por allí y tocó las congas en «New York City Serenade» y «The E Street Shuffle». Al final tuvimos que realizar sesiones maratonianas contra reloj. Clarence y yo plantamos una tienda en el patio trasero y allí dormimos unos días mientras finalizábamos nuestros *overdubs*. En las últimas sesiones de mezclas yo llevaba tres días despierto sin usar estimulantes. Apenas podía mantener los ojos abiertos durante una escucha completa; cabeceaba uno o dos minutos en cada canción, hasta que alguien me despertaba para que aprobase la mezcla.

El primer corte de mi segundo disco, «The E Street Shuffle», era el reflejo de una comunidad que era en parte real, en parte imaginada. Estábamos a principios de los setenta: el R&B y el soul tenían todavía gran influencia y se oían mucho en la costa de Jersey. Musicalmente, basé la canción en el éxito de los sesenta «The Monkey Time» de Major Lance, un tema para bailar. El elenco de personajes se inspiraba vagamente en el Asbury Park del cambio de década. Quise describir un vecindario, un modo de vida, y quise inventar un baile sin pasos precisos. Era simplemente el baile que debías ejecutar día y noche para salir adelante.

Había vivido en Asbury Park los tres últimos años. Había visto cómo la población sufría algunas revueltas raciales bastante serias y cómo iba decayendo lentamente. El Upstage Club, donde había conocido a la mayoría de los miembros de la E Street Band, hacía tiempo que había cerrado sus puertas. El paseo marítimo seguía activo,

Madame Marie continuaba en su sitio, pero el público escaseaba. Muchos de los veraneantes habituales pasaban de largo Asbury Park para dirigirse a localizaciones menos problemáticas al sur de la costa.

Tras mi desahucio del piso de Potter sobre el salón de belleza, y tras mi breve estancia en el de Big Danny Gallagher, me mudé a vivir con una novia a la que conocí una soleada mañana de otoño trabajando en un puesto de venta en el extremo norte del paseo de Asbury. Era italiana, divertida, con pinta de chico bonachón y un ojo ligeramente vago, y llevaba unas gafas que me hacían pensar en las maravillas de la biblioteca. Nuestro apartamento-garaje estaba a cinco minutos de Asbury, en Bradley Beach. Allí compuse «4th of July, Asbury Park (Sandy)», un adiós a mi pueblo de adopción y a la vida que había llevado antes de grabar discos. Sandy era una mezcla de las chicas que había conocido en la costa. Usé el paseo marítimo y el declive del lugar como metáfora del final de un amor de verano y de los cambios que estaba experimentando en mi vida. «Kitty's Back» era un remanente del rock teñido de jazz que ocasionalmente tocaba con algunas de mis primeras bandas. Era un tonada swing retorcida, un shuffle, una distorsionada pieza de música de big band. En el 73 necesitaba canciones que captasen a públicos que aún no me conocían. Como telonero, no tenía mucho tiempo para causar impacto. Así que compuse varias piezas largas y salvajes —«Thundercrack», «Kitty's Back», «Rosalita»— que eran las hijas soul de la extensas piezas de rock progresivo que había escrito para Steel Mill, y las arreglamos para dejar exhaustos y sin aliento tanto a la banda como al público. Cuando parecía que la canción había concluido, te sorprendía con otro segmento que llevaba la música aún más arriba. Era, en espíritu, lo que había tomado de los espectaculares finales de los grandes festivales soul. Traté de igualar su fervor feroz, y cuando dejabas el escenario tras interpretar uno de esos temas te lo habías currado para que te recordasen.

«Wild Billy's Circus Story» era una comedia negra inspirada en mis recuerdos de las ferias y el circo de Clyde Beatty-Cole Bros. que se instalaban en Freehold cada verano cuando yo era niño. En un campo situado enfrente de la pista de carreras, no lejos de mi casa, plantaban sus carpas formando una gran avenida central. Siempre sentí curiosidad por lo que ocurría en los sombríos callejones que salían de esa avenida. Al pasear por allí, protegido por la mano de mi madre, percibía el almizclado bajo vientre que se ocultaba bajo las brillantes luces y la vida que acababa de ver en la pista central. Todo aquello se me antojaba aterrador, inquietante y secretamente sexual. Estaba contento con mi muñeco Kewpie y mi algodón de azúcar, pero no era eso lo que quería ver. «Wild Billy» era también una canción sobre la seducción y la soledad de una vida fuera de los márgenes. A mis veinticuatro años ya había probado una buena porción de aquel mundo y, para bien o para mal, aquella era la vida que quería vivir. «Incident on 57th Street» y «New York City Serenade» eran mis historias románticas de la ciudad de Nueva York, un lugar que desde los dieciséis años había sido para mí una vía de escape de mi pequeño pueblo en Nueva Jersey. «Incident» en particular trataba un tema al que regresaría a menudo en el futuro: la búsqueda de redención. Durante los siguientes veinte años seguiría trabajando en ello como solo podría hacerlo un buen chico católico.

«Rosalita» era mi autobiografía musical. Era mi precuela del «larguémonos de este pueblo» de Born to Run, con más humor. De adolescente tuve una novia cuya madre me amenazó con pedir una orden de alejamiento de su hija debido a mis orígenes de clase baja y a mi aspecto rebelde (para un pueblo pequeño). La hija era una dulce rubia con la que creo que mantuve mis primeras relaciones sexuales completas, una tumultuosa tarde *chez mama* (aunque, debido a la bruma de la guerra, no puedo estar absolutamente seguro). Escribí «Rosalita» como despedida de todos aquellos que pasaban de ti, te menospreciaban o creían que no eras lo bastante bueno. Era un relato exagerado de mi pasado que asimismo celebraba el presente («the record company, Rosie, just gave me a big advance» [«la compañía discográfica, Rosie, acaba de darme un gran adelanto»]) y echaba un vistazo al futuro («Someday we'll look back on this and it will all seem funny» [«Algún día recordaremos todo esto y nos parecerá divertido»]). No decía que todo iba a SER divertido, sino que iba a

PARECER divertido. Seguramente una de las frases más provechosas que jamás he escrito.

En la época de *The Wild, the Innocent* no tenía éxito, por lo que no me preocupaba en qué dirección iba. Iba para arriba, o eso esperaba, o por lo menos hacia fuera. Con un contrato discográfico y con una banda de gira, sentía que las cosas me iban mejor que a la mayoría de mis amigos, atrapados en el mundo de nueve a cinco lleno de facturas y responsabilidades. Era afortunado por estar haciendo lo que más amaba. Con los acelerados primeros acordes de «Rosie», ponía en marcha a mi banda y salíamos a la carretera sin miedos. Estos llegarían más tarde.

Dejamos reposar *The Wild, the Innocent & the E Street Shuffle* y lo dimos por terminado. Medio dormidos, condujimos de regreso a Nueva Jersey. Mike llevó las cintas a la compañía discográfica y nos quedamos a la espera de recibir una respuesta entusiasta. Aquel disco me había dado aún mayores satisfacciones que *Greetings*. Pensé que era un buen ejemplo de lo que podía hacer tocando, arreglando y grabando con mi banda. Con «Kitty's Back», «Rosalita», «New York City Serenade» y la semiautobiográfica «Sandy», confiaba en haber mostrado la clase de hondura, diversión y excitación que éramos capaces de imprimir en un disco.

Va a haber bronca

John Hammond ya no estaba, se había retirado. Clive Davis ya no estaba. Aquellos grandes hombres del mundo discográfico, mis patrocinadores, los hombres que me habían hecho entrar en la compañía, estaban desapareciendo. Había un vacío de poder y una serie de nuevos ejecutivos llegaron para llenar el hueco.

Me llamaron para ir a ver a Charles Koppelman, en aquel entonces responsable de A&R, para comentar el álbum. Escuchamos buena parte de la primera cara, y al momento me informó de que el disco era impublicable. El señor Koppelman decía que su musicalidad era pobre, que no estaba al nivel requerido. Me pidió que me reuniese con él al cabo de unas noches en un estudio de Columbia, donde me enseñaría lo que unos músicos «de verdad» podían hacer con aquellas canciones. Estoy seguro de que lo decía con buena intención, pero le expliqué que no podía hacer eso. Le conté que aquella era mi banda, que me había comprometido con ellos, que pensaba que el disco sonaba genial, que estaba orgulloso de él y quería publicarlo tal y como estaba. El señor Koppelman fue contundente respecto a mis intenciones. Si insistía en lanzar el disco como estaba, lo más seguro es que terminase en el cubo de la basura, recibiera poca promoción y acabara desapareciendo, junto con mi carrera. ¿Qué podía hacer? Me gustaba cómo había quedado, por lo que me empeñé ferozmente en que no lo retocasen. Y sucedió exactamente lo que el señor Koppelman había vaticinado y prometido.

Cuando salimos de gira para promocionar *The Wild, the Innocent*, pocos sabían siquiera que se había publicado. En una emisora de Texas me informaron de que les había visitado un representante de la discográfica, y que mientras promocionaba varios lanzamientos de Columbia les dijo, literalmente, que dejasen de pinchar mi disco, añadiendo: «Las canciones son demasiado largas». Aquel era un giro nuevo. Mi propia compañía trataba de que mis discos *no* sonasen por la radio. Aquello fue solo el principio. Se declaró la guerra total entre el sargento instructor rocanrolero Mike Appel y los nuevos poderes fácticos de CBS. Por Navidad, Mike mandó a todos los ejecutivos calcetines llenos de carbón. Jo, jo, jo.

Tocamos en el club Fat City, en Long Island. La alta jerarquía de la compañía discográfica acudió a ver a unos teloneros que planeaban contratar y, por si fuera poco, se fueron en masa justo cuando salíamos nosotros. Mike se plantó en la puerta, con papel y bolígrafo, apuntando los nombres de los traidores que se marchaban en su lista de condenados que serían castigados en el futuro.

Aquellos tipos pensaban que acabaríamos largándonos para volver a nuestros empleos o a la escuela, o que desapareceríamos en los pantanos de Jersey. No entendían que trataban con hombres sin hogar, sin vida propia, sin ninguna habilidad o talento que les proporcionase un sueldo seguro en el mundo convencional. No teníamos a donde ir...

¡y amábamos la música! Como en la canción, ¡habíamos venido a «liberarte, confiscarte…»* y todo lo demás! No había vuelta atrás. No teníamos dinero y no contábamos con el apoyo de la discográfica. Nuestras pagas semanales habían aumentado de cincuenta a setenta y cinco dólares, pero habíamos caído en desgracia en la compañía discográfica. Nuestros padres de allí se habían marchado. En aquel momento llegaban nuevos artistas prometedores, y si lográbamos triunfar seríamos la pluma en el sombrero de nadie. Los hombres que podrían haberse llevado el mérito se habían esfumado. Nos habíamos quedado huérfanos.

Un locutor me salvó la vida

En los años cincuenta, sesenta y setenta, el locutor de radio, el DJ, era todavía una figura huidiza y misteriosa. Mientras la ciudad dormía, allí estaba él, sentado a solas, acompañado únicamente por estanterías y más estanterías de la mejor música que hubieras oído. Era tu amigo. Te comprendía. Compartíais el secreto de las cosas verdaderas que eran importantes en tu vida: la música.

Te hablaba al oído con la exuberancia del viejo Cousin Brucie, que gritaba a través de las ondas desde la emisora WABC-AM, revolucionándote para la que seguramente iba a ser la mejor noche de sábado de tu vida; o con la confiada tranquilidad de una velada de rock and roll presentada por Richard Neer o Alison Steele, de la WNEW-FM. Eran puentes humanos hacia el mundo que se estaba desplegando en el interior de tu mente. Hacían la crónica de tu transformación conforme los discos iban y venían, inspirándote para seguir escuchando hasta que sonase esa canción que iba a cambiarte la vida. Oí aquella canción muchas veces. «Hound Dog», «I Want to Hold Your Hand», «Like a Rolling Stone», todas ellas sonando desde el dial AM y animándome a derribar los muros de mi pequeño pueblo y soñar a lo

---

* «Liberate you, confiscate you», verso de «Rosalita (Come Out Tonight)». *(N. del T.)*

grande. O *Astral Weeks*, el disco que me enseñó a confiar en la belleza y a creer en la divinidad, por cortesía de mi emisora local de FM.

Siempre recordaré los trayectos en coche por la New Jersey Turnpike, y que antes de llegar a Nueva York, en algún lugar de aquellos páramos industriales, había un pequeño edificio de cemento. Allí, en medio del hedor y las ciénagas, colgaba el letrero iluminado de una radio. Era solo un repetidor, pero de chaval imaginaba que era una emisora de verdad. Que todos mis locutores favoritos estaban apretujados en aquella cabaña abarrotada de Ningunaparte. Desde allí enviaban a través de las ondas los sonidos de los que dependía tu vida. ¿Era eso posible? ¿Que aquel pequeño fuerte fronterizo que parecía abandonado y tan alejado de la civilización fuese el centro del mundo que habitaba en tu corazón? Aquí en los pantanos de Jersey estaban los hombres y mujeres a los que conocías por el sonido de su voz.

En la época en que la E Street Band estaba formada por esforzados músicos de club que intentaban poner un pie en la industria musical, tuve dos experiencias radiofónicas distintas. Pasé una tarde con el promotor del Top 40 en Boston intentando que «Blinded by the Light», mi primer single, entrase en la programación del Top 40. Fue interesante. En la primera emisora a la que fuimos no nos dejaron entrar. En la segunda conseguimos vernos con un DJ que puso «Blinded» durante exactamente doce segundos: «Madman drummers bummers...». Zzzzzrrrriiipppp. La aguja arañó la superficie de todo lo que yo tenía y amaba en ese momento, mientras el disco era sustituido en un rápido acto reflejo y se lanzaba la pregunta: «¿Cuándo sale el nuevo disco de Chicago?». El resto de la tarde estuvimos dando vueltas con el coche, tomando unas cervezas y contando chistes guarros. Supe entonces que lo mío no era el Top 40. La otra experiencia ocurrió cuando estábamos tocando ante una sala vacía en el Main Point de Bryn Mawr, Pennsylvania, y entró David Dye. Era locutor en la WMMR, la emisora FM local de Filadelfia. Nos vio tocando para treinta personas, se acercó y nos dijo: «Me gusta vuestra banda». Esa noche, mientras salíamos de la ciudad en nuestro autobús de la gira, escuchamos cómo pinchaba *Greetings from Asbury Park, N. J.* para amantes de la música insomnes. Al final llegaría a conocer a todos los locutores en todas las capitales rocanroleras de Norteamérica. Ed Sciaky, gran locutor y fan de Philly, en cuya casa me quedaba a dormir a veces cuando teníamos ocasión de actuar en la ciudad del amor fraternal. Cada viernes por la noche, Kid Leo marcaba el final de la semana laboral desde Cleveland pinchando «Born to Run». A menudo telefoneaba a Richard Neer a medianoche, mientras él estaba en el aire, solo para charlar un rato. Había muchos más. Teníamos una relación personal. Salías con ellos a conocer sus ciudades. Te presentaban en sus programas. Todo aquello ocurría antes de los ochenta, antes de que los promotores pagaran por canción programada y empantanaran la industria, aunque quizá me consiguieran algún que otro éxito que de otro modo no hubiese conseguido. Luego vendrían las emisoras computerizadas y las programaciones a nivel nacional, y el negocio cambió totalmente. Pero en la época en que éramos «casi famosos»,* aquellos hombres y mujeres nos ofrecieron mucho afecto y un apoyo de incalculable valor, además de un muy necesario hogar para nosotros y nuestra música.

*Adiós, Perro Loco***

Madman drummers bummers…***

Durante la gira de *The Wild, the Innocent*, comprendimos con claridad una cosa: necesitábamos una mano más firme en la batería. Vini era un espléndido baterista a su manera desmelenada. Todo giraba alrededor de su estilo. Se le oía claramente en los dos primeros álbumes. De hecho, nos habíamos forjado en la tradición de bandas improvisadas del Upstage Club. Todos habíamos crecido tocando cuantas más notas mejor. En los dos primeros discos Vini está por todas partes,

---

* Referencia a la película ambientada en el mundo del rock *Almost Famous* (*Casi famosos*), dirigida en el año 2000 por Cameron Crowe.

** En español en el original.

*** «Baterías locas malos rollos…», verso de «Blinded by the Light». (*N. del T.*)

pero sabía cómo hacerlo para que funcionase. Su batería hiperactiva conectaba con la hiperactividad misma de Vini, y la combinación del robusto sonido que extrajo Louis Lahav y el estilo de tocar de Vini confluyeron en pistas de ritmo muy excéntricas pero excitantemente únicas.

Vini podía ser el tipo más afable y encantador del mundo, realmente agradable, y en cuestión de segundos ponerse hecho un basilisco. Con el tiempo, esto acabó hartando a algunos miembros de la banda que habían sufrido la ira de Mad Dog. Danny había recibido lo suyo. Steve Appel, el hermano pequeño de Mike, que nos ayudaba en las giras, se llevó un puñetazo en el ojo, y lo mismo les ocurrió a innumerables desconocidos que se toparon con el lado intempestivo de Dog. Salir por ahí con Vini era asunto peligroso. Una noche fuimos a un bar de playa situado en un primer piso. Mientras subía por la escalera me crucé con un chico que bajaba. Era Vini. ¡Le habían echado antes de que nos diese tiempo a entrar! Que nos acompañase Big Danny e interviniese en el momento justo para hacer cambiar de opinión a alguien nos libró de problemas en algunas ocasiones. Una noche Vini se presentó a un bolo cubierto de magulladuras y arañazos. Tenía sus enemigos, y alguien se había enterado de que cada noche después de la actuación, sobre las tres de la madrugada, volvía a su casa en bicicleta por el paseo marítimo. Un alma vengativa había extendido un alambre entre las barandillas al nivel de las ruedas. Vini chocó con el cable a toda velocidad y salió disparado de cabeza por encima del manillar, llenándose de astillas, cortes y contusiones.

Y entonces… fue demasiado lejos. Una tarde consiguió que Clarence Clemons perdiese la cabeza. C se puso como loco, casi lo estranguló agarrándolo con furia por su delgado cuello, lo tiró al suelo y destrozó un pesado altavoz estéreo a escasos centímetros de su cabeza, en un intento de hacerle entrar en razón. Vini se levantó, salió corriendo de la casa y vino directamente a mi apartamento de Bradley Beach. Daba la impresión de que acababa de escapar de la horca pero había estado demasiado rato colgando de la soga, con los ojos saliéndose de las órbitas y las piernas temblando. Me mostró las marcas enrojecidas alrededor del cuello, gritando que Clarence había intentado asesinarle, y entonces soltó el inmortal ultimátum: «Brucie, o yo o él». No era el mejor modo de plantear tus demandas en la E Street, pero era mi banda, mi pueblo, y yo era alcalde, juez, jurado y sheriff, así que le tranquilicé y le dije que lo pensaría.

Nos reunimos y salieron a la luz todas las quejas. Los colegas ya habían tenido bastante, igual que Mike. Vini siempre creyó que le habíamos echado por criticar el modo en que se manejaba la banda. Puede que estuviera en lo cierto respecto a eso, pero cada uno de nosotros tenía sus razones para querer que Vini se marchase. En mi caso, todo se reducía al hecho de que mi música estaba evolucionando y necesitaba a alguien con un paladar más sofisticado, con un tempo mejor y más claro, para la nueva música que estaba componiendo. Quería a Vini y sigo queriéndole. Es un gran tipo, un cantante y batería con carisma, y un amigo leal de verdad. Habíamos pasado mucho juntos; era un tío duro y siempre dispuesto, y fue difícil separarme de alguien que me había importado y con el que había vivido tantas aventuras. Su batería honra mis primeros dos álbumes con un alma hermosa y una excentricidad que encaja a la perfección con el espíritu ecléctico de esas canciones. Formó parte de la E Street Band en los momentos más duros, cuando en realidad no era más que una banda folk salida de las calles de Asbury Park, integrada por músicos cuyos estilos se habían desarrollado directamente desde la comunidad musical en la que nacimos.

VEINTIOCHO

EL
SATELLITE
LOUNGE

Fue duro decirle a Vini que todo había acabado. Creo que fue Mike Appel quien lo hizo. El fin de semana que echamos a Vini teníamos que actuar en el Satellite Lounge, en Fort Dix. Era un club que molaba, con una clientela formada por gente de la zona y el personal militar del sur de Jersey estacionado en la base. Allí había visto fantásticos espectáculos de Sam & Dave. Era propiedad de uno de nuestros «amigos», que también lo regentaba. Por aquel entonces tocábamos en varios clubes de la zona y siempre lo pasábamos en grande. El problema era que estábamos sin batería y tendríamos que cancelar. Se lo dije a Mike y al cabo de un rato me llamó para decirme: «Tenemos que tocar como sea». Había un problema con el dueño del Satellite Lounge, y Mike tuvo que llamar a otros de nuestros «amigos» en el Uncle Al's Erlton Lounge, un lugar donde siempre gustábamos y nos trataban como a reyes, para que intercediese por nosotros. Esto no hizo más que empeorar las cosas. Entonces Mike me contó la versión resumida de su conversación con el dueño del Satellite: «Si no tocáis, sabemos dónde vivís y se quebrarán algunos dedos importantes. Si tocáis, os adoraremos». Pensé: «¿Quién no quiere ser adorado?». Esta es, pues, la historia de cómo Ernest «Boom» Carter, un batería del que apenas había oído hablar y al que había conocido brevemente, acabó tocando en la banda aquel fin de semana, además de en la grabación más significativa que jamás hizo la E Street Band y *solo* en esa grabación. Boom era amigo de la infancia de Davey. Este le llamó y acudió a la fábrica de Tinker; ensayó toda la noche hasta el amanecer y se aprendió nuestro repertorio al completo; condujo hasta Fort Dix, donde no era raro empezar a tocar a la una o las dos de la madrugada; e hizo una gran actuación. Boom Carter, bienvenido a la E Street Band.

El empresario del Satellite era hombre de palabra. ¡Nos adoraron! Aquello ocurrió durante la crisis del petróleo, y durante las giras nos pasábamos horas viendo cómo imponentes camiones de dieciocho ruedas pasaban zumbando a escasos centímetros de nuestra furgoneta Econoline parada a un lado la carretera, sin gasolina. En ocasiones habíamos recurrido al procedimiento ilegal del sifón con un tubo metido en depósito ajeno, pero esa noche, mientras recogíamos los trastos, nuestro «amigo» benefactor nos escoltó hasta el aparcamiento y se quedó a nuestro lado sonriente hasta que llegó la policía, llenó nuestros depósitos hasta los topes y nos deseó lo mejor.

Boom resultó ser una gran incorporación. Era un batería más de jazz de lo que yo inicialmente hubiese escogido, pero una vez que se integró le dio un toque swing a su forma de tocar rock que era verdaderamente hermoso. La banda estaba integrada ahora por tres tíos negros y tres blancos, y esa mezcla de influencias musicales resultaba mágica. Por supuesto, Davey abarcaba todos los estilos, del rock al soul, pero había en su manera de tocar un elemento jazz y gospel hondamente enraizado que le situaba por encima de la mayoría de los teclistas rock. Con esa mezcla de folk, rock, jazz y soul ya teníamos todo lo necesario para llegar a donde queríamos. No obstante, en cuanto a nuestra carrera profesional, las cosas estaban todavía muy negras.

El futuro está escrito

Tocábamos mucho en universidades y, por casualidad, actuamos en una entre cuyo público se encontraba el hijo de Irwin Siegelstein, el nuevo director de Columbia Records, procedente del departamento de televisión. Hicimos una gran actuación, pero, frustrado por la falta de promoción por parte de nuestra compañía discográfica, cargué contra Columbia en una entrevista con el periódico universitario. El joven Siegelstein había presenciado el concierto, leyó la entrevista y una vez en casa se la enseñó a su padre. El señor Siegelstein, quien tenía la decencia de no pretender saber más de lo que sabía sobre música pop, escuchó a su hijo, y lo siguiente que supimos fue que nos llamaron de Columbia Records con una invitación para cenar de su presidente. El señor Siegelstein, Mike y yo nos sentamos a la mesa, y entonces nuestro anfitrión dijo: «¿Cómo podemos solucionar esto?». Era un hombre de negocios honesto y directo que se había percatado del valor que teníamos para la compañía y quería arreglar las cosas.

Algo muy bueno para nosotros ocurrió también por esas mismas fechas. Habíamos actuado en el Harvard Square Theatre teloneando a Bonnie Raitt (Dios la bendiga, por aquel entonces fue una de las pocas artistas que nos dejó telonearla en más de una ocasión). El crítico que había enviado el *Real Paper*, Jon Landau, se volvió como loco con nosotros y escribió una de las más grandes y salvadoras reseñas jamás publicadas.

Era una apreciación bellamente escrita por un amante de la música sobre el poder y el significado del rock and roll, el sentido de lugar y continuidad que aporta a nuestras vidas, su poder reforzador sobre la comunidad y su capacidad para aliviar la soledad. Aquella noche en Boston nuestra banda tocó con el corazón, y eso fue también lo que hizo Jon. La famosa cita hacía referencia a las reflexiones de Jon sobre el pasado, el presente y el futuro de la música que amaba, sobre el poder que esta había ejercido sobre él y la capacidad de renovarse y volver a ejercer ese poder en su vida. Y por muy provechosa o cargante (a largo plazo, diría yo más provechosa) que fuese aquella «cita que dio la vuelta al mundo», de algún modo siempre se ha sacado de contexto y se han perdido sus hermosas sutilezas… Pero ¡a quién le importa ya! Y si alguien tenía que ser el futuro, ¿por qué no yo?

Luz al final del túnel

Tras nuestra cena con Irwin y la «profecía» del señor Landau, *The Wild, the Innocent & the E Street Shuffle* recibió bastante publicidad en algunos periódicos y en importantes publicaciones musicales; todos clamaban «He visto el futuro…» y me dejaban estupendamente. Qué diferencia de un día para otro. La compañía discográfica estaba nuevamente de nuestra parte y las ventas de mis álbumes aumentaban mientras nosotros seguíamos de gira, machacando salas noche tras noche. Y se acercaba el momento de entregar un nuevo disco. Mi tercer álbum para Columbia y el último garantizado por contrato. Todas nuestras cartas estaban sobre la mesa. La cuestión era si, más allá de los críticos y de mi pequeña tropa de admiradores, podría atraer la atención del público mayoritario que está al final del dial radiofónico. Los artistas de culto no duran mucho en Columbia Records. Si este álbum fracasaba, nuestro contrato se acabaría y con toda probabilidad me mandarían de vuelta con la chiquillería de los más recónditos pinares del sur de Jersey. Tenía que hacer un disco que fuese la encarnación de lo que progresivamente había estado prometiendo que era capaz de hacer. Tenía que ser algo épico y extraordinario, algo que no se hubiese oído antes. El camino había sido largo, pero la sangre que hacía tantos años había olido, aquella soleada mañana en el patio trasero de mi abuela, volvía a estar en el aire. Había compuesto una canción para el nuevo álbum. Su título era «Born to Run».

LIBRO DOS

BORN
TO RUN

VEINTINUEVE

BORN TO RUN

Escribí «Born to Run» sentado al borde de mi cama, en una casita que acababa de alquilar en el 7½ de West End Court, en West Long Branch, Nueva Jersey. Me encontraba en pleno curso acelerado y autodidacta de rock and roll de los años cincuenta y sesenta. Al lado de mi catre, sobre la mesilla, tenía un tocadiscos, por lo que tan solo con girarme medio adormilado podía depositar la aguja sobre mi álbum favorito del momento. Por la noche apagaba las luces y me dormía acunado por Roy Orbison, Phil Spector o Duane Eddy mientras entraba en la tierra de los sueños. Aquellos discos me hablaban ahora de un modo distinto a como lo hacía la mayoría de la música rock de los últimos sesenta y primeros setenta. Amor, trabajo, sexo y diversión. Las sombrías visiones románticas tanto de Spector como de Orbison sintonizaban con mi propio sentido del romance, con el amor en sí mismo como una propuesta arriesgada. Se trataba de grabaciones inspiradas y bien construidas, potenciadas por grandes canciones, grandes voces, grandes arreglos y una musicalidad excelente. Estaban repletas de una pasión que cortaba la respiración, un genuino talento de estudio de grabación. Y además… ¡eran éxitos! Había en ellas poca autoindulgencia. No te hacían perder el tiempo con extensos solos de guitarra ni monolíticas y tediosas baterías. Había ópera y una grandeza exuberante, pero también contención. Esa estética me atraía cuando empecé a componer los primeros bosquejos de «Born to Run». De Duane Eddy adapté el sonido de guitarra, «Tramps like us…» («Vagabundos como nosotros…»), y luego el «ba BA… BA ba», el toque de guitarra vibrante. De Roy Orbison provenía el tono vocal operístico de un joven aspirante de registro limitado que trataba de emular a su ídolo. De Phil Spector, la ambición de producir un ruido poderoso que sacudiese el mundo entero. Quise confeccionar un disco que sonase como el último disco en la Tierra, como el último que ibas a escuchar en tu vida… el último que realmente NECESITABAS escuchar. Un estruendo glorioso… y luego el apocalipsis. El empuje físico de la canción provenía de Elvis; Dylan, naturalmente, hilaba la imaginería y la idea de no limitarse a escribir sobre ALGO, sino escribir sobre TODO.

Empecé con el riff de guitarra. Búscate un buen riff y ya estás en marcha. Luego seguí adelante rasgando acordes al azar mientras balbuceaba, balbuceaba, balbuceaba… y entonces: «Tramps like us, baby we were born to run…» («Vagabundos como nosotros, nena, nacimos para correr…»). Era todo lo que tenía. Estaba convencido de haber visto antes en algún lugar el título «Born to Run». Puede que estuviese inscrito en escamas de metal plateado en el capó de algún coche que rodaba por el circuito de Asbury, o quizá lo hubiese visto en una de esas películas de carreras de serie B que devoraba a principios de los sesenta. O tal vez estuviese flotando en el aire, en la mezcla de salitre y monóxido de carbono del cruce entre Kingsley y Ocean Avenue en un sábado noche de «circuito». Viniese de donde viniese, contenía los ingredientes esenciales de un disco de éxito, novedad y familiaridad, inspirando en el oyente sorpresa y reconocimiento. Un éxito suena como si siempre hubiese estado ahí y como si nunca hubieses oído nada igual.

No fue una pieza fácil de escribir. Aquella tarde empecé la canción que daría título al álbum, pero no la finalicé hasta seis meses después, meses llenos de tanteos y tribulaciones. Quise utilizar las imágenes clásicas del rock and roll, la carretera, el coche, la chica... ¿hay algo más? Era un lenguaje entronizado por Chuck Berry, los Beach Boys, Hank Williams y todo salteador de caminos perdido desde la invención de la rueda. Pero para que esas imágenes tuviesen relevancia, debía moldearlas a fin de convertirlas en algo fresco, algo que trascendiese la nostalgia, el sentimiento y la familiaridad.

Yo era un crío de la América de Vietnam, de los asesinatos de Kennedy, Martin Luther King y Malcolm X. El país ya no parecía el lugar inocente que decían que había sido en los años cincuenta de Eisenhower. Los crímenes políticos, las injusticias económicas y el racismo institucionalizado estaban poderosa y brutalmente presentes. Aquellos eran asuntos que hasta la fecha habían sido relegados a los márgenes de la vida norteamericana. El miedo estaba en el aire: la sensación de que las cosas tal vez no fueran a funcionar, de que aquel espíritu de moral alta había desaparecido bajo nuestros pies, de que el sueño en el que nos veíamos reflejados se había ensuciado de algún modo y el futuro ya nunca más estaría asegurado. Esta era la nueva realidad, y si iba a situar a mis personajes en *esa* autopista ahí fuera, iba a tener que cargar todas esas cosas en el coche con ellos. Era lo que había que hacer, lo que los tiempos exigían.

Para progresar tendríamos que sobrellevar de buen grado el peso de nuestro pasado irresuelto. Había llegado el día de pasar cuentas a nivel histórico y personal.

Había empezado con un cliché tras otro y tras otro, hasta que logré captar un fragmento de mí mismo y del momento. «In the day we sweat it out on the streets of a runaway American dream» («Durante el día sudábamos en las calles de un huidizo sueño americano...»). «It's a death trap, it's a suicide rap» («Es una trampa mortal, es una llamada al suicidio»). «I want to guard your dreams and visions... I want to know if love is real» («Quiero proteger tus visiones y sueños... Quiero saber si el amor es real»). Esto es lo que está en juego, tus sueños, tus visiones. «Together, Wendy, we can live with the sadness,

I'll love you with all the madness in my soul...» («Juntos, Wendy, podemos con la tristeza, te amaré con toda la locura de mi alma...»), porque ese será el esfuerzo que realizar. «Someday... I don't know when, we're gonna get to that place where we really want to go and we'll walk in the sun...» («Algún día... no sé cuándo, vamos a llegar a ese lugar al que realmente queremos ir y caminaremos bajo el sol...»), pero hasta entonces todo lo que tenemos es esta carretera, este ahora siempre presente que es el fuego y el tuétano del rock and roll... «Tramps like us, baby we were born to run...» («Los vagabundos como nosotros, nena, nacimos para correr»).

Pasaban los meses y sentía cómo la historia que tanto ansiaba contar se filtraba en la letra. Lentamente fui encontrando palabras que podía soportar cantar, siempre mi primer, último y único criterio para seguir adelante. Gradualmente... fue sonando de verdad. Y al final ahí estaba, mi piedra de toque, la pauta para mi nuevo disco envuelta en un sonido retumbante de carreras de coches y el escenario de una película de bajo presupuesto que traía consigo la suciedad real y rebajaba perfectamente las pretensiones de la canción.

Mientras escribía la letra, nos esforzábamos por encontrar el sonido grabado de los instrumentos, los sonidos de guitarra, los sonidos de batería. Hicimos capas de instrumento sobre instrumento, los mezclábamos una y otra vez, pista a pista, combinando secciones de instrumentos hasta lograr comprimir nuestras setenta y dos pistas de desmesura rockanrolera en las dieciséis pistas disponibles en los 914 Studios. Esta sería la única grabación de Boom Carter a la batería con la E Street Band. Y le tocó una buena. También sería la última grabación que haría con Davey Sancious. No tardarían en ofrecerle un contrato en solitario con Columbia y juntos dejarían la banda. ¡Justo antes de que llegase el éxito! Iba a ser el último disco que haríamos en los 914 Studios, y la única grabación con solo Mike y yo como equipo de producción. Cuando nos sentábamos en el estudio a las ocho de la mañana, hechos polvo después de pasar toda la noche tratando de lograr una mezcla final, teníamos por delante una nueva y extenuante sesión con la puerta cerrada bajo llave. En aquella época no había mesas de mezclas automáticas o computerizadas. Todo eran manos sobre la consola. Nuestro ingeniero, Louis Lahav, controlaba el fundido de la pista de guitarra con la izquierda y la de los teclados con la derecha; Mike se encargaba de manipular la voz, y las guitarras acústicas en la última estrofa, mientras yo alargaba mis manos por encima de sus hombros para impulsar el solo de saxo cuando este alcanzaba su cima y el riff de guitarra en la salida del tema. Una toma, de principio a final, sin cortes, empalmes o editajes. Mientras aumentaban los gritos y golpes en la puerta del estudio, hicimos un nuevo pase. Ya lo tenemos, pensamos; aunque en realidad estábamos demasiado cansados para saberlo. Me lo llevé a casa y lo ponía cada mañana para despertarme mientras los rayos del sol entraban por la ventana de mi dormitorio. Sonaba genial. Había vuelto a casa con el disco *exacto* que había querido hacer. Esto no ocurre a menudo.

La compañía discográfica quería más voz. Una noche llevamos la grabación a un estudio en Nueva York y en media hora nos dimos cuenta de la imposibilidad de nuestra tarea. Nunca más lograríamos acorralar de nuevo ese sonido; ni siquiera podíamos aproximarnos a la integración musical, el furioso muro de guitarras, teclados y batería. Por deferencia con los capitostes, escuchamos otras tomas de la sesión original. Algunas tenían más voz, pero no tenían… *la magia*. Se *suponía* que el cantante debía escucharse como si pugnara por hacerse oír en un mundo que no prestaba atención. No, solo había una toma que poseía el retumbo de un reactor-747-en-tu-sala-de-estar, el universo en suspenso, por un breve momento, en equilibrio mientras el acorde cósmico tañe el *twang*. Y luego la huida. La teníamos. Solo la hicimos una vez… pero una vez es todo lo que necesitas.

Sin Boom ni Davey, pusimos un anuncio en el *Village Voice* para encontrar un pianista y un batería nuevos. Tocamos con treinta baterías y treinta teclistas, media hora con cada uno. Había quien venía a la prueba con la única intención de tocar un rato con la banda. Hubo tipos que se trajeron una batería con doble bombo y trataron de imitar a Ginger Baker en «Spirit in the Night». Un violinista de «vanguardia» se presentó y nos torturó durante treinta minutos con afinaciones atonales de esas que suenan como una uña rascando una pizarra. Fueses bueno o malo, disponías de tu media hora y te llevabas un apretón de manos.

Finalmente Max Weinberg, de South Orange, Nueva Jersey, se sentó a la batería, mientras que Roy Bittan, de Rockaway Beach, se plantó ante los teclados. Estaban muy por encima del resto y aportarían una profesionalidad que también trasladaríamos al estudio de grabación. Eran los primeros tíos de fuera del barrio que tocaban con la E Street Band.

Con «Born to Run» sonando en las emisoras de FM (la habíamos entregado asumiendo que el álbum no tardaría en llegar, ¡un flagrante error!), volvimos nuevamente al estudio. Tras unas cuantas sesiones fallidas en los 914, vimos que no lográbamos tirar adelante el disco. El problema más evidente era que aquella mierda no funcionaba. Los pedales del piano, el equipo de grabación y varias cosas más se estropeaban regularmente. Intentábamos grabar «Jungleland» —había sido una pieza clave en nuestro repertorio en vivo y la banda la tenía bien pillada—, pero con aquellos fallos técnicos era imposible construir el ambiente propicio para sacar nada adelante. Algo iba mal. Tras una serie de sesiones fallidas, seguíamos en el punto de partida; mi «obra maestra», mi última oportunidad, no iba a ninguna parte. Estábamos atrapados. Necesitábamos ayuda.

TREINTA

JON LANDAU

Era una noche de invierno en Cambridge, Massachusetts. Yo estaba delante del local donde actuábamos, el Joe's Place, dando saltitos para mantenerme caliente. Estaba leyendo una reseña de nuestro segundo álbum; el propietario la había pegado al escaparate del club esperando que atrajese a clientes que exhalasen algo de calor. Entonces dos tipos llegaron por mi izquierda. Uno era el crítico Dave Marsh; el otro tenía veintisiete años y era el autor de la reseña, Jon Landau. Se me acercó y me dijo: «¿Qué te parece?». Qué te parece... Estas palabras han sido el entrecomillado de nuestra amistad durante cuarenta años.

El corazón del rock será siempre un mundo primario de acción. La música revive una y otra vez bajo esa forma, rockabilly primitivo, punk, soul crudo y rap primerizo. Integrar el pensamiento y la reflexión en el mundo de la acción primitiva *no* es una habilidad necesaria para producir gran rock and roll. Muchos de los momentos más gloriosos de la música parecen haber sido paridos en una explosión de talento en bruto e instinto creativo (¡algunos incluso lo fueron!). Tienes que desarrollar cierta técnica e inteligencia creativa para llegar *más lejos* cuando las cosas se pongan feas. Esto es lo que te ayudará a dar un sentido crucial a tu música y hacerla poderosa a medida que pase el tiempo, y te proporcionará el oficio que te mantendrá vivo, tanto física como creativamente. Yo intuía que el fracaso de tantas estrellas de rock al tratar de superar en unos cuantos años su fecha de caducidad, hacer más álbumes buenos y evitar estancarse, o algo peor, se debía a la naturaleza marginal de quienes se dedicaban a esta profesión. Eran personalidades fuertes y adictivas, impulsadas por la compulsión, el narcisismo, la vida licenciosa, la pasión y una autoconvicción innata, todo ello arrojado a un mundo de temor, hambre e inseguridad. Un cóctel molotov de confusión que te puede incapacitar para dar, o hacer que te resistas a dar, el salto a nivel de conciencia que el gremio exige. Después de que el primer contacto te tumbe de culo, conviene tener un plan, pues vas a requerir cierta preparación y desarrollo personal si aspiras a estar aquí algo más que tus quince minutos.

Ahora bien, hay tipos cuyos cinco minutos valen lo que los cincuenta años de otros, y aunque quemarte en una brillante supernova empujará las ventas de tus discos a lo más alto, habiendo vivido la vida muy deprisa, muriendo joven y dejando un hermoso cadáver, hay algo que debe decirse acerca de estar vivo. Personalmente, prefiero a mis dioses viejos, canosos y *aquí*. Dame a Dylan; a los piratas al abordaje que son los Stones; el poder en vivo de los Who, ese espero-hacerme-muy-viejo-antes-de-morir; al Brando gordo pero hipnótico hasta su muerte; todos ellos me atraen más que la otra alternativa. Me hubiese gustado ver el último espectáculo de Michael Jackson, ver a un Elvis de setenta años reinventándose y recreándose en sus talentos, ver hasta dónde hubiese llevado Jimi Hendrix la guitarra eléctrica, ver a Keith Moon, Janis Joplin, Kurt Cobain y todos los demás cuyas prematuras muertes robaron algo a la música que amo, verlos a todos viviendo sus vidas, disfrutando de la bendición de sus dones y del respeto de su público. Envejecer es algo que asusta, pero también es fascinante, y los grandes talentos se transforman de modos extraños y a menudo iluminadores. Además, a aquellos de los que has recibido tanto goce, conocimiento e inspiración, siempre les deseas larga vida, felicidad y paz. Y no son fáciles de encontrar.

Juventud y muerte siempre ha sido una embriagadora combinación para aquellos hacedores de mitos que siguen entre los vivos. Y el desprecio hacia la propia vida, peligroso, incluso violento, siempre fue ingrediente esencial en los fuegos de la transformación. Cuando el «nuevo yo» renace a la vida, el binomio de autocontrol y temeridad queda inmutablemente unido. Es lo que hace interesante la vida. La gran tensión entre ambas fuerzas hace a menudo a un intérprete fascinante y entretenido de ver, pero es también una cruz blanca de aviso a navegantes. En este punto, muchos de los que venían en esa misma dirección se han quemado terriblemente o han muerto. El culto a la muerte en el rock goza de gran predicamento y ha sido ampliamente documentado en literatura y música, pero en la práctica no deja mucho para el cantante y su canción, salvo una buena vida echada a perder, amantes e hijos que quedan atrás, y un agujero de dos metros bajo tierra. Dejar este mundo en un fogonazo de gloria es una chorrada.

Ahora bien, si no eres uno de los contados revolucionarios musicales —y yo no lo era—, tu propia naturaleza hace que fijes tu mirada en algo diferente. En aquel terreno transitorio, yo estaba destinado al largo recorrido. Tenía tras de mí años de estudio; contaba con un físico construido para soportarlo, y mi disposición no era la de la atracción del abismo. Me interesaba ver qué podía conseguir a lo largo de toda una vida dedicada a hacer música, así que lo primero que asumes es que debes seguir respirando. En mi negocio, como demuestran los casos anteriores, no importa quién seas, la cosa no es tan fácil como parece.

Entra el rey (con «r» minúscula)

Jon Landau fue la primera persona que conocí que disponía de un lenguaje para hablar de todas esas ideas y de la vida de la mente. Profesaba el amor puro por la música y los músicos propio del más ávido fan, pero al tiempo conservaba la habilidad crítica para distanciarse y analizar aquello mismo que amaba. En Jon, un impulso no apagaba el otro. Era auténtico, y compartíamos la creencia en los valores fundamentales del oficio y la destreza musicales, el gozo del trabajo duro y la aplicación metódica de tus talentos. Estas cosas habían dado como resultado algunos de nuestros discos favoritos. Muscle Shoals, Motown y las primeras grabaciones de los Beatles demostraban cómo la música revolucionaria podía brotar de un enfoque de estudio muy básico pero disciplinado. Ese era nuestro plan, quienes éramos nosotros.

Jon y yo nos relacionamos como fans de la música, como hombres jóvenes que conspiraban en busca de algo. Jon me serviría como amigo y mentor, alguien que había estado en contacto y contaba con una información que yo sentía que aumentaría mi creatividad y me permitiría ahondar en la búsqueda de la verdad que intentaba que formase parte de mi música. También teníamos esa conexión química instantánea que te hace decir: «Sé quién eres». Jon tenía una mayor formación que la mayoría de mis colegas. Me interesaba hacer mejor mi trabajo y ser muy bueno en ello. No bueno… muy bueno. Sin importar lo que hiciese falta, yo me apuntaba. Claro que si no tienes el talento en bruto, ni siquiera podrás ponerte en marcha. Pero si tienes talento, y luego voluntad, ambición y determinación para exponerte a nuevas ideas, contraargumentos y nuevas influencias, estos fortalecerán y consolidarán tu trabajo, acercándote aún más a tu meta.

Recuerdo las visitas al apartamento de Jon en los primeros días de nuestra relación. Poníamos discos durante horas y hablábamos de música. Era la misma clase de intensa conexión que tenía con Steve… pero distinta. En 1974 yo era un joven músico en ciernes. Me interesaban mis antecesores, los artistas que eran hermanos de armas, gente que me hubiese precedido y pensara como yo. Jon sabía quiénes eran y dónde estaban, en libros, películas y música. Todo fue muy casual, éramos tan solo unos jóvenes que hablaban e intercambiaban ideas sobre las cosas que les inspiraban, les emocionaban, conversaciones de madrugada sobre asuntos que abrían tu mundo y te hacían ansiar la vida. Yo me estaba alejando de mis dos primeros discos y desarrollando ya una nueva voz. Había empezado a recortar mi estilo letrista. Cuando empezamos a trabajar juntos en *Born to Run*, Jon supervisaba atentamente la música. Era un arreglista muy astuto y un editor excelente sobre todo a la hora de dar forma a la base del disco: el bajo y la batería. Nos advertía contra el exceso instrumental y guió nuestro disco hacia un sonido más aerodinámico. Yo estaba dispuesto a perder algo de la ligereza ecléctica y de la juerga callejera a cambio de un puñetazo más directo al estómago. Simplificamos las pistas básicas para así poder superponer densas capas de sonido sin caer en el caos sónico. Esto hizo de *Born to Run* una obra impregnada de historia rock y a la vez moderna. Hacíamos rock and roll dramático, denso. *Born to Run* es su mejor trabajo de producción en uno de mis más grandes discos.

Por encima y más allá de la producción, Jon fue el último en una larga lista de fans, amigos y tipos raros con los que trataba de reemplazar a la figura paterna. Aquel era un proyecto vital, dar con alguien que recogiese el testigo de mi viejo perdido en combate. Era una carga pesada e injusta que depositar en alguien, pero eso no me detenía. *Alguien* tenía que hacerlo. Creo que en aquel momento Jon también necesitaba algo. Acababa de salir de una enfermedad debilitante, una larga estancia hospitalaria y un doloroso divorcio. Yo era un buen camarada, quizá la encarnación física de alguna parte de su sueño de rock'n'roll, y le ayudé de modo sutil a su propia evolución. Ya había producido *Back in the USA* de los MC5 y yo le ofrecí una vía para seguir poniendo en práctica sus talentos, los cuales, a su vez, me hicieron un compositor y músico más efectivo y penetrante.

Mi escritura se enfocaba en torno a cuestiones de identidad: quién soy, quiénes somos, qué es el hogar y dónde está, qué constituye ser humano o ser adulto, cuáles son tus libertades y responsabilidades. Me interesaba qué significaba ser norteamericano, un modesto participante en la historia contemporánea en una época en que el futuro parecía tan borroso y cambiante como la fina línea del horizonte. ¿Puede un artista de rock and roll ayudar a esculpir esa línea, sombrear su dirección? ¿En qué medida? Con influencias tan variadas y apa-

rentemente polarizadas como Woody Guthrie y Elvis, la radio del
Top 40 y Dylan, y con un millar de noches tocando en bares a mis
espaldas, sentía curiosidad por seguir adelante en mi búsqueda de lo
que podía hacer y adónde pertenecía.

Además de con mi esposa Patti, mi banda y unos pocos amigos
íntimos, con Jon he compartido mi mente y mi espíritu más que con
cualquier otra persona. Cuando estableces una buena conexión con alguien, al final tu corazón también se implica. En todo lo que hacemos
juntos, el amor y el respeto son fundamentales. No es solo negocio,
es algo personal. Cuando venías a trabajar conmigo, tenía que asegurarme de que lo hacías de corazón. El corazón sellaba el trato. Esa es
la razón de que la E Street Band siga tocando sin menoscabo y con la
fuerza de una apisonadora desde hace cuarenta años, noche tras noche. Somos más que una idea, más que una estética. Somos una filosofía, un colectivo con un código de honor profesional. Se basa en el
principio de que cada noche daremos lo mejor, todo lo que tenemos,
para recordarte todo lo que *tú* tienes, lo mejor de ti. De que es un
privilegio intercambiar directamente sonrisas, alma y corazón con la
gente que tienes enfrente. De que es un honor y un gran placer reu-
nirte en concierto con aquellos en los que has invertido tanto de ti
mismo, y ellos en ti, tus fans, las estrellas arriba en el firmamento, este
preciso instante, y aplicar tu oficio con modestia (¡o sin ella!) como
una pieza de una larga y estimulante cadena de la que te sientes agradecido de ser un pequeño eslabón.

Río arriba

En nuestra odisea, Jon sería Clark y yo Lewis. En el futuro íbamos a
viajar juntos a través de no pocas tierras salvajes. Nos habíamos hecho
amigos y me había aconsejado cuando yo me balanceaba demasiado
cerca del borde de mi abismo favorito. Antes de Jon, no había conocido a nadie que hubiese estado más de tres minutos en la consulta de
un psicólogo. Yo había crecido entre algunas personas muy enfermas,
calladas, con tendencia a la más honda depresión y comportamientos

impredecibles y preocupantes. Sabía que aquel era un elemento significativo de mi estado mental. En Nueva Jersey, entre mi gente, hubiese dado lo mismo que la profesión de terapeuta no existiese. Cuando miré hacia abajo y vi el fondo, Jon me ayudó a encontrar una ayuda que reconduciría y alteraría mi vida. Le debo mucho a mi amigo por su bondad, generosidad y afecto. También ha hecho un trabajo bastante bueno como representante. Después de tantos años seguimos aquí. Cuando hablamos con Jon de nuestros planes futuros, siempre se guía por dos cosas: mi felicidad y mi bienestar (¡y luego por las ganancias de la gira!). Las dos primeras cosas eran las respuestas a lo que llevaba tiempo buscando en la neblina en retroceso de Freehold, Nueva Jersey. Son las respuestas simples pero increíblemente complicadas de la paternidad, la amistad. Las únicas que importan.

Llegó un día en que, naturalmente, también esto cambió. Ya no necesitaba al padre sustituto ni al mentor, únicamente al socio y al amigo. Jon tampoco necesitaba como antaño la encarnación única de su fantasía de rock and roll y empezó a representar con éxito a otros artistas. La edad adulta, o algo que se le parecía terriblemente, llegó. Por un tiempo, en estos años de transición, hubo tensiones y algunos malentendidos entre Jon y yo; conversaciones codificadas, llamadas telefónicas llenas de ansiedad, rabia soterrada, y frustración. No es fácil seguir adelante juntos; la gente se enroca en su forma de ser, esculpe en piedra sus percepciones. La mayoría no lo consiguen. Veinte años después de mis inicios, yo había cambiado. Y también Jon lo había hecho. Esa era la idea. Durante un breve periodo, parecía que fuésemos víctimas de nuestras buenas promesas. Hasta que finalmente nos encaramos y lo hablamos tranquilamente, un soleado día en Los Ángeles, sentados en mi patio trasero. «¿Qué te parece?»

Habíamos navegado la parte traicionera del río, la parte que Mike y yo no pudimos solventar, donde cambian las corrientes y el paisaje ya nunca será el mismo. Pero al salir hacia aguas calmas me volví y detrás de mí, en la barca, tenía a mi Clark. Y, delante, él tenía a su Lewis. Todavía había territorios musicales que cartografiar, muchos kilómetros de frontera que explorar, y música que hacer. Ya es demasiado tarde para parar.

TREINTA Y UNO
THUNDER ROAD *

Cuando nuestra sesión vespertina en los 914 Studios llegó a un punto muerto, Jon se inclinó y me susurró: «Eres un artista de primera, deberías estar en un estudio de grabación de primera». Tenía razón. Mi amistad con Jon se había ido afianzando de manera lenta y segura, y decidí invitarle al estudio para que observase y viese si podía aportar soluciones a los problemas que teníamos. De regreso a Nueva York, salimos a comer algo de madrugada. Sentados uno al lado del otro en dos taburetes en la barra de un pequeño *diner*, Jon me ofreció su ayuda: «Si necesitas que te eche una mano, estaré encantado de hacerlo». Parecía tener una idea clara de los pasos que debían darse para sacarnos de nuestro estancamiento. Reflexioné sobre su propuesta. Tengo tendencia al ostracismo y me cuesta aceptar a gente nueva. Al final decidí que era algo necesario y que él era

---

* «La carretera del trueno», canción de *Born to Run. (N. del T.)*

el hombre apropiado. Me gustaba Jon, confiaba en él; nuestra relación laboral había surgido de la amistad musical. No era un profesional frío, sino un amigo que tal vez tuviese la experiencia necesaria para ayudarme a hacer un gran disco. Que era para lo que yo estaba allí.

Hablé con Mike. Le dije que teníamos que hacerlo. No parecía muy convencido, pero si yo estaba firmemente convencido de que tenía que ser así, él aceptaría. Poco después entrábamos en los legendarios estudios Record Plant, en la calle Cuarenta y cuatro Oeste de Manhattan. En nuestra primera noche allí, se encargaba de la grabadora un chico italiano flacucho. Su tarea consistía en cambiar las bobinas y parar y poner en marcha la grabadora siguiendo las órdenes del ingeniero de sonido. Era el típico personaje neoyorquino, peculiar, divertido, con mucha actitud. A la noche siguiente, cuando entré en el estudio, estaba sentado en el centro de la larga consola de grabación, sustituyendo a Louis Lahav. Jon había pensado que teníamos que cambiar de ingeniero, y Mike y él habían pasado a la acción. Le pregunté a Jon si creía que aquel chico podría hacerlo. Me dijo: «Creo que puede hacerlo». Y así fue como Jimmy Iovine, brillante impostor, cachorro de estudio con la curva de aprendizaje más rápida que yo haya visto (y que pronto sería uno de los mayores magnates musicales del mundo y... ¡¿estrella de *American Idol*?!) se convirtió en el ingeniero del disco más importante de mi carrera.

Jon había asistido a los ensayos en Nueva Jersey y juntos habíamos empezado a recortar algunos de nuestros típicos arreglos, largos y tortuosos. Ya habíamos superado esa fase. Me ayudó a comprimir la duración de las canciones para que tuvieran el máximo impacto. Me explicó que lo extenso no era siempre lo mejor; tampoco lo era necesariamente lo breve, pero le había pillado el gustillo y Jon tuvo que frenarme antes de que cortase por lo sano las clásicas introducción y salida de «Backstreets». Las opiniones de Jon eran siempre mesuradas. ¿Qué iba a darnos más réditos por lo invertido? Los arreglos empezaron a tomar forma y, cuando entramos a trabajar en los estudios Record Plant, de pronto comenzamos a grabar música.

Había imaginado vagamente el álbum *Born to Run* como una serie de viñetas que tenían lugar durante un largo día de verano y su noche. Empieza con la madrugadora armónica de «Thunder Road». Se presentan los protagonistas del álbum y su propuesta principal: ¿estás dispuesto a jugártela? «The screen door slams, Mary's dress waves» («La puerta de tela metálica se cierra de golpe, el vestido de Mary revolotea») es un buen primer verso, puede llevarte a cualquier lugar. «We're pulling out of here to win» («Nos largamos de aquí para ganar») es un final insuperable. Establece las metas que te has impuesto y eleva las expectativas de la acción venidera. Luego escuchas la despedida del saxofón de Clarence, un sonido vasto como una autopista, que se eleva inmenso. Señoras y señores, con todos ustedes, Big Man. A «Thunder Road» le sigue «Tenth Avenue Freeze-Out», la historia de una banda de rock y soul y nuestra particular juerga a toda marcha. Es la única aparición de Steve Van Zandt en *Born to Run*, quien espontáneamente dirigió, hostigó y aturdió a una suprema sección de metales de Nueva York, entre los que estaban los Brecker Brothers y David Sanborn (todos ellos debieron de pensar: «¿Quién es este jodido loco con una camiseta de maltratador de esposas y un fedora con pluma?»), hasta hacerles soltar unos bocinazos que sonaban a soul primitivo de paseo marítimo. Pisando el acelerador nos adentramos vaporosos en la noche, «Night», seguida de unos majestuosos piano y órgano y las amistades rotas de «Backstreets»: «We swore forever friends…» («Juramos que seríamos amigos para siempre…»).

La segunda cara abre con el retumbo de pantalla panorámica que es «Born to Run», secuenciada en el mismo centro del disco, anclando todo lo anterior y lo que vendrá después. Entonces llega el ritmo a lo Bo Diddley de «She's the One» (compuesta para que yo pudiese escuchar a C soplando el solo de saxo sobre ella) y pasamos a la trompeta de Michael Brecker mientras cae el anochecer y nos dirigimos hacia el túnel para «Meeting Across the River». A partir de ahí todo será la noche, la ciudad, y el campo de batalla espiritual de «Jungleland», con la banda abriéndose camino a través de un movimiento musical tras otro. Y llega el mejor momento grabado de Clarence. Ese solo. Una última recaída musical y… «The poets down here don't write nothing at all, they just stand back and let it all be…» («Los poetas de por aquí no escriben nada de nada, se apartan y dejan estar las cosas…»), la puñalada por la espalda de mi gemido vocal en la salida, el último sonido que oyes, que lo concluye todo con magnífica gloria operística.

Al final del disco, nuestros amantes de «Thunder Road» han visto como su esforzado optimismo ha sido severamente puesto a prueba por las calles de mi tenebrosa ciudad. Están en manos del destino, en una tierra donde reina la ambivalencia y se desconoce el mañana. En estas canciones está el origen de los personajes cuyas vidas desarrollaría en mi obra (junto a las cuestiones sobre las que había escrito: «I want to know if love is real») durante las tres décadas siguientes. Este fue el álbum en el que dejé atrás mis nociones adolescentes de amor y libertad; a partir de ahí todo iba a complicarse mucho. *Born to Run* fue la línea divisoria.

En un sprint final de tres días, setenta y dos horas trabajando en tres estudios simultáneamente —en uno Clarence y yo acabamos, frase por frase, el solo de saxo de «Jungleland», mientras mezclábamos «Thunder Road» en otro, y yo cantaba «Backstreets» en un tercero con la banda ensayando en una sala del piso de arriba—, logramos terminar el disco que nos pondría en el mapa el mismo día que se iniciaba la gira de *Born to Run*. Está claro que no es así como se hacen las cosas. El disco debe estar listo meses antes de que salgas a la carretera y debe publicarse al comenzar la gira, pero tuvimos que acabarlo a marchas forzadas. Y, con las primeras luces de la mañana, después de tres días sin dormir, nos desplomamos en los coches que nos esperaban para conducirnos directamente a Providence, Rhode Island, y al escenario.

Así y todo, seguí forcejeando con *Born to Run* algunos meses más, rechazándolo, negándome a publicarlo, y finalmente arrojándolo a la piscina de un hotel ante un horrorizado Jimmy Iovine. Nos había traído el máster finalizado mientras estábamos de gira, pero para escucharlo tuvimos que ir a una tienda de equipos de música del centro y suplicarles que nos dejasen usar uno de sus tocadiscos. Me quedé de pie al fondo del establecimiento, impaciente, nervioso, balbuceante, mientras los ojos de Jimmy seguían cada una de mis expresiones, implorándome: «Por favor, di que sí y acabemos de una vez». Estaba volviendo locos a Jimmy, Jon y Mike, pero todavía no podía publicarlo. Yo solo oía los fallos que percibía en el disco. El ampuloso sonido de rock grandioso, la voz del Pavarotti de Jersey vía Roy Orbison, las mismas cosas que le daban su belleza, su poder y su magia. Era un rompecabezas, como si no se pudiese tener una cosa sin la otra. Jon trató de explicarme pacientemente que el «arte» a menudo funciona de forma misteriosa. Lo que hace algo grande puede ser también una de sus debilidades, como ocurre con las personas. Y lo dejé estar.

TREINTA Y DOS

PREMIO GORDO

El 25 de agosto de 1975, aparecieron todos los ases, los sietes salieron uno detrás de otro y un interminable torrente de ruido y plata brotó de la boca de la máquina tragaperras del rock and roll: ¡PREMIO GORDO! ¡Bingo! ¡Gol! ¡Habíamos conseguido un ÉXITO! Me sentía exultante, pero también extremadamente receloso. Optimista en lo conceptual pero pesimista a nivel personal, creía que junto al premio gordo llegaría su terrible gemelo… los problemas, como el grisgrís de mal agüero, la maldición gitana, el *malocchio*, el mal de ojo. Estaba en lo cierto. Aquello iba a ser demasiado para que lo manejase un joven de veinticinco años.

Mi primer reto fue que me llamasen de *Time* y *Newsweek* para ponerme en sus portadas. Dudé, ya que en aquella época los artistas populares, particularmente los del rock, no salían en las portadas de lo que se consideraban revistas serias. La cultura mediática de mediados de los setenta era muy distinta a la actual. Para empezar, nadie la llamaba «los medios». No existían la revista *People*, ni *Us*, ni internet, ni *Entertainment Tonight*, tampoco las noticias chismosas, ni la cadena E!, ni MTV, ni TMZ, ni cable, ni televisión por satélite. Había periódicos, y en la televisión, a las siete de la tarde, las noticias del día las daban tipos maduros con traje y corbata. Eso era todo. Había publicaciones sensacionalistas, pero los gamberros del rock and roll les importaban un carajo. Lo que querían saber era qué clase de locura adulta estarían cometiendo Elizabeth Taylor y Richard Burton, les interesaba averiguar a quién se estaba tirando Frank Sinatra. *Time* y *Newsweek* eran revistas prestigiosas, pero emergían ya los primeros conatos de la cultura pop del futuro (y el declive de su influencia). Los «medios» modernos, con todo su estruendo, su cháchara y su chirrido, estaban a la vuelta de la esquina.

Podía elegir. Ni entrevista ni portada. Entrevista, portada… las dos cosas. Pese a que era joven, ya había pasado mi temporada en la oscuridad. Conocía bien los «casi», los «por poco», los desengaños, los muchos kilómetros recorridos y esas pequeñas corazonadas de que vas a ser descubierto y que acaban en nada. ¡NO ERA MOMENTO PARA RAJARSE! Era reticente y lo seguiría siendo, pero necesitaba descubrir qué posibilidades tenía. No quería acabar cuarenta años después, sentado en una mecedora al atardecer, con los pesares del qué hubiese pasado si hubiese hecho esto o lo otro. En lo único en que podía pensar era en mi padre, sentado entre una humareda de cigarrillo, lamentándose: «Podría haber aceptado aquel empleo en la compañía telefónica, pero habría tenido que viajar…». En cambio, lo que tuvo fueron luces apagadas, penas, cerveza y resentimiento hacia su propia familia por lo que pensaba que podría haber conseguido. Carne muerta.

Me preocupaba todo aquello, pero al final mi ego, mi ambición y mi miedo a no aprovechar mi oportunidad pesaron más que mi inseguridad. Llamé a Mike… «Manda a la prensa.»

Hype

Cuando se armó la gorda, yo estaba tirado en una tumbona del hotel Sunset Marquis. El Marquis era un infame refugio en Los Ángeles para rockeros descarriados. Cuando aquellas portadas llegaron a los quioscos estábamos en el oeste para dar unos conciertos en el Roxy Club del Sunset Strip. Esas actuaciones iban a ser el centro de nuestra campaña en la Costa Oeste, tras la bronca guerra que habíamos librado en el este, en el Bottom Line de Nueva York. Los conciertos del Bottom Line fueron los que nos pusieron en el mapa como serios candidatos al estrellato. Durante cinco noches, dos pases cada noche, dimos todo lo que teníamos en aquel pequeño escenario del 15 de la calle Cuatro Oeste. Fueron para nosotros actuaciones innovadoras, con la banda tensado sus límites mientras yo me paseaba entre las alargadas mesas, dejando en el aire esa sensación de que algo grande estaba ocurriendo. Sí, claro, tuvimos nuestros detractores, y si nuestro espectáculo no te convencía seguirías escéptico durante una buena temporada, pero en el seno de la banda, y también en la calle, sentíamos que estábamos despegando.

Los conciertos del Bottom Line subieron el listón muy en serio. Allí nos sentimos renacer. Cuando acabamos, la banda estaba poseída por algo nuevo. Del mismo modo que «Born to Run» nos había definido en disco, aquellas actuaciones nos definieron como un espectáculo en vivo que pretendía agarrarte por el cuello, despertarte, con interpretaciones a todo-o-nada.

En Los Ángeles, mi primera visión fue la de un Steve Van Zandt riéndose como un loco y corriendo alrededor de la piscina como si se hubiese retrasado en su reparto de periódicos en Middletown, Nueva Jersey. Estaba distribuyendo ejemplares de las revistas *Time* y *Newsweek* con mi careto en portada a todo adorador del sol de la ciudad del pecado que tuviese a su alcance. A mí me entregó dos: «¿No es genial?». Las miré y pensé «Oh, Dios mío», e inmediatamente me retiré a mi habitación. *No* me sentía cómodo, pero ¿qué podía hacer un pobre chico como yo? Como dice Hyman Roth en *El Padrino II*: «¡Este es el negocio que hemos elegido!». Cierto era que yo había alimentado mi ambivalencia; me hacía feliz, me ofrecía una plausible negación y me otorgaba la ilusión de mantener a distancia mi voraz ambición. Pero… esta era la implacable dirección que había tomado… EL ESTRELLATO… no un bolo de miércoles, viernes y sábado en el tugurio local, no un guerrero musical de fin de semana, no el héroe secreto de un universitario… ¡EL ESTRELLATO! EL IMPACTO, LOS ÉXITOS, LA FAMA, EL DINERO, LAS MUJERES, LA POPULARIDAD Y LA LIBERTAD para vivir como se me antojase, para llegar hasta el límite o dondequiera que aquello me llevase.

Me las había arreglado para no poder dar vuelta atrás, solo seguir adelante, y eso es lo que hicimos. Solo tenía que ser lo bastante bueno, tan bueno como había prometido, tan bueno como yo creía ser, para que todo ello tuviese sentido. Pese al nuevo estruendo del mundo exterior, el espectáculo de verdad iba por dentro, los fuegos artificiales. Arriba, abajo, dentro, fuera, los cambios de humor me inundaron mientras oscilaba de un extremo a otro como un trapecista maníaco-depresivo. Lo único que impedía que saliese disparado hacia la capa de ozono eran mi banda y los conciertos que dábamos. Los conciertos eran *reales*, siempre… mis amigos eran *de verdad*, siempre… el público era *auténtico*, siempre. No estaba solo. Soportaba un gran peso, pero no estaba solo. Los hombres que había elegido para que me acompañasen en el viaje estaban a mi lado. Su camaradería, su ánimo confortador, no tenían precio. No importaba lo extrañas que se pusiesen las cosas en el escenario, cuando me giraba me encontraba como en casa. Eran personas que me entendían y sabían quién era yo.

Los conciertos de Los Ángeles fueron bien. Martin Scorsese y Robert De Niro vinieron a vernos, y unos días después Marty obsequió a la banda con un pase privado de *Malas calles*, que empezó con uno de sus cortometrajes, *El gran afeitado*. Conocí a Jack Nicholson, también nativo de Nueva Jersey, que había crecido en Neptune City, al lado de Asbury Park. Después del concierto pasamos un rato en el pequeño bar que había encima del Roxy y le pregunté cómo llevaba el éxito. Me respondió que, cuando finalmente le llegó, ya estaba preparado para ello. No estaba seguro de que ese fuese mi caso, pero pronto lo averiguaría. Por el momento, íbamos a cruzar el charco para dar una serie de conciertos que pondrían seriamente a prueba si estábamos realmente preparados.

London Calling*

Los Beatles, los Stones, los Animals, los Yardbirds, los Kinks, Jeff Beck, Clapton, Hendrix, los Who: nos dirigíamos a la isla de nuestros héroes. La Casa Británica del Segundo Advenimiento, donde la primera generación del blues y el rock and roll americanos había naufragado en una lejana orilla, había sido entendida, digerida por completo y refundida en algo maravilloso. Los grupos beat de la segunda generación del rock habían hecho una labor hercúlea. Habían reinventado una de las mejores músicas jamás creadas. Habían tomado las viejas formas y les habían infundido juventud, inteligencia pop y éxitos que se encaramaban a las listas de ventas. Habían introducido a toda una generación de críos como yo a la música de algunos de los norteamericanos más talentosos que hayan tomado jamás una armónica, una guitarra o una pluma. Recibí mi primera dosis auditiva de Howlin' Wolf, Jimmy Reed, Muddy Waters y Arthur Alexander a través de estos grupos. «House of the Rising Sun», una antigua canción folk, fue transformada por los Animals en un gruñido blues moderno de destrucción personal. Los Rolling Stones insuflaron vida punk a los grandes éxitos de Chuck Berry, al tiempo que los Beatles versionaban el primerizo R&B con amor y frescura estilística. Sigo sintiendo que tengo una gran deuda con todos estos grupos, estos jóvenes ingleses, una enorme deuda de gratitud por valorar y descubrirme a aquellos artistas que en 1964 no habían sido escuchados en la mayoría de los hogares norteamericanos.

En Inglaterra residían las razones de que *nosotros* estuviésemos aquí. Las ciudades de Londres, Liverpool, Manchester y Newcastle eran sinónimo de los nombres de nuestros héroes del beat británico favoritos. Aquellos eran destinos místicos y aun así allí estábamos, a punto de aterrizar en el aeropuerto de Heathrow como nuevos representantes del país materno de esta música, con la posibilidad de devolver aunque fuese una pequeña parte del favor… si podíamos.

---

* Alusión a «London Calling» («Llamada de Londres»), canción del grupo punk británico The Clash. *(N. del T.)*

Al llegar a nuestro hotel, recibo ejemplares de *Melody Maker* y *New Musical Express*, las dos principales publicaciones musicales inglesas. Salgo en tamaño grande en la portada de ambas, en una todo son alabanzas y en la otra me hacen trizas. Tocamos en el Hammersmith Odeon, un local del tamaño de un teatro en el corazón de Londres. Cuando llegamos, la marquesina anuncia con luces brillantes: «¡¡POR FIN!! LONDRES ESTÁ PREPARADA PARA BRUCE SPRINGSTEEN». Pensándolo bien, ese no es exactamente el tono con el que me hubiese gustado ser presentado. Suena, tal vez, un tanto... ¿presuntuoso? Una vez dentro me saludan un mar de carteles por todas partes y hay octavillas sobre cada butaca proclamándome ¡LA PRÓXIMA GRAN SENSACIÓN! ¡El beso de la muerte! Generalmente es mejor dejar que el público decida por sí mismo. Estoy asustado y cabreado, muy cabreado. Me avergüenza, y ofende a mis fans. No es así como funciona. Yo sé cómo funciona. Lo he hecho antes. Toca y cállate la boca. Mi negocio es el negocio del ESPECTÁCULO y ese es el negocio de MOSTRAR... no de CONTAR. No has de CONTAR nada a la gente, se lo MUESTRAS y dejas que decidan por ellos mismos. Así he llegado hasta aquí, MOSTRÁNDOME a la gente. Si le dices a la gente lo que debe pensar acabas siendo un pequeño fascista mental de Madison Avenue. Eh, señor rock star, salga de mi mente y vaya a por mis pies, a por mi corazón. Así es como se hace el trabajo. Así te presentas a ti mismo.

Tengo que arreglarlo. Irrumpo furioso en el teatro, abroncando a Mike Appel y al mismo tiempo rompiendo todos los carteles y tirando todas las octavillas que soy capaz de agarrar. Para trabajar necesito un entorno limpio. Debo reclamar el teatro para mis fans, para mí y para mi banda. Llega la hora del concierto y estoy jodido. Patéticamente nervioso y hecho polvo. A mis veinticinco años sigo siendo un muchacho de provincias. Hasta ahora nunca había cruzado el charco. Como ya he dicho, sé que soy bueno, pero también pretencioso. ¡Eso es equilibrio artístico! En la segunda mitad del siglo XX, la «autenticidad» era lo que tú quisieras que fuera, un salón de espejos. Ponte la camisa de faena, jovencito. No pasa nada. A medida que te hagas mayor dejará de importarte. Así son las cosas. Sin embargo, en tu juventud eres presa fácil de los muchos riesgos de la mente. En este preciso momento, sé que mi mente *no* está totalmente centrada. Lo sé porque siento miedo, y ese no es mi estilo; no tendría que sentirlo, pero así es. Un miedo abyecto no es el estado mental en el que quieres subir al escenario, pero…

Es la hora del ESPECTÁCULO. Salimos a escena. El público se muestra reticente, la sala parece inquieta. Es responsabilidad mía. Debes mantener la sangre fría y hacer sentir al público que le tienes en tus manos. De ese modo les ayudas a sentirse confiados y lo bastante desinhibidos para dejarse ir, encontrar lo que sea que hayan venido a buscar y ser quienesquiera que hayan venido a ser. Esta noche, el problema es que durante la actuación yo entro y salgo de mí mismo a ratos del modo más desagradable. En mi interior, múltiples personalidades pugnan por turnarse al micrófono mientras me esfuerzo por llegar a ese punto en que ya nada te importa, ese lugar necesario y maravilloso donde pegas fuego a tus inseguridades, liberas tu mente y simplemente sigues adelante. En este preciso momento siento que me preocupo en exceso, que pienso demasiado en… lo que estoy pensando. Mi buen amigo Peter Wolf, el fabuloso cantante de la J. Geils Band, dijo una vez: «Lo más extraño que puedes hacer en escena es ponerte a pensar en lo que estás haciendo». Tenía razón, y yo estoy haciendo la cosa más extraña que puedes hacer en escena…

¡AHORA MISMO! Es un momento en el que sientes tu vida amenazada: tu pequeño castillo de naipes, el «yo» escénico que has construido tan cuidadosamente, tan meticulosamente, tu máscara, tu disfraz, tu yo soñado, corre peligro de venirse abajo, desmoronarse. Pero al siguiente instante te creces, despegas, profundamente inmerso en tu «verdadero» yo, conduces la música que produce tu banda muy por encima de los allí reunidos. A menudo estas dos personalidades están a apenas milímetros de distancia. Esto es lo que lo hace interesante. La razón de que la gente pague dinero por presenciarlo y de que lo llame tocar EN VIVO. Todas y cada una de las actuaciones del resto de tu vida conservarán trazas de ese arco, junto con el potencial de un fracaso catastrófico o un éxito trascendente. La mayoría de las noches te agarras al terreno intermedio en algún lugar entre las zonas altas y bajas tolerables de ese arco… pero cuando la línea del gráfico asciende o desciende excesivamente… aguanta. Sientes como si pudiese ocurrir cualquier cosa, y no de forma tranquilizadora.

Todo el mundo vive algo parecido en su propia vida, a pequeña o gran escala, y siente la necesidad de solventarlo. El caso es que la mayoría preferiría no hacerlo a la vista de miles de personas, pero… Ahí es donde habita mi vocación, el extraño lugar al que acudo para mantener esta conversación conmigo mismo. Claro que siempre tienes tus estrategias, así que… yo recurro a mi voluntad. En pleno concierto, cuando la situación lo requiere y tú, oh, suspicaz miembro del público, crees que todo ha terminado, cuando los buitres sobrevuelan en círculos y se huele y saborea nuestra sangre, mi voluntad, *la voluntad concertada de mi banda*, nuestro empeño insistente en vencer-o-morir, regresa con fuerza y te patea el culo en un intento por resucitar el día. Lo aprendí de la mejor: mi madre. Quiso que fuésemos una familia, y lo fuimos. Quiso que no nos desintegrásemos, y no lo hicimos. Quiso que anduviéramos con respeto por las calles de nuestro pueblo, y lo hicimos.

Nos acercamos al final del concierto y ahora, de vuelta a la Tierra, siento que el calor invade mi cuerpo, el público a mi alrededor y la banda en el borde del escenario, preparándose para ofrecer aquello para lo que hemos viajado cinco mil kilómetros a través del Atlántico. Me entrego al máximo, quizá demasiado, y se acabó. Una noche difícil. Me siento decepcionado conmigo mismo por haber cedido excesivamente a mis conflictos internos. Tras una incómoda visita a la fiesta «triunfal» de la compañía discográfica, me arrastro, a solas, hasta el hotel y ceno eso que los británicos tienen la cara dura de llamar hamburguesa con queso. Sentado en el borde de mi cama, bajo una nube de negros cuervos, me prometo a mí mismo que jamás volveré a dejar que mi infiel suba conmigo a escena hasta tal grado. Me digo que siempre hay tiempo de sobra para escuchar mi propia voz, sus a menudo sabios consejos, pero no cuando estoy al frente de mi banda. Ese no es el momento para leer el papel pintado que forra el interior de mi mente fabulosamente fértil y siempre insegura. Venimos de la costa de Jersey —la meca de la élite de las bandas de bar y de espectáculo, discípulos rabiosos de los James Brown, los Sam Moore, los más puros artistas del soul que nunca fallaban al pisar el escenario—, un lugar donde «profesionalidad» no es una palabrota. Uno… dos… tres… cuatro… ¡cabronazo! Es el momento de la acción, de vivir, de manifestar la vida, de ¡HACERLO!… NO es el momento de sumergirte en los más oscuros recovecos para hurgar en la pelusilla de tu ombligo. Eso es lo que me dije.

Puedes contemplar todo lo relatado en la película de la E Street Band *Hammersmith Odeon, London '75*, incluida en la reedición de *Born to Run*, pero no lo verás. No verás nada excepto a la banda interpretando un repertorio difícil pero excelente. Nos verás entrar en escena armados con un repertorio que todavía retaría a cualquier grupo joven a igualar, y ofrecer un guiso estilo Jersey de rock y soul punk. Aquella velada nos presentó a nuestros fans ingleses e inició la larga y cariñosa relación de cuarenta años que hemos mantenido con ellos. En aquel momento, viví la noche con tanto desconcierto que nunca quise visionar la película del concierto hasta 2004, ¡treinta años más tarde! Cuando finalmente lo hice, descubrí que estaba bastante bien rodada y que era un gran documento de la banda tocando en todo su esplendor de mediados de los setenta, vestidos al estilo discotequero o con chaqueta de cuero y gorra de lana. Casi todo lo que experimenté aquella noche fue una película proyectada exclusivamente en el interior de mi cabeza. Mi cuerpo y mi corazón sabían lo que debían hacer y lo hicieron igualmente. Me había entrenado bien. Todos aquellos bolos hostiles y locales ariscos, toda una década de ferias de bomberos, carnavales, autocines, inauguraciones de supermercados y tugurios donde nadie daba una mierda por ti, regresaron para impulsarnos en nuestra hora más oscura. Habíamos estado antes ahí muchas veces… no en un lugar como el Hammersmith, pero sí lo suficiente como para estar preparados.

Aquella noche me tumbé en la cama en una tierra extranjera, sintiéndome un extraño de mí mismo. Aquella sensación insomne y desconcertante de «¿Qué ha pasado?» seguía dándome vueltas por la cabeza. Yacía despierto pensando: «Vaya… esto es un poco más de lo que buscaba». Por supuesto, aquello era exactamente lo que había estado buscando, solo que no estaba lo bastante experimentado como para reconocerlo. En retrospectiva, por muy desagradable, estresante e ingrato que fuese, sin aquel desmesurado bombo publicitario y el consecuente ruido alrededor de aquel «único concierto», cualquier buena banda de Jersey habría tenido que hacer innumerables viajes para causar el mismo impacto o simplemente para darse a conocer. Lo único que nosotros debíamos hacer era estar a la altura… ¿y no era eso responsabilidad mía? Pese a todo, nuestra primera noche en el Hammersmith Odeon se convirtió en una de nuestras actuaciones «legendarias», pero marcó también el punto en que aprendí que, a menos que seas muy agresivo, muy proactivo acerca de lo que quieres, todo lo que has creado puede ser manipulado y robado sin importar el resultado. No es nada personal. Simplemente serás despojado, para bien o para mal, en el altar de los grandes dioses del marketing, cuya agenda está dirigida por el ADN del comercio.

En la cúspide de la cadena alimentaria del negocio musical, en esa gran sala de juntas ubicada en el cielo (o, en mi caso, en algún lugar de Japón), al final del día no le preguntan al tipo que está al mando: «¿Cuántos discos buenos hemos hecho este año?». Le preguntan: «¡¿CUÁNTOS DISCOS HEMOS *VENDIDO*?!». Su destino, y a menudo el tuyo propio, dependerán de su respuesta. No me malinterpretes; las compañías discográficas, incluyendo las grandes multinacionales, están llenas de gente que ama la música, que son fans, que quieren formar parte de todo ello y cuya capacidad y eficiencia les llevó a ser ejecutivos. Serán tus inestimables colaboradores, y la mayoría de los músicos que conozco no tienen problema alguno con que alguien les ayude a vender sus discos. Pero si no negocias las condiciones de una asociación consensuada, tus talentos serán enjaezados y guiados en la dirección que otros consideren mejor. No lo hacen para perjudicarte… aunque puedes resultar perjudicado… ¡o convertirte en una estrella!… ¡o ambas cosas a la vez! Hoy en día, internet ha cambiado en gran medida el terreno de juego, pero no totalmente. Las dinámicas entre creatividad y comercio siguen bailando un vals convulso. Si quieres volar en solitario, llegar al público que crees que tu talento merece y construirte una vida laboral con lo que has aprendido, valoras y puedes hacer, actúa con cautela. En los primeros años, mi compañía discográfica no albergaba malas intenciones. Eran víctimas de su propia excitación y sus alegres planes de negocios, trabajaban a merced de los poderosos dioses del comercio y se limitaban a hacer su trabajo, mientras yo aprendía el mío… muy rápidamente.

Al dejar Londres, las cosas se tranquilizaron hasta cierto punto. Fuimos a Suecia, donde estaban en pleno invierno y en medio de una noche permanente. Instalados en minúsculas habitaciones de hotel donde compartíamos camas diminutas, salimos a las calles y, en un nightclub de Estocolmo, asistimos a un espectáculo de sexo en vivo, chicas escandinavas totalmente desnudas haciendo de todo en un pequeño escenario. Nos sentamos en la última fila como escolares cachondos. Fue divertido, raro y un tanto intimidante. A la mañana siguiente, como buenos gourmets internacionales y sofisticados, dimos con el que creo que era el único McDonald's que había entonces en Europa, y luego partimos hacia Amsterdam, donde tocamos en un bonito teatro de ópera y contemplamos, como palurdos boquiabiertos, los escaparates del distrito de las luces rojas («Yo ahí no entro…»). A continuación volvimos a Londres para hacer otra intentona en el Odeon, esta vez con el hombre del saco mantenido a raya en mi cabeza. Allí dimos un tremendo concierto que nos dejó con la sensación de que, después de todo, quizá hubiese un lugar para nosotros entre nuestros venerados jóvenes antecesores. Resultó liberador y nos dejó un buen sabor de boca antes de regresar a casa.

A casa… a por una hamburguesa con queso de verdad. «I'm so glad I'm livin' in the USA» («Qué contento estoy de vivir en Estados Unidos»).* Gracias, Chuck Berry. Regresamos sin sentirnos triunfadores del todo, pero bastante mejor que unos fracasados. Éramos un poco como la caravana de carretas que ha sido asaltada, pero acaba logrando abrirse paso a través del incomprensible Oeste, perdiendo solo unas pocas cabelleras en el camino marcado por las rodadas. Aquellos cuatro conciertos fueron nuestra gira europea de 1975. No volveríamos hasta cinco años más tarde, hasta que estuve seguro de que habíamos madurado un poco, teníamos más confianza, disponía-

---

* Verso de «Back in the USA», de Chuck Berry. *(N. del T.)*

mos de un par de álbumes más con buenas canciones, y sentíamos que estábamos listos para superar la barrera lingüístico-cultural y conquistar a nuestros parientes europeos de una vez por todas.

Born to Run nos hizo ascender a otra división. Éramos ya una fuerza joven y nueva a tener en cuenta, y a nivel financiero habíamos abandonado los números rojos para afianzarnos firmemente en los negros (en teoría). Por ahora, habíamos llegado, todo un éxito. Habían sido necesarios cuatro de los cinco años de mi acuerdo original con Laurel Canyon para llevarnos hasta aquí. Irónicamente, al tiempo que alcanzábamos el éxito, me quedaba solo un año de mis obligaciones contractuales con Laurel Canyon y Mike Appel. Ni siquiera había pensado en ello, pero Mike sí.

TREINTA Y TRES

LA E STREET BAND

Cuando alcanzas el éxito por primera vez, se incrusta en la conciencia de tus fans una imagen con la que tendrás que competir el resto de tu vida. Has dejado tus huellas dactilares en la imaginación de tu público… y no se borran fácilmente. Ese primer momento, junto con sus libertades y restricciones, permanecerá indeleble. Ese «tú», ¿es la identidad creativa inequívoca que estabas buscando? Tu público acaba de decirte que ya la has encontrado. De repente pasé de ser «el nuevo Dylan» a ser… «Bruce Springsteen». Y mis músicos ascendieron de acompañantes bien pertrechados a ser la E Street Band.

Ya desde el principio supe que quería ser más que un artista en solitario y menos que una banda democrática donde cada voto cuenta. Lo había probado y vi que no iba conmigo. La democracia en un grupo, con muy pocas excepciones, suele convertirse en una bomba de relojería. Hay muchos ejemplos, empezando y terminando con los Beatles. Aun así, quería a buenos músicos, amigos y personalidades en los que pudiera reflejarme. Quería el barrio, la manzana del vecindario. De ahí provienen todas las grandes bandas de rock, y hay algo en esa sangre común, incluso solo en la imagen, en el sueño de ello, que remueve el sentimiento de emoción y camaradería entre tus oyentes. No buscas a los más virtuosos. Buscas a los músicos *adecuados* para encajar en algo único. Los Beatles, los Stones, los Sex Pistols, los New York Dolls, los Clash y U2 son todos grupos cuyas limitaciones fueron la semilla de un estilo y una intrepidez musical espectaculares.

Quería el poder de un artista en solitario, con su singularidad creativa y la facultad de tomar decisiones, pero también esa sensación vitalista y bulliciosa de estar en una pandilla que solo el verdadero rock and roll puede ofrecerte. Decidí que no había razón para no tener lo mejor de ambos mundos, así que firmé contrato como artista en solitario y fiché como banda a mis colegas del barrio de toda la vida. No eran mi banda *de acompañamiento*, ni *una* banda, sino *mi* banda. Había una diferencia. No serían un grupo de instrumentistas anónimos, sino figuras protagonistas con personalidad propia, cada uno de ellos un intérprete con entidad. James Brown tenía a Maceo, y Bo Diddley a su mano derecha, Jerome, acompañado de The Duchess y Lady Bo (¡dos mujeres guitarristas!). Estos músicos aportaban un trasfondo a mis héroes y los hacían más interesantes. (Siempre imaginé que esos tipos eran los colegas con los que salían James y Bo, sobre los que cantaban, que procedían de su mismo mundo y estaban henchidos del misterio de la poderosa música que yo oía. Bo había decidido que Jerome, agitando sus maracas, era más esencial para su mundo, para su sonido, que un bajista… NO tenía bajista. A ver, el 99,9 por ciento de los discos que has oído los últimos cincuenta años ¡tienen BAJO! Pero Bo dijo: «A la mierda, tengo todo el bajo que quiero aquí en mi mano derecha, la que rasguea y hace atronar la guitarra. ¡Lo que necesito es a mi amigo JEROME tocando las maracas!». Ergo: Jerome era importante.) Eso era lo que yo quería.

Había fichado por Columbia Records como artista en solitario, con mi nombre, de modo que la banda tocaba en los discos de Bruce

Springsteen. Pero en vivo quería la identidad colectiva y la representación viva de los personajes que poblaban mis canciones. Era como James Brown *y* sus Famous Flames, Buddy Holly *y* los Crickets: aquel «y» era muy importante. Anunciaba que había una fiesta en marcha, que se celebraba una reunión, que se llamaba a una congregación, ¡TE TRAÍAS A TU PANDILLA! Así pues, en vivo, seríamos Bruce Springsteen y la E Street Band. Sonaba excitante; aquel era un mundo que yo hubiese querido ver en un escenario. Siempre he sentido que el público debe mirar a escena y ver un reflejo de ellos mismos, de su pueblo, de sus amigos. Y para ello hace falta una banda.

La E Street

No escondemos nuestras cartas. No vamos de chulos. Nos presentamos a plena luz. Aunque en otros intérpretes aprecio sus cualidades ocultas, como grupo no somos figuras excesivamente envueltas en mística o misterio. Aspiramos a ser accesibles y comprensibles, un poco como la banda del bar de tu barrio aumentada a escala de gran éxito. Una auténtica banda de rock and roll evoluciona a partir de un tiempo y un lugar comunes. Se trata de lo que sucede cuando músicos de un entorno similar se juntan en una sopa gumbo donde la mezcla da como resultado algo más que la suma de sus partes.

$$1 + 1 = 3$$

Las matemáticas del mundo real dicen que uno más uno es igual a dos. El hombre corriente (como a menudo me ocurre a mí) se mueve a diario en función de esa suma. Acude al puesto de trabajo, cumple con sus obligaciones, paga sus facturas y vuelve a casa. Uno más uno igual a dos. Es lo que hace girar el mundo. Pero a los artistas, los músicos, los timadores, los poetas, los místicos y demás se les paga para que le den la vuelta a ese cálculo, para que froten dos palos y hagan fuego. Todos realizamos esa alquimia en algún punto de nuestra vida, pero es difícil de mantener y fácil de olvidar. La gente no acude a los conciertos de rock para aprender algo. Vienen a que se les *recuerde* algo que ya saben y que sienten en lo más hondo de sus entrañas: que cuando el mundo está en su mejor momento, cuando nosotros estamos en nuestro mejor momento, cuando la vida parece colmada, es cuando uno más uno es igual a tres. Es la ecuación esencial de amor, arte, rock and roll y *bandas* de rock and roll. Es la razón de que el universo nunca llegue a comprenderse por entero, de que el amor siga siendo extático, desconcertante, y la prueba de que el auténtico rock and roll no morirá jamás.

Es también la ecuación que buscas como pista cuando juntas a una banda.

Pasando lista

Cuando en un principio se reunió la E Street Band, yo no tenía ni idea, a nivel personal, de quiénes eran sus miembros. La mayoría acabábamos de conocernos. Solo después de que el líder de la banda pronuncia el conjuro «¡Uno, dos, tres, cuatro!» empieza la marcha, se convoca el grisgrís y todo es revelado. Nuestro jardín en Asbury Park no era un terreno yermo. La abundancia de músicos era asombrosa y los elegías donde los encontrabas. Más allá de la geografía, el instinto y el poder de la música, no había un plan maestro para guiar la selección de una banda. Al fin y al cabo, si tienes suerte y has escogido bien, no hace falta nada más.

Max Weinberg, Garry Tallent, Steve Van Zandt, Danny Federici, Roy Bittan, Clarence Clemons. Este era el núcleo del grupo que durante los siguientes cuarenta años iría desarrollándose hasta convertirse en la legendaria E Street Band, la banda que toca rock and roll duramente, hace historia, sacude la tierra, hace temblar traseros, incita a hacer el amor y, sí, eventualmente, recurre a la Viagra.

AL BAJO: Garry Tallent, hombre del Sur, aficionado del rock and roll. Garry fue uno de los tíos que conocí la primera noche que estuve en el Upstage Club. Era el bajista fijo del club y una criatura de rara estabilidad entre los confusos marginados que frecuentaban nuestro escondite en Asbury. Su dignidad tranquila y personalidad apacible han honrado mi vida y a mi banda desde el principio. El estilo de Garry comparte similitudes con el de Bill Wyman, el bajista original de los Stones. Su forma de tocar puede parecer invisible, transparente, elevándose desde tus sueños, creando un lecho para que yazcan más que para enredarse en ellos. Luego, cuando llegas al fondo, él siempre está allí. Nada exhibicionista, está en la gran tradición de hombres silenciosos atraídos por el bajo.

AL ÓRGANO: Danny «Phantom» Federici, otro de la «primera noche» en el Upstage. Pasamos por todo juntos. Danny se buscaba problemas y a menudo daba con ellos. Durante largo tiempo las drogas, las facturas, la bebida y su hablar suave camuflaron un corazón y un alma confundidos. Pero su forma de tocar… su forma de tocar compensaba mucho de aquello. Las cargas personales que Danny acarreaba desaparecían una vez que se situaba ante el órgano. Cuando escuchabas tocar a Danny oías… libertad. La mayoría de los músicos están limitados por lo que saben hacer. Puede que toquen bellamente, pero en algún lugar de su núcleo esencial oyes la sombra de lo que *saben*, lo que han *estudiado* y *aprendido*, y esto afecta a la elegancia de lo que hacen de modo leve pero persistente. Así son las cosas para nosotros los mortales. Danny no *sabía* lo que *sabía*. No conocía tus canciones, la secuencia de acordes, el arreglo, el tono, la letra, el qué-demonios-le-pasará-por-la-cabeza y el qué-estará-queriendo-decir. *¡Él simplemente sabía tocar!* Si le preguntabas sobre una pieza antes de tocarla, a menudo no sabía responder a tus preguntas más básicas. («Danny, ¿cómo empieza esa?» Y él se encogía de hombros.) Pero en cuanto dabas la entrada, no había el más mínimo problema. Accedía a la remota parte de su cerebro donde guardaba la información esencial y se ponía en marcha. Era libre detrás de ese órgano… pero solo detrás de ese órgano. El mundo real no presta demasiada atención a la libertad, pero el mundo del artista la respira y la exuda. Este era el mundo en el que fluía libremente la belleza de Danny, donde él volaba, pero como muchos de nosotros tenía que bregar con ese otro mundo que te espera al bajar del escenario. Mi desaparecido amigo sigue siendo para mí un pozo sin fondo de desconcierto y fragilidad humana, presidido por una musicalidad intuitiva y mística como ninguna otra.

A LA GUITARRA: Steve «Little Steven» Van Zandt, mi Hermano del Alma número uno, el señor Todo-o-nada, el doctor Noventa-y-nueve-y-medio-no-es-suficiente, mi absolutista, mi pareja cómica, mi abogado del diablo y mi conspirador de primera en el rock and roll. Batallamos juntos, en duelos de Telecasters por los clubes para adolescentes de la costa de Jersey. Steve es un gran líder de banda, compositor y arreglista por derecho propio, y un guitarrista sangrante y feroz. Si quiero que brote el rock and roll, le doy a Steve su guitarra, le señalo el camino hasta el estudio y me largo. Cuando vuelva, ahí estará. Es mi mano derecha en escena, mi gran amigo, sin el cual mi banda y mi vida no serían –y no lo fueron, en su ausencia– lo mismo.

A LA BATERÍA: Max «el Poderoso Max» Weinberg. Un manojo de impulso, neurosis y astuta sabiduría callejera suburbana, y fuente constante de buen humor, Max halló un lugar en el que se entrecruzan Bernard Purdie, Buddy Rich y Keith Moon, y lo hizo suyo. Espíritu esforzado y comprometido, noche tras noche en el centro del huracán incesante en el que concebimos nuestro repertorio, la absoluta presión física de tres horas de rock cañero y desenfrenado recae sobre sus hombros más que sobre los de cualquier otro. En escena, Max va más allá de escuchar lo que digo, de mis señas; él «oye» lo que estoy *pensando*, *sintiendo*. Anticipa mis pensamientos mientras van rodando a máxima velocidad hacia la plataforma de la batería. Es una especie de telepatía surgida a raíz de los años de tocar y convivir juntos. Es un milagro del mundo real, y la razón por la que la gente ama a los músicos. Nos muestran cuán hondamente podemos experimentar las mentes y corazones de los demás, y cuán perfectamente podemos trabajar en comunión. Con Max a mi lado, las preguntas reciben respuesta antes de que las hagas.

Hay veinte mil personas, todas ellas conteniendo el aliento; nos disponemos a entrar a matar, la banda, nuestras ruedas de acero sobre raíles de hierro, y ese golpe de caja de percusión, ese en el que pienso pero que aún no he dicho ni señalado a nadie fuera del pequeño rincón de mi mente ardiente, ese que quiero ahora, ya… *¡ahí está!* ¡Retumba, muchacho, retumba!

AL PIANO: «Profesor» Roy Bittan. ¡El único miembro de la E Street Band con una carrera universitaria! (En realidad, hay otro: ¡Max se licenció en 1989!) Hace mucho tiempo que cuento con mi buen amigo Roy cuando necesito algo muy específico, algo que suene exactamente igual a como lo oigo en mi mente, que los teclados traigan a la vida lo que sea que imagino. Los diez dedos de Roy hacen el trabajo de treinta. Para el Profesor, ochenta y ocho teclas no son suficientes. Su forma de tocar es la rúbrica sonora de mis mejores discos. Sus arpegios de piano y sonidos de cajita de música son tan identificables en la E Street Band como el saxo de Clarence. Sus habilidades interpretativas abarcan el jazz, la clásica, el rock… ¡y cualquier música conocida por el hombre! En la banda solíamos hacer el chiste de que, si grabábamos piano, bajo y batería, ya podíamos olvidarnos, porque una vez que tocaba Roy la orquestación ya estaba completa. No se necesitaba nada más. Roy aportaba tanta música que Steve y yo nos las veíamos y deseábamos para encontrar hueco para nuestras guitarras. Tuvimos que frenarle. Si Liberace y Jerry Lee Lewis hubiesen tenido un hijo y este hubiese nacido en Rockaway Beach, Long Island, se habría llamado «Profesor» Roy Bittan.

Este era el grupo, la central energética, con el que me daría a conocer. Sin embargo, ningún miembro cautivaba tanto la imaginación de mi público, el idealismo y la profunda camaradería asociados a nuestra banda, como el negro grandullón que tocaba el saxo.

TREINTA Y CUATRO
CLARENCE CLEMONS

And the change was made uptown… *

Clarence era una figura salida de un libro de historia del rock and roll, una figura de la que quizá yo fui en parte autor, pero no puedes *ser* Big Man a menos que *seas* Big Man. Si yo era de algún modo la encarnación del sueño de rock and roll de Jon, Clarence lo era del mío. Durante años busqué por todas partes a un verdadero saxofonista de rock and roll. No uno de jazz que se dignase a tocar con nosotros, sino alguien que sintiese en sus huesos el estilo musical que tocábamos.

Antes de *Born to Run*, Clarence era solo ese enorme y talentoso saxofonista negro que tocaba en mi banda. Éramos solo cinco miembros y formábamos un bonito grupo con sabor a R&B. Tras aparecer

---

* «Y en la zona alta se produjo el cambio…», verso de «Tenth Avenue Freeze-Out». *(N. del T.)*

en la portada de *Born to Run,* Clarence pasó a ser el Big Man de la E Street Band. Usamos esa carátula, diseñada por el director artístico de Columbia, John Berg, para reinventarnos a nosotros mismos, nuestra amistad y nuestra alianza, a una escala épica. Nuestra aventura se inició con aquella fotografía a doble portada, tomada por Eric Meola, expuesta en los escaparates de todas las tiendas de discos de América. La idea de repartir la imagen entre la portada y la contraportada fue de John Berg. Cuando el álbum está cerrado, la portada muestra una encantadora fotografía de un joven y blanco rocanrolero punk. Pero cuando la abres, nace una banda y arranca una historia. Llevé a Clarence a la sesión de Eric Meola porque quería fotografiarme con él. Instintivamente sabía que había algo que deseaba expresar al mostrarnos allí de pie, uno al lado del otro. Era dramático, estimulante, y algo más. Captaba lo que sentí aquella primera noche en que Clarence subió a tocar con nosotros en el Student Prince. Aquella noche nació una historia auténtica, una de esas que no se pueden inventar, solo descubrir. Una historia que puede cultivarse y llevarse adelante, pero antes tiene que germinar en la suciedad, la cerveza, las bandas y los bares que la han visto nacer. Cuando veías aquella portada, se manifestaban la resonancia y la mitología del pasado del rock, pero también una frescura que miraba a su futuro. La imagen de C y de mí tomada por Eric Meola, como si fuera un disco de éxito, resultaba familiar, pero aun así nunca habías visto antes nada igual. Éramos únicos. Y éramos solo dos de nosotros.

La portada estaba llena del sutil misterio de la raza y de una traviesa sensación de diversión y potencia que prometía ser desatada. Es una foto que hace que te preguntes: «¿Quiénes son estos tíos, de qué se estarán riendo, cuál es su historia?». Aquella imagen surgió con naturalidad del fuerte y profundo sentimiento que había entre los dos.

Tras *Born to Run* también cambió nuestro espectáculo en escena. Antes de 1975, Clarence se quedaba plantado ante su micrófono y tocaba como cualquier saxofonista de club, discreto y afinado. Una noche me acerqué a él y le dije que aquello ya no bastaba. Podíamos usar nuestra presencia musical y *visual* para contar un relato, narrar una historia que en mis canciones solo se intuía. Podíamos vivirla.

Creo que mis palabras fueron algo así como «Mañana por la noche, apartémonos de los micros y montemos un numerito», pero Clarence sabía instintivamente qué hacer. A la noche siguiente apareció «Big Man», y el público se encendió al vernos simplemente caminar el uno hacia el otro y plantarnos en el centro del escenario. El público tenía razón. Aquellos fueron grandes pasos, y siguen siéndolo, porque sentimos que lo eran, nos comportamos como si lo fueran, y a partir de ahí les fuimos dando cuerpo.

El emperador de la E Street

Cuesta imaginar que una vez Clarence fue una persona normal, un estudiante universitario, jugador de fútbol americano y asesor con gafas en el State Home for Boys de Jamesburg. Su rostro era de esos que podrían haber encajado en cualquier época de la historia: el rostro de un emperador exótico, el rey de una isla, un boxeador de pesos pesados, un chamán, un recluso en una cuerda de presos, un bluesman de los años cincuenta y un superviviente del soul profundo. Guardaba un millón de secretos y ninguno. C era una criatura de un cínico humor negro que provenía, supongo, de haber crecido siendo un negro grandullón en el sur de Estados Unidos. Y, misteriosamente, también albergaba un optimismo inquebrantable y una extraña inocencia, supongo que por haber sido un niño de mamá como yo. Estos dos elementos, cuando se mezclan, son tan potentes como la dinamita, y aunque el punto en que C se disparaba se suavizó con los años, no convenía que esos dos polos acabaran juntándose. Si eso sucedía estabas destinado a un final desdichado, ya que el terreno intermedio entre esos puntos era una tierra de nadie paranormal y sin respuestas.

Observé a Clarence rodar por la vida con una animosa imprudencia y un humor que eran al tiempo admirables y preocupantes. La historia de C, como la del superviviente de una espantosa travesía oceánica, se experimentaba mejor sentado ante la chimenea que a su lado en el barco. Se casó muchas veces, y sus esposas experimentaban comportamientos desenfrenados mientras él sufría confusión romántica y financiera. Una cosa que el hombre corriente debe entender sobre Clarence es que *Clarence* era muy importante para Clarence. En esto no era muy distinto al resto de nosotros, salvo por su fabulosa condición. Para cuidar de C necesitabas a todo un pueblo. Era rico, se arruinaba, y volvía a enriquecerse. El desengaño y el mal de amores le esperaban a menudo a la vuelta de la esquina, pero siempre se levantaba a la mañana siguiente y volvía a la búsqueda del amor, amor, amor, paz y satisfacción, hasta que lo consiguió con su hermosa esposa, Victoria.

La identidad racial de Clarence se veía de algún modo enturbiada por su pura naturaleza fantástica. Tenía que bregar con su vida en el mundo predominantemente blanco de mi banda. En ese momento, la E Street Band era mitad blanca y mitad negra; la pérdida de Davey Sancious y Boom Carter le afectó enormemente. Pero durante mucho tiempo estuvo solo y, no importaba lo unidos que estuviésemos, yo era blanco. Nuestra relación era tan profunda como pueda imaginarse, pero vivíamos en el mundo real, donde experimentábamos la realidad de que nada, ni siquiera todo el amor de Dios en los cielos, anula la raza. Era algo asumido en nuestra relación. Y creo que también ejercía una primaria fascinación en ambos. Éramos incongruentes, nos faltaban piezas de ese viejo e irresuelto rompecabezas, dos añorantes mitades de un potente y excéntrico todo.

Si viajas durante años en una banda no segregacionista, observas el racismo en acción. A principios de los setenta algunas escuelas no aceptaban a nuestros cantantes negros. Y en la carretera con la E Street Band, volvía a emerger —no a menudo, solo ocasionalmente— de la oscuridad. Por fortuna no hubo daños físicos, y acercarse a C con esas intenciones era una muestra de desprecio temerario por la propia integridad (en nuestra juventud había visto a Clarence apilar todas las pesas en cada una de las máquinas Nautilus del gimnasio para ponerlas al máximo, hacer el circuito como quien no quiere la cosa y largarse a casa), pero aun así hubo momentos en que estuvimos cerca.

El calor de la noche

Me he movido entre los tipos más grandes del interior de Nueva Jersey. Porteros de bar con cinturón negro que se bebían una cerveza y luego masticaban literalmente el vaso para animar la velada. Cada hombre grande usa su estatura de modo distinto: para impresionar, controlar, intimidar, proteger, tranquilizar… C normalmente la usaba para proyectar una presencia callada, amable y poderosa, que dominaba el espacio a su alrededor con naturalidad. Rara vez se le cuestionaba, pero ese nivel de autoridad física siempre llevaba consigo un aviso: «Usar solo en caso de emergencia».

Era una noche de verano. Clarence y yo íbamos hacia el norte por la Ruta 9 para visitar un club que había abierto un colega suyo, y quizá tocar un poco para ayudar a dar a conocer el local. Cuando entramos al aparcamiento, aquello era una zona muerta, totalmente vacía. En el interior, la familiar tumba de un club de rock desierto. Una banda estaba afinando, preparándose para tocar para cuatro paredes y un camarero. Deprimente, pero lo he vivido muchas veces. Sales a escena cumpliendo una vieja regla de la costa: «Si no suena la música, nadie se queda».

De repente se oyeron ruidos en la entrada. Clarence fue a ver qué pasaba, y poco después oí un gran estruendo. Fui corriendo y vi a Clarence agarrando a dos tipos en el vestíbulo mientras el dueño se las veía con otro. Por lo visto había estallado una bronca porque querían entrar en aquel agujero negro, y C había ayudado a su amigo a mantener la paz. Se separaron, se intercambiaron insultos, y cuando se retiraban hacia el aparcamiento uno de aquellos tipos susurró, aunque no lo suficientemente bajo: «Negrata». Clarence se quedó allí, furioso. Pasaron unos segundos y, al mirar a mi alrededor, ya no vi a mi amigo. Eché un vistazo nervioso por el aparcamiento, temiendo lo peor. Me di una vuelta por allí.

Era una noche húmeda, las estrellas oscurecidas por un velo de ligera bruma. No corría el aire, solo había una imposible quietud, el tiempo suspendido. He vagabundeado por la costa en muchas noches como esa y siempre traen consigo un vago aroma al fin del mundo.

Encontré a C al fondo del aparcamiento, apoyado en el capó de un coche. «Conozco a esos tíos —dijo—. Juego al fútbol americano con ellos todos los domingos. ¿Por qué me han dicho eso?» Debí haberle respondido «Porque son unos capullos infrahumanos»; pero me pilló por sorpresa y todo lo que pude ofrecerle a mi amigo fue encogerme de hombros y murmurar: «No sé…». Silencio. Aquella noche no tocamos, nos fuimos a casa sumidos en la quietud del coche, con los sucesos de la velada retumbando incómodamente en nuestras cabezas. Un hombre blanco y un hombre negro juntos en un viaje que dura toda una vida, en una noche por lo demás sin sentido.

TREINTA Y CINCO

NUEVOS CONTRATOS

En 1975 habíamos encontrado oro. Mike, seriamente interesado en proteger su inversión y nuestra relación, me había estado persiguiendo por toda Europa cargado con una nueva serie de contratos. Quería que nos viéramos, explicarme los beneficios y persuadirme de que los firmara. Ambos éramos conscientes de que nuestras circunstancias habían cambiado profundamente. Yo ya no era el joven músico hambriento e ignorante llegado de fuera de la ciudad. Ahora tenía mucho poder… y ejercía el control. Dicho esto, esperaba un trato muy claro que nos permitiese seguir adelante en nuestra muy placentera y fructífera relación. Había llegado el primer dinero, medio millón de pavos, y la compañía discográfica lo había depositado en la cuenta de Mike siguiendo las condiciones de los contratos que yo había firmado. No recibí ni fondos independientes ni beneficios por royalties. Todo pasaba por Mike, filtrado a través de los contratos de producción, edición y representación de Laurel Canyon que yo había firmado hacía muchos y nebulosos años. Y que estipulaban que él pagaba al artista.

Nos vimos de forma breve y entrecortada en el Viejo Mundo. Era todo muy confuso y se sumaba a las tensiones de un viaje ya de por sí difícil, por lo que decidimos esperar a nuestro regreso a Estados Unidos para estudiarlo. Una vez de vuelta quedamos en un restaurante, donde Mike ensalzó las mejoras de nuestro nuevo acuerdo. Era sin duda mejor que el antiguo, pero había llegado el momento de hacer balance y quería saber cómo me había ido con el antiguo contrato antes de firmar el nuevo. Mis expectativas eran sencillas: porcentajes convencionales de representación, producción y edición. Repartamos la pasta y sigamos adelante. ¡Estábamos en la cima! Lo más duro ya había pasado. El problema era que aquello *no* era lo que yo había firmado. En un principio, la idea de los contratos me había resultado tan intimidante que no me los había tomado en serio. Pero había llegado el momento de echar cuentas, y si íbamos a mantener esos contratos necesitaba comprender totalmente sus condiciones antes de confiar y aceptar cualquier nuevo acuerdo con Mike. Parecía de sentido común.

Pedí un abogado. Mike y su abogado me buscaron uno. Pensé que sería una especie de farsa, pero en cualquier caso quería ver lo que iba a pasar. Quedamos en un restaurante de Nueva York y el abogado se centró en las condiciones mejoradas de los nuevos contratos, evitando hablar de las repercusiones de los antiguos. Sabía que eran estos los que iban a determinar el balance financiero final de los cinco años pasados trabajando junto a Mike, por lo que quería saber qué decían. Me hizo perder el tiempo. Salí de allí sabiendo que había dado con el lado oscuro de Mike y de nuestra relación. Las reglas contractuales eran muy distintas a las que regían en el estudio o las giras, donde me conocía el percal, sabía exactamente lo que se esperaba de mí y estaba en mi mundo. Pero había llegado a la última carpa, aquella que está plantada al final del camino, donde el *negocio* de la música se sienta a la cabecera de la mesa. A su derecha tienen a un contable con gafas y visera, encorvado sobre una calculadora en la que va haciendo cuentas, cada pulsación de sus teclas un clavo en tu ataúd. A su izquierda, la música, con una expresión en el rostro de «¿Qué... pasa...?», está atada con cinta americana a una silla y amordazada. La ironía era que yo mismo tenía mucho que ver con que se hubiera instalado esa carpa en la esquina de mi pequeño circo personal. Mike no debería haber ido tan lejos, pero mis miedos e inseguridades de juventud, mi rechazo a aceptar la responsabilidad de mis acciones, también contribuyeron, y mucho, a la situación. Oh, vaya.

Necesitaba consejo. Alguien independiente, ajeno a la influencia de Mike. Durante la grabación de *Born to Run* se había consolidado mi amistad con Jon Landau. Sabía que Jon no estaba por encima de las políticas de sus propios intereses y emociones. ¿Quién lo está? Pero Jon nunca había hablado mal de Mike ni menospreciado sus logros. Nunca se había arrogado ningún otro rol que no fuese el de amigo y productor. Sabía que no había otra persona en cuyo intelecto y sentido de la justicia pudiese confiar más, así que le llamé por teléfono. A través de Jon conocí al abogado Michael Mayer. Mike Mayer era un tipo corpulento de pelo rizado y actitud confiada y agresiva. Revisó mis contratos y, cuando fui a verle a su oficina, me informó alegremente de que eran los peores que había visto desde Frankie Lymon. Me contó que, en comparación, los indios lenape (nuestra tribu de Jersey) habían hecho un buen negocio al vender Manhattan por veinticuatro dólares, mucho mejor que el que haría yo si continuaba en las mismas condiciones. Y lo que oí fue... ¡esclavo!... ¡estafa!... ¡conflicto de intereses!... Estaba preparado para ello. Pensaba que, de todos modos, los contratos eran una chorrada, pura formalidad, y que lo importante era lo que Mike fuese a decir a partir de ahora, lo que decidiese hacer.

Tras estas desagradables revelaciones, me reuní con Mike para hablar de los contratos en un pequeño bar de Nueva York. Estuvimos contándonos historias hasta bien entrada la noche. Yo le dije que no pensaba firmar y ambos nos reímos a carcajadas; pedimos una copa tras otra. Él me lloriqueó con su cuento del tiempo que habíamos pasado juntos, los sacrificios, bla, bla, bla. Mike era siempre un tipo muy entretenido, y disfruté mucho escuchándole parlotear para intentar que yo firmase, como si fuera un vendedor de coches de segunda mano que el domingo por la tarde aún no ha alcanzado su cuota de ventas. Pero a esas alturas ya estaba acostumbrado a sus trucos y engaños. Mike le había comprado a su socio Jimmy la mitad de mi contrato, entonces en manos de Jules Kurz (¡supuestamente por un dólar!), quien lo había tomado como aval de un préstamo que Jimmy necesitaba. Era experto en esquivar a sus acreedores a diestra y siniestra, y contaba con un puñado de abyectas habilidades que empleaba alegremente cuando era necesario.

Un ejemplo significativo: cuando fiché por Columbia, Mike quiso de inmediato que firmase un seguro de vida por un millón de dólares. Me dijo que había hecho una gran inversión conmigo y que qué iba a ocurrir si yo fallecía. Le dije que no. A los veintidós años, no me sentía cómodo con alguien que esperaba sacarse un millón fácil con mi fallecimiento. Como de costumbre, Mike siguió insistiendo. Trató de edulcorar el asunto disponiendo que mis padres recibieran parte del dinero. «Mira, tus pobres padres recibirán un montón de pasta y no tendrán que pagarme un centavo. ¡YO ME ENCARGO DE LA FACTURA!». No. «¿No crees que es algo que me debes?» No. Al final, Mike trajo a un agente de la aseguradora, un tipo curtido en esas lides que le había garantizado a Mike que cerraría el trato, y nos encerramos los dos en una pequeña sala en Columbia Records. Escuché durante horas a aquel tipo vestido con traje y corbata que intentaba convencerme, mientras Mike esperaba fuera. No ofrecía nada nuevo. Era el mismo truco: que si la inversión de Mike, que si mamá y papá, dinero gratis, sin ningún coste para mí… ¡solo tenía que morirme! Le dije que era supersticioso y que no quería tener pendiendo sobre mi cabeza una recompensa de un millón de dólares. Tras una larga tarde intentando venderme el seguro por todos los medios, arremangado, con la corbata desanudada y la frente sudorosa, me miró a los ojos y dijo: «Chico, tengo esposa y familia. Si hago esta venta, voy a conseguir una gran comisión. ¿Qué me dices?». ¡M-i-i-i-i-i-k-e!

Mike entró; miró a su sicario, a quien había dejado actuar por su cuenta durante horas, y se percató de por dónde iba la cosa; entendió que había tenido su oportunidad y que el tiro le había salido por la culata; y dijo: «Oye, capullo, deja en paz al chaval. ¡Largo de aquí!». Ese es mi hombre.

De vuelta al bar, Mike volvía a empezar otra vez con su rollo: los logros conseguidos, John Hammond, *Time*, *Newsweek*, un millón de discos vendidos... Quería a Mike —y le sigo queriendo— y, a pesar de las recientes revelaciones sobre los contratos, quería seguir trabajando con él. Todo había sido una locura, pero una locura divertida, y habíamos llegado a la cima. Al final de aquella noche, ya bastante borracho, detuve a Mike en medio de su gimoteante soliloquio: «¡BASTA, DAME EL BOLÍGRAFO!». Me bebí otro chupito de Jack Daniel's y, con los cinco próximos años de mi vida extendidos ante mí, me dispuse a firmar en la primera línea de puntos. No iba en broma. Iba a firmar... otra vez. Quizá fuese para quitarme de encima todo aquel jodido asunto de los negocios, en el que me sentía extremadamente incómodo por mi ignorancia. Me dije a mí mismo que, de todos modos, el dinero no me importaba lo más mínimo. Ya tenía lo que necesitaba: una banda, un techo sobre mi cabeza, comida, un coche, una guitarra, música, un contrato discográfico, un público que empezaba a aumentar. Joder, estaba solo en aquello, con apenas veinticinco años, totalmente fuera de mi terreno en esos asuntos, y estaba muy harto del complejo y confuso mundo adulto de aquellos ¡JODIDOS PAPELES! ¡Pasemos de esta mierda y DÉJAME TOCAR!

Bastante puesto tras muchos chupitos de whisky, me dispuse a firmar. Entonces noté una mano que agarraba la mía. Una voz dijo: «No, así no». Era Mike. Aquellos contratos nunca se llegaron a firmar, pero la relación con Mike pronto se arruinaría.

La última reunión

Una mañana Mike y yo nos reunimos en mi casa de Atlantic Highlands por última vez. La tensión empezaba a aumentar a causa de nuestros asuntos aún por resolver. La luz de la bahía de Sandy Hook entraba por los ventanales cuando nos sentamos a hablarlo por última vez. Estábamos solo él y yo. Para entonces ya conocía el alcance de nuestros anteriores contratos, pero ¿qué importancia tenían comparados con lo que había entre nosotros…? La música, el público, todo por lo que habíamos pasado, lo que sentíamos el uno por el otro… Le dije: «Mike, sé que los contratos son malos, pero no importa. Podemos arreglarlos, son solo papel. Podemos romperlos y empezar algo nuevo. Tenemos X cantidad de dólares por cinco años de trabajo. Lo repartimos y seguimos adelante. Tan solo dime cuánto te toca a ti y cuánto a mí». Esperaba una respuesta justa y racional. Pero Mike contestó: «Bueno, eso depende. Si firmas conmigo otros cinco años, una suma significativa será tuya. De lo contrario… probablemente muy poco». Cuando Mike soltó las palabras «eso depende», supe que teníamos un problema grave. Cinco años más de mi vida a cambio de una parte justa de los anteriores cinco años de trabajo no era la ecuación por la que había cogido la guitarra, me había construido una vida y forjado un futuro, por muy insignificante que fuese. Mike se marchó.

En los siguientes días seguimos negociando y casi llegamos a un acuerdo. Muchas de las nuevas condiciones contractuales tendrían efectos retroactivos sobre los primeros contratos y los viejos acuerdos quedarían invalidados. Me sentía orgulloso, aliviado, y pensé que habíamos solucionado el asunto de manera razonable. Poco después recibí una llamada de Mike. Me contó que lo había hablado con su padre y que este le había dicho que estaría regalando la tienda de caramelos (el medio millón en el banco) sin garantía de más éxitos futuros. Intenté explicarle a Mike que estaría regalando el bote de Tootsie Rolls pero seguiría *conservando* la tienda de caramelos, pero no se avino a razones. Papá había hablado y al parecer no había vuelta atrás. Colgué el teléfono, volví a marcar y dije: «¡Enviad a los abogados!».

Más tarde comprendería que seguramente había dado con una grieta en la fe que Mike tenía en mí. ¡Y en qué momento! Era algo que iba totalmente en contra de todo lo que yo sentía y sabía sobre él desde el día en que nos conocimos. No había un creyente más fiel que Mike Appel, pero estábamos en un negocio muy voluble donde abundan los artistas de un solo éxito y medio millón de dólares era una suma de dinero que tipos como nosotros probablemente no volveríamos a ver nunca más. Conocía la mentalidad de Mike, y perder el control de esa suma de dinero sería demasiado para él. Es muy fácil compartir *nada*, pero compartir *algo*... eso es más complejo, sobre todo si se trata de tu primer y posiblemente último *algo*.

Pasé muchas noches sin dormir dando vueltas a lo que significaban esos contratos y ese dinero. ¿Qué cuantificaban, qué simbolizaban? Parecía que, para Mike y para mí, representaban algo más grande que nuestra propia relación, que todo lo que habíamos hecho y haríamos en adelante. Más que nuestro pasado, presente y futuro. La angustiosa inseguridad e intemperancia de Mike, junto con, quizá, mi propia y voluntaria ignorancia, mi personal insistencia en que todos esos *papeles* no significaban nada, nos habían distanciado. Habíamos destruido el gozo, el afecto y la promesa que nos habíamos hecho, todo lo que sentíamos el uno por el otro.

¿Qué significaban para mí aquellos contratos...? ¿Control? ¿Poder? ¿Autodeterminación? ¿«Well he ain't my boss no more, Sandy» («Sandy, él ya no es mi jefe»)?* ¿Un empecinamiento en que los *negocios* se avinieran a mi visión personal del mundo? Quizá fuese eso. Para Mike... ¿sería lo mismo? ¿Poder, control, validación a ojos de su padre, apropiación de nuestro éxito y confirmación personal de cómo veía él nuestra relación? Muchos, si no todos, los astutos representantes de la vieja escuela tenían una vena maquiavélica. El ídolo de Mike era el representante de Elvis, el Coronel Tom Parker. Yo adoraba a Elvis y aquella era una idea que nos hacía gracia a ambos, pero yo no iba a *ser* Elvis. Aquellos tiempos habían pasado. *Yo* trataba intencionadamente de *no* ser Elvis. Me motivaban poderosas fuerzas internas que determinarían el desarrollo de mi trabajo y la vida que quería llevar. Dejaría que me ayudases, necesitaría tu ayuda, pero también necesitaba la certeza de que tenía firmemente el control. Aquella era la cuestión, más allá del disfrute, de la emoción de sentir cómo mis talentos iban creciendo en mi interior; aquello era para lo que habían servido tantos años de esfuerzo y la montaña contra la que topó el «eso depende» de Mike. En esto, yo era esencialmente inamovible.

---

* Verso de «4th of July, Asbury Park (Sandy)». *(N. del T.)*

A lo largo de mi vida, me había inclinado ante el poder de forma significativa o intrascendente. Todos lo hemos hecho. Me habían acosado e intimidado. A menudo me avergonzaba y me enfadaba, pero vale, en cualquier otro terreno, cualquier otro día, me lo tragaba, me apaciguaba, me aguantaba como podía y seguía adelante. Pero en la música me había prometido que, si podía, intentaría que las cosas fuesen un poco diferentes. Iba a intentar llevar mi vida como quisiera, y durante la década anterior, sin padres ni demasiado apoyo o recompensa financiera, así lo había hecho. No pertenecía más que a mí mismo. Y así iba a seguir siendo.

El error fundamental de Mike fue que no me entendió. Había enunciado las que pensaba que eran mis opciones en el lenguaje del *poder*. Es cierto que una de las parejas de baile en cualquier negociación es el poder, pero el compromiso y el civismo deben tener también su espacio en la pista de baile. En aquel momento, las palabras de Mike fueron más allá de la negociación y se convirtieron en una no-demasiado-velada amenaza. Y, entre amigos, eso es muy feo. Íbamos a pelear, duramente.

Al final, no todo tuvo que ver con los contratos. Durante la última gira me había empezado a quedar clara una cosa. La habilidad de Mike para «representarme» del modo que yo quería, para ser mi portavoz, era como mínimo bronca. Mike era un luchador. Era su temperamento. Lo que se le daba bien: la supervivencia pura y dura, «a cualquier precio». Pero con *Born to Run* habíamos llegado a un punto en que ya no quedaba nadie contra quien luchar. ¡Habíamos ganado! Todos querían jugar en nuestro equipo.

Lo que necesitaba a partir de ese momento era un facilitador, alguien que representase mis intereses de forma segura y tranquila, y que consiguiese que se hicieran las cosas. Fuera del escenario no quería más dramas. Entre la casa de locos que era la primera E Street Band, y la taciturna e inflexible intensidad de la vida emocional de mi padre, ya había tenido bastante. Quería gente a mi alrededor que hiciera lo posible por crear unas condiciones en las que pudiese trabajar en paz y dar lo mejor de mí mismo, sin interrupciones causadas por tormentas en un vaso provocadas por mi propio entorno. Las

distracciones sin sentido drenan la energía que deberías estar invirtiendo en cosas más serias o usando para disfrutar de las recompensas
de tu trabajo. Mike no sabía nada de la «vía intermedia». Jon tenía un
toque más sofisticado y ligero que traía consigo su tranquila autoridad. Estaba más en sintonía con la confianza que ahora veía en mí y
que deseaba proyectar. Jon no era un hombre de negocios, no tenía
experiencia como representante. Después de Mike, me entrevisté con
algunos de los mejores en la profesión para ocupar su puesto. Eran
todos hombres de negocios perfectamente profesionales, pero eso no
iba a ser suficiente en mi caso. Necesitaba discípulos. Esto resultaría
ser un talón de Aquiles. En el futuro, tras algunos enredos costosos, lo
dejaría estar, pero no antes de que acabase con varias relaciones duraderas, lo cual me causó gran dolor y a punto estuvo de debilitar nuestra banda. Pero hasta entonces había necesitado el sostén emocional
de viajeros fieles que me hiciesen sentir seguro y a salvo, preparado
para acometer mi trabajo en las tierras salvajes del pop. No mantenía
una relación normal de nueve a cinco ni con las personas que trabajaban conmigo ni con mi trabajo. Moderado en la mayoría de los
aspectos de mi vida, en esto era extremado. En el trabajo tenías que
ajustarte siempre a mi horario. Jon era ya demasiado mayor para soportar mucho de eso, pero su corazón, dedicación y amor por lo que
yo hacía le atrajeron a mis dominios. A cambio, lo que mis apóstoles
esperaban de mí era todo cuanto tenía. Podía manejar eso… por un
tiempo.

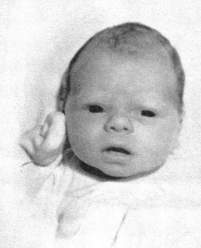

Bruce 9/23/49

Born In The U.S.A.

my Grandfather's Electrical shop

my parents' wedding day

Easter Sunday, Atlantic Highlands, N.J.

Outlaw pete

Summer in Manasquan

me and my sis Virginia

Mom and Pop at the diner

glory days, Freehold, N.J.

THE CASTILES

(Left to Right) George Theiss, Bruce Springsteen Curt Fluhr, Paul Popkin, Vince Manniello.

playing at the Surf 'n Sea beach club

George theiss and myself (show opener perched on a lifeguard stand)

steel mill

my little sis from California bound 1969

me and my hair playing at
Tinker's surfboard factory

At my mom and dad's apartment
in San Mateo, California

checking out my record for the first Time

early E Street

breakin' out at the Bottom Line

Double Whammy!

me and the Big man at the Eric Meola photo shoot for Born to Ru

Frank Stefanko photos from *Darkness On the Edge of Town*

Taking flight?!

AT the Record plant

N.Y.C. the River

Mr. Landau and the Artist

Nebraska

my muscles got muscles...

me and my redhead

the Big big Time

driving cross country in '88

the Delia brothers

In Las Vegas

At Sun studios

in The Arizona Sun

ms. path and Cody

On Route 66

in Monument Valley

Honeyman log cabin

Euan, playing football with Dad

Sam, the Mayor of Sea Bright Beach

Jessie's first pony

Farm fiesta and rodeo

TREINTA Y SEIS

VIVIENDO CON LA LEY

Quería volver al estudio con Jon como productor. Pero al no haberse cerrado el trato, Mike, claro está, se opuso. Punto muerto. Aquí llega el juez.

Perdimos la mayoría de nuestras primeras mociones. El poder de Mike, suscrito por los acuerdos, demostró ser muy efectivo a la hora de frenar en seco mi carrera. ¡Descubrí que «acuerdos» significa que estás «de acuerdo» en algo! No importa que los leyeras o no, que te los comieras para desayunar o empapelaras las paredes con ellos… ¡estabas DE ACUERDO! Y entonces llegaron los testimonios.

Los testimonios, o descubrimiento de indicios, son el procedimiento legal por el que ambas partes se reúnen en una habitación en presencia de un estenógrafo judicial, y donde los respectivos abogados se turnan para intentar enredar como espaguetis la historia del otro, buscando obtener las respuestas que *tú* (o tu oponente) necesitas para tu caso. No es agradable ni placentero. Resulta embarazoso, físicamente incómodo y un pequeño aviso de cómo tu culo va a ser fileteado una vez que subas al estrado y empieces a soltar tu rollo, sea verdadero o no. No olvidemos que se le llama sistema de «adversarios», y cualquiera al que se le haya tomado testimonio, sea por un gran fraude financiero o por saltarse un semáforo en rojo, te dirá que hace honor a su nombre. Hasta ese momento me había gastado ya más de mil dólares en un plan perdedor, y la cosa solo acababa de empezar. En mi primera reunión con mis nuevos abogados, Peter Parcher me regaló los oídos con las ventajas de mi caso: «Ningún juez ni jurado respetables de este país darán crédito a estos papeles esclavistas... avaricia... por Dios, joder, ¡pero si firmaste como empleado! Avaricia... avaricia... condiciones ridículas... escandaloso conflicto de interés...», bla, bla, bla. Lo había oído todo antes, pero aun así me sonó de maravilla. Tras unos cuarenta minutos, me sentía bastante bien y le pregunté muy excitado: «Demonios, entonces, señor Parcher, ¿qué clase de caso tiene Mike?». Y él respondió: «¿Mike?... Tiene un buen caso entre manos... ¡TU NOMBRE ESTÁ EN LOS PAPELES!». Oh.

Peter Parcher y su colega Peter Herbert determinaron que el mayor obstáculo para que Mike llegase a un acuerdo en el caso era que él no creía que nuestra relación hubiese terminado realmente. Mi tarea era convencerle de que sí había acabado, y eso implicaba ponerse a las malas. Previamente me habían tomado testimonio con mis antiguos abogados. Cuando el señor Parcher leyó las transcripciones, me dijo que aquello había sido un patético desastre. Todo ambivalencia, zonas grises, indecisión, equidad, pero ¡NADA DE PELEA! Peter me llevó aparte y me dijo: «*Tú*, amigo mío, no eres el juez. El juez es el juez. *Tú* no eres el jurado; el jurado es el jurado. Debes contar tu historia lo mejor que puedas, como él contará la suya. El juez y el jurado son los que decidirán quién tiene razón. Ese no es tu trabajo».

Siempre había tenido un problema con eso. Mi padre hablaba tan poco que yo debía aportar todas las voces, todos los puntos de vista en nuestra no-conversación. Al tiempo que me defendía a mí mismo, debía argumentar interiormente las acusaciones que mi padre tenía contra mí. Me retorcía y me revolvía en mi interior tratando de entender qué había hecho mal y qué podía hacer para arreglarlo. No era consciente de la imposibilidad de lo que me esforzaba tanto por hacer. Por otra parte, ese era el único modo en que podía controlar mínimamente el desconcertante temperamento emocional de nuestro hogar. En consecuencia, a medida que avanzaba en la vida, ese *modus operandi* hacía que con frecuencia sintiese demasiada empatía por mis contrincantes. No importaba lo lejos que fueses, siempre intentaba comprender tu perspectiva, tu punto de vista, ponerme en tu piel. Tiempo después les diría a mis hijos que la compasión era una virtud que no debía desperdiciarse en aquellos que no la merecen. Si alguien te pone la bota en el cuello, dale en las pelotas y luego lo discutís. Mi exceso de empatía era bueno a la hora de escribir canciones, pero a menudo muy malo para la vida y los litigios.

En mi primer día de declaración bajo la tutela de los dos Peter, estuve muy desafortunado. Mis respuestas estuvieron llenas de improperios, en parte teatro, en parte rabia verdaderamente sentida que bordeaba la violencia. No estaba enfadado por el dinero; lo que me ponía furioso era no poseer o controlar la música que había compuesto. Ese fue el combustible que usé para encender mi ira. Dejé que estallase y duró varios días, gritaba, daba golpes en la mesa, me echaba atrás en la silla y hasta estampé mi puño contra un archivador. Me trabajé un Oscar a fondo. Finalmente Leonard Marx, el abogado de Mike, protestó contra mis declaraciones aduciendo mal comportamiento. Tuvimos que tomar el metro hasta un juzgado del centro, donde fui educadamente fustigado por el juez, que me ordenó que rebajara mi actuación. Las transcripciones de las declaraciones constituyen una lectura nocturna fascinante y divertida, y aparecen fielmente reproducidas, junto con la versión de la historia de Mike, en su libro *Down Thunder Road*.

Como escribió Dickens: «Era el mejor de los tiempos, era el peor de los tiempos». Mayormente, el peor de los tiempos… y se alargó durante años. Yo tenía alquilada una granja de sesenta y cinco hectáreas en Telegraph Hill Road, en Holmdel, Nueva Jersey, por setecientos dólares mensuales. Me subía a mi camioneta blanca C10, que mi

chica había bautizado como «Súper Camión», y me plantaba en el
Stone Pony, donde me subía a la tarima, tocaba para la gente del lugar,
flirteaba con las camareras y ahogaba mis penas en demasiado brandy
de moras. Lo pasé muy bien en aquella camioneta. Instalé en la plataforma medio sofá, una nevera portátil con hielo y una pequeña
parrilla japonesa para cocinar. Llevaba a mi chica al último de los
autocines. Aparcábamos con el morro de espaldas a la pantalla, nos
subíamos al sofá, bebíamos cerveza y hacíamos hamburguesas durante la sesión doble nocturna. Aquel verano vi allí a Warren Oates en la
fabulosa *Gallos de pelea*. Tenía mucho tiempo libre, y la verdad es que
iba bastante de bares y bebía algo más de lo razonable para aliviar el
estrés. Hubo noches en que, al regresar a casa desde el Pony, dejé
marcas de neumático sobre el césped de más de un jardín de Deal.

Al final aquello acabó resultando cansado y deprimente, pero me
reconfortaba pensando que podía perderlo todo menos una cosa: a mí
mismo. Ningún pleito, ninguna decisión judicial, ningún juez, ningún
veredicto legal podría quitarme lo que más atesoraba. Que era el oficio y la vida interior que había acumulado desde la adolescencia,
fundamentados en la música que podía hacer con mi corazón, mi
cabeza y mis manos. Eso era mío para siempre y no me lo podrían
arrebatar. Pensaba: «Si pierdo y me quedo sin nada cuando todo esto
pase, todavía podrás lanzarme en paracaídas con mi guitarra sobre
cualquier lugar de Norteamérica; caminaré hasta el bar de carretera
más cercano, encontraré algún grupo y te animaré la noche. Solo
porque puedo».

El acuerdo

Todas las cosas buenas se acaban. Lenta y tristemente, Mike se convenció de que todo había terminado. Llegamos a un acuerdo, se re-
dactaron los papeles de la separación, y una apacible noche, en un
edificio de oficinas poco iluminado del centro de Manhattan, Mike
y yo consumamos nuestro divorcio. Sentado a un extremo de una
larga mesa de reuniones, hice lo que debe hacerse cuando tienes la

suerte de trabajar en una profesión que te apasiona y en la que has disfrutado aunque sea de un éxito menor. Hice exactamente lo mismo que en un principio me había metido en todo aquel jodido lío: firmar más papeles que no había leído, ni nunca leería, para poder así alcanzar lo que más deseaba, lo que más necesitaba, *hacer música y tocarla*. El dinero se había esfumado, pero la música era primordialmente mía y podía elegir la dirección de mi carrera sin obstáculos.

Hecho esto, me dirigí al ascensor y hacia una imagen en negativo de aquella vez en que Mike y yo bajamos desde el último piso del edificio Black Rock el día en que fuimos descubiertos. Mi cabeza se aclaraba lentamente del lodo del litigio y los problemas que este había traído consigo, y salí a la noche neoyorquina. En el futuro volvería a hacer algunos tratos con Mike, algunos buenos, otros espantosos, pero una vez que acabó la guerra y pasó el tiempo −mucho tiempo−, el afecto y la conexión personal perduraron. Habíamos estado juntos en un lugar especial, un lugar en el que teníamos que depender el uno del otro y de nadie más, donde las cosas que importaban estaban en juego. Habíamos entrado en conflicto −así es el mundo real−, pero no podía odiar a Mike; solo puedo quererle. Su bocaza me abrió las puertas del despacho de John Hammond. Desde Asbury Park hasta Nueva York y Columbia Records hay un buen trecho. Cuando las cosas se complicaban, él las solventaba. Era un tío duro, salido del molde de Nueva York/Nueva Jersey. Nada podía ser demasiado duro para él. Extraía energía de ello y lo disfrutaba. Para él, el problema era cuando todo iba bien. Hay gente que es así; no saben cuándo deben dejar de pelear.

Junto a Jon y Steve, Mike era mi hermano de armas. Lo sabía todo sobre los mejores grupos, los discos de éxito más fabulosos, cada matiz importante en las voces de los grandes cantantes, los mejores riffs de guitarra, el corazón y el alma que habitaban en nuestra música favorita. Cuando hablábamos, él acababa mis frases. Era un fan, con toda la belleza y el sentido que la palabra tiene para mí. Mike era divertido, cínico, soñador y procaz, y cuando estabas con él te pasabas todo el rato riendo.

Al final, Mike acabaría vendiéndome todas las piezas de mi música que tenía, a fin de financiar otros de sus sueños volátiles. Fue uno más de sus graves errores, bueno para mí, malo para mi amigo. Aquellas canciones iban a significar dinero en el banco durante mucho tiempo. Mike, en su desmesura, se interesaba siempre por… el presente, el futuro inmediato. Soy uno de los pocos artistas de aquella época que es propietario de todo lo que ha creado. Todos mis discos son míos. Todas mis canciones son mías. Es algo raro, y sienta muy bien.

Mike era una mezcla de Willy Loman y Starbuck. Era un vendedor en el sentido más clásico y trágico. Era uno de esos que dicen que saben provocar la lluvia. Y pese a todo el dolor y el sufrimiento de nuestros últimos años juntos… hizo que lloviera.

Me acordé de mi abuelo, Anthony Zerilli, el ex alumno de Sing Sing («Debes arriesgarte y pagar el precio»). Yo me arriesgué y lo pagué, pero también salí ganando. Mi talento, mi ego, mis deseos eran demasiado grandes. Mientras caminaba, la charla excitada y exhausta de mis compañeros de batalla, Jon, Peter y Peter, flotaba en algún lugar a mi espalda. Me colmaban la luz, la euforia de verme liberado, el poder que me otorgaba el haber luchado duramente por algo que creía firmemente que era mío. Sentía tristeza por la aniquilación de una buena amistad, pero Mike y yo volveríamos a encontrarnos. En aquel momento, sentí la sombra de un futuro, pospuesto durante dos años, cerniéndose sobre mí. Finalmente había llegado la hora de convertir todo aquello en algo.

TREINTA Y SIETE

*DARKNESS ON THE EDGE OF TOWN**

Escena uno: El ensordecedor y chirriante sonido de plástico siendo cortado en el suelo de una fábrica. Estoy a escasos centímetros detrás de mi padre, sosteniendo una bolsa de papel marrón que contiene su comida del turno nocturno, un sándwich de ensalada de huevo. Le llamo en medio de aquel fragor, siento que mi boca se mueve, mis cuerdas vocales se tensan, pero nada... ningún sonido. Finalmente se gira, me ve, suelta unas pocas palabras que no oigo y coge la bolsa.

Escena dos: Voy sentado en el camión de reparto de mi padre. Es uno de los mejores días de mi niñez. Atravesamos Nueva Jersey en una misión que desconozco, pero cuya importancia, por lo menos para mí, no puede discutirse. Llegamos a nuestro destino, entregamos

---

* «Oscuridad en los límites de la ciudad», álbum de 1978. *(N. del T.)*

no recuerdo qué. Todo lo que recuerdo es la puerta trasera corredera del camión, su rugido metálico al subir por los rieles que recorren el techo del camión. Mi padre y otros hombres descargan grandes cajas de su interior, se fuman un cigarrillo, bromean brevemente entre ellos, misión cumplida. Recuerdo el traqueteo de los muelles de la suspensión de regreso a casa, mi ventana abierta en un día de otoño en que me había saltado la escuela, el cambio de marchas negro entre mi padre y yo, el olor a cuero y metal de los años cincuenta en el interior del camión, y mi corazón latiendo con admiración, sentimiento del deber cumplido y el orgullo de ser necesitado. Viajo con el rey. Mi padre me ha llevado a su trabajo. Oh, qué mundo podría haber sido aquel.

Taxista, obrero en una cadena de montaje, mecánico de coches, guardia de prisiones, conductor de autobús, camionero… son solo algunos de los muchos trabajos que hizo mi padre a lo largo de su vida. Mis hermanas y yo crecimos en barrios proletarios, racialmente integrados, poblados por obreros de fábricas, policías, bomberos, camioneros de larga distancia. Jamás vi salir a un hombre de su casa con traje y corbata, a no ser que fuese domingo o estuviese metido en problemas. Si llamabas a nuestra puerta vistiendo un traje, inmediatamente levantabas sospechas. Querías algo. Había buenos vecinos, afectuosos, excéntricos y básicamente decentes. Había personas detestables como en todas partes, y también casas en las que se veía que algo malo pasaba. De los seis a los doce años, vivimos en el 39½ de Institute Street, en la mitad más pequeña de una casa muy pequeña sin agua caliente. Nos bañábamos solo unas pocas veces a la semana, porque eso implicaba el penoso ritual de mi madre calentando ollas de agua en la cocina de gas y acarreándolas una a una por las escaleras para llenar la bañera del piso de arriba. Mi hermana y yo lanzábamos una moneda al aire para ver quién se bañaba primero. Las paredes eran finas, muy finas. No se podían ocultar ni ignorar los gritos, discusiones y otras cosas peores de nuestros vecinos. Me acuerdo de mi madre sentada en la escalera con sus rulos de color rosa y la oreja pegada a la pared que daba a la otra mitad de la casa, escuchando cómo se peleaba la pareja de al lado. Él era un tipo corpulento y rudo. Por las noches oías cómo pegaba a su mujer. Al día siguiente la veías llena de moratones. Nadie llamaba a la policía, nadie decía nada, nadie hacía nada. Un día el marido llegó a casa y colgó en el alero del porche unas campanillas de cristal con falsa decoración china. Llegué a odiarlas. Cuando soplaba la más ligera brisa tintineaban. La apacible sonoridad de aquellas campanillas y el frecuente infierno nocturno de la casa constituían una mezcla grotesca. Hasta el día de hoy sigo sin soportar el sonido de las campanillas de viento. Suenan a mentiras.

Esta era una parte de mi pasado en la que me inspiraría para dar fundamento a *Darkness on the Edge of Town*.

De un modo típicamente norteamericano, en 1977 ya había escapado de los grilletes de nacimiento, historia personal y, finalmente, lugar de origen, pero algo no iba bien. En vez de alegría, sentía malestar. Notaba que había una gran diferencia entre el libertinaje personal sin restricciones y la libertad real. Muchos grupos anteriores a nosotros, muchos de mis héroes, habían confundido ambos conceptos y la cosa había acabado mal. Sentía que el libertinaje personal era a la libertad lo que la masturbación al sexo. No está mal, pero no es lo mismo. Esas eran las circunstancias que llevaron a los protagonistas que había visualizado en «Born to Run», tan decididos a partir y escapar, a dar la vuelta a su automóvil y regresar a su pueblo. Allí era donde estaba la esencia, entre sus semejantes. Empecé a hacerme otra clase de preguntas. Sentía una responsabilidad hacia la gente con la que había crecido y necesitaba afrontar ese sentimiento.

Además de escuchar el pop con conciencia de clase de los Animals, a los grupos beat británicos de principios de los sesenta y a los punks, empecé a prestar seria atención a la música country y descubrí a Hank Williams. Me gustaba que el country tratase temas adultos; no creía que hubiera que abandonar la música pop al llegar a cierta edad, por lo que aspiraba a que mis nuevas canciones siguieran resonando al hacerme mayor. Las películas se convirtieron en una gran influencia, y el título *Darkness on the Edge of Town* surgía directamente del cine negro americano. Me había asentado en un sonido que resultaba más escueto, menos grandioso que el de *Born to Run*, un sonido que sentía que encajaba mejor con las voces a las que intentaba dar vida. Me encontraba en territorio desconocido y buscaba un tono a medio camino entre la esperanza espiritual de *Born to Run* y el cinismo de los años setenta. Ese cinismo era contra lo que luchaban mis personajes. Quería que pareciesen mayores, gastados, más sabios, pero no vencidos. Aumentaba la sensación de lucha cotidiana; costaba mucho más tener esperanza. Ese era el sentimiento que quería transmitir. Me alejaba del escapismo y ubicaba a mis personajes en una comunidad sitiada.

Born to Run me había proporcionado un pequeño piano de cola Steinway y un Chevrolet Corvette de 1960 con ruedas Cragar que le compré por seis de los grandes a un chico que trabajaba en el puesto de helados Carvel de West Long Branch. Aparte de esto, solo llegaban facturas: facturas de estudios, facturas de alquiler de instrumentos, facturas de todas las personas a las que Mike (¿nosotros?) había estafado para mantenernos en marcha; había minutas de abogados, impuestos atrasados y tediosas disputas. Algún joven emprendedor que trabajaba en Hacienda vio las portadas de *Time* y *Newsweek* y se preguntó: «¿Quién será este tío?». La respuesta era: un tipo que no había pagado ni un penique en impuestos en toda su vida, como la mayoría de sus amigos. ¡Bang! Aquí llega tu Tío Sam. Estábamos todos tan acostumbrados a vivir financieramente al margen que jamás nos habíamos planteado que podíamos ser considerados contribuyentes. Ni siquiera todo el dinero que estaba entrando habría servido para ponernos al día; Mike alegó que lo había gastado todo en nuestra supervivencia. De repente, me reclamaban impuestos atrasados por todos mis «ingresos» desde el vientre materno, y tuve que pagar también los de la banda, ya que no tenían dinero para afrontarlos. Tardé mucho tiempo en conseguirlo. Durante toda la gira de *Darkness* toqué *cada* noche para pagar a alguien. Abogados, acreedores, el Tío Sam, empresas de sonido, de transportes; salían de debajo de las piedras para llevarse nuestras escasas ganancias. Todo ello, además del montón de astronómicas facturas de los estudios en los que habíamos aprendido a grabar, me mantendría en bancarrota hasta 1982, diez años y millones de discos después de haber firmado con CBS. Si aquellos discos hubiesen fracasado, habría acabado de vuelta en Asbury Park, con la única recompensa de una historia de borracho que contar.

Grabamos cuarenta, cincuenta, sesenta canciones de todos los géneros. Tal vez fuera porque, tras los dos años de parón, estaba ansioso por grabar, por sacarme de la cabeza todas esas canciones e ideas, y así dejar espacio para el disco que quería hacer realmente. Muy lentamente… así fue como sucedió. Estábamos tan oxidados al volver al estudio que pasaron semanas antes de lograr tocar una sola nota. Al igual que sucedió con *Born to Run*, nuestro proceso de grabación se frustraba por nuestra aparente incapacidad a la hora de conseguir los sonidos más básicos aceptables. Pasaban los días y el único sonido que emanaba del estudio B de Record Plant era el monótono e interminable aporreo de la baqueta de Max sobre el tom-tom. «¡Baqueeeeeeeeeeeeta!» Ese era nuestro frustrante mantra, gritado día y noche, una y otra vez. Significaba que, en vez del tono y la riqueza de un verdadero platillo o tom-tom, lo que se escuchaba era el insatisfactorio sonido de un palo de madera sobre cuero tensado. Literalmente escuchábamos la *baqueta*. Nada de trueno de los dioses. Andábamos a trompicones, como ciegos en un callejón oscuro.

En el fondo, éramos productores aficionados incapaces de entender la física básica de registrar el sonido en una cinta. El sonido grabado es relativo. Cuando la batería es vigorosa pero moderada deja espacio para un gran sonido de guitarra. Pero no puedes incluirlo *todo*, pues en realidad no sonará *nada*. Los discos de Phil Spector no son grandes a nivel sonoro. No disponían de la tecnología necesaria. Solo suenan *más grandes* que tu mundo. Es una bonita ilusión. Yo lo quería todo y por eso no conseguía nada. Seguimos adelante, en un proceso extenuante, pero el agotamiento siempre ha sido mi amigo y no me importa llegar a él. Cerca del fondo de su abismo sin fondo generalmente encuentro resultados. Fracasamos hasta que dejamos de hacerlo.

Empecé a hallar inspiración en el blues de clase trabajadora de los Animals, en éxitos pop como «Friday on My Mind» de los Easybeats y en la música country que durante tanto tiempo ignoré. Hank Williams, Woody Guthrie: música que describía con emoción una vida que yo reconocía, mi vida, la vida de mi familia y mis vecinos. Ahí era donde quería instalarme musicalmente y poder buscar mis propias preguntas y respuestas. No quería estar fuera, sino dentro. No quería borrar, escapar, olvidar o rechazar. Quería comprender. ¿Cuáles eran las fuerzas sociales que constreñían las vidas de mis padres? ¿Por qué era todo tan difícil? En mi búsqueda iba a difuminar las líneas entre los factores personales y psicológicos que dificultaron la existencia de mi padre y las cuestiones políticas que mantenían amordazadas las vidas de las clases trabajadoras en Estados Unidos. Tenía que empezar por alguna parte. Y determiné convertirme en la voz informada y compasiva de la razón y la venganza para las afligidas vidas de mis padres. Esto daría sus primeros frutos en *Darkness on the Edge of Town*. Fue después de alcanzar el éxito y mi «libertad» cuando empecé a investigar en serio estos asuntos. No sé muy bien si se trataba del sentimiento de culpa del superviviente que por fin logra escapar más allá de los confines de su existencia pueblerina, o si es que en Estados Unidos, como en el campo de batalla, nunca dejamos a nadie atrás. En un país tan rico como el nuestro, eso no está bien. No es pedir demasiado una vida decente y digna. Lo que decidas luego hacer con ella es cosa tuya, pero ese mínimo debería ser un derecho de nacimiento.

Finalmente, la parte de mí que había vivido en los barrios trabajadores de mi pueblo era una parte esencial y permanente de quien era yo. Quien has sido y donde has estado es algo que nunca te abandona. Las nuevas partes de tu persona simplemente se suben al coche y te acompañan el resto del viaje. El éxito de tu viaje y tu destino dependen de quién conduzca. Había sido testigo de cómo otros grandes músicos perdían el rumbo y veían cómo su música y su arte se volvían anémicos, desarraigados, desplazados, al haber perdido el contacto con quienes eran. Mi música sería una música de la identidad, una búsqueda de significado y de futuro.

Acercándome

Canciones festivas, canciones de amor, pop del Brill Building, absolutos bombazos de Top 10 («Fire», «Because the Night»), llegaron y se fueron. Así era yo. No estaba seguro de lo que quería, pero husmeaba algo en el aire y sabía cuándo no funcionaba. Como en *Born to Run*, lo que me impulsaba a seguir adelante hacia lo que esperaba que fuese algo luminoso era una sutil plasmación de la época y el trabajo de crear una identidad, un «yo» inmediato con el que pudiese vivir. Al final reduje aquella acumulación de canciones que tenía y dejé las diez más duras. Los temas que escogí tenían títulos grandiosos −«Badlands», «Prove It All Night», «Adam Raised a Cain», «Racing in the Street», «Darkness on the Edge of Town»− y estaban colmados de voluntad, resiliencia y resistencia. «Adam» usaba imágenes bíblicas para evocar la dura herencia que pasa de padre a hijo. «Darkness on the Edge of Town» proponía que el lugar para la transformación personal a menudo se halla al final de tu cuerda. En «Racing in the Street» mis corredores de carreras cargaban con ellos los años transcurridos entre las inocentes canciones sobre coches de los sesenta y las realidades de la Norteamérica de 1978. Para que «Racing» y aquellos títulos grandiosos sonasen personales, debía infundir a la música mi propia experiencia, mis propios miedos y esperanzas.

Todo aquello que oliese a frivolidad o nostalgia fue desechado. La revolución punk había impactado con fuerza y desde Inglaterra nos llegaba música muy dura. Sex Pistols, los Clash y Elvis Costello tensaban los límites de lo que el pop podía ser en 1977. Era una época de grandes finales y grandes principios. Elvis había muerto y su fantasma revoloteaba por nuestras sesiones de grabación. Al otro lado del charco había músicos jóvenes, rabiosos e idealistas que buscaban reinventar (o destruir) lo que habían escuchado, un nuevo modo de hacer las cosas. Alguien en algún lugar debía prender el fuego. Los «dioses» se habían convertido en demasiado omnipotentes y habían perdido el rumbo. La conexión entre el fan y el tío del escenario se había vuelto demasiado abstracta. Se habían hecho promesas tácitas que no se habían cumplido. Había llegado el momento de establecer un nuevo orden, o quizá... ¡ningún orden! El pop requería de nuevas provocaciones y nuevas respuestas. En el 78 yo sentía una distante afinidad con esos grupos, con su conciencia de clase y su cabreo. Endurecieron mi propósito. Yo iría por mi propio camino, pero los punks fueron inquietantes, inspiradores y un desafío para los músicos norteamericanos. Su energía e influencia puede encontrarse enterrada en el subtexto de *Darkness on the Edge of Town*.

Darkness fue mi disco samurái, totalmente desnudo para la pelea. Mis protagonistas en estas canciones tenían que despojarse de todo lo superfluo para sobrevivir. En *Born to Run* se entabla una batalla personal, pero la guerra colectiva sigue adelante. En *Darkness*, las implicaciones políticas de las vidas sobre las que escribía empezaban a adquirir presencia, y busqué una música que las pudiese contener.

Determiné que allí mismo, en las calles de mi pueblo, residía el origen de mi propósito, mi razón, mi pasión. En la experiencia de mi familia en aquel barrio encontré, junto con el catolicismo, la otra pieza del «génesis», el principio de mi canción: hogar, raíces, sangre, comunidad, responsabilidad, mantenerse entero, mantenerse hambriento, mantenerse vivo.* Endulzado por coches, chicas y fortuna, estas fueron las cosas que guiaron mi viaje musical. Viajaría muy lejos, a años luz de distancia de mi hogar, y lo disfrutaría todo, pero nunca me marcharía totalmente de allí. Mi música empezaba a tener más implicaciones políticas; traté de encontrar un modo de que mi trabajo funcionase. Leí y estudié para convertirme en un escritor mejor, más efectivo. Albergaba una ambición desmesurada y creía en el efecto que podía tener una canción popular. Mi música debía estar anclada en mi vida, en la vida de mi familia y en la sangre y las vidas de la gente que había conocido.

La mayor parte de mi escritura es emocionalmente autobiográfica. He aprendido que debes expresar las cosas que significan algo para ti si quieres que signifiquen algo para tu público. Ahí está la prueba. Así saben que no bromeas. Con el verso final del disco, «Tonight I'll be on that hill» («Esta noche estaré en esa colina…»),** mis personajes se muestran inseguros acerca de su destino, pero resisten y se entregan. Al finalizar *Darkness*, había encontrado mi voz adulta.

---

* Alusión a «Stay hard, stay hungry, staly alive», versos de «This Hard Land», descarte de *Born in th USA* que se incluyó en *Greatest Hits. (N. del T.)*
** Verso de la canción «Darkness on the Edge of Town». *(N. del T.)*

TREINTA Y OCHO

LA CAÍDA

Tras un año entero de interminables horas en el estudio, muchas noches de insomnio en mi diminuta habitación del céntrico Navarro Hotel, y una ciudad a oscuras (el gran apagón neoyorquino de 1977 me pilló en Times Square, la máquina de millón más grande del mundo; cuando la luz regresó como una explosión… ¡uau!), mi primer disco en tres años estaba acabado. Era el primer disco de Steve Van Zandt como miembro de la E Street Band. Sería el principio de una larga y fantástica relación con el productor Chuck Plotkin y el fin de una breve pero fructífera con mi buen amigo Jimmy Iovine. Era el primer disco en que grabábamos las pistas en vivo en el estudio, la banda al completo, y el primero sin Mike. Jon y yo tomamos las riendas de la producción, y el disco prolongó nuestra relación laboral e hizo más profunda nuestra amistad. Solo nos faltaba una portada para el álbum.

Había llegado a conocer un poco a Patti Smith a raíz de nuestra colaboración en «Because the Night». Cuando fui a verla a una de sus actuaciones en el Bottom Line, me dio el nombre de un fotógrafo de Nueva Jersey y me dijo: «Deberías dejar que este tío te haga las fotos». Una tarde de invierno conduje hacia el sur hasta Haddonfield, Nueva Jersey, y conocí a Frank Stefanko. Frank había fotografiado a Patti al principio de su carrera. Trabajaba de día en una industria cárnica y continuaba practicando su arte en el tiempo libre. Frank era un tío de aristas duras pero de trato fácil. Según recuerdo pidió prestada una cámara para la ocasión, llamó a un chaval vecino suyo para que sostuviese el único foco que tenía y empezó a disparar. Me planté ante un florido papel pintado en el dormitorio de Frank y su esposa, miré directamente a la cámara, le ofrecí mi mejor pose de «joven atormentado», y él hizo el resto. Una de esas fotos acabó en la portada de *Darkness on the Edge of Town*.

Las fotografías de Frank eran crudas. Su talento consistía en que lograba despojarte de tu fama, tu artificio, y mostrarte tal y como eras. Sus fotos destilaban pureza y poesía callejera. No eran pulcras y delicadas, sino verdaderas y hermosas. Frank buscaba tu valor interno e intuyó con naturalidad los conflictos con los que intentaba bregar. Sus imágenes captaban a la gente sobre la que yo escribía en mis canciones, y me mostró la parte de mí que aún conservaba de ellos. Contábamos con otras opciones para la portada, pero no tenían la avidez de las fotografías de Frank.

Cuando se publicó, *Darkness* no obtuvo un éxito inmediato y pocos supieron ver que acabaría convirtiéndose en uno de los discos favoritos de los fans. Quemado al máximo por mi experiencia con *Born to Run*, empecé a insistir en que no se hiciese *ninguna* publicidad del nuevo disco. Jon me explicó que de ese modo nadie se enteraría de que el disco existía y dijo que al menos debíamos poner anuncios en prensa con la foto de portada, el título del álbum y la fecha de publicación. Bueno, vale. Lo pillé rápido. No quería desaparecer. Acababa de pasar tres años alejado de todo, la mayor parte de mi vida me había sentido casi invisible y, si podía evitarlo, no pensaba volver a aquello. Sin algo de promoción, la gente no tendría ni idea de qué cojones habíamos estado haciendo. Esa música contenía todo lo que yo poseía, así que pronto empecé a dar la mano y hacerme el simpático con todos los locutores de costa a costa, con la esperanza de que sonase por la radio un disco que estaba resultando difícil para mis fans. Y entonces sacamos nuestro as de la manga.

De gira

Con la carga de tener que demostrar que no era un fracasado a los veintiocho años, salí a la carretera a realizar actuaciones largas y sudorosas para presentar el nuevo álbum. Fueron los primeros conciertos en que la velada se partía en dos con un breve intermedio. Esto nos permitía tocar los temas favoritos que sabíamos que los fans querían oír y la nueva música que, en nuestra arrogancia, creíamos que necesitaban escuchar. Hubo varias retransmisiones radiofónicas desde clubes de Los Ángeles, Nueva Jersey, San Francisco y Atlanta. Todo con tal de que se nos oyera. Concierto tras concierto nos esforzamos al máximo, expandiendo las canciones nuevas hasta sus límites para que alcanzasen su objetivo, para que el público las reconociese como propias. Una vez más, la fuerza y el poder en directo de la E Street Band resultaron inestimables y, noche tras noche, nuestros oyentes volvían a su casa y escuchaban las versiones grabadas de estas canciones, ya capacitados para conectar con su belleza y refrenada potencia.

Hoy en día, las canciones de *Darkness on the Edge of Town* siguen formando parte esencial de nuestras actuaciones en vivo, y quizá sean la más pura destilación de aquello de lo que quería que mi música tratase. La gira se limitó a Estados Unidos y finalizaría en Nochevieja en Cleveland, donde un «fan» ebrio lanzó un petardo que me hizo un pequeño corte bajo un ojo. Brotó algo de sangre, pero estábamos de vuelta.

Después de años leyendo que era «flor de un día» en artículos del tipo «¿Qué fue de...?», empecé a leer reseñas ciudad tras ciudad en las que se alababa nuestra formidable entrega. No, a la gente no le puedes contar las cosas, tienes que mostrárselas.

TREINTA Y NUEVE

TIEMPO MUERTO

Cuando no estaba en la carretera, mi vida era un rompecabezas. Sin la inyección de adrenalina de los conciertos me sentía muy descolocado, y fuese lo que fuese lo que me reconcomía se manifestaba y me interpelaba. En el estudio y en las giras yo era un imparable equipo de demolición formado por una sola persona. Fuera del estudio y de los conciertos... no era así. Al final tuve que reconocer el hecho de que *cuando descansaba no estaba a gusto, y para estar a gusto no podía descansar.* Los conciertos me centraban y me calmaban, pero no podían resolver mis problemas. No tenía familia, ni hogar, ni una vida de verdad. No es nada nuevo; muchos intérpretes te dirán lo mismo. Es una enfermedad común, una suerte de carácter que abunda en mi profesión. Somos viajeros, «corredores», no «comodones». Pero cada hombre y cada mujer corre o se queda quieto a su manera. Finalmente comprendí que una de las razones de que tardase tanto en hacer mis discos era que no tenía nada más que hacer, nada más que me sintiese a gusto haciendo. ¿Por qué, como cantaba Sam Cooke, no podrá durar «toda la noche... toda la noche... toda la noche»?* Mis grabaciones eran como volver a aquellos trayectos de tres manzanas hasta la escuela que cada mañana intentaba que durasen una eternidad. «Get in the groove and let the good times roll, we gonna stay here 'til we soothe our soul» («Métete en el ritmo y diviértete, aquí estaremos hasta que el alma se calme»).

Hasta que el alma se calme... eso iba a llevar su tiempo.

En 1980 la idea de una familia me resultaba atrayente y aterradora. Desde joven estaba convencido de que mi vida sería una guitarra, una maleta y un autobús de gira hasta que cayese la noche. En algún momento todos los músicos jóvenes creen que va a ser así. Hemos vencido al sistema; lo demás es para los «mamones» atados a la vida convencional. Sin embargo, en *Darkness* había empezado a escribir sobre esa clase de vida. Una parte de mí la admiraba realmente y sentía que en ella estaba la auténtica hombría. Pero yo no servía para eso. En las canciones de *Darkness* había presentado la vida como un mundo oscuro, opresivo y alimenticio, un mundo que quitaba pero también proveía. «Factory takes his hearing, factory gives him life» («La fábrica le ha dejado sordo, la fábrica le da vida»). Aquello me asustaba. La única experiencia que tenía era la de mi padre, y no conocía de cerca a hombres que fuesen felices en su vida familiar. No creía ser capaz de soportar la carga y la responsabilidad de otras vidas, de ese amor que todo lo abarca.

Mi experiencia hasta la fecha en el amor y las relaciones me confirmaba que no estaba hecho para ello. La vida doméstica no tardaba en incomodarme. Peor aún, destapaba en mí una rabia profundamente arraigada de la que me avergonzaba pero que también abrazaba. Era el volcán callado y durmiente de las vigilias nocturnas de mi viejo en la cocina, aquella quietud que escondía una brumosa y ardiente ira. Todo ello bien asentado sobre un mar de miedo y depresión tan vasto que ni siquiera había empezado a contemplarlo, mucho menos a plantearme qué debía hacer con él. Era más fácil seguir adelante.

---

* «And all night (all night) and all night (all night)», verso de «Good Times» de Sam Cooke. *(N. del T.)*

Lo tenía claro. De forma rutinaria y burda les había fallado una y otra vez a mujeres a las que no podía reprochar nada. Había abrazado esa grandiosa «nada» durante mucho tiempo y había estado bien. Supongo que, tras la muerte de mi abuela cuando yo tenía dieciséis años, el cotidiano retraimiento emocional de mi padre y la marcha de él y mi madre a California, comprendí que necesitar demasiado a la gente no iba a traerme nada bueno; mejor jugar a la defensiva. Pero cada vez se hacía más difícil pretender que todo iba bien. A los dos años de estar en una relación simplemente se acababa. En cuanto intimaba con alguien hasta el punto de sacar a la luz mi fragilidad, yo ya no estaba. Tú ya no estabas. Carpetazo, todo terminaba y yo volvía a la carretera, metiendo en mi bolsa otro triste final. Rara vez era la mujer en sí de lo que huía. Tuve muchas novias encantadoras que me importaban y a las que yo importaba. El problema era lo que ellas pulsaban en mí, la exposición emocional, las implicaciones de una vida de cargas familiares. En el trabajo, aunque a veces la cagaba, podía soportar todas las responsabilidades que depositases sobre mis hombros. Pero en la vida todo lo que hallaba era un presente en el que no conseguía sentirme a gusto, un futuro de ásperos contornos, un pasado que me esforzaba por entender en mis composiciones pero del que también huía, y tiempo… tic… tic… tic… tiempo. Y no tenía tiempo para el tiempo. Estaba mejor en ese bonito mundo atemporal dentro de mi cabeza, dentro… ¡del estudio! O en el escenario, donde domino el tiempo, alargándolo y acortándolo, avanzando hacia delante, haciéndolo retroceder, acelerándolo, ralentizándolo, todo ello con solo una sacudida del hombro y un golpe del tambor.

Cuando concluía otra relación sentía un triste alivio de la sofocante claustrofobia que el amor me había aportado. Y era libre para ser… *nada*… otra vez. Cambiaba de pareja, rebobinaba y volvía al principio, diciéndome que esta vez iba a ser distinto. Y eran todo risas y buenos ratos, hasta que el destino y esa insoportable ansiedad volvían a llamar a la puerta y regresaba de nuevo a la carretera. «Amaba» de la mejor manera que sabía, pero a lo largo del camino hice sufrir a personas que me importaban mucho. No tenía ni idea de cómo evitarlo.

Ahora bien, cuanto menos viajaba, más sentía el peso de lo que estaba haciendo. Se convirtió en algo ineludible. Antes siempre había tenido una respuesta infalible: ponte a componer, ponte a grabar y sal ahí fuera. La carretera era mi fiel escudo contra la verdad. No puedes acertar a una diana en movimiento, ni tampoco puedes atrapar un relámpago. Cae el rayo, deja una cicatriz y desaparece, nena, ya no está. La carretera siempre era una excusa perfecta; la naturaleza del juego era el distanciamiento transitorio. Juegas; la velada acaba en alegre carnicería psicosexual, risas, éxtasis y una dicha sudorosa; y sigues adelante, caras nuevas, otras ciudades. Esa es la razón, amigos míos, de que las llamen… ¡ACTUACIONES DE UNA SOLA NOCHE! El concierto me proveía de la ilusión de intimidad sin el riesgo de las consecuencias. Durante el concierto, por muy bueno que sea, por muy reales que sean las emociones que se conjuran, por mucho que me esfuerce por que resulte físicamente conmovedor e inspirador, todo eso es ficción, teatro, una creación; no es la realidad… Y al final del día, la vida vence al arte… siempre.

Robert De Niro dijo en una ocasión que le gustaba ser actor porque te permitía vivir otras vidas sin sufrir las consecuencias. Yo vivía una nueva vida cada noche. Cada noche eres un hombre nuevo en una nueva ciudad con toda la vida y todas sus posibilidades desplegadas ante ti. Durante la mayor parte de mi vida he tratado de recrear esa ilusión todos… y cada uno… de los días. Quizá esa sea la maldición de una imaginación creativa. O tal vez sea el «corredor» que hay en ti. Sencillamente no puedes dejar de imaginar otros mundos, otros amores, otros lugares distintos a aquel en el que estás cómodamente instalado en ese momento, ese que contiene todos tus tesoros. Pero esos tesoros palidecen ante los vastos, abiertos y áridos espacios de la mente creativa. Por supuesto que solo hay una vida. A nadie le gusta que así sea… pero solo hay una. Y somos afortunados por tenerla. Que Dios se apiade de nosotros y nos bendiga para que podamos encontrar la comprensión y las aptitudes para vivirla… y para entender que «la posibilidad de todo»… es solo «nada» vestida de etiqueta… y yo llevaba el mejor traje de la ciudad.

CUARENTA
THE RIVER

The River fue el primer álbum en el que, de forma un tanto cautelosa, cobraron protagonismo el amor, el matrimonio y la familia. «Roulette», retrato de un padre de familia atrapado a la sombra del accidente nuclear de Three Mile Island, fue la primera canción que grabamos. Los conciertos de MUSE (Musicians United for Safe Energy) en el Madison Square Garden habían supuesto nuestra entrada pública en el terreno de la política, y «Roulette» fue escrita y grabada poco después de aquellas actuaciones. Luego llegó «The Ties That Bind», que habíamos puesto a prueba en los escenarios y que recibió el tratamiento de Bob Clearmountain. Estábamos en un nuevo estudio, el Power Station, cuyo estudio A contaba con un hermoso y alto techo de madera que iba a permitirnos liberar todo el estruendo de la banda. Bob era un nuevo miembro de nuestro equipo, sabía cómo capturar el sonido de aquella sala, y aunque pronto nos daríamos cuenta de que estábamos aún verdes para él, fue el ingeniero de sonido y mezclador de la primera versión de *The River*. «Ties» era otro tema rock que se centraba en los compromisos del «mundo real». «You walk cool but darlin' can you walk the line…» («Andas con chulería, pero, cariño, ¿puedes andar recto…?»).* Yo tenía mis dudas.

Después del sonido tensamente controlado de *Darkness*, quise que este disco tuviese la áspera espontaneidad de nuestras actuaciones en vivo. Quería una sonoridad más sucia. Esto le iba que ni pintado a Steve Van Zandt, quien se sumó a las labores de producción junto a Jon y Chuck Plotkin. Con el entusiasmo de Steve pude encaminar el disco en una dirección más cruda. Es el álbum en el que la E Street Band llegaría a su máxima expresión, logrando el perfecto equilibrio entre una banda de garaje y el profesionalismo que se requiere para hacer buenos discos.

Estábamos en 1979 y los estándares de producción más punteros seguían estando fuertemente influidos por los sonidos comerciales del sur de California de mediados de los setenta. Una técnica que consistía en una gran separación entre los instrumentos, una atención al detalle a menudo tediosa y muy poca resonancia o efectos de eco en la sala. La mayoría de los estudios de la época tenían distintos cubículos para proporcionar al ingeniero el máximo control de cada instrumento. Los Eagles, Linda Ronstadt y otros muchos grupos habían logrado un gran éxito con ese sonido, y tenía sus méritos, pero no encajaba con nuestra sensibilidad de la Costa Este. Queríamos micros que captasen el ambiente de la sala, una batería imponente (el sonido de tambor en el «Hound Dog» de Elvis era mi Santo Grial), unos platillos chocantes, unos instrumentos que se impregnasen unos de otros y una voz que pareciera pugnar por hacerse oír en medio de una desmadrada fiesta casera. Queríamos un sonido *menos* controlado. Así se habían grabado muchos de nuestros discos favoritos de la primera época del rock and roll. Colocabas micrófonos para la banda *y* para la sala. *Escuchabas* a la banda y la sala donde tocaban. Las características sónicas de esta eran esenciales en la cualidad

---

* Versos de «The Ties That Bind». (*N. del T.*)

y personalidad de la grabación. La sala aportaba el desorden, el realismo, la conjunción de pisarnos unos a otros propia de los músicos que buscan «ese sonido».

Nos topamos con ello accidentalmente hacia el final de la grabación de *Darkness*. En el Record Plant habían desmantelado el estudio A para reformarlo. Fuimos allí a grabar la canción «Darkness on the Edge of Town» y el estudio había sido reducido a cuatro paredes de cemento. ¡Era eso! La resonancia, la agresión de la batería, eran exactamente lo que habíamos estado buscando durante aquellos primeros días de obsesión con la «baqueeeeeeeeeeeta». En el Power Station colocamos micros por encima de la banda para captar todo el sonido ambiental posible, y esperábamos poder aumentarlo o minimizarlo a conveniencia. Íbamos a lograrlo a medias.

En aquel momento, tras la seriedad implacable de *Darkness*, quería que las canciones escogidas tuvieran un rango emocional de mayor flexibilidad. Además de gravedad, nuestros conciertos abundaban en diversión, y esta vez iba a asegurarme de que ese factor no se perdiera. Tras algún tiempo de grabación, preparamos un álbum sencillo y lo entregamos a la compañía discográfica. Consistía de una primera cara con «The Ties That Bind», «Cindy», «Hungry Heart», «Stolen Car», «Be True»; y una segunda con «The River», «You Can Look (But You Better Not Touch)», «The Price You Pay», «I Wanna Marry You» y «Loose Ends». Todas estas canciones, excepto «Cindy», aparecieron de una u otra forma en la versión final de *The River* o en *Tracks*, nuestra colección de descartes publicada en noviembre de 1998. La primera versión de *The River* fue totalmente grabada y mezclada por Bob Clearmountain. Sonaba hermosa, pero tras escucharla durante un tiempo sentí que le faltaba algo. Nuestros discos eran infrecuentes, y para entonces ya había acostumbrado a mi público a esperar algo más que otro disco cualquiera. Cada disco era una declaración de intenciones. Buscaba alegría, pasar un buen rato, pero también que subyaciera cierta seriedad filosófica, un código según el que vivir, todo conjuntado para que fuese algo más que una colección de mis diez últimas canciones. (Aunque eso les funcionaba bastante bien a los Beatles.)

No estoy sugiriendo que ese método sea bueno para cualquiera. Huelga decir que tiene pretensiones, pero yo todavía me estaba definiendo a mí mismo y me inspiraban los artistas que en sus álbumes creaban mundos autónomos y autoconscientes, e invitaban a sus fans a descubrirlos. Van Morrison, Bob Dylan, The Band, Marvin Gaye, Hank Williams, Frank Sinatra… todos ellos hacían discos cuyo potencial residía en su conjunto. Aspiraba a un disco lo bastante coherente a nivel temático como para ser definido como obra, pero no tan cerrado en sí mismo como para ser maldecido con el término «álbum conceptual». Quería algo que solo pudiese provenir de mi voz, informado por la geografía externa e interna de mi propia experiencia. El álbum sencillo de *The River* que había entregado no nos llevaba a ese lugar, así que volvimos a meternos en el estudio.

Pasó otro año mientras observaba cambiar las estaciones desde la ventana de mi habitación de hotel en Nueva York con vistas a Central Park Sur. Veía a la gente patinando sobre hielo en el Wollman Rink, parar para tomar el sol en los prados del parque, y luego volver a patinar sobre el hielo. En el estudio, sin saber muy bien hacia dónde iba el disco, saqué otra vez la escopeta. Simplemente iba a grabar todo lo que compusiese. Cuando se agotó el presupuesto de grabación, tomé la ruta de Francis Ford Coppola, rompiendo la hucha del cerdito y gastándome todo lo que tenía. Como resultado, me quedé en bancarrota mientras grabábamos música muy buena, y los dos discos de *The River* son solo una pequeña muestra de ello (escucha el segundo disco de *Tracks*, y hay más esperando en los archivos). Llegó un momento en que tuve claro que estábamos trabajando en un álbum doble. Era el único modo de reconciliar los dos mundos que quería presentar a mis fans. La hondura emocional de *The River* está en sus baladas —«Point Blank», «Independence Day», «The River» y «Stolen Car» eran canciones narrativas que contaban una historia—, pero el álbum tomaba su energía de la música típica de una banda de bar, canciones como «Cadillac Ranch», «Out in the Street» y «Ramrod». Luego estaban los temas que se movían entre ambos extremos: «The Ties That Bind», «Two Hearts» y «Hungry Heart». Todo ello mezclado en una prolongación lógica de los personajes que había estudiado en *Darkness on the Edge of Town*.

Al final, los compromisos con el hogar, la sangre y la familia recorrían el álbum al tiempo que yo intentaba entender dónde podían encajar esas cosas en mi vida. Mis discos son siempre el sonido de alguien que trata de entender dónde poner su corazón y su mente. Imagino una vida, me la pruebo, a ver cómo me queda. Me pongo en el pellejo de otro, transito los senderos soleados o sombríos que me atraen compulsivamente pero en los que quizá no me gustara acabar viviendo. Un pie en la luz, otro en la oscuridad, esperando un nuevo día.

La canción «The River» supuso un gran progreso en mi escritura. La influencia de la música country se demostró profética cuando una noche en mi habitación de hotel empecé a cantar «My Bucket's Got a Hole in It» de Hank Williams, y «Well, I went upon the mountain, I looked down in the sea» («Bueno, subí a lo alto de la montaña, contemplé el mar desde allí») me llevó a «I'm going down to the river...» («Voy a bajar hasta el río...»). Conduje hasta mi casa en Nueva Jersey y me senté a la mesa de roble de mi dormitorio contemplando cómo el amanecer le arrancaba tonos azulados a la negra noche, e imaginé mi historia. Era solo un tipo en un bar hablándole a un extraño sentado a su lado. Basé la canción en la quiebra de la construcción en la Nueva Jersey de finales de los setenta, la recesión y los tiempos difíciles que afectaron a mi hermana Virginia y su familia. Había visto cómo mi cuñado perdía su bien remunerado empleo y tenía que trabajar duro para sobrevivir sin quejarse. Cuando mi hermana la escuchó por primera vez, vino al camerino, me abrazó y dijo: «Es mi vida». Sigue siendo la mejor crítica que me han hecho nunca. Mi guapa hermana, dura e invencible, empleada de K-Mart, esposa y madre de tres hijos, agarrándose fuerte a su empeño de llevar la vida de la que yo había huido por todos los medios.

The River cristalizó mis inquietudes y me comprometió con un estilo de escritura que exploraría con gran hondura y detalle en *Nebraska*. El álbum concluye con un título robado de una canción de Roy Acuff. En «Wreck on the Highway», mi personaje se enfrenta a la muerte y a una vida adulta cuyo tiempo es finito. Una noche lluviosa es testigo de un accidente fatal en la carretera. Llega a su casa y, mientras yace despierto junto a su amante, comprende que tenemos un número limitado de oportunidades de amar a alguien, hacer nuestro trabajo, ser parte de algo, criar a nuestros hijos, hacer algo bueno.

Finalizada la grabación, fuimos a Los Ángeles a mezclar el disco en los Clover Studios de Chuck Plotkin. Mezclamos, mezclamos y mezclamos, y luego mezclamos un poco más. Buscábamos un sonido menos controlado y tuvimos, como diría el ex presidente George W., ¡un éxito catastrófico! Era un desastre. Bob Clearmountain, que no tenía el tiempo ni la paciencia para aguantar nuestro solipsismo, se había retirado elegantemente… hacía años. Y ahora todo lo que habíamos grabado se estaba entremezclando con todo lo demás (¡los micros en el techo habían funcionado!) y nuestro equipo, incluido el eficaz y talentoso Neil Dorfsman, que había sido el ingeniero de grabación en todos los temas menos en «The Ties That Bind» y «Drive All Night», apenas tenía idea de cómo refrenarlo todo para realizar una mezcla que sonase razonable. Como de costumbre, yo lo quería todo, que se entendiese la letra y también el estruendo arrollador. Pasamos meses tratando de mezclar las veinte canciones que habíamos elegido y una noche invité a mi antiguo colega Jimmy Iovine, en aquel momento un exitoso productor en A&M Studios, para que lo revisase y diera su aprobación. Jimmy permaneció sentado, inexpresivo, los ochenta minutos que duraba el disco. Y entonces, mientras las últimas notas de «Wreck on the Highway» salían por la ventana hacia Santa Monica Boulevard, me miró y me dijo, impasible: «¿Cuándo piensas grabar las voces?».

Jimmy me estaba insinuando sutilmente que no se entendía una maldita palabra. Las voces sonaban soterradas bajo lo que nosotros pensábamos que era nuestra obra maestra de sonido garaje, y resultaban prácticamente ininteligibles. Allí sentado, escuchándolas de nuevo a través de los oídos imparciales de Jimmy, tuve que admitir que la mayoría de las mezclas eran una mierda. Lloré… de verdad. El maestro de las mezclas Chuck Plotkin hacía lo que podía trabajando contra reloj, pero, una vez más, ¡NO SABÍAMOS CÓMO MEZCLAR LO QUE HABÍAMOS GRABADO! Charlie era uno de los tipos más enfermizos que yo había conocido en lo que se refería a hábitos de trabajo obsesivo-compulsivos. Algunas de las mezclas permanecieron en la consola tres, cuatro días, incluso toda una semana, mientras nos subíamos por las paredes, nos incordiábamos y nos matábamos unos a otros en un vano intento por capturar las letras. Había mezclas cuya numeración llegaba a los tres dígitos. Nos sentíamos terriblemente frustrados y perplejos, maldiciendo a los colegas que publicaban discos y salían de gira como gente normal, y finalmente le imploramos al mismo Dios. ¿Por qué nosotros, Señor, por qué? Al final, el segundo o tercer pase de Charlie a través de nuestro carrusel de veinte canciones nos deparó una especie de victoria. Ya estaba hecho. Naturalmente, recordé que Bob Clearmountain había mezclado «Hungry Heart», que pronto iba a ser un éxito Top 5 (el único del álbum), en medio minuto, pero no podíamos trabajar con Bob. ¡ERA JODIDAMENTE RÁPIDO, DEMASIADO! Nosotros necesitábamos rumiar, contemplar, intelectualizar y masturbarnos mentalmente hasta alcanzar un frenesí paralizante. Teníamos que castigarnos a nosotros mismos hasta haberlo hecho… ¡A NUESTRA MANERA! Y en aquella época, en la E Street, nuestra manera era solo una: ¡A LAS DURAS! Como Smith Barney, ganábamos el dinero a la antigua, nos lo *trabajábamos*, y luego lo dilapidábamos, malgastándolo durante incontables, innumerables horas infructuosas en un enorme y divagante onanismo técnico en grupo.

Más tarde me daría cuenta de que no estábamos haciendo un disco, sino que habíamos emprendido una odisea, trabajando en los viñedos del pop, buscando respuestas complicadas a preguntas desconcertantes. Puede que el pop no fuese el mejor lugar donde buscar esas respuestas, o puede que fuese el lugar perfecto. Hacía tiempo que era el modo en que yo canalizaba casi toda la información que recibía como habitante del planeta Tierra. En cualquier caso, así era como había usado mi música y mi talento desde el principio. Como un bálsamo, un instrumento que me ayudaba a entender las pistas de lo que era desconocido en mi vida. Era la razón fundamental, el porqué de que yo hubiese cogido una guitarra. Sí, las chicas. Sí, el éxito. Pero las respuestas, o mejor dicho, aquellas pistas, era lo que me despertaba en plena noche y me hacía revolverme en la cama para desaparecer en el sonoro agujero de mi código secreto de seis cuerdas (que guardaba a los pies de mi cama), mientras el resto del mundo dormía. Me alegra que se me haya pagado generosamente por mis esfuerzos, pero en verdad hubiese hecho lo mismo gratis. Porque tenía que hacerlo. Era el único modo en que hallaba un alivio momentáneo personal y el propósito que buscaba. Así que para mí no servían los atajos. Es darle mucha importancia a un trozo de madera con seis cuerdas y un par de baratos micrófonos pickup adjuntos, pero esa era la «espada» de mi salvación.

Muy pronto los talentos casi místicos de Bob nos vendrían estupendamente mientras nos abríamos paso hacia *Born in the USA*. Pero por el momento debía contentarme con tostar mi palidez de estudio en la piscina del Sunset Marquis, mientras otras bandas grababan, salían a la carretera y volvían para grabar de nuevo. Veía sus caras de asombro cuando les contaba a mis compañeros de viaje que seguía trabajando en el mismo disco que hacía un año, sin final a la vista. Oh, la carretera, la carretera. Cómo añoraba cualquier cosa que no fuese otra jodida noche en el estudio. Desde la pequeña sala de estar del Clover observaba el tráfico que recorría Santa Monica Boulevard y soñaba con una vida en la que de hecho se pudiese vivir. Anhelaba ser libre, despojarme de mi obsesión por componer y grabar mis sueños de gente que aprovechaba la vida mientras yo me abstenía de hacerlo.

Finalmente, me rendí a la inevitabilidad de hacerlo por la vía lenta, más o menos. La carretera, su estilo de vida y libertad, tendrían que esperar. Era un topo de estudio, entornando los ojos a la luz del amanecer tras otra noche de búsqueda fructífera o infructuosa. Y así estaba bien. Comprendí que por el momento debía trabajar como una tortuga, no como una liebre. El poderío compacto de Bob, sus espacios cristalinos, hermosos y resplandecientes, habrían recortado algunos de los bordes ásperos y amateurs del disco. *The River* los requería y necesitaba. No debía sonar demasiado bien, tan solo tosco y certero. Nuestro método era a la vez perversamente disciplinado e indulgente. Me hundió a nivel financiero y espiritual, pero al final, tal como lo escucho hoy, logramos el sonido adecuado para el disco.

Para la portada, después de algunos tropiezos y sesiones fotográficas que no funcionaron del todo (¿demasiado sofisticadas, demasiado estudiadas, demasiado aduladoras, demasiado…?), elegí, cómo no, otro de los retratos de Frank Stefanko de la sesión de *Darkness*, garabateé en la parte superior el título como si fuese el de una película de serie B y, milagrosamente, acabamos… justo a tiempo. En las últimas semanas de grabación, Jon me informó de que casi una década después de ser contratado por Columbia, tras varios álbumes que habían vendido millones y extensas giras, solo tenía en la cuenta veinte mil dólares. El tiempo se agotaba. Era hora de hacer dinero.

Descanso

Y, con un poco de suerte, divertirme un poco. Al acabar el disco pude tomarme un corto respiro y me quedé en Los Ángeles, tratando de relajarme y olvidarme de lo que había sido otra experiencia tortuosa y alucinante. Salí de manera informal con algunas mujeres de la ciudad, engañando ligeramente a mi chica del pueblo. Mi amigo Jimmy Iovine vivía su vida rodeado de conejitas Playboy y pronto se casaría con la maravillosa Miss Vicki, abogada, escritora, empresaria y hasta la fecha buena amiga de Patti y mía. Algunas de las chicas, todas ellas encantadoras, me invitaron a la Mansión Playboy, pero no me iba ese rollo. Yo tenía algo que creía que era significativo y quería protegerlo. Para mí no se trataba del sexo o las drogas… sino del ¡ROCK AND ROLL! Me había quedado en Nueva Jersey, no salía por ahí, no era de los que se hacen la foto saliendo de los clubes de moda. ¡Esa otra mierda era la que había arruinado a mis antiguos héroes! Hacía que te sintieras lejos de ellos. Te dejaba fuera. En realidad no creía que yo fuese tan diferente de mis fans salvo por el trabajo duro, la suerte y mi habilidad natural en lo que hacía. Ellos no podían visitar la Mansión Playboy, ¿por qué iba yo a hacerlo? Aquellos a quienes se lo comentaba me decían: «Podrías haber ido a la Mansión Playboy, ¿y no fuiste?¿Qué coño te pasa?». Mi actitud era: «¿A quién le importa lo que ocurra allí? ¡Ese no es el lugar donde pasan las cosas! No es *real*…». Me parecía todo demasiado frívolo para las metas que me había propuesto. Así que decía que no a pasar un buen rato, como me había acostumbrado a hacer a lo largo de mi vida. Tenía mis principios, no estaba equivocado y sabía lo que me hacía, pero aun así una parte de mí siempre deseaba que alguna vez ¡no los hubiese cumplido tan a rajatabla! Ah, los caminos que no has tomado…

La verdad es que, fuera del escenario, nunca tuve la habilidad o la confianza para divertirme libremente. No me malinterpretes. Podía estar durante días muy animado y lleno de una felicidad, la hermana brillante de mi depresión, que brotaba directamente de la fuente de juventud de los Zerilli, pero dejarme ir totalmente… no era lo mío. La sobriedad se convirtió en una suerte de religión y desconfiaba de aquellos que consideraban la falta de la misma como algo que celebrar y de lo que alardear. Por alguna razón, yo llevaba el palo metido en el culo con una cierta dosis de orgullo. Quizá es que había trabajado demasiado para lograr mi estabilidad y la necesitaba más que el libertinaje. La mierda estúpida y destructiva que había visto hacer a personas que intentaban «pasarse de la raya» o ser «libres» era monumental. Recuerdo a mis amigos y a mí persiguiendo a un colega montaña abajo una gélida mañana en Virginia, mientras el tío corría semidesnudo y gritando bajo el conjuro de un ácido en mal estado que había tomado durante una noche que salimos de acampada. Sentí vergüenza ajena por que se exhibiera de ese modo. Yo era demasiado reservado y cauteloso para mostrarlo todo de esa manera. Nunca iba a tener un billete de primera clase para ver a Dios a calzón quitado en el tren de payasos de Tim Leary.

Y, aun así, debo admitir que observaba ese estado de inconsciencia con recelo, pero también con cierto anhelo. Casi admiraba lo que percibía como el alocado coraje de mi amigo. Me sentía orgulloso de mantenerme siempre bajo control, pero también avergonzado. De algún modo intuía que si cruzaba esa línea encontraría más dolor que alivio. Así estaba conformada mi alma. Nunca me gustó tener cerca ningún tipo de «cuelgue» descontrolado. Me traía demasiados recuerdos de las veladas impredecibles y calladamente volátiles en casa. Noches en las que nunca sabía dónde me hallaba. De niño, en mi propio hogar, nunca podía estar totalmente a gusto, o relajado. Y por ello, más adelante, me prometí a mí mismo que jamás volvería a pasar por aquello. Al salir al mundo, cuando pasaba algo así y no era mi rollo, me marchaba; y si se trataba de mi pandilla, me mostraba comprensivo, pero pasado un punto también me largaba.

Impuse límites en la banda. No me metía en tus asuntos a no ser que viese que resultaban dañinos para lo que intentábamos lograr o te perjudicaran personalmente. Creo que esos límites son una de las razones de que, cuarenta y cuatro años después, la mayoría de nosotros sigamos vivos, hombro con hombro en escena, contentos y felices de estar ahí.

Sin embargo, mi convencimiento de la necesidad de mantenerme bajo control limitaba la cantidad de placeres simples que me permitía. Era una parte desafortunada de mi ADN. ¿Trabajo? Dame una pala y cavaré un agujero hasta China antes de que salga el sol. Eso era lo bueno de ser un maníaco del control, un pozo sin fondo de ansiosa energía que, cuando se canalizaba correctamente, se convertía en una fuerza poderosa. Me servía de mucho. Cuando el público enfile el camino de salida del concierto, tú, amigo mío, estarás exhausto, te subirás a tu Rolls, conducirás hasta la «vicaría» de Playboy y disfrutarás de una fabulosa noche y una sesión psicótica con el doctor Leary, Hef y las misses de junio, julio y agosto. Mientras, yo estaré cavando mi agujero bajo la maldita luz de la luna. Pero, cuando se haga de día, ese jodido agujero habrá sido ¡CAVADO! Y yo dormiré como un bebé... un bebé atormentado, pero un bebé al fin y al cabo.

Esta es la razón de que beber me fuese bien. Nunca bebía por los placeres del alcohol. Como dijo una vez mi gran amigo y mejor cantante Bobby King cuando, en el bar de un hotel estando de gira, le pregunté cuál era su veneno favorito: «No me gusta ninguno en especial, por eso me los bebo todos». Exactamente como hacía yo, y, siendo un peso ligero, con cuatro o cinco copas me convertía en el centro de la fiesta, flirteando con cualquiera que se me pusiese a tiro antes de darme cuenta de ello, con los remordimientos de la mañana siguiente y un sentimiento de culpa que me había buscado yo solo. Una vez borracho, apenas tardaba unos instantes en hacer algo de lo que me avergonzase. Aun así, ser capaz de hacerlo después de tantos años de cautelosa juventud significaba algo para mí. Me daba una confianza imprudente y temeraria que pensaba que podría manejar sin convertirme en mi padre. Podía comportarme de modo alocado y bochornoso, pero nunca de modo intencionadamente ofensivo o cruel, y me lo pasaba en grande. Aquellos que sufrían mi comportamiento zafio eran generalmente mis *compadres*,* así que estaba entre amigos. Desataba una cierta felicidad en mi interior: los muebles salían por la puerta, la alfombra acababa enrollada, la música sonaba a todo volumen y bailaba, bailaba, bailaba.

Una cosa aprendí, y es que todos necesitamos disfrutar un poco de nuestra locura. No se puede vivir estando siempre sobrio. Todos necesitamos algo de ayuda en el camino para aliviarnos de nuestras cargas cotidianas. Por ello se han buscado sustancias intoxicantes desde el principio de los tiempos. Hoy simplemente te aconsejaría que eligieses tus métodos y materiales de forma cuidadosa, o no, dependiendo de la tolerancia de cada uno, ¡y cuida tu cuerpo!

Solía ver a mis héroes disfrutando de sus enormes fortunas y me decía: «Maldita sea, qué ganas tengo de llegar ahí». Pero cuando por fin llegaba, el zapato casi nunca me encajaba. Gran parte del hedonismo crudamente salvaje y hermoso del rock and roll, de su exultante materialismo, a mí me parecía algo libertino y sin propósito. He cambiado mucho desde entonces, vivo a todo tren, viajo en yate por el Mediterráneo (¿y quién no?) y cojo un avión privado para ir al dentista. Pero sigo sin tener el talismán que permite disfrutar libremente del «bon temps rouler». Salvo en escena. Ahí arriba, por extraño que parezca, expuesto ante miles de personas, siempre me he sentido totalmente seguro a la hora de soltar todas las amarras. Esa es la razón de que, en mis conciertos, no puedas deshacerte de mí. Mi amiga Bonnie Raitt, cuando me visitaba en el backstage, solía sacudir la cabeza y decir entre risas: «El chico lo lleva dentro y tiene que dejarlo salir». Así que ahí arriba, contigo, me siento casi libre y la fiesta dura hasta que se apagan las luces. No sé por qué, pero nunca me he sentido más cerca de estar totalmente colocado que cuando doy la salida

---

* En español en el original. (*N. del T.*)

a la banda con la cuenta atrás y siento que me recorre el cuerpo lo que parece toda la cantidad de vida posible y un destello de eternidad. Así es como estoy hecho. Hace tiempo que me he resignado a la idea de que no todos podemos ser los Rolling Stones, Dios los bendiga... aunque pudiéramos.

CUARENTA Y UNO

HITSVILLE

Teníamos un éxito. Uno de verdad. «Hungry Heart» había entrado en el Top 10, duplicando las ventas del álbum y atrayendo a nuestros conciertos a… mujeres. ¡Gracias, Dios! Hasta entonces había tenido a un núcleo de seguidores jóvenes que constituían un alto porcentaje de mi público en los conciertos, pero «Hungry Heart» trajo a las chicas y demostró el poder de la radio Top 40 a la hora de transformar a tu audiencia. Aún más que por atraer a un público nuevo, la gira de *The River* fue significativa por nuestro regreso a Europa tras cinco años de ausencia. Estábamos nerviosos, en la boca todavía el sabor amargo de anteriores batallas, pero Frank Barsalona, el legendario director de Premier Talent, nuestra agencia de contratación, nos convenció de que allí había un público esperándonos si sabíamos ganárnoslo.

Primera parada: ¡Hamburgo! ¡Donde los Beatles se habían hecho hombres, en el Star-Club! Días antes de emprender el viaje me encontré a Pete Townshend, quien no hizo más que empeorar mi nerviosismo previo a la gira diciéndome que los alemanes eran el peor de los públicos. Días después aterrizábamos en Alemania y nos hospedamos en un hotel situado a solo unas manzanas de una feria que parecía sacada directamente de un paseo marítimo. Salí a pasear por la feria para tranquilizarme y acostumbrar mis piernas al suelo extranjero, y luego fuimos al Reeperbahn, aula de enseñanza y campo de entrenamiento de los Fab Four. Creo que el Star-Club todavía estaba por allí, pero esa parte de la ciudad ya era conocida básicamente por ser el centro del mercado del sexo en Hamburgo. Una vez más nuestros ojos «vírgenes» se abrieron pasmados ante el manifiesto intercambio sexual que allí tenía lugar, todo completamente legal. Me encontré vagando con mis secuaces por un garaje subterráneo poco iluminado donde cientos de mujeres de todas las formas, tamaños, colores y nacionalidades te esperaban para hacerte sentir como un tonto. Observé a los clientes que mantenían breves «conversaciones» con ellas, llegaban a un acuerdo y eran conducidos a la parte trasera, donde se alineaban pared con pared habitaciones que parecían armarios. Encontré a aquellas mujeres provocativas pero intimidantes, y a la tierna edad de treinta años (!) no pude convencerme de que aquello estuviese bien. Volví al hotel a por una cerveza y un bratwurst.

Hora del concierto. Tocábamos en el Congress Centrum, un teatro pequeño y bastante aséptico. Entró el público, salimos a actuar y, como había predicho Pete, se quedaron tiesos durante la primera mitad del concierto. Pero, al concluir la primera parte con «Badlands», seguramente debimos de dar con el botón mágico, ya que la gente se levantó en masa y se abalanzó hacia el escenario. El resto del concierto fue un pandemonio y, de vuelta en el backstage, nos recibió nuestro promotor alemán, Fritz Rau, gritando: «¿Qué les habéis hecho a mis alemanes?». Esta vez Europa iba a ser otra historia.

Siguiente parada: París. A principios de los ochenta, para salvaguardar la seguridad de los fans, no tocábamos en locales sin asientos, solo con el público de pie. Me parecía peligroso. Muchos promotores europeos trataron de explicarme que así era como se hacía allí. En París, hicimos que pusieran sillas plegables de madera en la pista del auditorio. Mientras tocábamos la primera parte del concierto ante una sala abarrotada, vi cómo poco a poco los franceses se iban pasando las sillas por encima de las cabezas y las amontonaban a los lados del local, en dos pilas que parecían hogueras. Al terminar nuestra actuación, la pista era un «espacio libre» y el público estaba totalmente entremezclado. Vale… *vive la France!* La misma acogida tuvimos en Noruega y, al sur, en España. Había llegado nuestra hora en Europa. España, solo unos años después de la muerte de Franco, no era el país que es actualmente. Incluso en 1981, el lugar donde tocamos estaba rodeado por policías armados con metralletas. Fuera, un poco más arriba, parte del equipo desapareció por la parte de atrás de nuestra furgoneta, y en el hotel, nuestra ropa sucia salió andando hacia la noche barcelonesa para no volver a ser vista nunca más. La vida de los españoles parecía inmersa en un lánguido y encantador caos. Pero los rostros que vimos entre el público fueron de los más hermosos y apasionados de todo el planeta. Tocamos para unos pocos miles, pero el entusiasmo que mostraron conmovió a la banda y fue algo inolvidable. Volveríamos.

La mayoría de los públicos para los que tocamos hablaban, en el mejor de los casos, inglés como segunda lengua. Pero no parecía importar. Tocamos para una muchedumbre tras otra que nos hizo saber que sentían por la música lo mismo que nosotros, con la misma obsesión y expectación con que a los dieciséis años desenvuelves el nuevo elepé de tu grupo favorito, esperas toda la semana por una aparición televisiva de tres minutos, o te quedas despierto toda la noche con la radio puesta, girando el dial para intentar captar una sola escucha llena de estática de tu disco favorito. Quizá fuese porque no habíamos cruzado el Atlántico en muchas ocasiones y, al ser una rareza, inspirábamos otro nivel de apreciación. Todo lo que sé es que tocar para nuestros fans europeos era, y sigue siendo, una de las más grandes experiencias de mi vida. Empezó de forma plena en 1981 y ya nunca ha parado.

En Berlín, Steve y yo nos aventuramos por Checkpoint Charlie y pasamos una tarde en el este. Todo papel impreso que llevases, periódico o revista, era confiscado por los guardias fronterizos de Alemania del Este. Era una sociedad distinta; sentías la represión, la Stasi en las calles, y te dabas cuenta de que la opresión era real. Aquello cambió a Steve para siempre. Tras nuestra expedición europea, el tipo que predicaba que el rock and roll y la política jamás debían mezclarse se convirtió en un activista y su propia música devendría desafiantemente política. El poder del muro que dividía el mundo en dos, su realidad obtusa, horrenda y fascinante, no podía subestimarse. Era una ofensa a la humanidad; había en ello algo pornográfico y, una vez visto, te impregnaba de un hedor del que no podías librarte. Algunos miembros de la banda quedaron vivamente impresionados y hubo un colectivo respiro de alivio cuando partimos hacia la siguiente ciudad. Pero no lo olvidamos; volveríamos en 1988 para tocar ante una explanada infinita de caras del bloque oriental. Más de ciento sesenta mil personas acudieron con banderas estadounidenses cosidas en casa, una multitud que se extendía hasta más allá de lo que permitía la vista. Fue uno de los mayores conciertos de nuestras vidas, y un año más tarde caería el muro.

Europa transformó a nuestra banda y nos colmó de confianza en nosotros mismos y de nuevos compromisos. Hasta la perenne frialdad de Gran Bretaña resplandecía prometedora. Aventurarme en un escenario inglés por vez primera desde mi gran mal rollo del 75 fue angustioso pero satisfactorio. Confirmados por dos álbumes más, cinco años de batallas personales y años de duras giras, ya no éramos los ingenuos vagabundos playeros que habían bajado de un 747 de British Airways media década antes. Sabía que tenía a una banda fenomenal y, si no éramos capaces de hacer nuestro trabajo, muéstrame a los tipos que podrán hacerlo. (Unas noches después de nuestra actuación en Brighton, fui con Pete Townshend a un club londinense donde una banda que presentaba su primer álbum realizó un potente concierto; su nombre era inusual, U2... iba a tener que empezar a mirar por el retrovisor.) Nuestra gira europea de 1981 nos convirtió en una atracción internacional, preparada para conquistar hasta el último rincón del planeta.

Back in the USA*

De vuelta en casa, mientras conducía por el desierto de Arizona, paré a llenar el depósito a las afueras de Phoenix. Me detuve en una tienda, y revisando un expositor de libros de bolsillo me topé con un ejemplar de *Nacido el cuatro de julio*, las memorias de un veterano de Vietnam, Ron Kovic. El libro es el testimonio desgarrador de la experiencia de Ron como soldado de infantería en el sudeste asiático. Una o dos semanas después, estando alojado en el Sunset Marquis, volvió a demostrarse la teoría de que el mundo es un pañuelo. Llevaba unos días viendo a un tío con melenas hasta el hombro en una silla de ruedas, pasando el rato junto a la piscina. Una tarde se me acercó en su silla y me dijo: «Hola, soy Ron Kovic, he escrito un libro titulado *Nacido el cuatro de julio*». Le respondí: «Acabo de leerlo y me ha impresionado». Ron me habló de la gran cantidad de soldados que habían vuelto de la guerra y que padecían una amplia variedad de problemas, y se ofreció a llevarme a un centro de veteranos californianos en Venice. Accedí.

El final de la guerra de Vietnam había sido acogido con una década de silencio. La cultura popular parecía incapaz de contextualizar y contar las duras historias de «la única guerra que Estados Unidos ha perdido». Muy pocas películas, discos o libros sobre Vietnam habían tenido algún impacto a nivel nacional. Todas estas cosas me rondaban por la cabeza mientras nos dirigíamos al centro de veteranos.

Se me da bien tratar con la gente, pero una vez allí no supe exactamente cómo reaccionar o qué hacer. Sombras californianas de los rostros de mi barrio me devolvían la mirada. Algunos de aquellos hombres no tenían hogar, eran drogadictos, bregaban con estrés postraumático o secuelas físicas de las que te cambian la vida para siempre. Pensé en los amigos que habían muerto en la guerra. No sabía qué decir, así que me limité a escuchar. Charlamos un poco y respondí a preguntas sobre música y sobre mi en comparación muy privilegiada vida. Mientras volvíamos en el coche, hablamos con Ron de

* «Regreso a Estados Unidos», canción de Chuck Berry. *(N. del T.)*

qué podría hacerse para llamar la atención sobre lo que estaban pasando estos hombres y mujeres todavía jóvenes.

La gira prosiguió. En Nueva Jersey vino a verme a los camerinos otro veterano llamado Bobby Muller. Había estado en Vietnam como teniente, fue herido en combate y regresó en silla de ruedas a Estados Unidos, convirtiéndose en activista en las manifestaciones contra la guerra en Washington D.C., junto a John Kerry y otros veteranos. Debido a las diferencias generacionales y a la misma naturaleza de aquella guerra, muchos de aquellos jóvenes no se sentían a gusto en los centros VFM poblados por veteranos de la Segunda Guerra Mundial y la guerra de Corea. Bobby pensaba que los veteranos de Vietnam debían tener su propia organización de servicios, que les atendiera según sus necesidades médicas y políticas específicas, una organización que al tiempo sirviese para concienciar al país, para que no volviésemos a cometer los mismos errores ni padecer las mismas consecuencias. En 1978 había fundado la asociación Vietnam Veterans of America, pero me dijo que la mayoría de los políticos y empresarios habían dado la espalda a su organización. Para dar viabilidad a los VVA y concienciar a la opinión pública, necesitaban publicidad y financiación. Dos cosas que yo sabía que podía ofrecerles.

El concierto para los Vietnam Veterans of America tuvo lugar en el Los Angeles Memorial Sports Arena el 20 de agosto de 1981. El escenario estaba flanqueado por plataformas donde se había acomodado a veteranos de los centros locales y del hospital de veteranos de Los Ángeles, incluyendo a algunos de los tíos que había conocido en mi primera visita a Venice con Ron Kovic. Ron, que era quien había puesto en marcha todo aquello, estaba presente. Bobby Muller pronunció un breve discurso desde el centro del escenario en el que animó a terminar con el silencio que rodeaba a Vietnam, y a continuación presentó a la banda muy emocionado. Liderados por el desertor número uno de Jersey, abrimos con «Who'll Stop the Rain» de Creedence Clearwater Revival y tocamos con fuste y gusto. Aquel fue el inicio de una amistad duradera con Ron Kovic y Bobby Muller, y la primera vez que aporté parte de mi trabajo a una finalidad política pragmática. Yo nunca sería Woody Guthrie —me gustaba demasiado el Cadillac Rosa—, pero había un trabajo que hacer.

The River Flows, It Flows to the Sea*

Tres semanas más tarde concluimos la gira en Cincinnati. Placenteramente alterados por una potente mezcla alcohólica de Clarence bautizada como «Ponche Kahuna», montamos una gran juerga final en el hotel, y a la mañana siguiente me desperté acompañado y con un retumbante dolor de cabeza. Volvimos a casa.

Una amplia variedad de influencias y fuerzas había conformado la gira de *The River*. En primer lugar, nuestro regreso a Europa y las perspectivas políticas que había despertado. Después, nuestra participación en los conciertos de MUSE y la actuación para los veteranos de Vietnam demostraron que nuestro talento podía ser puesto al servicio de una finalidad social práctica. Por último, una serie de lecturas contribuyeron a despertar en mí un sentido de la historia: *Breve historia de Estados Unidos*, de Henry Steele Commager; *La otra historia de Estados Unidos*, de Howard Zinn, y *Woody Guthrie: A Life*, de Joe Klein. Todos ellos me proporcionaron una nueva visión de mí mismo como actor en ese momento de la historia. Lo que estaba ocurriendo era, aunque fuese en una parte infinitesimal, responsabilidad mía. Este era mi lugar, mi momento, la oportunidad para que mi voz, por muy débil que fuese, se escuchara. Si la dejaba pasar, tendría que responder a las preguntas de esos hijos que ya empezaba a imaginar.

La historia era un asunto que me había aburrido en la escuela y el instituto, pero ahora la devoraba. Parecía albergar algunas de las piezas esenciales respecto a las preguntas sobre la identidad que me estaba haciendo. ¿Cómo podía llegar a saber quién era yo si ignoraba de dónde procedía personal y colectivamente? Lo que *significa* ser esta-

---

* «El río fluye, fluye hacia el mar», versos de «The Ballad of Easy Rider», compuesta en 1969 por Roger McGuinn para la película *Easy Rider* y posteriormente grabada por los Byrds. *(N. del T.)*

dounidense forma parte integral de lo que *significaba* ser un estadounidense. Solo una combinación de esas respuestas te llevaría a lo que *podría* significar ser estadounidense.

Woody

¿Me lo tomaba realmente en serio? No podría decírtelo. No lo sabía. Todo lo que sabía era que me impulsaba una amplia variedad de motivaciones personales y laborales para afrontar las cuestiones que había comenzado a desarrollar en *Darkness on the Edge of Town* y *The River*.

Busqué en lugares nuevos. La música country, el góspel y el blues eran estilos que daban voz a la vida adulta sometida a estrés y en busca de trascendencia, pero iba a tener que remontarme más atrás que Hank Williams para encontrar una música que tratase las fuerzas sociales que afectaban a esas vidas. La biografía de Woody Guthrie escrita por Joe Klein me abrió los ojos y los oídos al predecesor inmediato de Dylan justo cuando ya estaba preparado para ello. Conocía el nombre de Woody, y por supuesto «This Land Is Your Land», pero como simple aprendiz de la radio comercial desconocía en gran medida los detalles de su vida y su música. Me sumergí y encontré la sutil escritura, la cruda honestidad, el humor y la empatía que han hecho su música eterna. En sus relatos de los trabajadores emigrantes y los Okies de la Gran Depresión, desveló a las gentes atrapadas en los márgenes de la vida estadounidense. Sus letras no eran divagaciones de charlatán, sino refinados retratos personales de vidas estadounidenses, contados con dureza, ingenio y sentido común. Empezamos a tocar «This Land Is Your Land» en todos los conciertos, y trabajamos para dar voz a historias que no se contaban a menudo en el Estados Unidos de Reagan de los ochenta.

El giro en mi escritura dado con «Factory», «Promised Land», «The River» y «Point Blank», y el nuevo rumbo de nuestras actuaciones, me proporcionaron un modo de honrar las vidas de mis padres y mi hermana, y de no perder totalmente el contacto con esa parte de mi vida. Aunque hubiese logrado un éxito relativamente modesto y una cierta seguridad económica, mi vida ya era muy distinta a la de aquellos sobre los que había elegido escribir. Eso me preocupaba. Pese a que lo perseguía con devoción, veía el mundo del éxito con gran escepticismo. Me preguntaba quiénes eran los habitantes de ese mundo y qué tenían que ver conmigo. ¡Yo era prácticamente el único de ellos que conocía! Aunque hubiese «nacido para correr», no quería cambiar esa parte de mi vida. Por una combinación de temor y/o devoción provincianos seguía viviendo a unos diez minutos de mi pueblo, seguro en mi territorio. Tardaría mucho en disfrutar de Nueva York, Londres, Los Ángeles o París. Iba a quedarme en casa, el lugar al que pertenecía y donde podía contar las historias que todavía sentía que eran mías.

Las seducciones y distracciones del éxito y la fama, tal como las había visto expuestas, me parecían peligrosas, una falsa fiebre del oro. Los periódicos y las revistas de rock reflejaban constantemente historias de vidas buenas y útiles que habían perdido su sentido y se vivían a trompicones, todo para mantener a los dioses (¡y a la gente!) entretenidos y sonrientes. Yo aspiraba a algo más elegante, más grácil y aparentemente más simple. Por supuesto que al final nadie se libra, y yo acabaría divirtiéndome a mi modo (y tendría mi porción de risas) con las seducciones y distracciones de la fama, pero no hasta estar seguro de poder manejarlas. Entonces se convierten en la buena vida, y si has trabajado duro para conseguirla, la disfrutas a placer. Pero por el momento mis satisfacciones eran modestas, me esforzaba en ser consciente del poder distorsionador de la fortuna y en templar su influencia sobre mí.

No era tan difícil. En el lado irlandés de mi familia más próxima, decir «no» está en nuestro ADN. Nada de médicos, ciudades, desconocidos, viajes, «el mundo de ahí fuera es un monstruo que espera a comerte vivo, ya lo verás». Lo que de verdad nos cuesta es decir sí. Pero también era extremadamente protector de mi música y de lo que había empezado a crear. Lo valoraba, muy en serio, casi en exceso, sobre la mayoría de las cosas... quizá sobre todas las cosas. Aun así, la cautela y la sobriedad tienen su propósito y sus ventajas, y por el momento prevalecían. Esta actitud, la perspectiva del que está ligeramente apartado, me ayudaría a conservar la vitalidad y la vigencia de mi obra y me mantendría en las trincheras, cerca de mi público.

En mi escritura me interesaba cada vez más por ese lugar en el que se cruzaban «This Land Is Your Land» y «The River», allí donde lo político y lo personal se unían para derramar agua clara en el fangoso río de la historia. Al concluir la gira de *The River*, pensé que tal vez trazar el mapa de ese territorio, la distancia entre el sueño americano y la realidad americana, sería un servicio que podía ofrecer, junto con la diversión y el espectáculo que deparaba a mis fans. Esperaba que eso diera fundamento y cometido a mi banda.

Más allá de esto, a nivel personal necesitaba saber qué lugar ocupaba mi familia —mis abuelos, mi madre y mi padre, mis hermanas— en el arco de la experiencia americana, y lo que esto significaba para mí, el hijo afortunado.*

---

* Probable alusión a «Fortunate Son», canción de 1969 de Creedence Clearwater Revival, himno antibélico de la contracultura de la época de la guerra de Vietnam. *(N. del T.)*

CUARENTA Y DOS
HELLO WALLS*

Tras la gira de *The River* regresé a Nueva Jersey. Mientras estaba en la carretera, me habían echado de mi granja y trasplantado a una casa ranchera en Colts Neck, alquilada a ciegas. La finca estaba bien situada junto a un embalse, a un tiro de piedra del columpio de cuerda al que mis colegas surfistas y yo íbamos con nuestras novias los días en que el Atlántico se hallaba en calma. La gira había asegurado que mis acreedores cobrasen y me quedara en el banco lo que para mí era una pequeña fortuna. Tendría que buscar nuevos problemas de los que preocuparme. Toda mi vida había conducido únicamente automóviles antiguos. Mi Chevy del 57 de dos mil dólares se transformó en un Corvette de seis mil, además de la camioneta Ford de 1970 que usaba habitualmente. En invierno cargaba la plataforma con troncos para afianzar la tracción en las ruedas traseras y recorría las carreteras

---

* «Hola paredes», canción de Willie Nelson grabada por Faron Young. (*N. del T.*)

heladas del condado de Monmouth. Con las deudas pagadas y mi carrera profesional establecida, todo debería haber sido informal y despreocupado, pero yo no era informal ni despreocupado. Así que me senté a darle vueltas a si debía gastarme diez mil dólares en un coche *nuevo*. A los treinta y un años nunca en mi vida había tenido un coche nuevo. De hecho, aparte de los gastos de estudio de grabación, jamás me había gastado diez mil dólares de golpe. No conocía a nadie que ganase más que lo justo para vivir, por lo que el dinero que ganaba me hacía sentir incómodamente diferente y un tanto avergonzado. Aun así, apreté los dientes, fui a un concesionario y salí de allí al volante de un Chevy Z28 Camaro de 1982. Me sentí tan llamativo como si estuviese conduciendo un Rolls-Royce de oro macizo.

A House is not a Home*

Todos los suelos de mi casa ranchera estaban forrados de moqueta de color naranja. Lo sé, el color favorito de Frank Sinatra, pero intuía que aquello podría acabar en una masacre. Decidí que lo que necesitaba era un hogar permanente. Me busqué un agente inmobiliario, varios agentes inmobiliarios, y empecé la búsqueda. Recorrí todo el estado y vi de todo, desde lo más modesto hasta lo más lujoso y ostentoso. Toda vivienda disponible del Jersey central y occidental fue vaciada de inquilinos, invadida y escrutada. Nada. Eran demasiado grandes o demasiado pequeñas, demasiado viejas o demasiado nuevas, demasiado baratas o demasiado caras, demasiado alejadas o demasiado próximas. Al principio pensé: «Vale, no he visto nada que me guste». Me llevó un tiempo y largas ponderaciones darme cuenta de que ¡NINGÚN HOGAR CONSTRUIDO POR EL HOMBRE! iba a albergar/satisfacer al Demonio de Jersey. Como era habitual en mí, convertía la más pequeña de las decisiones en una desproporcionada cuestión de identidad. ¿Qué coche? ¿Qué camisa? ¿Qué casa? ¿Qué chica? No había

---

* «Una casa no es un hogar», alusión a la canción homónima de Burt Bacharach y Hal David para la película del mismo título. *(N. del T.)*

aprendido aún el simple principio de que, para vivir alejado de la demencia, parafraseando a Freud, a veces un cigarro *debe* ser solo un cigarro.

Al final, yo era simplemente un tipo que rara vez estaba a gusto en su pellejo, fuera cual fuese este. La idea misma de un hogar, como muchas otras cosas, me llenaba de desconfianza y una gran congoja. Hacía tiempo que me había convencido… casi… de que los hogares no eran para todo el mundo. Pero, en ese momento, algo me estaba jodiendo la película. (La película sería esa en la que interpreto a un músico itinerante, desafortunado en amores pero con un talento fabuloso y no recompensado; un hombre carismático cuyo exterior despreocupado esconde un alma magullada pero noble. Mientras voy vagando de pueblo en pueblo, suelen ocurrirme dos cosas: una, siempre hay una mujer hermosa que cae perdidamente enamorada de mí, un amor que no puedo corresponder debido al hecho de que mi «corazón» pertenece a la carretera; y dos, transformo la vida de todos aquellos a los que encuentro hasta el punto de que me invitan a sus casas, me dan de comer, me coronan con laureles, me ofrecen a sus novias y «nunca me olvidarán». Sacudo la cabeza con modestia y gratitud, pero sigo adelante silbando, maleta en mano, por las polvorientas carreteras secundarias de Norteamérica, solitario pero libre, en busca de mi siguiente aventura. Viví esa obra maestra durante una larga temporada.)

Mientras conducía hacia mi «Rosebud», Freehold, en Nueva Jersey, el sol invernal de la mañana brillaba sobre el cadáver de una cierva atropellada, con el pelo cubierto de escarcha rosada. Seguía pasando muchas horas como un fantasma sobre cuatro ruedas en las afueras de mi ciudad natal. La mía era una compulsión patética y casi religiosa. Cuando visitaba mi pueblo, jamás abandonaba los confines de mi coche. Hacerlo lo hubiese arruinado todo. Mi coche era la cápsula del tiempo sellada desde cuyo asiento ergonómico podía experimentar aquel lugar, aquella pequeña población que tenía su bota aplastándome el cuello en cualquier tiempo, espacio o momento mental que yo eligiese. Al llegar la noche circulaba por sus calles, anhelando escuchar las voces de mi padre, de mi madre, de mí cuando era niño. Pasaba por delante de las tiendas antiguas y las casas victorianas de Freehold y soñaba despierto… con comprarme una casa, volver allí, lejos de todo el ruido que había generado, cerrar un círculo, arreglar las cosas, recibir las bendiciones de esas calles, encontrar un amor, uno que durase, casarme y pasear por el pueblo, con mis hijos en brazos y mi mujer al lado. Era una fantasía placentera, y supongo que la ilusión de regresar me reconfortaba. Pero había vivido lo bastante como para saber que la historia es algo cerrado que no puede cambiarse. Puedes seguir adelante, con un corazón endurecido en los puntos en que se ha roto, crear un nuevo amor. Puedes forjar a martillazos el dolor y el trauma en una espada justiciera y usarla para defender la vida, el amor, la gracia humana y las bendiciones de Dios. Pero *nadie* puede repetir lo ya hecho. Nadie puede volver atrás y solo hay un camino de salida. Adelante, hacia la oscuridad.

CUARENTA Y TRES

NEBRASKA

Sin un hogar y sin pistas sobre adónde encaminarme, decidí perderme en el terreno marginalmente más confortable de mi vida musical. Y como la telaraña de mi pasado se enredaba en mi trabajo, me volví hacia un mundo que había habitado de niño, que sentía familiar y que ahora me llamaba.

Nebraska empezó como una meditación inconsciente sobre mi infancia y sus misterios. No tenía una agenda política consciente ni una temática social. Buscaba un sentimiento, un tono en el que me sintiera como en el mundo que había conocido y que seguía llevando en mi interior. Los vestigios de aquel mundo seguían a solo diez minutos y quince kilómetros de donde estaba viviendo. Los fantasmas de *Nebraska* salían de mis numerosas visitas a las calles del pequeño pueblo en el que crecí. Mi familia, Dylan, Woody, Hank, los cuentos de estilo gótico americano de Flannery O'Connor, las novelas negras de James M. Cain, la callada violencia de las películas de Terrence Malick y la decadente parábola del director Charles Laughton en *La noche del cazador*, guiaban mi imaginación. Eso, y la voz plana, muerta, que recorría mi pueblo en las noches de insomnio. La voz que oía cuando, a las tres de la madrugada, salía como en un trance al porche de casa para sentir el pegajoso calor y escuchar el silencio de las calles solo roto por el ocasional ruido de los motores de los grandes camiones rugiendo como dinosaurios bajo la nube de polvo, enfilando South Street hacia la Ruta 33 para salir del pueblo. Y luego… silencio.

Las canciones de *Nebraska* fueron escritas rápidamente, surgidas todas ellas del mismo terreno. Cada tema necesitó quizá tres o cuatro tomas para quedar grabado. Solo estaba haciendo «maquetas». «Highway Patrolman» y «State Trooper» fueron grabadas en una sola toma. La primera fue «Mansion on the Hill», la última «My Father's House», con la canción «Nebraska» sirviendo como corazón del disco. Utilicé el góspel blanco, la antigua música de los Apalaches y el blues. La escritura se fundamentó en los detalles: darle vueltas a un anillo, hacer girar un bastón de animadora, ahí es donde estas canciones encontraron su carácter. Como en *La noche del cazador*, a menudo escribía desde la perspectiva de un niño. «Mansion on the Hill», «Used Cars» y «My Father's House» eran todas historias surgidas de mi experiencia familiar.

Quería que fuesen historias oscuras para contar antes de dormir. Pensaba en los discos de John Lee Hooker y Robert Johnson, música que sonaba muy bien con las luces apagadas. Quería que el oyente escuchase a mis personajes pensando, que sintiese sus pensamientos, sus elecciones. Estas canciones eran lo opuesto a la música rock que había estado componiendo hasta la fecha. Eran contenidas, reposadas en su superficie, pero por debajo bullía un mundo de inquietud y ambigüedad moral. La tensión que recorría el núcleo de esta música era la delgada línea entre la estabilidad y ese momento en que te fallan las cosas que te conectan a tu mundo, tu empleo, tu familia, tus amigos, el amor y la gracia en tu corazón. Quería que la música pareciese un sueño en vigilia y se moviese como la poesía. Quería que la sangre de estas canciones sonase a predestinación y fatalidad.

Frustrado por haber tirado el dinero alquilando un estudio, encargué a mi técnico de guitarras que buscase una grabadora, algo de mayor fidelidad que la grabadora de casetes que normalmente utilizaba para esbozar mis nuevas ideas para canciones. Necesitaba un modo mejor y menos costoso de saber si el material nuevo era digno de incluirse en un disco. Me trajo una grabadora de casetes japonesa de cuatro pistas Tascam 144. La instalamos en mi dormitorio; yo cantaba, tocaba la guitarra, y en las dos pistas restantes podía añadir una segunda voz, otra guitarra o una pandereta. Era todo lo que se podía hacer con cuatro pistas. Lo mezclé a través de una unidad de guitarra Echoplex y un radiocasete como esos que se llevan a la playa, con un coste total del proyecto de más o menos mil dólares. Luego me fui al estudio, llamé a la banda, y lo regrabé y remezclé todo. Al escucharlo, vi que solo había conseguido estropear lo que había creado. Logramos que sonase más claro, con mayor fidelidad, pero ni por asomo tan atmosférico, tan auténtico.

Todos los artistas populares se ven atrapados entre hacer discos o hacer música. Si tienes suerte, a veces ambas cosas son la misma. Cuando aprendes a contener tu música en una grabación, siempre se gana y se pierde algo. La frescura de una voz natural da paso a la formalidad de la representación. En algunos discos ese trueque puede destruir la naturaleza esencial de lo que has hecho. Al final del día, satisfecho tras haber explorado las posibilidades de aquella música y todos sus callejones sin salida, saqué la casete que había estado llevando en el bolsillo de mis tejanos y dije: «Esto es el disco».

CUARENTA Y CUATRO

DELIVER ME FROM NOWHERE *

Nebraska y la primera mitad de *Born in the USA* se grabaron al mismo tiempo. Yo creía estar trabajando en un solo disco, pero la intransigencia de *Nebraska* a la hora de integrarse pronto me hizo ver la situación en la que me encontraba. Jugamos con la idea de un doble álbum, el acústico *Nebraska* y el eléctrico *Born in the USA* en un solo paquete, pero las tonalidades musicales eran muy distintas, demasiado opuestas. *Nebraska* se había grabado de forma tan primaria que no podía trasladarse a un elepé. Distorsionaba, producía efectos de retroalimentación y declaraba una revolución contra los materiales básicos de grabación. Hablamos de publicarlo solo en casete, hasta que Chuck Plotkin logró encontrar una antigua máquina de masterizar en los Atlantic Studios y mi proeza de baja fidelidad se rindió al vinilo. *Ne-*

---

* «Libérame de ninguna parte», verso de «Open All Night», canción del álbum *Nebraska*. (*N. del T.*)

braska entró dignamente en las listas de ventas, tuvo críticas bastante buenas y apenas sonó en la radio. Por vez primera, no salí a la carretera tras su publicación. Era demasiado pronto, ya que acababa de estar de gira con *The River*, y la silenciosa quietud de *Nebraska* costaría más de ser trasladada a los escenarios. La vida siguió.

Me distancié de mi encantadora novia de veinte años e hice las maletas para emprender un viaje a través del país. Recientemente había adquirido una pequeña casa de campo en las colinas de Hollywood y me propuse pasar el invierno en el oeste, bajo el sol californiano. Este fue el viaje en el que la ambivalencia, la angustia y la confusión tóxica que llevaban treinta y dos años burbujeando de forma volcánica alcanzarían finalmente la masa crítica.

El viaje

Un Ford XL del 69 con un techo descapotable blanco, largo como un Cadillac y de color verdemar. Lo había comprado por unos miles de dólares, y mi amigo y compañero de carretera, Matt Delia, junto a sus hermanos Tony y Ed, lo preparó para el trayecto. A mediados de los setenta, en el condado de Bergen, Matt, Tony y Ed eran los propietarios del último concesionario de motocicletas Triumph en Nueva Jersey. Nos presentó Max Weinberg, y Matt me consiguió una Triumph Trophy de finales de los sesenta; congeniamos enseguida, y Matt, Tony y Ed se convirtieron en los hermanos que no había tenido.

Matt poseía por aquel entonces un concesionario de neumáticos Goodyear, y la mañana de nuestra partida nos reunimos en su tienda para dar los últimos toques al XL, hacernos unas fotos de despedida y familiarizarme con el siempre importante equipo de sonido. El viaje íbamos a hacerlo Matt y yo solos. Era otoño y nuestro plan era dirigirnos al sur, pillar temperaturas cálidas, bajar la capota y poner rumbo al oeste.

Yo conduzco. Matt ha roto recientemente con su chica y atraviesa una mala época. Se pasa casi todo el primer día en el asiento del copiloto, abrazando un enorme oso de peluche. Matt es de complexión corpulenta, de gruesos brazos y antebrazos, y la visión de aquellos troncos alrededor del osito de un niño de cinco años emana vudú del malo para el viaje. Intento explicarle que el osito rompe nuestro rollo en plan Kerouac y *En la carretera*, pero Matt está totalmente inmerso en sus penas de amor y su oso, así que seguimos adelante.

Matt

Mi amigo de toda la vida Matt Delia proviene del meollo mismo de una gran familia de catorce hermanos. Una madre con inclinaciones artísticas y un padre metido en el negocio del salvamento habían hecho de Matt un tipo con el físico y el talento de un mecánico y el alma de un poeta. Se gana la vida trabajando día y noche en coches y motos, y se encuentra en su elemento con los aficionados al motor, los correcaminos y los miembros de varias pandillas de motoristas que se presentan habitualmente ante el mostrador de su tienda en busca de sus servicios y también charlando sobre música, política y cultura con tipos como yo. Dejando de lado la imagen de fanático de los coches, yo, como muchos otros cuando afrontan problemas de motor, no abro la caja de herramientas, sino que recurro inmediatamente al regalo que Dios hizo al hombre: el teléfono móvil. Pero me gusta conducir, y en los viejos tiempos sobre los que voy a hablaros, queridos niños, ¡NO HABÍA TELÉFONOS MÓVILES! Así que Matt es mi socio y mi recurso siempre a mano hacia el mundo de la libertad automotriz. Estamos en la Ruta 66, dos tíos en un descapotable, algo mágico siempre que uno de nosotros sepa arreglar a este cabrón cuando se averíe de modo nada romántico en las afueras de Ningunaparte. En aquellos tiempos, cuando se pinchaba una rueda, el radiador escupía vapor, se rompían las cadenas del ventilador, el carburador se obstruía, el motor perdía aceite y el automóvil no era un compañero de viaje tan fiable como lo es hoy, los hermanos Delia, robustos como troncos y mucho más fiables, proporcionaron compañía y solaz en varios de los grandes viajes por carretera de mi vida. Matt, el mayor de los tres, se parecía de joven al Robert Blake de *A sangre fría*, y en nuestros treinta y cinco años de amistad hemos conducido juntos por el país en muchas ocasiones. Él es mi Dean Moriarty.

Conduciendo

Viajamos a través del sur de Jersey, cruzando el puente Delaware Memorial y pasando por Washington en dirección al sur y a la primera parada en nuestra peregrinación: «Long distance information, give me Memphis, Tennessee» («Operadora de larga distancia, póngame con Memphis, Tennessee»).* Es el lugar de nacimiento del rock and roll, es Elvis, el blues y Beale Street. Hacemos una breve parada en el clausurado Sun Studio, tomamos unas fotos de la fachada y seguimos viaje. Una virulenta tormenta de finales de verano nos sorprende en plena campiña sureña y luego ponemos rumbo a Nueva Orleans. Llevamos casetes recopilatorios que he grabado con estilos musicales de todas las partes del país por las que hemos planeado pasar. Conduzco al lado de un ensimismado Matt mientras el sonido del rockabilly de Memphis da paso al country blues de Mississippi. Y entonces, antes de que nos demos cuenta, el piano de Professor Longhair nos acompaña al entrar en Luisiana y la Big Easy. Pasamos un día y una noche en Nueva Orleans, escuchando a los músicos callejeros y entrando y saliendo de los bares de Bourbon Street.

A la mañana siguiente nos levantamos a primera hora y ponemos rumbo al oeste.

Aquí es donde el país se ensancha y las cosas se vuelven un poco raras. Me enfado con Matt por su pasividad que no ayuda en nada, le quito el oso de peluche y lo meto en el maletero. Ahora Matt está al volante conduciendo, donde debe estar. Yo me siento visiblemente inquieto, y eso me desconcierta. Durante años, la música y los viajes han sido mis leales compañeros y mi medicación infalible. Al igual que Sísifo tiene su roca, yo siempre puedo contar con la carretera, la música y los kilómetros para cualquier cosa que me aflija.

* Verso de «Memphis, Tennessee», canción de Chuck Berry. (*N. del T.*)

Al cruzar el río Mississippi y adentrarnos en la vastedad de Texas, uno empieza a sentirse un poco más... en espacios abiertos... ahí fuera. Nuestro mapa es un álbum de retazos de las muchas ciudades que vamos visitando por el camino. Matt, mi compañero normalmente callado (ejemplo de ese amigo con el que «no tienes que estar siempre hablando»), se ha lanzado a una interminable y tortuosa arenga alimentada por su mal de amores. Está enfermo, y eso podría ser contagioso, así que amenazo con un divorcio y con dar la vuelta para regresar a Jersey. Él se calla. Seguimos adelante en silencio. Hasta que una noche... llegamos a un pueblo.

El último pueblo

En la azulada luz del anochecer, un río. Al lado del río, una feria. En la feria suena música procedente de un pequeño escenario, ocupado por un grupo local que toca para sus vecinos en la cálida noche. Observo a hombres y mujeres que bailan perezosamente agarrados, y escaneo a la gente buscando a las chicas guapas del lugar. Soy anónimo, y de pronto... me he ido. Me abruma una desesperación llegada de ninguna parte; siento envidia de esos hombres y mujeres y de su ritual de finales de verano, los pequeños placeres que unen a esas gentes y su pueblo. Es muy posible que esas personas se odien las unas a las otras y a este poblacho inmundo, que se tiren a los maridos y las esposas de los demás como conejos. ¿Por qué no iban a hacerlo? Pero en este momento todo lo que soy capaz de pensar es que querría estar entre ellos, ser uno más, y sé que no puedo. Solo puedo observar. Es lo que hago. Observo... y grabo. No me integro, y si lo hago en algún momento, mi actitud es tan tensa que absorbe la sangre vital y la posibilidad de cualquier cosa buena, cualquier cosa real que pueda sentir. Es aquí, en este pequeño pueblo junto a un río, donde mi vida como observador, un actor que se mantiene cautelosamente seguro al margen de la refriega emocional, alejado de las consecuencias, del desorden normal de la vida y el amor, revela su coste ante mí. A los treinta y dos años, esta noche en medio de Estados Unidos, acabo de

agotar el poder de entumecer mente y alma que antes me garantiza-
ban mis medicinas de rock and roll.

Salimos del pueblo. La llana autopista se alza ante mí en plena noche
y son todo faros y líneas blancas... líneas blancas... líneas blancas.
Acabo de efectuar una perfecta zambullida en mi propio abismo; mi
estómago está en pleno centrifugado y me vengo abajo, abajo, abajo.
Finalmente, una hora después sigo interiormente desquiciado y le
digo a Matt que demos la vuelta y regresemos al último pueblo. «Ahora, por favor.» Matt, Dios le bendiga, no pide explicaciones. Las ruedas
del coche patinan en la gravilla del arcén, se ejecuta una perfecta maniobra de giro en forma de K y estamos de vuelta. Viajamos bajo el
oscurecido cielo del oeste que nos envuelve, y de pronto veo luces.
Necesito ese pueblo. Ahora mismo es la población más importante en
América, en mi vida, en el firmamento de Dios. El porqué no lo sé,
simplemente siento la necesidad de arraigarme *en algún lugar*, o me
esfumaré en el éter. Llegamos a las afueras, pero son altas horas de la
madrugada, la oscuridad es total y no se ve a nadie. Aminoramos
la marcha y aparcamos en un callejón. Quiero llorar, pero las lágrimas
no brotan. Peor aún, quiero abrir el maletero y coger el jodido oso de
peluche. Matt está callado, mira en silencio a través del parabrisas
hacia un pequeño edificio polvoriento que parece transportado desde otra dimensión. Siento la angustia más honda que jamás he conocido. ¿Por qué aquí? ¿Por qué esta noche? Treinta y cuatro años después sigo sin saberlo.

Lo único que sé es que al hacernos mayores el peso de nuestro
equipaje sin procesar se hace más pesado... mucho más pesado. Cada
año que pasa, el precio a pagar por tu rechazo a procesarlo sube y
sube. Quizá me había despreocupado demasiadas veces, había depen-
dido de mi infalible truco de magia demasiado a menudo, y ahora me
había apartado demasiado del humo y los espejos que me mantenían
de una pieza. O... simplemente me había hecho mayor... lo bastante como para saber más. Cualquiera que fuese la razón, me encontraba, una vez más, perdido en medio de... *ninguna parte*, pero esta vez

la euforia y los delirios que me mantenían engrasado y en marcha habían frenado en seco.

Más allá del capó del Ford se extiende lo que parece un millón de kilómetros de territorio inexplorado. Varias farolas crean lagunas de luz en un desierto que hace las veces de acera y jardín delantero en la calle de mi epifanía. Las estudio. Un perro de color pardo y aspecto hambriento vaga muy despacio por estos pequeños círculos de eternidad, y luego su manto de color beige se torna gris y desaparece en una negrura como de tinta. Matt y yo seguimos sentados… mi sudor frío va secándose lentamente, mi desazón se calma y, bajando la mirada hacia la sima bajo el salpicadero, al suelo de goma negra que se traga mis botas como si fuesen arenas movedizas, balbuceo: «Vámonos».

Como dos cosmonautas solitarios que giran en círculos alrededor de una Tierra desolada y calcinada por el Sol, encendemos los motores y abandonamos la órbita. Destruido nuestro hogar, tendremos que aventurarnos en el vacío. Durante el resto del viaje no se producen acontecimientos destacables. La carretera, el cielo abierto, la infinita ristra de poblaciones, Matt conduciendo el XL, la capota bajada, a ciento cuarenta kilómetros por hora, atravesando una lluvia purificadora cuyas aguas hacen piruetas en la superficie del parabrisas y a rebufo del viento rocían mi cara… nada de eso cura mi malestar o ahuyenta a los espectros de mi noche en la feria. Hace mucho tiempo, las defensas que construí para soportar la angustia de mi infancia, para salvaguardar lo que de mí quedaba, dejaron de ser útiles, ya que había abusado de sus poderes antaño curativos. Dependía de ellos para aislarme erróneamente, sellar mi alienación, desconectarme de la vida, controlar a los demás y reprimir mis emociones hasta un grado dañino. Ahora el cobrador de facturas llama a la puerta y el pago será en lágrimas.

Nos absorben la noche y la autopista, la lluvia amaina; bajo mi ventanilla y observo las estrellas gris ceniza, pongo mi cinta de casete «Texas», y «I Fought the Law» de Bobby Fuller murmura a bajo volumen en el interior del XL.

CUARENTA Y CINCO

CALIFORNIA

A través de una bruma casi impenetrable de contaminación, y en medio de la congestión del tráfico, Matt y yo nos arrastramos hasta una rampa de salida de la autovía de Los Ángeles y nos dirigimos al este. En Laurel Canyon, serpenteamos por las colinas de Hollywood hasta llegar a mi pequeña casa. Diez días después de nuestra partida de Jersey, nos bajamos del polvoriento XL y nos vemos entre buganvillas y mariposas ante la puerta de madera de la primera vivienda de la que soy propietario. Podría muy bien haber sido el castillo Hearst. Mi modesto nuevo alojamiento, previamente hogar de Sidney Toler, el actor que encarnó a Charlie Chan, instiga torrentes de autodesprecio en el «hijo número uno» de Doug Springsteen y me entran ganas de largarme… *ya*. Una vez dentro, pienso al momento en marcharme. ¿Y adónde voy? A cualquier sitio, siempre que esté lejos de esta encantadora casita que parece reclamarme algo que encuentro tan primariamente perturbador que no puedo someterme ni rendirme a ello. Quiere que me *quede...* y yo no me quedo, ni por esta casita ni por nadie, eso es para los demás, yo *me voy.* Lo único que me frena es que soy consciente de que, si subo al coche y hago el largo viaje de regreso hasta el este, en cuanto los dedos de mis pies sientan el cosquilleo de las olas del Atlántico me veré empujado a dar la vuelta y regresar aquí, en un interminable ciclo de locura sobre ruedas. Sin otro lugar al que ir, me quedo encerrado en mi propio corredor de la muerte en miniatura californiano. Me tiro en el sofá que he adquirido recientemente (junto con todos los demás trastos de mobiliario en este cuchitril, comprados compulsivamente en dos horas en el centro comercial más cercano), exhausto existencialmente, mi fuente emocional de trucos desecada. No hay gira tras la que esconderme, ni música que me «salve». Estoy frente al muro al que llevo largo tiempo aproximándome lentamente.

Matt no sabe nada de todo esto. Mi suboficial de carretera está en la habitación contigua, levantando mis pesas con ruido metálico, esperando órdenes que no llegan. Vuelvo a mi dormitorio con vistas a la neblinosa cuenca de Los Ángeles, miro por la ventana y telefoneo al señor Landau.

En el pasado hemos tocado estos asuntos con Jon en varias conversaciones largas y semianalíticas. Él entiende mi deriva. Está oscuro, cada vez más. Mi pozo de emociones ya no está siendo canalizado con seguridad hasta la superficie. Se ha producido un «suceso» y mi depresión borbotea como un vertido de petróleo que contamina el hermoso lago de color verde turquesa que es mi cuidadosamente planeada y controlada existencia. Su lodo negruzco amenaza con ahogar cada última porción de vida que hay en mí. Jon me aconseja: «Necesitas ayuda profesional». A petición mía hace una llamada, me da un número, y dos días después conduzco unos quince minutos en dirección oeste hasta una consulta/residencia en un suburbio de Los Ángeles. Entro; miro a los ojos a un extraño amable, de pelo canoso y bigote; me siento; y rompo a llorar.

Ahora, empezamos

Empecé a hablar, y me ayudó. Inmediatamente, durante las siguientes semanas, recuperé algo de equilibrio; sentía que me estaba enderezando, estabilizando. Había bailado, impulsándome por mí solo (sin drogas ni alcohol), hasta el borde de mi gran y oscuro mar, pero no había llegado a saltar dentro. Por la gracia de Dios y la ayuda de mis amigos, no iba a vivir y morir en ese lugar... o eso esperaba.

Así dieron comienzo treinta años de una de las mayores aventuras de mi existencia, escrutando el resbaladizo terreno en el interior de mi mente en busca de señales de vida. *Vida*: no una canción, ni una actuación, ni una historia, sino *vida*. Trabajé duro, con dedicación, y pronto aprendí algunas cosas. Empecé a dibujar el mapa de un mundo interior antes desconocido. Un mundo que, al mostrar su peso y su masa, su habilidad para esconderse a simple vista y su influencia sobre mi comportamiento, me dejó anonadado. Había mucha tristeza: por lo que había sucedido, por lo que se había hecho y por lo que me había hecho a mí mismo. Pero también había buenas noticias: lo resistente que me había mostrado, el modo en que había transformado todo aquello en música, amor y sonrisas. En general me había machacado a mí mismo y a mis seres queridos, las víctimas habituales. Sin embargo, comprendí que lo que recientemente me había hundido hasta el fondo también había actuado en mi defensa cuando era un niño, había preservado mi corazón y me había proporcionado refugio cuando lo necesitaba. Me sentía agradecido por todo ello, pero ahora esas caprichosas bendiciones se interponían directamente entre mi persona y el hogar y la vida que ansiaba. La cuestión era: ¿podría tolerar esas cosas? Necesitaba averiguarlo.

Tres sueños

Estoy de pie en un promontorio detrás de mi antigua granja, la granja donde escribí Darkness on the Edge of Town *y donde viví a finales de los setenta. Si hoy estuvieses ahí, tendrías la impresión de que el suelo rojizo había* dejado de dar sus cosechas de maíz y soja y habían brotado espontáneamente McMansions por todas partes. Pero en mi sueño, contemplo los cielos azules, los verdes árboles y los extensos campos de cultivo, y fijo la mirada en un distante muro boscoso. Un niño, de unos seis o siete años, está de pie en el borde del bosque. Soy yo. No se mueve. Espera, simplemente mostrándose. Hay una pausa, entonces mi niño alza la cabeza, ve a su yo de treinta y dos años en la distancia, le mira, y luego sonríe. Es una sonrisa que conozco de las muchas polaroids en blanco y negro descoloridas de nuestro álbum familiar.

En mi sueño, soy joven y no siento el peso del pecado original de mi familia. No soy mi padre, ni mi madre, ni mi abuela ni mi abuelo. Soy simplemente yo; soy yo mismo. Es un sueño triste. A menudo he descargado todo el peso de mi ira, con dureza, sobre ese chaval. He heredado la peor crueldad de mi padre, y lo he hecho a conciencia. Para hacerlo bien, debes confundir y distorsionar a ese niño, tu más preciado tesoro, para que sea algo que no es, un competidor en el hogar. Entonces, cuando sus ojos miran hacia arriba, más allá del cinturón de guardia de presidio, más allá de los botones de su camisa de trabajo verde oliva, arriba, hasta encontrar los ojos que tienen la respuesta a «¿Quién soy yo?», esa respuesta aparece clara y devastadora, y es asumida y cargada silenciosamente, hasta que su peso se vuelve insoportable.

Desde mi montículo de detrás de la granja, recibo de parte de mi yo más joven un leve saludo con la mano y una sonrisa que indica: «Está bien…». La sonrisa es seguida por un suave giro y un caminar sin miedo de regreso al bosque. El sueño se repite muchos años después, pero en esta ocasión el chico que aparece de entre los árboles está en sus últimos años de adolescencia o en la primera veintena; el gesto de despedida y la sonrisa son los mismos: «Está bien…». Luego, años más tarde, el sueño vuelve de nuevo, pero esta vez me saluda mi yo adulto de cuarenta años, mirándome desde la distancia a los ojos. Estas imágenes de mi juventud me llegan en sueños, tras haber pasado por mi crisol, retornando para decir: «Estamos bien. Nosotros hemos vivido, ahora es tu turno… de vivir».

Somos todos ciudadanos honorarios de ese bosque, y nuestras cargas y debilidades siempre permanecen. Son una parte de nosotros que no se puede erradicar, son nuestra humanidad. Pero cuando aportamos luz, el día se hace *nuestro y el poder de ese lastre para determinar nuestro futuro disminuye. Así es como funciona. El truco es que solo puedes alumbrar el bosque desde debajo del manto de árboles… desde su interior. Para alumbrar, primero debes abrirte camino a través de una oscuridad llena de maleza. Que tengáis un viaje seguro.*

¿Qué me pasa, doctor?

De este modo fui adquiriendo lentamente las habilidades que al final me llevarían a tener una vida propia. Aquello supondría en el futuro muchas lágrimas, errores y angustias, y a menudo sigue siendo una lucha constante hoy en día. El precio que pagué por el tiempo perdido fue solo eso: tiempo perdido. Puedes despilfarrar tu fortuna, si has tenido la suerte de conseguirla, y recuperarla; puedes dañar tu reputación y, con esfuerzo y dedicación, a menudo restaurarla. Pero el tiempo… el tiempo perdido ya no vuelve.

Pasé el invierno en California, y luego regresé a Nueva Jersey. Me recomendaron a un tal doctor Wayne Myers, un hombre entrañable de voz suave y sonrisa fácil, que tenía consulta en Nueva York. Y a lo largo de muchos encuentros y llamadas de larga distancia durante los siguientes veinticinco años, el doctor Myers y yo luchamos juntos contra muchos demonios, hasta su fallecimiento en 2008. Cuando me encontraba en la ciudad, nos sentábamos cara a cara, miraba a sus comprensivos ojos y, de forma paciente y esforzada, íbamos cosechando una buena serie de triunfos, junto con algunos persistentes fracasos. Conseguimos aminorar la marcha de esa noria en la que yo daba vueltas corriendo sin lograr detenerla del todo. En la oficina del doctor Myers se inició mi nueva odisea; sus conocimientos, junto con su corazón compasivo, me guiaron en la búsqueda de la fuerza y la libertad que necesitaba para amar las cosas y ser amado.

En las guerras psicológicas nunca se llega al final, solo tienes este día, este tiempo, y una dubitativa creencia en tu propia capacidad para cambiar. No es un terreno donde los inseguros deban buscar absolutos, y no hay victorias permanentes. Se trata de un cambio *vivo*, lleno de las inseguridades y el caos de nuestras personalidades, y siempre es un paso adelante, dos pasos atrás. Los resultados de mi trabajo con el doctor Myers y mi deuda con él habitan en el corazón de este libro.

CUARENTA Y SEIS

BORN IN THE USA

Algunos libros, unas púas de guitarra sueltas, un soporte de armónica, migas del almuerzo esparcidas, todo ello peleándose por el espacio junto a mi cuaderno. Me removí y coloqué los pies enfundados en calcetines sobre la garra de león tallada en la base de la mesa de roble en la que he estado escribiendo mis canciones durante veinticinco años. Una lámpara antigua iluminaba tenuemente el único otro objeto sobre la mesa: el guión de una película. Me lo había enviado el guionista y director Paul Schrader. Paul había escrito *Taxi Driver*, y había escrito y dirigido *Blue Collar*, dos de mis películas favoritas de los setenta. Rasgueé algunos acordes en mi Gibson J200 de acabado *sunburst*, hojeé la libreta, me detuve y murmuré un verso de una canción que tenía a medias sobre veteranos de Vietnam que vuelven a casa. Clavé la mirada en la portada de aquel guión que aún no había leído y canté su título: «I was born in the USA», yo había nacido en Estados Unidos.

Saqué «Born in the USA» directamente de aquella portada de un guión de Paul Schrader. El guión era una historia de los problemas y tribulaciones de una banda de bar de Cleveland, Ohio. La película sería finalmente estrenada con el título *Light of Day*, y en ella apareció mi canción del mismo título, mi educado intento de compensar a Paul por el fortuito robo que haría despegar mi carrera.

La Hit Factory. Di la entrada; tenía la letra, un gran título, dos acordes, un riff de sintetizador, pero me faltaba el arreglo. Era nuestra segunda toma. Un torrente de sonido procedente del amplificador Marshall inundó mis auriculares. Empecé a cantar. La banda me siguió atentamente en aquel arreglo espontáneo y Max Weinberg ofreció su mejor interpretación grabada a la batería. Cuatro minutos y treinta y nueve segundos después, «Born in the USA» estaba en el bote. Dejamos nuestros instrumentos, entramos en la sala de control y escuchamos aquel relámpago en una botella.

Más de diez años después del final de la guerra de Vietnam, inspirado por Bobby Muller y Ron Kovic, compuse y grabé mi historia de un soldado. Era una canción protesta, y al escucharla atronando desde los gigantescos altavoces de la Hit Factory, supe que era una de las mejores cosas que jamás había hecho. Era un blues del recluta, sus versos un relato, el estribillo una declaración de una de las cosas seguras que no pueden discutirse: el lugar donde has nacido. El lugar de nacimiento, y el derecho a toda la sangre, confusión, bendiciones y gracia que conlleva. Al pagar en cuerpo y alma, te has ganado, una y otra vez, el derecho a reclamar y moldear tu pedazo de tierra al que llamar hogar.

«Born in the USA» sigue siendo una de mis mejores y más malinterpretadas piezas musicales. La combinación de sus estrofas blues «deprimidas» y su «entusiasta» estribillo afirmativo, su demanda de una voz patriótica «crítica» junto al orgullo del lugar de origen, era al parecer demasiado conflictiva (¡o simplemente una molestia!) para sus oyentes menos exigentes, más despreocupados. (Este, amigo mío, es el modo en que a menudo rebota la pelota política.) Los discos son con frecuencia test de Rorschach: oímos lo que queremos oír.

Tras la publicación de mi álbum más vendido, al llegar Halloween, niños tocados con bandanas rojas llamaban a mi puerta con sus bolsas de truco o trato y me cantaban: «I was born in the USA». Supongo que el mismo destino aguardaba a «This Land Is Your Land» de Woody Guthrie en las hogueras de acampada, pero eso no me hacía sentir mejor. (Cuando canté «This Land Is Your Land» con Pete Seeger en la ceremonia de investidura del presidente Barack Obama, una de las peticiones de Pete fue que cantásemos *todos* los versos polémicos de Woody. Quería reclamar el texto radical de la canción.) En 1984, año electoral nada menos, otro intento por parte del Partido Republicano de aprovechar el culo de una vaca si lleva tatuadas las barras y estrellas fue el del presidente Ronald Reagan, quien cínicamente agradeció «el mensaje de esperanza en las canciones… del ciudadano de Nueva Jersey Bruce Springsteen», en una visita de la campaña al estado y… bueno, ya sabes el resto. A la inversa, la primera persona a la que puse la versión definitiva de «Born in the USA» fue Bobby Muller, entonces presidente de los Vietnam Veterans of America. Entró en el estudio, se sentó ante la consola, y yo subí el volumen. Escuchó durante unos momentos y una gran sonrisa cruzó su rostro.

Un compositor de canciones escribe para ser comprendido. ¿Es la presentación política? El contenido de tu canción, ¿es el sonido y la forma que adopta? Al haber grabado previamente *Nebraska*, había utilizado ambas formas de hacerlo. Aprendí una dura lección acerca de cómo se perciben el pop y la imagen pop, pero aun así no hubiese hecho ninguno de ambos discos de modo distinto. Con los años he tenido la oportunidad de reinterpretar «Born in the USA», en especial en versiones acústicas que no podían ser malinterpretadas, pero esas interpretaciones siempre ofrecían alivio frente al original y ganaban un nuevo poder gracias a la experiencia previa del público con la versión del disco. En el álbum, «Born in the USA» tuvo su presentación más potente. Si hubiese tratado de cambiar o rebajar la música, creo que hubiese sido un disco más fácilmente comprensible pero no tan satisfactorio.

Como mis álbumes anteriores, *Born in the USA* tardó en completarse. Para el disco siguiente a *Nebraska*, que contenía algunas de mis canciones más intensas, quise tratar los mismos asuntos y electrificar-

352 BORN TO RUN

los. El marco de esa idea, junto con muchos de los subtextos de *Nebraska*, puede vislumbrarse bajo la superficie de «Working on the Highway» y «Downbound Train». Estas dos canciones iniciaron su vida de forma acústica en la grabadora de maquetas japonesa Tascam.

Gran parte de *Born in the USA* se grabó en vivo con la banda al completo en tres semanas. Luego me tomé un descanso, grabé *Nebraska*, y no volví a mi álbum rock hasta después. «Born in the USA», «Working on the Highway», «Downbound Train», «Darlington County», «Glory Days», «I'm on Fire» y «Cover Me» fueron todas básicamente completadas en la primera etapa del disco. Luego se impuso la congelación mental. No me sentía cómodo con el aspecto pop de mi material acabado y quise algo más profundo, más denso y serio. Esperé, escribí, grabé, y luego esperé un poco más. Pasaron los meses y seguía bloqueado, encerrado en la casita de campo que me había comprado a orillas del río Navesink, mientras las canciones iban surgiendo como las últimas gotas de agua bombeadas de un pozo temporalmente seco. Lentamente, «Bobby Jean», «No Surrender» y «Dancing in the Dark» se unieron a las primeras canciones. Por fin habían llegado las lluvias. Para entonces había grabado un montón de música (véase el tercer disco de *Tracks*), pero al final di media vuelta y volví al grupo original de canciones. Ahí encontraba un naturalismo y una viveza que eran indiscutibles. No eran exactamente lo que había estado buscando, pero eran lo que tenía.

La espera valió la pena. Esas últimas canciones eran piezas importantes de la imagen final de mi disco. «Bobby Jean» y «No Surrender» eran grandes tributos al poder aglutinador del rock y a mi amistad con Steve. «My Hometown» sería un final trascendente para *Born in the USA*, pues captaba las tensiones raciales en las pequeñas poblaciones de Nueva Jersey a finales de los setenta y el declive industrial de la siguiente década. Y entonces, en el último momento, apareció «Dancing in the Dark». Una de mis canciones pop más sentidas y mejor construidas, encontró su «inspiración» una tarde en que Jon Landau se pasó por mi habitación de hotel en Nueva York. Me dijo que había estado escuchando el álbum y veía que no teníamos un single, esa canción que arrojase gasolina al fuego. Esto significaba que tenía que seguir trabajando, y por una vez lo que menos me interesaba era más trabajo. Lo hablamos, educadamente, y sugerí que si creía que hacía falta algo más lo escribiese él.

Aquella noche compuse «Dancing in the Dark», una canción sobre mi propia alienación, fatiga y deseo de escapar del estudio de grabación, de mi habitación, de mi disco, de mi cabeza y… *vivir*. Estos eran el tema y el disco que más lejos iban a llevarme en el pop mainstream. Siempre me había sentido ambivalente ante los discos de gran éxito y ante la posibilidad de atraer al gran público. Y así es como debes sentirte. Conlleva sus riesgos. ¿Era el esfuerzo de llegar a esa gran audiencia merecedor de tanta exposición pública, de la incomodidad de estar bajo los focos y de la cantidad de vida a entregar? ¿Cuál era el peligro de que tu mensaje central se diluyera junto con tu propósito, de que tus mejores intenciones se redujeran a un simbolismo hueco o algo aún peor? En «Born in the USA» experimenté todas esas cosas, pero el público también puede hacerte saber cuán poderosa y duradera es tu música, cuál es su potencial impacto sobre las vidas de tus fans y la cultura. Así que das esos pasos con ternura, hasta que alcanzas el abismo, y entonces saltas, ya que no existe una pendiente firme y estable que descienda hacia el *gran* éxito multitudinario. Siempre hay ese abismo que te engulle, donde cada viajero mesura su próximo paso, cuestiona sus motivos. Así que avanza con ánimo, pero sé consciente de que, además de la excitación y la satisfacción de estar explotando tu talento al máximo, es posible que des con los nítidos márgenes de las limitaciones de tu música, así como los de tu propia persona.

Las canciones de *Born in the USA* eran directas y divertidas, recorridas soterradamente por las corrientes subyacentes en *Nebraska*. Con el disco muy mejorado por las explosivas mezclas de Bob Clearmountain, estaba listo para acceder al primer plano. En escena, la música se desparramaba sobre mi público con gozoso abandono. Tuvimos un éxito tras otro, y en 1985, junto a Madonna, Prince, Michael Jackson y las estrellas de la música disco, me convertí en una genuina «superstar» de la radio comercial.

A veces los discos dictan su propia personalidad y simplemente debes dejarlos ser como son. Así era *Born in the USA*. Finalmente me olvidé de mis bailes dubitativos, tomé lo mejor de cuanto disponía y entregué el que iba a ser el álbum más exitoso de mi carrera. *Born in the USA* cambió mi vida, me aportó mi público más numeroso, me obligó a pensar muy en serio en el modo en que presentaba mi música, y me situó fugazmente en el centro del universo pop.

CUARENTA Y SIETE

BUONA FORTUNA, FRATELLO MIO

En plena grabación del disco más importante de mi vida, Steve Van Zandt abandonó la banda. Siempre he sentido que lo que motivó la marcha de Steve fue una combinación de frustración personal, política interna e insatisfacción ante algunas de mis decisiones. Esto, junto a mi proximidad a Jon Landau, dejó a mi amigo con una sensación de distanciamiento respecto a su colega y a la dirección en la que me estaba llevando mi obra. Aunque jamás hubiese llegado a donde me encuentro sin la E Street Band, se trata en última instancia de mi escenario. A los treinta y dos años Steve necesitaba aspirar a su propio título largamente merecido, liderar su grupo y tocar y cantar sus propias canciones. Steve es uno de los mejores compositores, guitarristas y líderes de banda que conozco, y supongo que pensó que o lo hacía en ese momento o ya no lo haría nunca. Viéndolo en retrospectiva, creo que Steve estaría de acuerdo en que no tendría por qué haber sido así. Podríamos haberlo combinado todo, pero entonces no éramos las mismas personas que somos hoy. Yo era todavía muy protector de mi derecho a la autodeterminación y a ser el dueño de mi carrera. Yo les escuchaba, pero no consideraba que formásemos una «sociedad», y Steve, en aquel momento, era uno de esos tíos que se rigen por el todo-o-nada. Esta ha sido la bendición y al tiempo la maldición de mi amigo… mayormente su maldición. La noche que se marchó vino a verme a mi habitación de hotel en Nueva York. Tuvimos una discusión muy difícil sobre nuestra amistad, su lugar en la banda, pasados agravios y nuestro futuro juntos. Había ciertas cosas en las que no logramos ponernos de acuerdo. Éramos todavía demasiado jóvenes y no contábamos con la perspectiva que el tiempo aporta a la hora de suavizar asperezas. No teníamos una visión de conjunto que nos ayudase a apreciar la belleza y el pleno valor de nuestra larga amistad. Lo que teníamos era mucha pasión, emociones transferidas y malentendidos.

Aquella noche Steve me pidió tener un papel mayor en nuestra relación creativa, pero yo había puesto límites intencionadamente al papel de los miembros del grupo. La E Street Band está tan repleta de talento que nadie puede llegar a usar más que un pequeño porcentaje de sus habilidades en un momento dado, así que naturalmente todos ellos sentían algo de frustración, incluido Jon. Pero así era como yo daba forma a mi obra, como mantenía las riendas firmes y mis asuntos bajo control. Yo era un tío de trato fácil, pero me había impuesto unos estrictos límites debido tanto a mis instintos creativos como a mi fortaleza y mi debilidad psicológicas. La frustración de Steve se veía intensificada por su enorme ego (¡bienvenido al club!), sus talentos infrautilizados y nuestra larga amistad. Se dedicaba con todas sus fuerzas a mí y a la banda, y probablemente sintiera algo de culpa y confusión por su propia ambición y su deseo de dar un paso al frente.

En los clubes para adolescentes de nuestra juventud habíamos sido no solo amigos, sino también competidores amistosos. Y no pasaba nada. Pero cuando comenzamos a trabajar juntos sucedió que ninguno de los dos se sintió totalmente cómodo ni supo expresarlo. Steve se había metido por completo en su rol a mi lado y hacía tiempo que era un líder ambivalente. Una noche en el Inkwell, cuando Southside Johnny acababa de firmar un contrato discográfico (antes de que Steve hubiese entrado en la E Street Band), le pregunté a Steve por qué no interpretaba y grababa *él* las excelentes canciones que había compuesto para Southside. (No te preocupes, Southside, lo hiciste muy bien.) Desde jóvenes había observado a Steve liderar magistralmente sus propias bandas. Aquella noche me dijo que no se sentía completamente «él», y que una gran y maravillosa parte de su personalidad (y de mi buena fortuna) era su visión de sí mismo encarnando una importante función de apoyo como mi lugarteniente musical.

Pero ahora, el paso dado por Steve para plantarse ante el micrófono central iba a resultar aún más complicado a causa de los años pasados a mi lado en la E Street Band. Es difícil que el público te acepte en un papel nuevo, que te escuche sin el velo de la imagen popular que se crea al formar parte de un grupo de éxito. Comprendía la postura de Steve. Quería tener más influencia en nuestro trabajo. Pero yo había enfrentado sutilmente a Steve y Jon con un propósito. Era la razón de que *ambos* estuviesen a bordo. Quería la tensión de dos puntos de vista complementarios en conflicto. Esto producía una intencionada fricción profesional en el estudio y, fuera de este, quizá algo de involuntaria fricción *personal*, pero este era el modo en que yo lo necesitaba. Éramos todos ya mayorcitos, tipos muy dedicados a lo nuestro, y pensé que podrían aguantarlo. Y así fue. Pero esto, junto con la premeditada zona gris en la que mantenía a la banda, creaba un purgatorio que me satisfacía *a mí*, pero que tal vez confundía e inquietaba a algunos de mis compañeros. Seguramente cada miembro del grupo y cada fan tenga su propia definición de quiénes y qué éramos (y para la mayoría probablemente seamos Bruce Springsteen... *y* la E Street Band), pero al fin y al cabo yo soy, y era, quien decidía *oficialmente*. Ese había sido el plan desde aquel día en que entré solo (y muy consciente de lo que hacía) en el despacho de John Hammond.

Estas cuestiones, junto con el revoltijo de emociones que suscitaron, estaban en el fondo del distanciamiento entre Steve y yo y de su

358 BORN TO RUN

ausencia de la banda en los años ochenta y noventa. Quería a Steve, y sigo queriéndolo mucho. Al despedirnos aquella noche, él se detuvo un momento en la puerta. Preocupado por la pérdida de mi amigo y mano derecha, le dije que, a pesar del rumbo que tomásemos, yo seguía siendo el mejor amigo que tenía, que éramos todavía los mejores amigos *el uno del otro*, y que esperaba que eso no cambiase. No cambió.

CUARENTA Y OCHO
EL GRAN ÉXITO

Born in the USA estalló como la bomba atómica. Sabía que la canción titular era caballo ganador, pero no esperaba la grandiosa acogida que recibimos. ¿Se trató de sincronía? ¿Fue la música? ¿El músculo? No lo sé, cuando algo triunfa de ese modo siempre hay cierto misterio al respecto. A los treinta y cuatro años, opté por subirme al carro del éxito y disfrutarlo. Me había fortalecido y sabía resistir ante los focos, pero en los años siguientes se me iba a poner rigurosamente a prueba.

Nils Lofgren subió a bordo y ocupó perfectamente una difícil posición. Nuestros caminos se habían cruzado por vez primera en 1970 en las audiciones del Fillmore West, y de nuevo en el Bottom Line en 1975, donde Nils tocó en los días siguientes a nuestros conciertos. Una tarde, a principios de los ochenta, nos encontramos en el Sunset Marquis. Teníamos la tarde libre y condujimos hacia el norte siguiendo la costa californiana hasta pararnos a un lado de la Highway 1. Subimos a la cima de una duna arenosa con vistas al centelleante Pacífico, nos sentamos y charlamos. Nils había tenido una serie de malas experiencias con sus compañías discográficas; el trabajo en solitario era muy duro e imaginaba que en el futuro no le importaría alternarlo formando parte de un buen grupo. (Creo que mencionó a Bad Company.) Esto sucedió mucho antes de que la banda necesitase un sustituto, pero siempre recordé nuestra conversación de aquella tarde. Nils empezaba a triunfar justo cuando comenzábamos a grabar *Born to Run*, y con Jon habíamos tomado como referencia para las sesiones el primer álbum de Nils en solitario. Nos afanábamos en lograr su nitidez, limpieza y gran sonido de batería. Se convirtió en parte del patrón para *Born to Run*. La carrera de Nils sufrió algunos tropiezos en sus inicios y nunca alcanzó ese público más amplio que su talento merecía. Era un estudioso voraz y uno de los mejores guitarristas del mundo, con una voz como de niño de coro rebelde. Su maravillosa presencia escénica paliaría en parte el aguijonazo de la ausencia de Steve y fue un perfecto añadido a la renovación de la E Street Band en 1985.

La frecuentadora de bares

Una noche en que el público abarrotaba el Stone Pony me planté en primera fila ante el escenario al ver a una joven pelirroja que se unía a la banda de la casa, cogía el micrófono y cantaba con descaro desafiante el «Tell Him» de los Exciters. Su voz estaba henchida de blues, jazz, country y los mejores grupos de chicas de los sesenta. Patti Scialfa lo tenía todo. Nos conocimos, flirteamos, tomamos una copa y nos hicimos amigos. Me pasaba por el Pony, bebíamos y bailábamos. La noche terminaba con ella sentada en mi regazo y Matt conduciendo a nuestro lado en dirección a una hamburguesa con queso de última hora y una charla en el Inkwell. A eso de las tres de la madrugada, Matt y yo la dejábamos en casa de su madre; unas sonrisas, un beso en la mejilla, un «Nos vemos en el club» y la noche llegaba a su fin.

Tras la marcha de Steve, quise subir el listón en nuestras armonías vocales. Escuché unas cuantas voces locales e invité a Patti a una «audición» en mi casa (junto a Richie «La Bamba» Rosenberg; ah, las elecciones que uno debe hacer…). A continuación hicimos una prueba, mientras nos preparábamos para nuestra gira, en el local de ensayo de los Clair Brothers en Lititz, Pennsylvania. La banda se instaló en un motel cercano, ensayábamos por la tarde y por la noche salíamos por ahí. Yo conducía un Impala descapotable de 1963, *Dedication*, un regalo de Gary US Bonds por componer y ayudar en la producción, con Steve, de su regreso triunfal con «This Little Girl». La noche antes de volver a casa, después de cenar, íbamos toda la banda en el descapotable con el techo bajado y Garry Tallent al volante. Cuando subíamos por una colina, Patti y yo, sentados en el asiento trasero con las cabezas echadas hacia atrás y bebiendo bajo el firmamento nocturno, escuchamos un colectivo «oooh» de los chicos mientras el rastro azul de una estrella fugaz cortaba el cielo de Pennsylvania en dos. Un buen augurio, sin lugar a dudas.

Tres días antes de salir de gira, Patti Scialfa se unió a la E Street Band. Al ser la primera mujer en el grupo, produjo oleadas de conmoción en las tropas, rompió el club de chicos y todos tuvieron que adaptarse, algunos más que otros. No te equivoques, una banda de rock es una sociedad compacta y rígida con reglas tácitas y rituales muy específicos. Está diseñada para mantener el mundo a distancia y, en particular, la vida *adulta*. La E Street Band cargaba con su propia y callada misoginia (incluyendo la mía), una cualidad predominante en muchos grupos rock de nuestra generación. En 1984 éramos una versión atemperada de nuestras anteriores encarnaciones, pero si rascabas la superficie aparecía «el estilo de vida en la carretera», con todos sus placeres, prejuicios y castigos. Patti manejó la situación con mucha elegancia. No desplazó ni cedió su puesto ante mis esforzados y veteranos compañeros de banda.

Con la incorporación de Patti quería lograr dos cosas: una, mejorar nuestra musicalidad; y dos, que mi banda reflejase a un público que estaba evolucionando, un público que era cada vez más adulto y cuyas vidas eran las de hombres *y* mujeres. Era un camino complicado pues, al fin y al cabo, gran parte de la música rock sigue teniendo un valor de entretenimiento escapista. Es una casa de sueños, de ilusiones y fantasías, de juego de rol y de transferencia entre artista y público. En mi trabajo, sirves a las órdenes de la imaginación de tu público. Se trata de un lugar muy personal. Una vez que has dejado ahí tus huellas, traicionar esa imaginación puede acarrear graves consecuencias (desilusión, o peor aún... ¡pérdida de ventas de discos y de entradas!). Pero en 1984 quise tener, en mi escenario, ese mundo de hombres *y* mujeres; y esperaba que mi público también lo quisiera.

Noche de estreno

Veintinueve de junio de 1984, Civic Center de St. Paul, Minnesota. Hemos pasado la tarde filmando «Dancing in the Dark», nuestro primer vídeo oficial. Anteriormente solo habíamos lanzado un vídeo, para «Atlantic City», un hermoso cortometraje en blanco y negro dirigido por Arnold Levine, pero en él no aparecíamos ni yo ni el grupo. Siempre había sido un poco supersticioso a la hora de filmar a la banda. Opinaba que el mago no debe observar su truco demasiado de cerca: podría olvidar dónde reside su magia. Pero había surgido la MTV, una cadena potente y pragmática que exigía tributo. De pronto estábamos metidos en el negocio de los cortometrajes y se necesitaban nuevas habilidades. Los vídeos se hacen rápidamente, en una tarde o un día; luego queda todo en manos del realizador y del montador y ya no hay vuelta atrás. Es un medio que requiere más colaboración que la grabación de discos, y se puede quemar *mucha* pasta en poco tiempo. Y el producto final solo puede ser controlado indirectamente por el artista. Para que salga bien, necesitas un equipo de directores, montadores, directores artísticos, estilistas, que comprendan de qué vas y puedan ayudar a trasladarlo a la pantalla. Me había costado quince años juntar a un equipo de producción discográfica que me funcionase; pero ahora tenía que reunir a un equipo cinematográfico completo en quince minutos. Aun así, los tiempos y la ambición lo requerían. Esta colección de canciones, acompañada por las mezclas de Bob Clearmountain y las imágenes y foto de portada de Annie Leibovitz, llegaría a un público mucho más amplio del que había congregado antes.

Nunca llegas a controlar totalmente el arco de tu carrera. Los sucesos, históricos y culturales, generan una oportunidad; una canción especial cae en tu regazo y se abre una ventana al impacto, la comunicación, el éxito y la expansión de tu visión musical. Puede cerrarse con la misma rapidez, para no regresar jamás. No puedes decidir totalmente *cuándo* es tu hora. Puedes haber trabajado con honestidad, sin vacilaciones, mientras —consciente o inconscientemente— te vas posicionando, pero nunca *sabes* realmente si llegará finalmente tu «gran» momento. Y entonces, para algunos, *ahí está*.

La noche en que hice arrancar a la banda con «Born in the USA», abrimos de una patada una de esas ventanas, una de las grandes. Una brisa rebosante de posibilidades, peligro, éxito, humillación, fracaso, entra ligera y agita suavemente tus cabellos. Ves esa ventana abierta. ¿Deberías acercarte más? ¿Mirar a través de ella? ¿Deberías elevarte y tomar las medidas del mundo que te ha sido revelado? ¿Deberías encaramarte y dejarte caer, poniendo los pies en territorio desconocido? ¿Deberías dar un paso adelante? Estas son las grandes decisiones que deben tomar los mejores músicos, y conozco a artistas muy buenos que las rechazaron, las templaron, tomaron otra ruta, hicieron música muy influyente y tuvieron carreras importantes. La gran carretera no es la única carretera. Simplemente es la *grande*.

Así que aquí estoy, en la gran carretera, y de pie ante mí tengo a Brian De Palma, un amigo de Jon. El director de *Los intocables*, *Scarface* y otras muchas fantásticas películas está aquí para echarnos una mano con «Dancing in the Dark». Hace una o dos semanas empezamos en falso con otro director, por lo que Brian llega para hacerle justicia a lo que será mi mayor hit. Me presenta a una menuda y deslumbrante jovencita de ojos azules que lleva una flamante camiseta de *Born in the USA*, la sitúa en primera fila ante el escenario y me dice: «Al final de la canción, hazla subir a escena y baila con ella». Él es el director. Así que una jovencísima Courteney Cox interpreta su papel mientras yo bailo el bugalú del hombre blanco y me meneo como un papi siguiendo el tema que está en el segundo puesto en las listas de *Billboard*. Hasta que Brian me contó después que la había elegido en un casting en Nueva York, ¡yo pensé que era una fan! (Había nacido una estrella… ¡mejor dicho, dos!)

Solo «When Doves Cry» de Prince evitó que llegásemos al número uno. Haríamos otros muchos vídeos en el futuro –y llegarían incluso a gustarme–, pero ninguno provocaría las carcajadas con palmadas en las rodillas y las risas estrepitosas y justificadas de mis hijos como ese en el que aparezco como el James Brown de Jersey en «Dancing in the Dark». («¡Papá… estás ridículo!»)

Ridículo o no, pronto seríamos, una vez más, lo más grande desde la última sensación. Con el vídeo acabado, llegaba la hora del trabajo fácil. Tres horas de rock and roll escupefuego. La noche de su estreno como E Streeter, Patti estaba, por decirlo suave, «poco ensayada». Simplemente no habíamos tenido tiempo. Unas pocas horas antes del espectáculo, se emplazaron para ella un pequeño monitor y un micrófono en algún punto entre Roy y Max. Esa era su plataforma. ¿Vestuario? La gira de *Born in the USA* fue notoria por la falta de elegancia que se impuso en la nación E Street. La banda nunca se ha vestido o presentado tan mal. Estaba cansado de ser un nazi del vestuario que coordinaba a sus hombres para que pareciesen un frente natural y unificado. En el 84, les abandoné a todos a sus peores instintos y el resultado fue alucinante. ¡Cómo molaron los años ochenta! El corte de pelo de C, cuadrado, a lo Gap Band, la bandana y la chaqueta satinada de jockey de Nils, la permanente capilar de Max, los suéteres Cosby de Roy, mi bandana que pronto devendría icónica y mis músculos marcados. Mirando ahora esas fotos, creo que simplemente parecía… gay. Probablemente debería haberme vestido en algún sitio de la calle Christopher, en alguna de las tiendas de prendas de cuero. Realmente, estábamos todos muy unidos; unidos para causar pavor entre los estilistas más a la última. Variaba de noche a noche, y algunas veladas rayaban en lo tolerable, pero en general reinaba el caos «fashion». Muchas bandas llegan visualmente a su nivel más icónico cuando se sitúan en la frontera de la caricatura (o la sobrepasan ligeramente). En 1984 trabajábamos en ese terreno, y hoy en día sigo viendo a adolescentes y hombres jóvenes, que en el 84 no eran ni una chispa en los ojos de mamá y papá, que acuden a mis conciertos con bandanas y camisetas sin mangas. Una monada.

Cinco minutos antes de que empiece el concierto en St. Paul, Patti llama a la puerta de mi camerino. Entra vistiendo tejanos y una sencilla blusa campesina blanca. «¿Qué tal estoy?», me pregunta sonriente. Me quedo en silencio; nunca antes he tenido que hacer algo así, criticar el vestuario de escena de una mujer. Estoy un poco nervioso... «Uhhh –pienso para mis adentros–, tiene pinta... femenina. Quiero a una mujer en la banda, ¡pero no que ella parezca una!» A mis pies veo mi pequeña maleta Samsonite llena de camisetas. La abro y, sonriendo, le digo: «¡Coge una de estas!».

El concierto arranca, y Nils no tarda en cagarla en su primer solo. Es su debut y el de Patti con la banda, hay veinte mil ciudadanos de Minnesota gritando como locos y, pese a toda su experiencia, se ve atrapado brevemente como un ciervo deslumbrado por los faros de un coche. Se sonroja, nos reímos, se sobrepone y borda el resto de la velada. Es una gran noche. Patti está estupenda (¡con mi camiseta!) y se desenvuelve con gracia y hermosura en condiciones difíciles. Nuestra nueva formación está lista para combatir y preparada para lo que nos espera.

Pittsburgh, Pensilvania

La noche de nuestro concierto en Pittsburgh, rechacé el piropo con que me había obsequiado ese mismo día el presidente Reagan. Su atención motivó en mí dos respuestas. La primera fue... «¡Cabrón!». La segunda: «¡El presidente ha dicho mi nombre!». O quizá fuese al revés. Lo importante de aquella noche fue que conocí a Ron Weisen, antiguo trabajador siderúrgico y organizador sindicalista radical, que acababa de abrir un banco de alimentos para los empleados de las fábricas que estaban cerrando en el valle del Monongahela. Yo no había crecido en un hogar politizado. Más allá de preguntarle a mi madre con qué partido simpatizaba («Somos demócratas, están por la gente trabajadora»), no recuerdo que se mantuviera nunca una discusión política. Fui un niño de los años sesenta, por lo que el interés por la política y la conciencia social estaban inscritos en mi ADN cultural. Pero en realidad fueron las cuestiones de identidad que se hicieron relevantes tras mi éxito las que me espolearon para alzar la voz ante las fuerzas que habían afectado a las vidas de mis padres, hermanas y vecinos. Si estás sediento, vas a donde está el agua, y para entonces ya conocía algunas de las respuestas y preguntas que había estado buscando en la arena política.

Dylan había fusionado hábilmente lo político y lo personal de una manera que añadía resonancia y poder a ambos. Yo estaba de acuerdo en que lo político *es* personal y viceversa. Mi música llevaba bastante tiempo desarrollándose en esa dirección, y la confluencia de la presidencia de Reagan con mi historia personal, la dirección de mi música y el hecho de conocer a gente con los pies sobre la tierra estimuló mi interés por integrar todos esos elementos en un todo cohesivo. Aquella noche en Pittsburgh conocí a Ron, charlamos y me informó sobre los tiempos difíciles que estaba pasando la gente del valle. Como en el caso de los veteranos de Vietnam, pudimos aportar algo de publicidad y apoyo económico. Antes de marcharse, mencionó a un homólogo en Los Ángeles. Una vez allí, busqué a George Cole y conocí al poeta Luis Rodriguez, ambos antiguos trabajadores siderúrgicos en la parte central del sur de Los Ángeles, un poco conocido pero importante enclave siderúrgico en la California meridional. George y su organización mantenían un banco de alimentos y una compañía ambulante de teatro político. Con la ayuda de la asistente de mi agencia de representación, Barbara Carr, comenzamos poco a poco a entrar en contacto con organizaciones similares en otras poblaciones.

El sistema nacional de bancos de alimentos empezaba a funcionar, y en los siguientes años y giras nos permitió acercar a nuestro público a las fuentes locales y las soluciones factibles para combatir el hambre y la pobreza, así como articular acciones políticas en los lugares por donde pasábamos. Eran esfuerzos sencillos y modestos, pero estábamos en una posición óptima para conseguir logros.

Nunca tuve el coraje de estar en primera línea, como muchos de mis correligionarios musicales más comprometidos. Si acaso, a lo largo de los años, se ha exagerado el servicio que podamos haber prestado. Pero quise desarrollar mi labor de un modo constante. Algo que pudiese seguir haciendo año tras año, a fin de encontrar un modo efectivo de ayudar a la gente que había sido duramente afectada por una injusticia y una negligencia sistemáticas. Estas eran las familias que habían construido Estados Unidos, pero cuyos sueños e hijos eran, generación tras generación, considerados sacrificables. Nuestros viajes y nuestra posición nos permitirían ayudar, a nivel de calle, a los activistas que a diario tratan con los ciudadanos que han sido arrinconados en los márgenes de la nación.

El paraíso del hombre blanco
(Little Steven vs. Mickey Mouse)

Nuestra primera parada en Los Ángeles de la gira *USA* estuvo marcada por la visita de Little Steven Van Zandt y por el hecho de que, a los dos, junto con nuestro «séquito», nos echaron sin contemplaciones de Disneyland por negarnos a quitarnos las bandanas. La cosa fue así: Steve es el niño más grande que conozco. Durante días habíamos estado planeando nuestra excursión juntos al Reino Mágico. A medida que nos acercábamos al lugar, la excitación de Steve fue creciendo hasta alcanzar una leve histeria (lo que tampoco era un salto considerable con respecto a su comportamiento habitual). ¡La Montaña Espacial! ¡La Casa Encantada! ¡Los Piratas del Caribe! Íbamos a verlo y montarnos en todo. Me acompañaba nuestra «primera fan» Obie Dziedzic, que nos seguía desde que teníamos dieciséis años allá en la costa. Ese día, ella iba a ser recompensada. Una excursión con Steve, Maureen (la esposa de Steve) y yo a, como dice el cartel, «EL LUGAR MÁS FELIZ DE LA TIERRA».

Compramos nuestras entradas. Steve, riéndose con nerviosa excitación, no puede esperar más y es el primero en cruzar los torniquetes. Avanza como unos diez metros y le detienen, le piden que se eche a un lado y le informan de que, si quiere disfrutar de su estancia en el parque, deberá quitarse la bandana. Esto, dicen los poderes fácticos, para que no sea confundido con el miembro de alguna pandilla, Blood o

Crip, y sea tiroteado desde otra nave mientras está echando la papilla en la Montaña Espacial. La bandana de Steve no es ni azul ni roja, sino de un color indeterminado, y ha sido precisa y cuidadosamente elegida para complementar el resto de su «look» por el hombre que inventó la babushka masculina. Pero quitársela… ojalá pudiera haber advertido a las tropas de asalto de Mickey Mouse… eso… ¡NO VA A SUCEDER NI DE COÑA! En solidaridad, yo, que llevo puesto mi trapo de *Born in the USA*, también me niego a quitarme el pañuelo de la cabeza. El jefe de los varios guardias de seguridad que nos rodean nos comunica que va a «pasar por alto» las pintas del resto del grupo (¡la mujer de Steve y la fan número uno Obie!), pero que sencillamente no van a permitir que nos quedemos allí con lo que cubre nuestras cabezas.

«¡NOS LARGAMOS DE AQUÍ! ¡QUE TE JODAN, RATONCILLO FASCISTA! ¡NOS VAMOS A KNOTT'S BERRY FARM!» Y lo hacemos.

En la salida le pregunto a Steve cómo le sienta haber sido expulsado del LUGAR MÁS FELIZ DE LA TIERRA, y le señalo el hecho de que, obviamente, ¡no nos merecemos ese nivel de felicidad! Steve reacciona gritando como un diccionario humano que contuviese todas las palabrotas y obscenidades guturales concebibles, todas dirigidas contra la patrulla de la elegancia de extrema derecha de Mickey Mouse y la camarilla que supervisa el paraíso para blancos del señor Disney. Al llegar a Knott's Berry Farm, *antes* de comprar nuestras entradas, el tipo de la taquilla nos informa de que ¡tampoco aquí van a poder entrar nuestras calaveras envueltas en bandanas! ¡JÓDETE! Tú y todo el soleado sur de California.

Silenciosa, lentamente, conducimos de vuelta a Los Ángeles, mientras durante dos largas horas Steve vomita todo lo que lleva dentro. ¡La Constitución! ¡La Carta de Derechos! ¡Los jodidos códigos de vestimenta! ¡Nazis! «¡Voy a contarlo en la TELEVISIÓN NACIONAL!»… bla, bla, bla. Decidimos cenar a última hora en Mirabelle, un restaurante encantador en Sunset Boulevard. Esperamos de pie en la barra y el propietario, un amigo, viene hacia nosotros trajeado y charlamos un rato con él. Steve, que sigue con lo suyo, dice: «Aquí no hay código de vestimenta, ¿verdad?». Nos mira y responde: «Pues claro que lo hay. Tíos, ¿creéis que os dejaría entrar si no os conociese?».

Little girl, I wanna marry you*

Unos meses antes: tenía treinta y cuatro años y me encontraba lo bastante alejado de la escuela católica como para haberme desprendido de parte de la vergüenza y la culpa de mi educación católica italo-irlandesa. Me figuré que había llegado la hora de aprovechar los beneficios sexuales de una superestrella. En general yo me comportaba como un monógamo en serie, en la carretera no buscaba compañía afanosamente. Para empezar, no estaba allí para divertirme. Estaba allí para *trabajar*, y demasiada diversión iba a entrometerse en el cilicio que me empeñaba en llevar. La penitencia seglar era mi alegría y mi *raison d'être*. Aun así, demasiado trabajo y nada de juegos, etcétera, etcétera. Por el momento Wilt Chamberlain no iba a tener que preocuparse por mí, pero al inicio de la gira *USA* decidí empezar a… *ver*. Así que… *vi*. Cuando así lo hacía, generalmente seguía la regla de «no meterse con los civiles», pero tampoco tenía tiempo para las «groupies» profesionales. No quería ser una muesca en el cinturón de nadie. Esto reducía bastante las posibilidades. Aún así, si hay voluntad… No voy a decir que fuera un santo, un buen rato es un buen rato, y ocasionalmente los he disfrutado cuando los he encontrado, pero… no duraban mucho, ¡no merecían la pena! Así que, salvo por la excepcional noche con *compañía*, después de los conciertos regresaba a mi tardía bacanal de pollo frito, patatas fritas, televisión, un libro (escogiendo no el estilo de Frank, sino el de Dino),** y a continuación a la cama. Vamos a divertirnos… zzzzzzzzzzzzzzzzzzz…

Tras mi fugaz intento de ser todo un Casanova, mi reloj psicológico/biológico debió de comenzar a hacer tictac. Quería algo serio. Quería casarme. Para entonces ya sabía que mi modelo de relación llevaba incluido un dilema sexual, no el más adecuado para la monogamia pero tampoco idóneo para el libertinaje. Funcionaba mejor en un sistema semimonógamo (¿existe tal cosa?), generalmente mante-

---

 * «Niña, quiero casarme contigo», verso de la canción «I Wanna Marry You», incluida en *The River. (N. del T.)*
 ** Frank Sinatra y Dean Martin. *(N. del T.)*

niéndome firme y constante, pero en ocasiones usando la política del «No preguntes, no digas nada» del ejército de Estados Unidos. Una difícil transacción.

Conocí a Julianne Phillips en Los Ángeles, una actriz originaria del noroeste del Pacífico. Tenía veinticuatro años, era alta, rubia, educada, talentosa, una joven hermosa y encantadora. Nos caímos bien y empezamos a vernos con regularidad. Llevábamos seis meses saliendo cuando me declaré a ella en el balcón de mi casa de campo de Laurel Canyon. Nos casamos en Lake Oswego, Oregón, donde tuvo lugar una escena que parecía salida de una película de Preston Sturges. Se había filtrado la noticia de nuestro próximo enlace y aquel pequeño pueblo literalmente explotó. En casa de Julianne, su vecino, un niño de diez años, se subió al techo de su garaje con una cámara desechable de cartón e hizo de paparazzi novato fotografiando el cortejo nupcial mientras masticaba perritos calientes en el patio trasero. Vendió las fotos a los periódicos para comprarse un skateboard y de la noche a la mañana se convirtió en una celebridad local. Una vez que conseguimos la licencia de matrimonio, comenzó el frenético festín de la prensa. El cura del lugar recibió una dispensa especial del obispo para poder casarnos sin el tiempo de rodaje requerido. Nos hizo veinte preguntas, y fuimos firmados, sellados y enviados a la iglesia católica (Al Pacino, *El Padrino III*: «Justo cuando pensaba que estaba fuera, vuelven a involucrarme»).

Nos casamos a medianoche, burlando a toda la prensa. Al día siguiente, helicópteros llenos de fotógrafos de los diarios sensacionalistas atestaban el cielo sobre nuestro banquete nupcial. Mi padre se sentó a fumar a una mesa de picnic, como si le hubiesen transportado con una grúa desde su cocina californiana y depositado limpiamente en un campo de Lake Oswego. Yo iba acompañado en todo momento por el señor Jack Daniel's y mi viejo era mi único consuelo, ya que ni siquiera un apocalipsis que arrasara el planeta alteraría su comportamiento a la mesa de la cocina. Con los helicópteros zumbando sobre nuestras cabezas, fui y me senté ante él a la mesa de tablero marrón. Estaba allí sentado, con un traje que le apretaba mucho en la barriga, como si se lo hubieran cosido sobre el patrón de un rinoceronte; tomó una larga calada de su Camel, y dijo con rostro inexpresivo: «Bruce… mira lo que has hecho».

Julie y yo pasamos la luna de miel en Hawái y luego nos instalamos en mi casa de Los Ángeles. Las cosas iban bien; ella seguía con su carrera, yo seguía con mi música y ambos seguíamos con nuestra vida juntos. Lo único que me consumía por dentro era que sabía que mis relaciones anteriores nunca habían sobrepasado un periodo de dos o tres años. Por lo general, la ruptura ocurría cuando la imagen física y emocional de mí mismo se veía erosionada porque mis defectos salían a la luz. Me destrozaba ser tan tristemente puntual, tanto que mi madre me hacía bromas al respecto («¡Bruce, ya han pasado dos años!»). Y ahora, en el silencio de la noche, mi sueño plácido se veía ocasionalmente perturbado por el temido tictac, que emanaba como de las tripas del cocodrilo del capitán Garfio, de mi «reloj».

Supongo que debería haber avisado de que era mercancía en mal estado, pero decidí que no podía dejar que mi conciencia de ello o mis temores dictasen mis acciones o negasen mis sentimientos. Debía actuar en la fe de que podía amar a alguien, a *este* alguien, y encontrar los recursos para que funcionase. Después de la boda sufrí una serie de ataques de ansiedad severos que pude superar con la ayuda de mi médico. Intenté esconderlos lo mejor que pude, lo cual fue un error. También sufría delirios paranoicos (sombras de los de mi padre) que me asustaban.

Una noche, sentado frente a mi guapa esposa en un restaurante de alto copete de Los Ángeles, se desarrolló en mi mente una conversación. Allí, mientras charlábamos educadamente a la luz de las velas, con las manos cogidas, una parte de mí intentó convencerme de que ella simplemente me estaba usando para prosperar en su carrera o para conseguir… algo. Nada más lejos de la realidad. Julianne me amaba y no había en ella ni una pizca de malicia o de interés por aprovecharse de mí. En mi interior yo lo sabía, pero estaba ahí fuera, totalmente perdido y confuso, y no podía concentrarme en la verdad.

Sentía que me deslizaba pendiente abajo, hacia una sima donde la rabia, el miedo, la desconfianza, la inseguridad y una misoginia marca de la familia combatían con mis ángeles buenos. Una vez más, el temor de *poseer* algo, de permitir que alguien entrase en mi vida, alguien que me amase, hacía sonar una miríada de campanas y silbatos y motivaba una feroz reacción. ¿Quién iba a preocuparse por mí, a quererme? Mi yo real. El yo que sabía que residía en el interior de mi fachada de tío de trato fácil. Me convertí en hipersexual, luego en asexual, sufrí múltiples ataques de ansiedad y pasé de una punta del gráfico de la miseria humana a la otra, mientras todo el tiempo trataba de ocultarlo. Estaba aterrado, pero *no* quería asustar a mi joven esposa. Fue un modo equivocado de manejar el asunto y generó una distancia psicológica entre nosotros justo en el momento en que intentaba dejar que alguien entrase en mi vida.

Julie ya dormía cuando una noche subí a acostarme. Allí, en la oscuridad, la lámpara de la mesita de noche alumbró mi anillo de boda. Nunca me lo había quitado; algo dentro de mí me decía que nunca lo haría, que no debía. Me senté en el borde de la cama, le di una vuelta suave y vi cómo se deslizaba fuera de mi dedo. Me embargó un océano de desesperación y me sentí desvanecer. Mi pulso se aceleró y noté que el corazón iba a estallarme en el pecho. Me levanté, fui al lavabo, me mojé el rostro y el cuello, y entonces, recomponiéndome bajo la luz del fluorescente, volví a ponerme el anillo. Regresé a las sombras de nuestro dormitorio, una habitación que contenía todos mis miedos y misterios, donde mi adorable esposa yacía en la cama, su cuerpo una mera silueta, un oscuro y gentil risco de sábanas arrugadas. Puse una mano sobre sus hombros, pasé la palma por su cuello, sentí que el aire volvía a mis pulmones, eché la sábana hacia atrás, me metí en la cama y me dormí.

Europa

Primero de junio de 1985, castillo de Slane, Dublín, Irlanda, nuestro primer macroconcierto, *el primero*. Noventa y cinco mil personas se congregaban precariamente en un campo a unos ochenta kilómetros de Dublín. La muchedumbre más grande que yo había visto hasta la fecha. Llenaban por completo una verde hondonada que limitaba con el río Boyne por la parte de detrás de nuestro escenario y por delante con el castillo de Slane, encaramado sobre una alta y verde loma a lo lejos. El público más próximo al escenario, los dos mil más cercanos, llevaba rato bebiendo Guinness y tambaleándose peligrosamente de un lado a otro. Se abrían huecos en la multitud cuando caían por docenas en el fangoso suelo y desaparecían durante unos insoportables segundos, hasta que sus vecinos les ayudaban a enderezarse. Luego, una vez de pie, chapoteaban de nuevo en la otra dirección y el interminable y pavoroso ejercicio se repetía nuevamente, ad infinitum. Aquella era una visión demasiado espeluznante para mis tiernos ojos. Pensé que alguien podría acabar muerto y yo tendría la culpa.

A la derecha del escenario, Pete Townshend y una serie de luminarias del rock observaban perplejas cómo triunfaba a lo grande. A la izquierda estaba mi esposa; era nuestro primer viaje juntos como matrimonio y me sentía como si fuese a desmoronarme ante sus ojos. Cantaba, tocaba, *pensaba*... «No puedo estar aquí y cantar estas canciones, no *estas* canciones, poniendo a la gente en una situación en la que podría resultar gravemente herida.» Seguí cantando, seguí tocando, pero me invadía la pura rabia y un pánico a punto de entrar en ebullición. Vale, Mister Gran Éxito... ¿cómo has llegado hasta aquí?

Llegó el intermedio. Yo echaba chispas. El señor Landau vino a verme a mi tráiler durante el descanso y allí, a mitad del concierto más gigantesco de mi vida, discutimos acaloradamente la posibilidad de cancelar toda la gira. No podía enfrentarme noche tras noche a lo que estaba ocurriendo ante el escenario de Slane. Aquello era una irresponsabilidad y violaba el instinto protector sobre mi público del que tanto me enorgullecía. Los fans se abalanzaban sobre las vallas de contención, con las caras muy rojas, empapados en alcohol y exhaustos por el calor, y eran llevados a la carpa médica o se retiraban hacia los laterales, y luego se lanzaban de nuevo y volvían a intentarlo. A principios de los setenta empezamos a insistir en que hubiera sillas en nuestros conciertos, después de que una noche, en el gimnasio de una universidad, presencié escondido tras las gradas la estampida de ganado en dirección al escenario. No me gustó nada lo que vi. Y durante años me había amoldado a las costumbres europeas, pero aquello era algo totalmente distinto.

Hay que tener en cuenta que aquel era el primer y único concierto masivo que yo había protagonizado *o* al que había asistido. Solo tenía esa noche concreta para valorarlo y tomar decisiones. Jon me aconsejó sensatamente que pospusiéramos la decisión hasta tener por lo menos unos cuantos conciertos más en los que basarnos. (Nos habíamos comprometido para toda la gira, con las entradas agotadas.) Él también estaba asustado, y dijo que si se repetía la situación me haría caso; cancelaríamos y afrontaríamos las consecuencias. Aquello no volvió a suceder. La muchedumbre se calmó durante la segunda parte del concierto en Slane, y observé que seguían un orden difuso pero ritual, que desde el escenario se asemejaba al puro caos. Se protegían unos a otros. Si caías, la persona más cercana a tu derecha o izquierda te cogía del brazo y te levantaba. No era agradable de ver (o seguro, desde mi punto de vista), pero funcionaba. El resto de los noventa y tres mil asistentes no tenían ni idea del minidrama emocional que se representaba ante sus ojos. Para ellos, aquel era un día hermoso con una banda que tocaba rock and roll a tope. Al final, Slane se uniría al creciente número de actuaciones nuestras que alcanzarían la condición de «legendarias» y, pese a mis distracciones, resultó un concierto excelente. En las calles de Dublín siguen recordándomelo. Si estuviste allí, estuviste *allí*. Yo ciertamente estuve.

Newcastle, Inglaterra

En nuestro *segundo* macroconcierto, todo fueron risas y luz del sol. La banda, que ya estaba adquiriendo confianza en estadios y grandes recintos, tocó sin tener en cuenta el entorno y prevaleció un ambiente seguro y festivo. Pregunta rechazada. *Podíamos* tocar en estadios, pero nunca olvidaría mi experiencia en Slane. Una breve nota: cuando se reúne una muchedumbre de ese tamaño, especialmente si se trata de gente joven, el peligro siempre está en el aire. Es una simple cuestión matemática. Un percance inesperado, un brote de histeria, y el día puede estropearse rápidamente. A lo largo de los años hemos sido muy cuidadosos y afortunados en nuestras actuaciones en estadios. Algunos músicos bienintencionados y de buen corazón, que sienten un profundo compromiso con sus fans, no han tenido tanta suerte. Los conciertos actuales en estadios están plenamente organizados, pero aun así, con esas cifras de asistencia, el peligro potencial siempre está al acecho.

Titulares y dolores de cabeza

Seguimos con la gira, que se complicó a causa de varios asuntos. Desde mi matrimonio, de repente me había convertido en carnaza para la prensa sensacionalista. En un periódico escandinavo, el día después de dejar nuestro alojamiento, me mostraron una foto de la cama que habíamos compartido Julie y yo. Nosotros no salíamos en la imagen. Era solo una foto de una cama recién hecha. Era algo nuevo, inquietante, y un absoluto incordio. Los fotógrafos estaban por todas partes.

En Gotemburgo, Suecia, las cosas se torcieron. O nos quedábamos confinados en nuestro hotel, o allá donde fuésemos nos seguía una pandilla de paparazzi. Esto *no* era para lo que yo había firmado mi contrato. Era una persona reservada y no me sentía cómodo con la exposición constante de mi vida personal. Lo que más quería, cuando no me observaban cien mil ojos, era que *dejasen* de observarme. Pero en la segunda mitad del siglo XX, en la arena pública, ese no era un trato que pudieses cerrar. ¡Olvídate! Así que aceptabas tus privilegios y asumías el hecho de que esas molestias eran el precio que debías pagar por *¡conseguir todo aquello que siempre quisiste!* En el 84, bajo los ardientes focos, durante el momento más candente de mi carrera, este conocimiento que lleva a la cordura no estaba todavía en mi posesión... así que...

Una guitarra acústica Takamine, nueva, reluciente y negra, zumbaba a escasos centímetros de la coronilla bastante rala de mi querido *amigo** Jon Landau. Cuando rozó los pocos cabellos que le quedaban, Jon se quejó sin dejar de transmitir una impresionante calma. Y entonces, el atonal tañido de las campanas del rock and roll, el crujido de astillas en el silencio de la noche en la casa de las mil guitarras,** resonó cuando estrellé la Takamine contra las paredes de mi camerino en Gotemburgo, haciendo que estallase en un millón de pedazos. A no ser que seas Pete Townshend, normalmente no aconsejo ni perdono la demolición de instrumentos musicales en perfecto estado. Incluso me atrevería a decir que destrozar las virtuosas herramientas del señor Gibson, el señor Fender o cualquier otro artesano de las mejores guitarras es casi un sacrilegio. Pero cuando te invade una saludable locura, haces lo que debes hacer. Estaba hasta las narices de ese tiovivo al que me había subido. Además, no tenía forma de saber si esa iba a ser mi vida, *toda* mi vida, allá donde fuese, día tras día, país tras país, cama tras cama, objeto de una inane y ridícula atención ajena estilo *Atrapado en el tiempo*, motivada por mis propias y sagradas ambiciones entrecruzadas con el normal anhelo humano de vivir y amar. ¿Acabaría habiendo un millar de fotografías de camas recién hechas donde hubiésemos dormido mi esposa y yo, robadas, impresas y publicadas? No las habría. Pero en aquel momento, aquel día, ¿quién podía saberlo?

El señor Landau, que simplemente había estado tratando de aportar algo de perspectiva a mi angustiosa situación, se apartó silenciosamente de su amigo, el destrozador de guitarras, y salió del camerino. Fuera se encontró a muchos otros que, en aquel momento, sintieron un gran alivio por no tener su empleo.

Después de mi Armagedón con la guitarra, salimos y procedimos a destrozar literalmente el estadio Ullevi. Los saltos arriba y abajo y los sincronizados pasos del twist de aquellos suecos suicidas durante «Twist and Shout» agrietaron los fundamentos de cemento del recinto. Así aprenderían.

---

   * En español en el original. *(N. del T.)*
  ** Alusión a «House of a Thousand Guitars» de Willie Nile. *(N. del T.)*

CUARENTA Y NUEVE

YENDO
A CASA

El tramo europeo de la gira se desarrolló sin problemas, los asientos llenos, la muchedumbre delirante. Nos sentíamos cada vez más cómodos en los amplios recintos de los estadios, que se habían convertido en nuestro lugar de trabajo. Nuestros himnos se habían construido para llenar y *comunicar* en espacios de tales dimensiones, y desde Tombuctú hasta Nueva Jersey, las masas llenaban persona a persona la central energética del espectáculo que habíamos empezado a desarrollar al otro lado del charco. Algunas ciudades destacaron: tres conciertos en el estadio de Wembley en Londres, fechados alrededor del Cuatro de Julio, atrajeron a setenta mil fans por noche (Steve se presentó y se nos unió en el escenario). Nuestro debut en Italia, la madre patria, nos llevó hasta el estadio de Milán, con capacidad para ochenta mil personas. Transitamos por sus túneles de gladiadores, húmedos y mal iluminados, oyendo el distante y ensordecedor sonido de ochenta mil italianos elevándose, cada vez más estridente, hasta que salimos al soleado campo de juego. El recibimiento fue atronador, como si acabásemos de regresar de las Cruzadas con las cabezas de nuestros enemigos vencidos colgando en lo alto de los cuellos de las guitarras (o tal vez es que acababan de echarnos a los leones).

Mientras caminaba entre aquel estruendo hacia la rampa que ascendía hasta el escenario, observé que había una sección entera cuyos asientos estaban vacíos. Nuestro promotor estaba a mi lado, y le dije: «Pensaba que se habían vendido todas las entradas». Respondió: «Así es. ¡Estos asientos son para los que van a colarse!». Ya veo. Y así fue. Se habían colgado enormes pantallas de vídeo en el exterior del estadio para satisfacer a aquellos que no habían podido entrar, pero eso no los detuvo mucho tiempo. Asaltaron las puertas, traspasaron el cerco de seguridad y pronto todos los «asientos», y algunos más, estuvieron ocupados. Me quedé parado ante aquella histeria alucinante, que ya había comprendido que era la reacción normal de un público italiano al ver a las mujeres llorando y lanzándonos besos, a los hombres llorando y lanzándonos besos, y a todos jurándonos amor eterno y golpeándose el pecho con los puños. Algunos se desmayaron. ¡Y todavía no habíamos empezado a tocar! Cuando la banda arrancó con «Born in the USA», parecía que el fin del mundo se acercaba y el estadio entero se vio sacudido y zarandeado mientras tocábamos por nuestras vidas. *Marone!*

De vuelta en Estados Unidos, nuestro concierto en el Three Rivers Stadium de Pittsburgh resultó único: una multitud de sesenta mil fans de los Steelers me vieron dar la cuenta atrás para «Born in the USA» mientras varios miembros clave de la E Street Band, Roy y Nils, permanecían ajenos a todo centrados en una batalla mortal ¡en la mesa de ping-pong del backstage! Mi «Un, dos, tres, cuatro» impregnado de testosterona y el arrollador sonido del tambor de Max no se conjuntaron con el masivo riff de sintetizador de Roy, ¡sino con el tintineante glockenspiel de Danny Federici! Nils y Roy estaban logrando nuevos récords en la mesa cuando oyeron las sílabas más descorazonadoras de su vida, resonando lejanas en el estadio, como una especie de «¡Os voy a joder bien jodidos y voy a QUEMAR esa jodida mesa de ping-pong!: el incrédulo «Uno, dos, tres, cuatro» de su líder. Observé a sesenta mil rostros ir del asombro al desconcierto mientras yo seguía allí plantado, no muy contento que digamos, con los pantalones metafóricamente en los tobillos y experimentando uno de los mayores gatillazos de todos los tiempos. Durante años las mesas de ping-pong estuvieron prohibidas. Rodaron cabezas.

Giants Stadium: seis conciertos con todo vendido para trescientos mil de nuestros fieles de Nueva Jersey fueron la consagración en nuestra propia casa de la magnitud y trascendencia de aquella gira. Mi gente. Nunca son el público más caluroso (¡es difícil superar a los europeos!), pero, maldita sea, acuden y son mis queridos vecinos, esos que darían la vida por ti.

Durante el concierto en Texas, una plaga de langostas del tamaño de tu pulgar se abalanzó como cazas de la Segunda Guerra Mundial sobre nuestras cabezas. Era una noche fría y, atraídas por el calor de los focos en escena, se congregaron hasta ocupar cada centímetro cuadrado del escenario. Nils (que tiene fobia a los bichos) se subió rápidamente a la plataforma del órgano de Danny. Una de ellas me miró a los ojos encaramada en el micrófono, saltó a mis cabellos y, durante «My Hometown», se arrastró lentamente cogote abajo por el cuello de la camisa y descendió hasta el centro de mi espalda. Miles de langostas se desparramaron por el escenario, y durante el intermedio fueron barridas con largas escobas. Aquello fue bíblico.

Poco después fuimos recibidos con nieve y temperaturas de cero grados en el concierto del Mile High Stadium de Denver, Colorado. El público, pertrechado con anoraks de esquí y provisto de mantas, parecía ataviado para un partido invernal de fútbol americano. Cortamos los dedos de nuestros guantes para poder tocar las guitarras e hicimos lo que pudimos para mantenernos calientes, pero pasamos un frío de cojones. El vapor se elevaba en penachos sobre nuestros hombros cuando el calor del sudor entraba en contacto con el aire gélido. Al cabo de unas tres cuartas partes de las tres horas que tocábamos, ya sentíamos el frío asesino calándonos hasta los huesos. En cuanto deposité la guitarra en su soporte, los dedos se me entumecieron y era imposible reanimarlos; cada sílaba que cantaba dibujaba una visible nube de vaho expelido desde mis pulmones. ¡Rumbo a la cálida y soleada Los Ángeles!

Veintisiete de septiembre de 1985, Los Angeles Memorial Coliseum, sede de las Olimpiadas de 1984. Nuestro final de gira fue una larga fiesta de despedida consistente en cuatro conciertos. Cielos azules y temperaturas balsámicas saludaron a la banda y a ochenta mil angelinos. La banda llegó a lo más alto en un ambiente de celebración digno del final de trayecto. Éramos ya una de las más grandes, si no la más grande, de las atracciones rock del mundo, y para llegar a ese nivel no habíamos perdido de vista lo que realmente nos importaba. Hubo algunos puntos de fricción y, en el futuro, iba a tener que permanecer doblemente vigilante acerca del modo en que se usaba e interpretaba mi música, pero, después de todo, habíamos salido intactos del envite, unidos y listos para seguir adelante.

¿Adónde vamos a partir de aquí?

Volví con Julianne a nuestra casa en Los Ángeles y me sentí estupendamente... durante dos días. Al tercero, me derrumbé. ¿Y ahora qué hago? Jon vino a verme y me comentó que la gira había sido un éxito, un gran éxito *económico*, tan grande, de hecho, que iba a tener que reunirme con mi contable. ¿Mi contable? ¡Nunca nos habíamos visto, ni siquiera sabía si era hombre o mujer! Catorce años de carrera discográfica y nunca había conocido a aquellos cuyo trabajo era contar mi dinero... y supervisarlo. Pronto estrecharía la mano del señor Gerald Breslauer, que me diría que había ganado una cifra que en aquel momento me pareció tan escandalosa que tuve que prohibirme pensar en ella. No es que no estuviese satisfecho: lo estaba; de hecho, me sentía aturdido. Pero no era capaz de contextualizarlo de ningún modo lógico. Y no lo hice. Mi primer lujo como icono rock de éxito sería el lujo de no pensar en ello, de ignorar por completo mis lujos (algunos de ellos). ¡Y me funcionó!

La repercusión de *Born in the USA* marcó una época extraña. Fue la cima de algo. Nunca más volvería a estar allí, a tanta altura, en el firmamento del pop mainstream. Fue el final de algo. A todos los efectos, mi trabajo con la E Street Band estaba hecho (por el momento). Volveríamos a salir de gira una vez más con mi disco *Tunnel of Love*, pero intencionadamente iba a usar a la banda de un modo que difuminase su anterior identidad. Entonces no lo sabía, pero pronto íbamos a dejarlo durante una larga temporada. Aquella gira fue también el inicio de algo, un último paso adelante para intentar establecer mi vida como adulto, como hombre de familia, y escapar de las seducciones y confinamientos de la carretera. Anhelaba instalarme por fin, en un hogar real, con un amor verdadero. Quise cargar sobre mis hombros con el peso y la gratificación de la madurez, y tratar de llevarla con algo de gracia y humildad. Había perseguido con ahínco el objetivo de casarme; pero, ahora, ¿tendría la habilidad, la destreza, para… estar casado?

CINCUENTA

REGRESAR
A MÉXICO *

Justo antes de la gira de *Born in the USA*, compré una casa en el baluarte republicano de Rumson, Nueva Jersey, a solo unos minutos de la antigua parcela arenosa donde había estado el Surf and Beach Sea Club, y donde a los «pueblerinos» solían escupirnos los hijos de los que ahora eran mis nuevos vecinos. La casa era una laberíntica «mansión» de estilo georgiano en la esquina de Bellevue Avenue con Ridge Road. Me asaltó mi habitual remordimiento consumista, pero resistí, prometiéndome a mí mismo que llenaría la antigua y espaciosa casa con todo aquello que había estado buscando: familia y vida. Una mañana recibí una llamada de teléfono de mi padre. Algo sin precedentes. El hombre que había prohibido los teléfonos en nuestro hogar durante diecinueve años, de estar vivo hoy, jamás correría el peligro de agotar los minutos contratados en su móvil. Nunca había recibido

---

* En español en el original. *(N. del T.)*

una llamada directamente de mi padre, así que sentí cierta aprensión. Llamé a California.

Noté en su voz un optimismo inusual: «¡Hola, Bruce!». Y me dijo que quería viajar a México para ir de pesca. Mi padre, que no había lanzado un anzuelo al agua en los últimos veinticinco años, desde nuestra época como pescadores fracasados (cero capturas) al final del embarcadero de Manasquan, ahora quería ser Ernest Hemingway y salir a pescar marlines. El único marlín que el viejo había tenido cerca era el que colgaba disecado sobre la barra de su abrevadero favorito, y, con la excepción de nuestra anterior excursión mexicana a Tijuana, mi padre jamás me había pedido que le acompañase a ninguna parte. Divertido ante su entusiasmo, halagado y curioso, escuché su propuesta. Dentro de mí persistía todavía esa necesidad de una segunda (¿tercera?, ¿cuarta?, ¿quinta?) oportunidad para arreglar las cosas con mi viejo. Le dije que claro. Le pregunté si quería que organizase el viaje, y me contestó muy orgulloso que él y su vecino Tom (el único amigo que había tenido en los últimos quince años) se «habían encargado de todo». «Esta vez corre de mi cuenta», respondió airosamente. ¿Qué podía decir?

Al cabo de unas semanas, volé a San Francisco y conduje hasta Burlingame, California. Allí, en una ventosa colina colindante con Silicon Valley, al otro lado de la bahía de Oakland, estaba la nueva residencia de mis padres y la respuesta a la «fiebre del oro» que en el 69 les había llevado a la Costa Oeste. Era una casa modesta que ellos mismos eligieron muy ilusionados; mi madre no paraba de llamarme a Jersey para informarme de cada uno de sus detalles arquitectónicos. Pasé allí la noche, y al día siguiente Tom, mi padre y yo subimos a un avión de Aeroméxico con rumbo a Cabo San Lucas. El vuelo de ida fue tumultuoso, lleno de otros pescadores y turistas muy excitados por cruzar la frontera hacia el sur. Durante el trayecto, mi padre, que había engordado bastante, se hizo amigo de unas chicas. (Algo en lo que, considerando su habitual inmutabilidad, nunca fallaba.) Una vez en tierra, nos montamos (chicas incluidas) en una furgoneta Ford Econoline cuya garantía debía de haber expirado hacía mucho. Circulamos por escenarios de pobreza abyecta, cabañas al lado de la carretera con antenas en los tejados y de cuyo interior emanaban destellos azulados, mientras nuestro chófer, sorteando el ganado, abandonaba la carretera asfaltada y nos dejaba, entre gritos y una nube de polvo, en medio de la maleza. Al llegar a nuestro complejo turístico, tuve que admitir que papá había acertado. No disponía de televisión ni teléfono, pero era bastante acogedor. En aquella época, Cabo San Lucas parecía atrapado entre sus aspiraciones de lujo y una dimensión desconocida a lomos de burro. Nuestra única conexión con la gente en Estados Unidos era un teléfono en la estafeta local de correos, dispuesto sobre un solitario taburete y al cargo de una belleza de piel aceitunada.

A la mañana siguiente nos despertamos en la oscuridad, subimos a un taxi y fuimos depositados al amanecer en una remota playa a varios kilómetros de nuestro hotel. Fue allí, en el azulado amanecer de aquella mañana, cuando algo simplemente no pareció ser tan fabuloso. Pasaron largos minutos, mi padre callado, Tom refunfuñando, hasta que divisamos unas vaharadas de humo blanco elevándose por detrás del afloramiento de rocas más cercano, seguidas por el sonido blub-blub-blub de un motor diésel achacoso y agotado. Un barco de color naranja brillante, que parecía una caja de madera y que debía de llevar al timón a Bluto (la némesis de Popeye), apareció lentamente ante nuestras miradas. Mierda. Al momento, los remordimientos por no haberme encargado de organizarlo todo me asaltaron con fuerza. ¡Me encabroné! ¡De haberlo querido podríamos haber salido a la mar en el *Courageous* de Ted Turner! Pero, en vez de eso, estábamos a punto de jugarnos la vida en ese cubo oxidado.

Un pequeño bote vino hacia nosotros, con un viejo de piel apergaminada y sombrero de paja a los remos. No hablaba inglés, por lo que al llegar a la orilla hubo un intercambio mascullado de saludos incoherentes, y luego nos condujo hasta el barco. Para su encuentro con Moby Dick, mi padre llevaba su habitual indumentaria de calle: zapatos gruesos y marrones de caña alta, con cordones; calcetines blancos; pantalones de vestir; una arrugada camisa también de vestir; tirantes; y los cabellos, escasos pero todavía negros como el carbón, peinados hacia atrás. Iba perfecto para un picnic polaco en Queens, pero *no* iba preparado para el mar mexicano. El párkinson, la acumulación de fluidos en su cuerpo, la diabetes, la soriasis y una larga serie de dolencias, además de una vida de fumar todas las noches y sesiones diarias de seis latas de cerveza, le habían mermado mucho físicamente. Le ayudamos a subir al bote y, con las olas lamiendo la arena, le metimos dentro una pierna y luego la otra.

Con un sonido seco de madera contra madera, chocamos contra el flanco de nuestro *Titanic*. No había escalera de abordaje, por lo que, entre los tres, y sin el beneficio de un dialecto común, tuvimos que aupar cien kilos de monedas embutidos en unos pantalones de Sears hasta la tambaleante barcaza. Dios… El punto de apoyo alcanzó su ápice, la carga se deslizó y, con un retumbante estruendo, el origen de mi presencia en la Tierra rodó hacia el interior de la trampa mortal que había alquilado para nosotros. Eran las seis y media de la mañana y yo ya estaba empapado en sudor. Nuestro inexpresivo capitán hizo virar a su «señora» y se dirigió silenciosamente mar adentro. No muy lejos de la ensenada y de las protectoras aguas de la costa, el mar se agitaba con violencia. Éramos un cabeceante patito de goma en la bañera de un niño de cinco años. Cuando estábamos en el seno de una ola, la siguiente rompía a la altura de la timonera. Al cabo de un cuarto de hora, Tom estaba echando por la borda su desayuno de bufet libre. Mi padre parecía ensimismado, agarrado a los apoyabrazos de su silla de pescar con su habitual calma de me-importa-todo-una-mierda.

Intenté comunicarme con nuestro patrón usando mi español de instituto, pero «*¿Cómo se llama?*»* no obtuvo respuesta. Me di cuenta de que, si fijaba la vista en el horizonte y aguantaba, se me pasaban las ganas de vomitar por la popa. El motor, instalado en un cajón de madera en medio de la cubierta, eructaba una humareda de diésel que se sumaba a la nociva mezcla de elementos que atacaba nuestros sistemas digestivos habituados a tierra firme. Pasó una hora, el sol abrasaba, la tierra se alejaba y no se veía más que un infinito panorama cromático en el que tierra y cielo se fundían, lo que hacía sentir una terrible

---

* En español en el original. *(N. del T.)*

claustrofobia. La muerte en alta mar parecía inminente. Pasó una segunda hora y ordené a Tom que subiese a averiguar EXACTAMENTE cuánto más teníamos que alejarnos. Nuestro patrón levantó un dedo y se volvió hacia el timón. Bien, una milla más... no... no... quiere decir ¡UNA HORA MÁS! Media hora antes nos habíamos topado con una lancha Boston Whaler en la que iban dos lugareños, a muchas millas mar adentro. Era evidente que se estaban hundiendo, ya que el bote, lleno de agua hasta los tobillos de sus tripulantes, se sumergía lentamente en el mar. Me volví hacia el capitán para pedirle que fuésemos a rescatarlos. Al acercarnos, vi dentro de la lancha... peces, muchos peces, nadando en círculos alrededor de las piernas de los lugareños. Estos metieron las manos desnudas, atraparon uno y, sonrientes, lo mostraron para que lo aprobásemos. Cebo... estaban vendiendo cebo.

Finalmente, apareció en el horizonte un pequeño círculo de barcos... zona de pesca. En diez minutos teníamos los sedales listos y rápidamente noté un tirón; pasé la caña a las manos de mi padre, quien hizo todo lo que pudo para recoger el sedal en el carrete: había capturado algo. Medía la mitad de mi brazo y fue directo a la hielera. Luego, horas sin pescar nada. No iba a haber ninguna épica, ninguna batalla darwiniana del hombre contra la naturaleza. Ninguna confrontación entre Doug Springsteen y el enemigo favorito de mi padre: *absolutamente todo*. Nos quedamos allí sentados, un corcho infinitesimal cabeceando en el oscilante mar, y a última hora de la tarde emprendimos el regreso, *tres horas más* de regreso. Me tumbé en un banco de madera en popa, engullí el almuerzo suministrado por el hotel en una bolsa de papel, aspiré humo de diésel y me dormí. Ya había tenido bastante. Tras revertir el ritual con que se había iniciado la jornada (ayudar a bajar a mi padre, como si fuera un saco de grano de las Naciones Unidas, hasta el bote auxiliar), fuimos depositados, agradecidos supervivientes, de vuelta en la playa. Donamos nuestra captura a la tripulación y les vimos alejarse hacia la puesta de sol traqueteando y echando humo (sin duda aburridos por haber aguantado a otra pandilla de gringos que no tenían ni idea, y con rumbo a tomarse unas copas y reírse a nuestra costa en la cantina local). La playa estaba vacía y silenciosa salvo por el suave oleaje que lamía la arena. Mi padre, que en las horas precedentes había estado en un universo paralelo, me miró súbitamente, mientras el sol se hundía en el mar, y dijo muy serio: «¡Mañana también he alquilado el barco!».

No utilizamos el barco al día siguiente, ni nunca más. En vez de eso, llevé a mi viejo a un pequeño bar en la playa con vistas a la arena blanca y el azul del Pacífico. Invité a una ronda de cervezas y pasamos una tarde muy agradable observando a las chicas en la playa y riéndonos a carcajadas de nuestra aventura. De camino de vuelta al coche por el puerto deportivo, varios fans del rock and roll aficionados a la pesca nos ofrecieron pasar un día pescando con ellos en sus deslumbrantes, blanquísimos y modernísimos yates (los beneficios del estrellato rock nos perseguían incluso tan al sur). Teníamos que volvernos a la mañana siguiente, por lo que amablemente declinamos sus ofrecimientos —«La próxima vez»— y regresamos al hotel, dormimos y volamos a casa al día siguiente.

En el vuelo de regreso, mientras miraba a mi abstraído papá, recordé que no era alguien «normal» ni estaba demasiado bien. Había permanecido tanto tiempo junto a él en ese estado que me había acostumbrado y solía olvidarlo. Yo había crecido en la costa y conocía a muchos pescadores auténticos de mar abierto; podría haberlo arreglado todo para que mi padre tuviese la oportunidad de capturar un marlín, hacer que lo disecasen y que lo colgasen en la pared de su querida cocina con un Marlboro en la boca, si así lo deseaba. Pero quizá no fuera esa la verdadera cuestión. Tal vez mi padre solo había querido darme algo, algo por todos los regalos que les había hecho a él y a mamá una vez que llegó el éxito, algo que venía envuelto en su fantasía marinera. Y lo hizo.

CINCUENTA Y UNO

TUNNEL
OF LOVE

Después de *Born in the USA*, ya había tenido bastante de todo aquel gran éxito por un tiempo y buscaba hacer algo no tan grande. Asistido por mi ingeniero Toby Scott, había estado invirtiendo gradualmente en un equipo de grabación casero. De las cuatro pistas pasé a las ocho, y luego a dieciséis y veinticuatro, y pronto disponía de un estudio decente en el garaje de mi casa en Rumson. Recientemente había empezado a componer nuevo material que, por vez primera, no se inspiraba en el hombre en la «carretera», sino en los problemas y preocupaciones del hombre en la «casa». *Tunnel of Love* captaba la ambivalencia, el amor y el miedo que mi nueva vida me había traído. Grabado en aproximadamente tres semanas, registrándolo yo solo con una guitarra acústica y una pista de ritmo —como *Nebraska*—, era otro disco «casero» en el que tocaba la mayoría de los instrumentos. Después de *USA*, no quería productores ni una gran banda; de hecho, no quería ninguna banda. La música era demasiado personal, así que en el estudio estaríamos solo Toby y yo.

Mi primer disco dedicado enteramente a hombres y mujeres enamorados iba a ser un asunto bastante duro. Totalmente confuso en mi tumulto emocional, escribí para dar un sentido a lo que sentía. Los inicios de esta nueva música se remontan a «Stolen Car», en *The River*. El personaje de aquella canción, a la deriva en la noche, es el primero que se enfrenta a los ángeles y demonios que le llevarán hacia su amante y evitarán que la alcance. Esta era la voz que encarnaba mis propios conflictos. Yo ya no era un niño, ni lo eran los personajes que poblaban mis nuevas canciones. Si no hallaban un modo de arraigarse, las cosas que necesitaban —vida, amor y hogar— podrían acabar pasando de largo, veloces al otro lado de las ventanillas de los coches donde les había colocado. La autopista había desvelado sus secretos y, por apasionantes que fuesen, comprendí que su libertad y sus espacios abiertos podían ser tan abrumadoramente claustrofóbicos como mis más tópicas ideas sobre lo doméstico. Todas aquellas carreteras, después de tantos años, al converger se encontraban en el mismo callejón sin salida. Lo sabía, lo había visto (¡está en Texas!).

Tuve un éxito inesperado con «Brilliant Disguise», la canción que ocupa el centro temático del disco. La confianza es algo frágil. Requiere que permitas que los demás vean tanto de ti mismo como tengas el coraje de revelar. Pero «Brilliant Disguise» postula que, cuando dejas caer una máscara, encuentras otra detrás, hasta que empiezas a dudar de tus propios sentimientos sobre quién eres. Las cuestiones duales de amor e identidad forman el núcleo de *Tunnel of Love*, pero el *tiempo* es el subtexto no oficial del álbum. En esta vida (y solo hay una) tomas tus propias decisiones, te posicionas y despiertas del juvenil conjuro de la «inmortalidad» y su presente eterno. Te alejas de la tierra de nadie de la adolescencia. Pones nombre a las cosas que están más allá de tu trabajo y dan a tu vida un contexto, un significado... y entonces el reloj se pone en marcha. Ahora caminas no solo al lado de tu pareja, sino al lado de tu propio ser *mortal*. Luchas para aferrarte a esas bendiciones recién encontradas al tiempo que te enfrentas a tu nihilismo, el deseo destructor de arrasarlo todo hasta convertirlo en ruinas. Este esfuerzo por desenmascarar quién era yo y por alcanzar una difícil paz con el tiempo y la muerte misma está en el corazón de *Tunnel of Love*.

Bob Clearmountain retocó mis instrumentaciones para que sonasen como si supiese lo que me estaba haciendo; llamé a Nils, Roy y Patti para endulzar un par de temas; y a continuación Bob hizo las mezclas, añadiendo el diáfano espacio espiritual en el que reside la música. *Tunnel of Love* se publicó el 9 de octubre de 1987 y llegó al número uno en la lista de *Billboard*. No había planeado hacer una gira, pero no me pareció bien quedarme en casa sentado y dejar desatendido un disco que contenía lo que yo sentía que era mi mejor y más fresca escritura hasta la fecha. Le estaba pidiendo a mi público que me siguiese desde el final de la autopista, que se bajase del coche y entrase en la casa a través del matrimonio, el compromiso y los misterios del corazón (¿es eso rock and roll?). Gran parte de mi público vivía todas esas cosas a diario. ¿Querrían también escucharlas y buscar entretenimiento en ellas? Yo había lanzado los dados convencido de que sí, y quise darle a mi música una oportunidad de encontrar su público. Para mí, esto siempre había significado salir a tocar, así que no tardamos en planificar una gira.

Tunnel era un álbum en solitario, por lo que quise marcar distancias respecto a las posibles comparaciones con la gira de *Born in the USA*. Cambié la disposición escénica, trasladando a los miembros de la banda a otras posiciones diferentes a las que llevaban tiempo ocupando, una forma sutil de advertir al público de que debía esperar algo distinto. Añadí una sección de metales, puse a Patti al frente en el escenario, a mi izquierda, y diseñé un proscenio de feria para enmarcar la acción y exponer mi principal metáfora: el amor como una terrorífica atracción de parque de atracciones. En conjunción con la foto de portada de Annie Leibovitz, nos «vestimos con elegancia». Desaparecieron los tejanos y la bandana —yo llevé un traje por primera vez en mucho tiempo—, y el grupo dejó en casa su vestimenta informal. Mi ayudante y buen amigo Terry Magovern se puso un bombín para interpretar su papel de «recogedor de entradas» y maestro de ceremonias. Era un bonito espectáculo, con Patti aportando un contraste femenino con el que yo podía jugar, entre lo cómico y lo serio, para subrayar la temática del álbum. Versionamos «Gino is a Coward» de Gino Washington y «Have Love Will Travel» de los Sonics, e interpretamos mi canción inédita «Part Man, Part Monkey» para fortalecer la trama de la gira. Después de *Born in the USA*, aquel fue un intencionado giro a la izquierda y la banda probablemente se sintió desorientada por él, y también por mi creciente relación con Patti.

Patti era músico, más o menos de mi edad, me había visto en la carretera en todas mis facetas y tenía cierta perspectiva objetiva de mí. Sabía que yo no era un caballero blanco (como mucho, gris oscuro), y ante ella nunca sentía la necesidad de simular ser quien no era. Julie tampoco me lo había pedido; yo simplemente era así. Cuando Julie se encontraba en un rodaje, yo me quedaba en Nueva Jersey y volvía gradualmente a mis antiguos hábitos, los bares, las salidas nocturnas —nada serio, mi deriva habitual—, pero aquello no era vida matrimonial. Fue durante uno de esos periodos cuando Patti y yo nos juntamos con la ostensible excusa de trabajar en nuestros «dúos». Fue una noche de septiembre, la luna como una fina uña en el cielo occidental sobre la silueta del bosque que bordeaba el jardín trasero. Nos relajamos sentados en mi pequeño bar, charlamos, y muy pronto sentí que algo pasaba. Tras diecisiete años de encontrarnos esporádicamente, más de dos años trabajando juntos, flirteando en broma, llegó un momento en que miré a Patti y vi algo diferente, algo nuevo, algo que se me había escapado hasta el momento y que nunca antes había experimentado. Yo siempre estaba ocupado, como diría Patti más tarde, «buscando en otros campos». Patti es una mujer dura, poderosa y sensata, pero también el alma de la fragilidad, y había algo en aquella combinación que abría nuevas posibilidades en mi corazón. En mi vida, Patti es una singularidad. Y así fue como empezó.

Al principio me dije que era algo pasajero. No lo era. Era «ese» algo. El secreto no duraría mucho y se lo conté a Julie en cuanto comprendí lo serio que era lo mío con Patti, pero no había salida digna o elegante para aquello. Iba a hacer daño a una persona que amaba… y punto. Pronto estaría separado y me fotografiarían en calzoncillos con Patti en un balcón en Roma. Manejé el asunto de Julie y nuestra separación de forma espantosa; insistí en que permaneciese como un tema privado y no hubo comunicado de prensa, por lo que, al filtrarse la noticia, provocó furor, dolor y «escándalo». Aquello hizo que el mal trago fuese más desgarrador de lo necesario. Sentía profundo afecto y preocupación por Julianne y su familia, y la forma desastrosa en que manejé todo el asunto es algo de lo que todavía hoy me arrepiento.

Cuando nos casamos, Julianne era joven y su carrera estaba empezando, mientras que yo, con treinta y cinco años, podía parecer ya una persona realizada, razonablemente madura y bajo control, aunque en mi interior seguía siendo alguien emocionalmente poco desarrollado y secretamente inaccesible. Ella es una mujer de gran discreción y decencia y siempre me trató, a mí y a mis problemas, de forma honesta y con buena fe, pero, al final, realmente no supimos solucionarlo. La puse en una situación terriblemente difícil para una chica joven y le fallé como pareja y como esposo. Solventamos los detalles del modo más civilizado y discreto posible, nos divorciamos y seguimos adelante con nuestras vidas.

Después de que nuestro divorcio fuera definitivo, me tomé unos días para visitar a mis padres, les di la noticia y escuché a mi madre decirme con retranca: «Bruce, tres años, ¡tu límite…! ¡Uauuuuu!». Querían a Julianne, pero yo era su hijo. Me quedé un tiempo con ellos, trataron mis heridas con afecto compasivo y comida casera, y luego regresé a Nueva Jersey. Mi padre me llevó al aeropuerto. Al cabo de unos diez minutos, se giró hacia mí y me dijo: «Bruce, quizá deberías volver a casa una temporada». Estuve tentado de mencionar que era un multimillonario de casi cuarenta años hecho a sí mismo y que la perspectiva de mudarme de vuelta a una habitación de tres por cuatro metros en casa de mis padres, donde todavía se conservaba mi peluche de Mickey Mouse, era… no imposible, pero sí improbable. Sin embargo, cuando miré a mi padre, su barriga con tirantes aplastada entre el volante y el asiento del conductor, todo lo que se me ocurrió decir fue: «Gracias, papá, lo pensaré». El viejo finalmente me quería en su casa.

1988

Siete años después de que Steve y yo cruzáramos el Checkpoint Charlie, volví con mi banda a Berlín Oriental. Ahora Steve no estaba allí, pero sí acudieron más de ciento sesenta mil alemanes del Este. El muro seguía en pie, pero las primeras grietas empezaban a aparecer definitivamente en su antaño inexpugnable fachada. Las condiciones *no* eran las mismas que las de hacía una década. En aquel descampado se congregó la multitud más numerosa que yo había visto o para la que había tocado, y desde el centro del escenario no llegabas a ver hasta dónde alcanzaba. Banderas estadounidenses cosidas en casa ondeaban al viento de la Alemania Oriental. En las entradas ponía que nos presentaba la Liga de Jóvenes Comunistas y que íbamos a dar un ¡¿«concierto para los sandinistas»?! ¡Primera noticia! El concierto entero fue retransmitido por la televisión estatal (¡otra sorpresa!), excepto mi breve discurso sobre el muro, que de algún modo fue convenientemente cortado. En solo veinticuatro horas había pasado de ser un completo desconocido, que el día antes de nuestro concierto se paseaba sin ser molestado por las calles de Berlín Oriental, a ser una superestrella nacional. Cuando al día siguiente de la actuación asomé la cabeza por la puerta de mi hotel, me vi rodeado por gente de todo tipo, desde modernos hasta abuelitas, suplicándome un autógrafo. «Ich bin ein Berliner!»

Tras los festejos en el consulado de Alemania Oriental, volvimos a Berlín Oeste y dimos un concierto para ciento setenta mil personas, que, pese a nuestros buenos fans de Alemania Occidental, fue mucho menos intenso y dramático que lo que acabábamos de vivir. (El rock and roll es una música de retos. Cuanto mayor es la apuesta, más excitante y profundo deviene el momento. En la Alemania Oriental de 1988 se depositó sobre el centro de la mesa una apuesta de todo-para-el-ganador, que explotaría en la liberadora destrucción del Muro de Berlín llevada a cabo por los propios alemanes.)

La vuelta al mundo en cuarenta y dos días

Cuando volvíamos a casa, nos vimos ante la opción de proseguir con la gira de *Tunnel of Love* o trabajar para Amnistía Internacional, la muy reputada organización en defensa de los derechos humanos. Amnistía Internacional estaba impulsando un movimiento concertado para atraer y comprometer a los jóvenes de todo el planeta en la lucha por las libertades civiles, y comprendió que no había mejor modo de llamar la atención de los jóvenes que el rock and roll. A instancias de Peter Gabriel, quien nos enroló fue el entonces director ejecutivo de Amnistía, Jack Healey, y la gira de *Tunnel of Love* se transformó directamente en la gira «Human Rights Now!» de Amnistía Internacional. Pronto nos vimos a bordo de un 747 con Peter, Youssou N'Dour (el sensacional cantante senegalés), Tracy Chapman y Sting, todos ellos estrellas de rock internacionales, dando tumbos por el mundo y cayendo por unas horas desde las nubes para decirte cómo dirigir tu espectáculo. Siempre había sentido que el rock era música de liberación personal pero también política, y pensé que esa gira nos ofrecería la oportunidad de poner en práctica algo de lo que predicábamos. Así fue, pero en el proceso me cayeron encima ¡DEBERES ESCOLARES! ¡Nadie me había dicho que iba a tener que ESTUDIAR! Debíamos dar una rueda de prensa en *cada* país que visitábamos, y para ello teníamos que conocer a fondo los problemas relacionados con los derechos humanos en cada uno de ellos. Intentando no parecer el diletante que era, estudié como no lo hacía desde que la hermana Theresa Mary me vigilaba, regla en mano, en la escuela primaria de Santa Rosa.

La respuesta del público fue sencillamente espectacular. Los conciertos duraban ocho horas y contaban con teloneros locales. En Zimbabue, el gran Oliver Mtukudzi echó la casa abajo con su soul africano. Poco más de un año después, Nelson Mandela sería liberado y empezaría el lento desmantelamiento del apartheid, pero en ese momento, 1988, la batalla estaba en pleno apogeo. La mera mezcla de gente blanca y negra en una multitud tan numerosa, algo prohibido e ilegal a apenas quinientos kilómetros al sur, imprimió carácter de urgencia a nuestra actuación.

En la antigua colonia francesa de Costa de Marfil, fui recibido, por primera y única vez desde la Tri-Soul Revue de 1966 en el Matawan-Keyport Roller Drome, por un público, todo un estadio, ¡lleno de rostros negros! Por fin supe cómo se sentía Clarence. Éramos *un* negro y siete blancos de Nueva Jersey. ¿Iba a funcionar aquello? ¿Iba el ritmo patapalo cuatro por cuatro del punk y el soul de la costa de Jersey a conectar con un público acostumbrado a los ritmos flexibles y balanceantes del afrobeat? Éramos cabeza de cartel, los últimos en salir a escena. Un sudor frío fue apoderándose lentamente de mi epidermis bajo la camiseta y el chaleco negro. Optamos por la opción atómica, salir pegando fuerte con «Born in the USA». Llegó la hora... arrancamos y todo pareció quedar en suspenso... y entonces... ¡BOOM! El lugar estalló en un gran frenesí, la muchedumbre moviéndose en masa como si estuviesen conectados por cables y hubiesen decidido de repente que ¡aquello estaba bien! Fue la más gozosa celebración de descubrimiento mutuo que he experimentado en mi vida. Éramos del color equivocado, cantábamos en el idioma equivocado, seguíamos el ritmo equivocado, pero aun así la gente nos arropó con su generosidad, franqueza y hospitalidad. Aquel fue el primer público que la E Street Band tuvo que *ganarse* verdaderamente, frío desde hacía mucho, mucho tiempo. Las mujeres subían al escenario y bailaban, la muchedumbre se mecía extática y la banda salió de allí sintiéndose eufórica y validada. (¡Funciona!, ¡incluso tan lejos de casa!, ¡funciona!) Sentimos la proximidad de viejas manos siendo desafiadas y, en conjunción con aquel público inesperado y entregado, saliendo victoriosas. Una vez más se demostraron los misterios del poder comunicativo de la música a la hora de salvar grandes barreras, y supimos que acabábamos de vivir algo especial.

En el transcurso de la gira también hicimos algunos conciertos en Estados Unidos, donde nuestras ruedas de prensa generalmente politizadas se vieron salpimentadas por chismorreos sobre famoseo y una vacuidad que me hizo sentir vergüenza por mis compatriotas. También tocamos en Japón, Budapest, Hungría, Canadá, Brasil y la India, y finalizamos en Argentina, país de pasmosos paisajes y una ciudadanía hermosa y sensual, ¡que me hizo desear aprender español de inmediato! En Sudamérica había países que recientemente habían sufrido el peso abrumador de la dictadura y el cotidiano pisoteo de las más simples libertades humanas. Miles de hijos y esposos habían desaparecido de las calles durante el reinado de los brutales regímenes en Argentina y en el Chile de Pinochet. Allí, la labor de Amnistía era inmediata, crítica y personal. Con Pinochet todavía en el poder, tocamos en la frontera argentina con Chile, en la ciudad de Mendoza. Cuando nos acercábamos al lugar del concierto, las «madres de los desaparecidos», cuyos seres queridos habían sido arrebatados de sus casas y de las calles en los años de la dictadura de Pinochet, esperaban junto a la carretera con carteles que mostraban fotos de sus seres queridos desaparecidos. Los rostros de esas mujeres mostraban las huellas de unas terribles experiencias de las que los estadounidenses simplemente no teníamos ni idea, ni posibilidad de comprenderlas, y que eran la prueba de la inquebrantable voluntad humana, el deseo y la primaria necesidad de justicia.

La gira de Amnistía Internacional me hizo sentir agradecido por haber nacido en Estados Unidos, en un pueblo pequeño, reprimido, reaccionario, un pueblo cochambroso con una sola boca de incendios pero un pueblo que amaba y donde, a pesar de la presión social de los ignorantes y los intolerantes, podías andar y hablar libremente sin temer por tu vida y tus piernas (mayormente).

Seis semanas después del arranque de la gira, habíamos alzado nuestra voz, impulsado a Amnistía y su agenda internacional, tocado nuestro rock and roll, y por un momento sido, pulgares arriba, autoestopistas político-culturales en la encrucijada de la historia.

De nuevo en casa

Patti y yo nos despedimos de Peter, Sting, Youssou, Tracy y el potente equipo de gira de Amnistía (cuyos derechos humanos fueron continuamente violados con largas jornadas de trabajo y condiciones insostenibles durante la gira), y regresamos a Nueva York. Alquilamos un apartamento en el East Side y, por primera y única vez, intenté convertirme en un chico de ciudad. No hubo manera. El East Side no era para mí, lo único que lo salvaba era que podía ir andando hasta el despacho de Doc Myers, lo cual me fue bastante bien ya que no estaba en mi mejor momento. Había regresado al país destrozado por la confusión de mi divorcio, y sin poder recurrir a las ruedas y las carreteras, los días en la ciudad se me hacían muy, muy largos. En Nueva York yo era la Magic Rat* perdida en su laberinto. No veía el cielo, ni tampoco el sol, no podía correr. Sí, los museos, los restaurantes, las tiendas, pero yo seguía siendo de ¡PUEBLO! No podía cambiar, así que Patti (que llevaba diecinueve años residiendo en Nueva York, en el barrio de Chelsea) cedió e hicimos las maletas para regresar a Jersey, donde ella, yo y mi terrible desazón echamos a perder aquel verano, ya que volví a mis antiguas costumbres y a mi comportamiento desconsiderado. Patti tuvo paciencia… hasta cierto punto.

Ajustes

Una vez en casa, Patti y yo nos peleábamos mucho, lo cual era bueno. Nunca había discutido demasiado en mis otras relaciones y eso había acabado siendo perjudicial. Mantener demasiados problemas sin resolver fermentando bajo la superficie siempre resulta tóxico. Como mi padre, yo era un actor pasivo y hostil. Negación e intimidación, no confrontación directa, ese era mi estilo. Mi padre controlaba su hogar sentado allí en silencio… fumando. Acumulaba su enfado pasivo hasta que no podía más y entonces su furia estallaba, para luego volver a su cerveza y su estado monacal. Era nuestro campo de minas hecho persona, llenando nuestro hogar con el mortal silencio de una zona de guerra mientras los demás andábamos de puntillas, esperando…

---

* Personaje de la canción «Jungleland». *(N. del T.)*

esperando… la detonación que sabíamos que se aproximaba. Aunque nunca sabíamos cuándo.

Todo ello se había filtrado en mis huesos y había arruinado muchas cosas. No «perdía los estribos» a menudo, pero podía hacerlo, silenciosamente y hasta el punto de imponer el temor de Dios a mis seres queridos. Lo había aprendido a los pies del maestro. Peor aún, había heredado sus malos hábitos al volante y eso podía resultar muy peligroso. Usaba la velocidad y la temeridad para comunicar mi propio enfado y rabia, con la única intención de aterrorizar a mi pasajero. Era aquel un comportamiento burdo, acosador, violento y humillante, que más tarde me llenaba de vergüenza. Siempre tenía a mano un millar de disculpas, pero naturalmente eran insuficientes y llegaban tarde, y supongo que también aprendí eso. Estos incidentes ocurrían únicamente con personas que me importaban, que amaba. Esa era la cuestión. Quería matar lo que me amaba porque no soportaba ser amado. Esto me enfurecía y ultrajaba, que alguien tuviese la temeridad de amarme; *nadie hace una cosa así…* y voy a mostrarte por qué. Era realmente desagradable, una bandera de advertencia sobre el veneno que corría por mis venas, mis genes. Parte de mí estaba rebeldemente orgullosa de mi emocionalmente violento comportamiento, siempre empleado de forma cobarde contra las mujeres de mi vida. Había afirmación, había acción, no había *impotencia*. La pasividad de los hombres entre los que crecí me asustaba y encolerizaba. Mi propia pasividad me avergonzaba, de modo que fui en busca de mi verdad. Esta… esta es la manera en que me siento acerca de mí mismo, acerca de ti, cómo me siento, cómo me haces sentir en lo más oscuro de mi corazón, donde en verdad habito.

A lo largo de los años llegué a ser consciente de que había una parte de mí, una parte significativa, que era capaz de un gran desafecto y crueldad emocional, que buscaba cosechar daños y vergüenza, que deseaba herir y dañar y *asegurarse* de que aquellos que me querían pagaban por ello. Todo surgía directamente del manual de estrategias de mi viejo. Mi padre nos hizo creer que nos despreciaba por amarle, que nos castigaría por ello… y lo hizo. Parecía que aquello podría arrastrarle a la locura… y a mí también. Cuando entré en contacto con esa parte de mi ser, me asustó y asqueó, pero aun así la mantuve en reserva, como una fuente de poder maligno a la que podía acudir cuando me sentía físicamente amenazado, cuando alguien trataba de llegar hasta un lugar que simplemente no podía tolerar… más cerca de mí.

CINCUENTA Y DOS

GOIN' CALI*

Nueva York me abrasaba. Nueva Jersey me quemaba. Lo único que nos quedaba era mi Golden State, el «Pequeño San Simeón»,** en las colinas de Hollywood. Tan pronto como llegamos a California las cosas mejoraron. La luz, el clima, el mar, las montañas, el desierto, todo ello se confabulaba y me confería una mayor lucidez mental. Alquilamos una casa en la playa, en Trancas, y se apoderó de mí una suerte de paz. Fue solo cuestión de tiempo hasta que tuvimos una bronca monumental, de esas de acabar con todo, una discusión en la que Patti, harta finalmente de mis tonterías, arrojó el guante y me lo dejó

---

* Canción grabada durante las sesiones del álbum *Human Touch* y luego incluida en el cuádruple recopilatrio *Tracks*. *(N. del T.)*

** Golden State, como se conoce popularmente a California. San Simeón es una población californiana donde está el castillo Hearst, la extravagante mansión del magnate William Randolph Hearst. *(N. del T.)*

muy claro: o te quedas o te vas. Hasta ese extremo la había empujado, y ya estaba con un pie en el umbral de la puerta (un lugar en el que, en mis peores momentos y de modo retorcido, siempre pensaba que anhelaba estar) cuando me detuve un momento y la parte más débil pero lúcida de mí se preguntó: «¿Adónde demonios crees que vas? ¿A la carretera? ¿Al bar?». Todavía disfrutaba con ello, pero aquella no era vida. Ya había estado allí, miles de veces, había visto todo lo que tenían que ofrecer. ¿Qué podrían darme que fuera distinto? ¿Iba a volver a meterme en esa noria de hámster de la indecisión, de mentirme a mí mismo diciéndome que nunca iba a hacerme mayor (ya lo era), y echar a perder la mejor cosa, la mejor mujer, que jamás había conocido? Me quedé. Fue la decisión más cuerda de mi vida.

Para librarme de mi desazón, durante el día salía en mi moto por las montañas de Santa Mónica y San Gabriel, recorriendo algunas de las mejores rutas motoristas del oeste. En las montañas de San Gabriel, el Mojave se extiende allá abajo, a tu izquierda, difuminándose en un brumoso infinito mientras vas ascendiendo desde el llano desierto hasta unos dos mil metros de altura, hasta el pequeño pueblo de esquí de Wrightwood. Allí, en medio de los altos pinos y la maleza desértica del Bosque Nacional Ángeles, mis aflicciones se fundían lentamente. El aire era seco, fino, penetrante, y cuando el viento me azotaba sobre la delgada cinta negra de la Angeles Crest Highway, sentía cómo su claridad agudizaba mis pensamientos y afinaba mis emociones. La naturaleza puede inducir a la cordura, y allí arriba estaba en una de las cimas de California y podía sentir la gran naturaleza espiritual del estado y la generosa mano de Dios posándose sobre mí. En la Angeles Crest Highway te encuentras a solo treinta minutos de Los Ángeles, pero no te confundas, es tierra salvaje, todos los años se extravía gente allí arriba en el calor y la nieve. Solo un poco más arriba viven coyotes, serpientes de cascabel y pumas, a solo unos kilómetros de la perdición caliginosa de la Ciudad de Ángeles. Desde Wrightwood, con una temperatura de quince grados, descendía directamente hasta el pie de las montañas de San Gabriel y el desierto elevado de Mojave con sus casi cuarenta grados, donde las extensas y rectas autopistas abundaban en esa «cultura del desierto» de parques de caravanas, puestos de comida familiares y tiendas de curiosidades. Allí, los largos cables oscuros de las torres eléctricas de acero seccionaban el apabullante cielo azul en un rompecabezas geométrico, atravesado únicamente por las estelas de vapor blanco de los cazas que despegaban de la Base de las Fuerzas Aéreas de Edwards.

Era una excursión de un día y unos quinientos kilómetros, lo justo para contener y silenciar momentáneamente mi constante tumulto interior. Descendía hasta la Pearblossom Highway y luego viraba tranquilamente hacia la playa, donde, al anochecer, Patti y yo contemplábamos el rojo sol crepuscular hundirse en el Pacífico. Juntos, nos sumíamos en un silencio reparador, sin demasiada actividad y sin agobiarnos mutuamente. Patti cocinaba, yo comía. Nos concedíamos mucho espacio el uno al otro, y entonces algo sucedió. Fue una dulce rendición, y siempre he sentido que fue allí, en aquella época, en los días y noches apacibles que pasamos junto al mar, donde Patti y yo nos casamos «emocionalmente». La amaba. Era afortunado de que ella me amara. El resto fue papeleo.

Sudoeste, 1989

Aquel otoño cumplí los treinta y nueve. Patti y yo invitamos a algunos amigos del este, a unos pocos parientes cercanos y a mis compañeros de viaje, los hermanos Delia, para celebrar mi cumpleaños en nuestra cabaña de la playa. Pasamos unos días de sol y playa, y luego nos preparamos para la excursión en moto por el sudoeste que llevábamos tiempo soñando. Fueron solo diez días, pero iba a ser una gran aventura, uno de nuestros grandes viajes, que se iniciaría justo en la cúspide de los profundos y sísmicos cambios vitales que alterarían mi vida tanto como el día que cogí por primera vez una guitarra.

Una vez pasado mi aniversario, Matt, Tony, Ed y yo partimos en nuestra odisea en moto de tres mil kilómetros por el sudoeste. Viajamos a través de California, Arizona, Nevada y Utah, y subimos cruzando las reservas navajo y hopi hasta llegar al área de las Cuatro Esquinas y el Valle de los Monumentos. Alejados de las carreteras interestatales, el país se manifestaba hermoso pero agreste, y en las reservas indias reinaba una extrema pobreza. Ancianas de piel oscura se acurrucaban detrás de sus cochambrosos tenderetes junto a la carretera, protegidas con chales de los severos rayos del sol desértico. El calor del desierto, el calor *de verdad*, es una criatura única. Al contrario que la sudorosa humedad de agosto en la costa de Jersey, que hace que quieras desnudarte, quitarte toda la ropa y salir corriendo hacia el agua, el sol y el calor del desierto hacen que quieras cubrirte por completo.

Circulando por el bajo desierto de Arizona, a cuarenta grados, la autopista se convertía en un espejismo reluciente y una leve inclinación del pavimento causaba un soplo de aire caliente que se elevaba desde el abrasado asfalto. Para protegernos de los rayos solares, llevábamos camisas tejanas con las mangas bajadas, gafas de sol, guantes, botas, vaqueros y pañuelos empapados en agua que nos cubrían por completo la cabeza y el rostro. Montar en moto en estas condiciones, de ocho a diez horas diarias, hace que muy pronto no toleres el sol en la piel. Junto a la carretera había duchas en las que por unas monedas podías quitarte el polvo. Te mojabas completamente de los pies a la cabeza, pero con el viento del desierto funcionando como una secadora, a los quince minutos de seguir rodando a temperaturas de cuarenta grados volvías a estar seco como un hueso.

Nos manteníamos en las carreteras estatales. En el sudoeste, si te sales de las interestatales, todavía persisten vestigios de la Norteamérica de los años cuarenta y cincuenta. Gasolineras, moteles, atracciones de carretera y alguna que otra franquicia corporativa hacen que puedas sentir el sabor de cómo era antaño el país (y, pese a internet, sigue siéndolo para muchos). En un tramo de la desierta autopista que cruza la reserva navajo, nos topamos con un letrero hecho a mano que decía: HUELLAS DE DINOSAURIOS, A CIEN METROS. Enfilamos un camino de tierra, y un muchacho navajo de unos doce o trece años salió de un tosco cobertizo de madera, nos saludó sonriente y nos preguntó si queríamos ver las huellas de dinosaurio. Le pregunté: «¿Cuánto?». Respondió: «Lo que os parezca justo…». Vale. Le seguimos unos cientos de metros hacia el interior del desierto y, aunque debo decir que no soy ningún paleontólogo, allí estaban, unas huellas enormes fosilizadas en la roca, y otras más pequeñas, mamá y su bebé. A continuación nos preguntó si queríamos que adivinase cuáles eran nuestro peso y edad. Aquello nos iba a costar una miseria, así que… vale. Me examinó y dijo «Ochenta kilos» (justo en la diana), luego me miró a la cara y dijo: «Veinti… veinti… veinti… ¡quítate las gafas de sol! ¡Treinta y ocho!». (Era bueno, se habría ganado la vida en los paseos marítimos de Jersey.)

Seguimos adelante hasta la reserva hopi. Los hopi viven en el borde de tres altiplanos. Allí se encuentran algunos de los pueblos habitados más antiguos de Norteamérica. Tomamos otro sendero polvoriento, siguiendo un cartel que indicaba el poblado más antiguo, y llegamos a unas chozas de piedra encaramadas en las alturas, en el borde mismo de una meseta con vistas al seco lecho marino del desierto de Arizona. El poblado parecía abandonado salvo por una pequeña tienda situada en el centro. Entramos y nos dio la bienvenida un adolescente hopi, con una gorra de béisbol vuelta hacia atrás y ataviado con una camiseta de Judas Priest, que empezó a darnos conversación. Nos informó de que los habitantes del poblado se dividían entre los que querían mudarse a caravanas más cerca de la carretera para disponer de electricidad, y los que querían seguir habitando las primitivas estructuras de piedra en las que habían vivido durante años. Nuestro narrador se estaba preparando para un ritual hopi que llamó «Corriendo alrededor del Mundo», y que consistía en que los jóvenes hacían una carrera, circunvalando la meseta en un ritual iniciático, para honrar a su familia. También contó que solía ir a Phoenix a ver conciertos de heavy metal y que la mayoría de los jóvenes del altiplano habían acabado marchándose de la reserva. Él no sabía qué hacer. Era un chico atrapado entre dos mundos. Al despedirnos quiso hacerse una foto con nosotros, pero nos dijo que en su comunidad eso estaba prohibido. Allí de pie, fuera de la tienda, miró a su alrededor y nos dijo: «Ahora mismo me están vigilando». El poblado parecía vacío, totalmente tranquilo y silencioso. No se veía un alma. Entonces dijo: «Que se jodan». Sacó su pequeña cámara fotográfica, tomó una foto rápida y nos marchamos. Cuando arrancábamos nuestras motos, nos gritó: «¡Buscadme en Phoenix, estaré en primera fila… muy colocado!».

Seguimos en dirección a Monument Valley, escenario de algunas de mis películas favoritas de John Ford, y acampamos para pasar la noche en Mexican Hat, Utah. Cuando nos despertamos a la mañana siguiente, tuvimos que enfrentarnos a vientos de noventa kilómetros por hora mientras nos dirigíamos al sur hacia el cañón de Chelly. El desierto era llano y, sin parabrisas, nos vimos obligados a ladear las motos para contrarrestar las ráfagas. La áspera bruma de la tormenta de arena levantada por el viento lijaba cualquier parte de piel expuesta, hasta que por fin logramos llegar al cañón y pasamos la noche en un motel de caravanas adosadas, con las motos firmemente encadenadas en el exterior. Finalmente regresamos a Prescott, donde pasé la tarde tocando con algunos lugareños en un pequeño bar estilo western, y luego seguimos hacia Salomé («Where She Danced»),* un pueblo del desierto al oeste de Arizona. Allí, a medianoche, con el bochornoso calor pasado durante el día sofocándote agradablemente, podías sentarte en el exterior de tu pequeña habitación de motel, con el radiocasete muy bajito, bebiendo cerveza, exhausto hasta más allá del alcance de tus preocupaciones, final y benditamente presente.

Al cabo de diez días regresamos a Los Ángeles, achicharrados, agotados y curtidos. Llegamos a casa al anochecer y, mientras limpiábamos el polvo de los cromados, con Patti observándome desde el capó del *Dedication* de Gary Bonds, brindamos por nuestro viaje con unos chupitos de tequila. Los hermanos Delia volvieron a sus tuercas, tornillos y tercos motores; yo tuve un dulce reencuentro con Patti, estuve durmiendo tres días seguidos y luego me fui al norte a visitar a mis padres. A mi regreso, entré en nuestro dormitorio, bañado por la luz de la mañana que entraba por la ventana. Patti estaba sentada en la cama. Su rostro suavizado, los cabellos cayéndole sobre los hombros, me miró y dijo: «Estoy embarazada». Me quedé parado, tratando de asimilar lo que acababa de oír, y entonces me senté pesadamente en el borde de la cama. Aparté la vista de Patti, me volví hacia el espejo de la puerta del armario y me sentí *distinto*. Esto era lo que había es-

---

* *Salome, Where She Danced*, película de 1945 protagonizada por Yvonne De Carlo. *(N. del T.)*

tado temiendo y anhelando durante tanto tiempo. Sentí que la parte temerosa de mi ser intentaba inmiscuirse para robarme aquel momento… pero no… ahora no. Y entonces me inundó una luz que me elevó, algo que me hacía sentir tan bien que traté de esconderlo. Estaba de espaldas, el rostro oculto, todo era quietud. Y entonces mi boca, sutil, casi imperceptiblemente, sin que yo pudiese controlarla… dejó escapar una sonrisa mientras vislumbraba en el espejo un mechón de pelo rojo sobre mi hombro. En aquel momento eterno, con Patti inclinada sobre mí, sus cabellos cayendo junto a mi mejilla, sus brazos rodeándome el pecho, su vientre contra el centro de mi espalda… nos quedamos allí sentados… los *tres*. Nuestra familia. Patti susurró: «Te he visto sonreír».

LIBRO TRES

LIVING PROOF

CINCUENTA Y TRES

LIVING PROOF *

¡Es un niño! Evan James Springsteen nació el 25 de julio de 1990, a las once y media de la noche, en la quinta planta del Centro Médico Cedars-Sinai de Los Ángeles. Cae todo velo protector, caen todas las defensas, vencidas, se suspende toda «condición» emocional, cesan todas las negociaciones. La habitación está llena de la luz de los espíritus consanguíneos del pasado, presente y futuro. La verdad del amor de tu pareja canta brillantemente ante ti. Tu amor, el amor por el que tan duro has trabajado para mostrarlo, para esconderlo, ha sido arrancado de ti y su presencia avergüenza tu falta de fe mientras arroja luz sobre todo lo bueno que has creado. Todas las excusas para mantenerte «protegido», aislado, todas las razones de tus secretos, tu ocultamiento, se esfuman. Esta pequeña habitación de hospital podría ser la gran casa de tu contrición, de la feliz penitencia de una vida, pero

* «Prueba viviente», canción del álbum *Lucky Town*. *(N. del T.)*

aquí no hay tiempo para tus tonterías. Te sumerges en el cuerpo de tu amada, en sus sanguíneos tonos rosados y rojos, en los matices cremosos y pálidos de la trascendencia. El espíritu se hace físico. No estás *a salvo*; el amor y el riesgo están por todas partes y sientes un vínculo de carne y sangre en la cadena de tu tribu, un rastro del polvo de la mano de Dios al pasar sobre la Tierra. El rostro de Patti es el de los santos de mi escuela primaria, fatigado y lleno de gracia, sus ojos verdes mirando a lo alto, clavados en algo más allá de mí. Es definitivo: esta es mi chica, y trae con ella el retumbar de la vida.

CIUDADANOS DE LOS ÁNGELES: HA NACIDO EVAN JAMES SPRINGS-TEEN. UN HIJO DE NUEVA JERSEY, NACIDO EN EL EXILIO, ¡AQUÍ EN BABILONIA!

El rugiente río de mi ambivalencia, el grave zumbido ambiental de descontento de toda mi vida, ha sido acallado. Ahuyentado por el éxtasis. El doctor me da unas tijeras; un corte, y mi chico ya vive por su cuenta. Lo dejo sobre el vientre de su madre y esta visión de mi hijo y mi mujer me transporta muy lejos, al lugar más elevado dentro de mí. Nos acurrucamos en torno a estos tres kilos y medio de prueba viviente. Somos un breve aliento de noche y día, luego tierra y estrellas, pero tenemos en nuestros brazos un nuevo amanecer.

Engendrar vida te llena de humildad, valor, arrogancia, una poderosa hombría, confianza, terror, alegría, pavor, amor, una sensación de serenidad y temeraria aventura. ¿Será todo posible a partir de ahora? Si podemos poblar el mundo, ¿no podríamos crearlo y darle forma? Entonces se impone la realidad, y llegan los pañales y la leche de fórmula y las noches en vela y las sillitas infantiles y la caca como natillas amarillas y los vómitos como queso de untar. Pero… ah, estas son las benditas necesidades y fluidos de mi niño, y al final de cada nuevo día en el mundo, agotador y lleno de dolores de cabeza, nos sentimos exhaustos pero exultantes por nuestras nuevas identidades: ¡mamá y papá!

En casa me encargo del turno de noche, paseando kilómetros en vano por el suelo de nuestro pequeño dormitorio hasta que sus ojos abiertos se van entornando y… se duerme. Yaciendo con mi hijo sobre el pecho, le veo ascender y descender con cada una de mis respiraciones, escucho y cuento cada exhalación de sus pulmones, sus inspiraciones todavía tan lentas que pueden contarse, una plegaria a esos dioses que yo ponía en duda. Inhalo su olor de bebé, le protejo suavemente con mis manos, sincronizo nuestra respiración, y caigo dormido en paz.

El chute de endorfinas del nacimiento irá desapareciendo, pero su rastro permanece contigo para siempre, sus huellas una indeleble prueba de la presencia del amor, de su cotidiana grandeza. Has entonado tu plegaria. Has jurado servir a un nuevo mundo y has puesto los fundamentos de una fe terrenal. Has elegido tu espada, tu escudo, y el lugar donde caerás. Sea lo que sea lo que traiga el día siguiente, estas cosas, esta gente, estarán contigo siempre. El poder de elegir, de una vida, de una amada, de un lugar donde estar, estará ahí para ser invocado y darle un nuevo sentido a tu enmarañada historia. Más importante aún, estará ahí cuando vaciles, cuando te sientas perdido, proveyéndote de los elementos de una nueva brújula, encajada en tu corazón.

A partir de aquí, la pesada atracción gravitatoria del pasado tendrá un formidable oponente: tu vida presente. Juntos, Patti y yo habíamos hecho que uno más uno fuese igual a tres. Eso es rock and roll.

Esta nueva vida reveló que yo era algo más que una canción, una historia, una noche, una idea, una pose, una verdad, una sombra, una mentira, un momento, una pregunta, una respuesta, un inquieto producto de mi imaginación y la de los demás… El trabajo es el trabajo… pero la vida… es vida… y la vida triunfa sobre el arte… siempre.

CINCUENTA Y CUATRO

REVOLUCIÓN PELIRROJA

Ella es una revolución pelirroja encarnada en una sola mujer: belleza llameante, Reina de mi corazón, camarera, músico callejero, chica de Jersey acostumbrada a las dificultades, gran compositora de canciones, neoyorquina durante diecinueve años, una de las voces más bellas que he oído, lista, dura y frágil. Cuando la miré, vi y sentí mi mejor yo. Vivienne Patricia Scialfa creció en Deal, Nueva Jersey, hermana de Michael y Sean, hija del capitán de corbeta de la Guardia Costera Joe y de la belleza local Pat Scialfa. En sus fotos de infancia se ve una niña pecosa que parece una muñeca Raggedy Ann, de sonrisa radiante, franca, expectante. Si amamos a aquellos en cuya compañía se refleja lo mejor de nosotros, esa es la luz con que ella brilla sobre mí. Para ser un par de músicos y seres solitarios, hemos llegado bastante lejos.

Patti creció en la casa de al lado del jefe de la mafia de Nueva Jersey, Anthony «Little Pussy» Russo. El señor «Pussy» quería a un siciliano como vecino y le vendió la casa de playa adyacente a la suya al padre de Patti. Joe no estaba relacionado con la mafia, pero era el clásico siciliano. Un guaperas alocado y un niño de mamá italiana muy mimado por tres hermanas, Joe era un multimillonario hecho a sí mismo gracias a sus especulaciones inmobiliarias y propietario de la tienda Scialfa TV, un papá talentoso, maníaco y brutalmente duro, y un suegro imprevisible. La madre de Patti, Pat, era una irlandesa escocesa muy trabajadora, una belleza de ensueño de los años sesenta, resuelta, dura y el complemento ideal de Joe en todos los aspectos. Trabajaba codo a codo con su marido en la tienda de televisores día sí y día también, mientras una joven Patti se dejaba caer entre los Motorolas y los Zenith para hacer los deberes. Desde Long Branch, el paraíso italiano junto al mar de Jersey, hasta la Riviera irlandesa de Spring Lake, Patti y yo proseguimos con el ritual de apareamiento italo-irlandés que parece haberse impuesto en nuestro sector de la costa central durante el último siglo.

Hablé por primera vez con Patti cuando ella tenía diecisiete años y yo veintiuno. Había contestado a un anuncio que yo había publicado en el *Asbury Park Press* buscando coristas para la Bruce Springsteen Band, mi formación de diez músicos de rock y soul. Hablamos un rato por teléfono. Ella era muy joven y le dije que viajábamos mucho y que mejor que siguiera en el instituto. Nos vimos por primera vez en 1974. Fascinado por los grupos de chicas de los años sesenta, acariciaba la idea de incluir a una chica cantante en la banda. Patti respondió a un anuncio en el *Village Voice* e hizo una prueba a capela para Mike Appel en su despacho del centro. Mike, con los pies sobre la mesa y los brazos entrelazados detrás de la cabeza, lanzaba la orden: «¡Canta!». La futura E Streeter tenía que empezar a cantar a viva voz, sin ningún tipo de acompañamiento, «Da Doo Ron Ron» de las Crystals. Si pasabas el examen, te mandaban a un pequeño parque industrial en Neptune, Nueva Jersey, donde te encontrabas con la banda pre-*Born to Run*, preparándose para dar el gran salto. Yo tenía entonces veinticinco años, ella veintiuno; cantó algunos temas de Ronnie Spector con la banda, y luego nos sentamos juntos al piano y me tocó una de sus canciones. Era encantadora y muy buena, pero al final nos quedamos con nuestra formación de siempre; no estábamos preparados todavía para romper nuestra pandilla de «niños perdidos».

Diez años después, en 1984, estaba un domingo por la noche en el Stone Pony cuando vi a una chica pelirroja subir al escenario y cantar con la banda de la casa el «Tell Him» de los Exciters. Era buena, tenía algo que no se veía por la zona, y dominaba esa cualidad vocal de los sesenta junto con algo que era distintivamente suyo. En aquella época yo era como el pez grande en el estanque pequeño, y allí donde fuese la gente me abría paso y cuchicheaba. Nos encontramos entre la ruidosa clientela al fondo del bar, me presenté y así se inició un largo y tortuoso semicortejo.

Patti me decía que yo siempre andaba buscando compañía en «otros campos». Yo siempre había tenido un montón de ideas acerca del quién, qué, cuándo, dónde y por qué de mis elecciones románticas, ideas que a la larga se demostrarían irrelevantes. Cuando finalmente me abrí y dejé de buscar en esos «otros campos»… Patti estaba allí, ante mí. Me había echado el ojo y esperó hasta que yo estuve preparado, y al final lo estuve. Es una historia inusual de dos personas que han estado girando en círculos una alrededor de la otra, tocándose tangencialmente y con cautela durante dieciocho años, antes de conectar.

Estuvimos en la carretera como compañeros de banda en la gira de *Born in the USA*. Ella tenía muchos admiradores y era un carnet de baile difícil si pretendías domar su independencia de chica neoyorquina. Vivía sola y como música, igual que yo. *No* era hogareña. *No* vivía para hacerte sentir seguro. Todo eso me gustaba. Yo había intentado lo contrario y no me había funcionado. Sabía que algo muy, muy distinto y seguramente difícil me esperaba, y ese algo era Patti. Nos instalamos en la vida hogareña de forma lenta y muy cuidadosa. Ella tenía una gran intuición psicológica y yo sentí el peligro de una pareja formidable. Cuando empecé a verme con Patti, era una joven muy agradable, inteligente y estimulante, pero me intimidaba. Yo depositaba mi confianza en ella y, pese a su interés, no estaba muy seguro de que ella la aceptase realmente. Patti tenía una faceta cargada de sexualidad; podía seducir y ponerte celoso. Hubo muchos duelos emocionales, el ocasional producto de belleza volando por los aires y muchas discusiones. Pusimos a prueba nuestra capacidad para aguantar las inseguridades del otro, duramente. Y fue algo bueno. Podíamos pelear, sorprender, decepcionar, animar, abatir, ser inflexibles, claudicar, dañar, curar, volver a pelear, amar, recomponer, y luego volver a la carga otra vez. Ambos estábamos destrozados en muchos aspectos, pero confiábamos en que, con trabajo, nuestros pedazos rotos volverían a encajar de una manera que podría crear algo factible, maravilloso. Y así fue. Creamos una vida y un amor para una pareja de forajidos emocionales. Esa similitud es algo que nos ata y nos une estrechamente.

Mi esposa es una persona reservada, a la que no se conoce por su «imagen pública», y desde luego no tan aficionada a los focos como yo. Su talento se insinúa únicamente en su trabajo. Posee una gran dignidad y elegancia, y juntos hemos construido muchas cosas a partir de esos fragmentos rotos. Y descubrimos que, cuando cada una de esas piezas logra encajar, adquiere el peso y la consistencia de la más dura piedra, cada una de ellas presionando y sosteniendo las piezas de encima y debajo durante veinticinco años (en la vida de los perros y la camaradería musical, ¡eso son unos ciento setenta y cinco años!). Dos seres solitarios, no necesariamente estábamos destinados a los anillos de oro, pero los robamos… y los pusimos a buen recaudo.

La noche que me enamoré de la voz de Patti en el Stone Pony, la primera frase que cantó fue «I know something about love…» («Sé algo sobre el amor…»).* Lo sabe.

---

* Primer verso de «Tell Him» de los Exciters. *(N. del T.)*

CINCUENTA Y CINCO

CAMBIOS

Gasté algo de dinero. De hecho, bastante. Compramos una casa en una carretera de montaña cerca de Sunset Boulevard. Era lujosa y extravagante, y ya me sentía preparado para todo aquello. Ahora tenía familia; nuestra vida seguía atrayendo la atención de la prensa y necesitábamos asegurarnos cierta seguridad y privacidad. Nuestros nuevos aposentos, situados al final de un par de paseos privados, nos las proporcionaron. Me compré algunas buenas guitarras. Nunca antes las había coleccionado. Siempre había considerado mi instrumento una herramienta, como un martillo: uno bueno, y tal vez otro o dos más, era todo lo que necesitabas. Pero ahora deseaba tener una hermosa guitarra en cada habitación. Quería música por toda la casa.

Muchas cosas habían cambiado. Los últimos años ochenta y los primeros noventa habían sido tumultuosos, pusieron mi vida patas arriba. Ahora trabajaba en música nueva, en una nueva tierra y con un nuevo amor. En ese momento no tenía ningún tema que me impulsase, ninguna perspectiva creativa clara atronando en mi cabeza, y después de *Born in the USA*, *Tunnel of Love* y las giras de Amnistía, me sentía un poco quemado. No estaba seguro del siguiente paso a dar con la banda y, en el 89, se encontraba básicamente en una situación de impasse. Con el tiempo, al igual que el resto de los miembros, había desarrollado mi propia serie de quejas subyacentes. Algunos de ellos me desquiciaban un poco, un sentimiento de falta de apreciación emparejado con la carga de sus problemas personales y sus equipajes constantemente tirados en mi puerta con demasiada frecuencia y con demasiadas expectativas de que debía hacerlo todo mejor. Todo ello, junto con mi incertidumbre creativa y mi curiosidad artística, finalmente me hicieron doblar la esquina. Todos habíamos vivido demasiado tiempo en E Street. Durante ese tiempo se habían desarrollado muchas buenas costumbres, cosas que a la larga nos mantendrían juntos, pero también se habían instalado algunos malos hábitos. Sentía que no solo me había convertido para algunos en amigo y patrón, sino también en papi y banquero.

Como de costumbre, yo era responsable de buena parte de nuestra situación al no haber establecido unos límites claros y al haber creado una estructura emocional por la que, a cambio de exclusividad y eterna lealtad a la banda, les había hecho una promesa no hablada ni firmada de cubrirles a todos las espaldas en cualquier cosa que les sucediera. *Todos*, sin una aclaración concreta ni escrita, definirían los términos de nuestra relación de acuerdo con sus propias necesidades y deseos financieros, emocionales o psicológicos, algunos realistas, otros no. Una demanda judicial por parte de unos empleados en los que confiaba se había convertido en un largo y desagradable divorcio, lo cual me hizo darme cuenta de la necesidad de clarificar mis compromisos y los de los miembros de mi banda, y plantearlos de una forma tan razonablemente inequívoca como fuese posible. Esto significaba contratos (algo que antiguamente era anatema para mí). La gira de *Tunnel of Love* fue la primera en que insistí en firmar contratos con la banda. Después de tanto tiempo, supongo que eso sugería desconfianza por mi parte, pero esos contratos y sus equivalentes venideros protegían *nuestro* futuro juntos. Clarificaban más allá de toda discusión posible las relaciones entre nosotros, pasadas y presentes, y en esa claridad residían la estabilidad, la perdurabilidad, el respeto, la comprensión y la confianza. Cada cual sabía dónde estaban los demás, qué se daba y qué se pedía. Una vez firmados, esos contratos nos dejaban libertad para simplemente *tocar*.

El día que llamé a cada uno de los miembros de la banda para explicarles que, después de tantos años con la misma formación, quería experimentar con otros músicos, estoy seguro de que les dolió, especialmente a Clarence, pero todos y cada uno de ellos me dieron la misma respuesta. La E Street Band es de la vieja escuela; está formada por caballeros, broncos, impulsivos, caballeros del rock and roll en ocasiones temerarios, pero caballeros al fin y al cabo. Todos se mostraron generosos, elegantes... sí, también decepcionados, pero comprensivos con mis palabras. Me desearon lo mejor y yo les deseé lo mismo.

Fue doloroso, pero la verdad es que todos necesitábamos un descanso. Tras dieciséis años, era preciso reconsiderar nuestra situación. Me marché en pos de mi vida y buscando nuevas direcciones creativas. Muchos de ellos hicieron también lo mismo, encontraron segundas vidas y segundas carreras como músicos, productores discográficos, estrellas de la televisión y actores. Conservamos nuestra amistad y seguimos en contacto. Cuando volviésemos a reunirnos iba a encontrarme con un grupo de personas más adulto, asentado y poderoso. El tiempo que estuvimos separados nos proporcionó un nuevo respeto por el hombre o la mujer que estuviese a nuestro lado en escena. Nos abrió los ojos a lo que teníamos, lo que habíamos logrado y lo que todavía podíamos conseguir juntos.

CINCUENTA Y SEIS

LOS ÁNGELES
EN LLAMAS

Los disturbios de Los Ángeles en 1992 se desencadenaron a raíz de la absolución de cuatro agentes del Departamento de Policía de Los Ángeles, acusados de propinar una brutal paliza a Rodney King después de una persecución policial a toda velocidad. Los incendios, saqueos y asaltos se extendieron por toda la cuenca angelina. La emisión de un vídeo doméstico de la agresión dio al LAPD la bienvenida a la era de la información y prendió fuego a Los Ángeles.

Estaba ensayando con mi nueva banda en un estudio de Hollywood Este cuando alguien entró corriendo y gritó que había «jaleo» en las calles. Nos dijo que había escapado por los pelos de ser atacado a solo dos manzanas de donde nos encontrábamos. Pusimos la televisión, vimos que estábamos peligrosamente cerca del núcleo de los disturbios y decidimos cancelar el ensayo. Me subí a mi Ford Explorer y me dirigí al oeste. En Sunset Boulevard había un atasco monumental; el horror al «pánico del año cero» corría por las venas de los conductores que trataban de escapar, todos intentando salir de las zonas centro y este de la ciudad. Yo tenía que llegar a Benedict Canyon y desde allí ir hacia la costa, a una casita que habíamos alquilado y que parecía estar a una distancia segura de los sucesos de aquel día. Había recorrido en moto muchas de las carreteras secundarias de Los Ángeles, así que literalmente me dirigí hacia las colinas, abriéndome paso por las sinuosas curvas de Mulholland Drive. Paré un momento cerca del Hollywood Bowl, donde mi parabrisas enmarcó la furia que se había extendido por toda la ciudad. Era un panorama ardiente y humeante, como sacado de una mala película de catástrofes hollywoodiense. Enormes y voluptuosas nubes negras se elevaban desde los incendios que salpicaban toda la cuadrícula de Los Ángeles, y se mezclaban con los cielos cincelados en intenso azul extendiéndose como tinta sinuosa sobre baldosas azules. Seguí hasta Benedict Canyon, donde recogí a Patti y a los niños.

A diferencia de los disturbios de Watts en 1965, esta vez daba la impresión de que la cosa podía propagarse fuera del gueto de los afectados. Había miedo, mucho miedo, flotando en el aire. Las susurrantes olas del paraíso del surf californiano, las bien protegidas Trancas, Malibú y Broad Beach, con su silencio costosamente pagado, se veían invadidas por el zuk-zuk-zuk de los rotores de los helicópteros de la Guardia Nacional volando bajo sobre el mar. Los pantallas de televisor de las más caras zonas de playa, quizá no tan bien protegidas como se pensaba, se llenaron con las llamaradas del hastío, la desesperanza y la protesta, a solo unos kilómetros al este.

Murieron cincuenta y tres ciudadanos, miles resultaron heridos, se destruyeron negocios, se arruinaron vidas.

Esto es América. En nuestras manos están las recetas para muchos de nuestros males —guarderías, empleos, educación, asistencia médica—, pero haría falta un esfuerzo social de la dimensión del Plan Marshall para romper la cadena de varias generaciones de destrucción institucionalizada que nuestras políticas sociales han arruinado. Si podemos gastar billones en reconstruir las naciones de Irak y Afganistán, si pagamos la fianza de Wall Street con miles de millones de dólares de los contribuyentes, ¿por qué no aquí? ¿Por qué no ahora?

CINCUENTA Y SIETE

CAMINO DE LA CAPILLA

El noviazgo con Patti fue en Chelsea. Había cerca de su apartamento de Nueva York un bonito banco en el extremo de un parque, justo delante del Empire Diner. Allí nos encontrábamos y pasábamos los días de primavera charlando y bebiendo cerveza de latas escondidas en bolsas de papel. Se convirtió en un lugar muy especial para nosotros. Una tarde, tras almorzar en el Empire, al salir arranqué una ramita de un arbusto en el exterior del *diner*. La enrollé en la forma de un anillo improvisado y a la que ella llegó al banco yo ya tenía una rodilla en el suelo. Hice la pregunta, me sentí orgulloso al responder Patti que sí y ya estábamos en marcha. Mi próximo paso fue conseguir un añillo de compromiso de verdad.

Mi padre nunca exhibió a mi madre. De hecho, a causa de su paranoia, la mayoría de nuestras vidas prácticamente la ocultó. Esto se había infiltrado en mis huesos. Siempre me sentía un poco avergonzado del amor, de mostrar mi necesidad de algo o alguien, de abrir mi corazón, a veces simplemente de estar con una mujer. Mi padre había enviado un sutil mensaje que decía que una mujer, una familia, te debilitan, te hacen sentir expuesto y vulnerable. Era algo con lo que resultaba horrible vivir. Patti cambió mucho de aquello. Por su inteligencia y amor me mostró que nuestra familia era señal de fuerza, de que éramos formidables y de que así podíamos tomar y disfrutar mucho más del mundo.

Había una cosa de la que estaba seguro: lo que había entre Patti y yo era para toda la vida, hasta que descarrilásemos. Había llegado el momento de hacerlo público. Jesús, llevábamos tres años juntos, habíamos sobrevivido a un escándalo, y ya teníamos un crío y otro en camino. Pero detesto hacer pública cualquier cosa. Quizá sea culpa de haber estado tanto tiempo bajo los focos, o tal vez fuese mi lado tozudo tratando de guardar silencio sobre Patti, nuestra familia y nuestro amor. Llegados a este punto desconfiaba de tales sentimientos y sabía que no eran saludables.

Hay muchas personas sin certificado de matrimonio que disfrutan de grandes relaciones, pero sentíamos que había algo importante y significativo en la declaración de nuestros sentimientos, algo que era esencial para nosotros. Por eso se hace una declaración de votos, una promesa pública, una bendición de vuestra unión, una celebración. Cuando haces todo eso ante tus amigos, tu familia, tu mundo, es de algún modo una confesión, un anuncio para todos de que esa es la forma en que vamos a comportarnos oficialmente a partir de ahora, juntos, dos en la carretera.

Día de boda

Ocho de junio de 1991. El día de nuestra boda amaneció soleado y deslumbrante. Pasé la mañana en el patio intentando que mi padre encajase en una de mis motos mientras Patti, en nuestro dormitorio, trataba de embutirse en su vestido de novia. Había olvidado decirle a la modista que llevaba en su seno a una pequeña Jessie Springsteen de tres meses, por lo que se hubo de hacer algunos ajustes. Fue un gran día. Había dejado que Patti me conociese como nadie antes. Esto me asustaba. Yo pensaba que una buena parte de mí no era demasiado agradable de conocer. Mi egocentrismo, mi narcisismo, mi aislamiento. Aún así, Patti tendía ella misma a ser una persona solitaria y esto le daba una buena ventaja a la hora de manejarme, pero ¿seguiría queriéndome si realmente me conociese? Ella era fuerte y había demostrado estar capacitada para enfrentarse a mi comportamiento poco constructivo. Tenía confianza en nosotros y esto me daba a mí la seguridad de que todo iría bien. Patti había transformado mi vida de un modo que nadie había logrado antes. Me inspiraba a ser un hombre mejor, rebajó considerablemente mis correrías dejándome el espacio necesario para moverme. Me dejaba salir los domingos a recorrer los cañones en mi moto y siempre honraba quien era yo. Se encargaba de mí más de lo que yo merecía.

Decidimos casarnos en nuestra finca, en una bonita gruta cerca de nuestra casa estudio. Se llegaba a través de unos eucaliptos naturales a un patio de pizarra gris con una chimenea de piedra gris al fondo. Ahí, entre guirnaldas, diríamos nuestros votos. Habíamos invitado a unas noventa y cinco personas, mayormente amigos y familiares próximos. La banda trajo sus instrumentos acústicos, Danny su acordeón, unas pocas guitarras, y aprendimos una pieza musical que había compuesto especialmente para ese día. Evan James vestía un traje blanco con pantalones cortos, estaba guapísimo y no dejó de llamarme «Papá, Papá» durante toda la ceremonia desde su asiento en primera fila, al lado de sus abuelas, Pat y Adele.

Mis colegas los hermanos Delia estaban presentes, como mis grandes amigos Jon, Steve y muchos de nuestros más importantes empleados. Seguíamos siendo pasto de la prensa sensacionalista y nuestro equipo de seguridad atrapó a un reportero que intentaba colarse escondido en un camión de catering. La policía de Los Angeles nos había prometido que cuando llegase el momento uno de sus helicópteros sobrevolaría el lugar para localizar a los posibles intrusos en nuestra propiedad, asegurando así nuestra privacidad. Estas fueron las condiciones de nuestra boda en los noventa.

Fue un gran día. El grupo al completo, los familiares e invitados en la finca hicieron que la cálida tarde transcurriese lenta y dulcemente gracias a la cantidad de rostros conocidos que nos rodeaban. Yo estaba un poco nervioso; cuando has estropeado un matrimonio es normal que sientas cierta aprensión, pero aquel fue un día de ánimo y apoyo por parte de nuestros amigos íntimos, y afirmó la certidumbre que Patti y yo sentíamos acerca de nuestro amor. Al final de la tarde, el LAPD cumplió su promesa y bajo cielos despejados nos unimos en una pequeña procesión, acompañados por los instrumentos hacia la ceremonia en el patio. Allí, un ministro de la iglesia Unitaria que nos habían presentado unos amigos realizó un maravilloso trabajo en la ceremonia. Tuve la oportunidad de contarles a nuestros invitados el amor que sentía por Patti y a continuación pasamos a una cena ligera y una noche de fiesta. El padre de Patti, Joe, siempre muy chistoso y la manzana en la caja de naranjas, señaló la valla que protegía nuestra finca y me preguntó cómo pensaba escaparme de allí. Le expliqué que ya había estado allí antes y que, junto a su hija, finalmente estaba donde quería estar.

The Honeymooners*

Pasamos la luna de miel al modo de los cincuenta en una cabaña en Yosemite Park. Fue divertido, pero también padecimos una semana de ataques de ansiedad simultáneos y divertidos cuando nos veíamos el uno al otro como marido y esposa. En nuestro interior seguíamos siendo dos solitarios intentando algo que era nuevo para nosotros. Viajamos, paramos en pequeños moteles de carretera, escuchamos nuestra música favorita, bebimos Jack Daniel's y jugamos al 500 Rummy en las zonas verdes de los moteles mientras el sol se ponía en el desierto al otro lado de la autopista. Añorábamos a nuestro Evan, y cinco días más tarde regresábamos a nuestro territorio en Los Angeles justo cuando una anónima avioneta dibujaba un enorme corazón en el cielo intensamente azul sobre nuestro hogar. ¡Qué coincidencia! Nos encontramos a Evan sobre una sábana en el césped de un

---

* Referencia a la popular serie de televisión de los años cincuenta; además es una canción de Springsteen incluida en *Tracks*. (N. del T.)

pequeño patio, jugando con su abuela. El resto de la tarde lo pasamos allí en familia. En un momento dado me acerqué a Patti y, con Evan entre los dos, la besé. A partir de ese momento ya no iba a estar solo.

Pony Girl*

El 30 de diciembre de 1991 nació Jessica Rae Springsteen. Era un bebé de cara sonrojada y con los cabellos negro azabache de un niño esquimal; salió con el ceño fruncido, y sus inquietas manitas no hacían prever a la hermosa joven y resuelta deportista en que se convertiría. Tozuda hasta el tuétano, entonces y ahora, cuando aún estaba en la trona gritaba y rabiaba si le desabrochabas el pequeño cinturón de seguridad. ¡Todavía no hablaba! Pero aun así se quedaba allí sentada, su tez tornándose del color rosa de los chicles Bazooka mientras sus deditos regordetes, tirando y manoseando, peleaban con la hebilla y ella ejercía su minúscula pero poderosa voluntad de ¡HACERLO POR SÍ MISMA! Y generalmente lo conseguía. En esto no ha cambiado.

Patti yo estamos sentados en el salón de estar de Rumson, justo debajo del dormitorio de Jessica. Oímos un golpe. Subo y veo que ha trepado por las barras de madera de la cuna y se ha arrojado al suelo. La devuelvo a la cuna y bajo al salón. Cinco minutos más tarde, golpe. Subo las escaleras, la devuelvo a la cuna. Cinco minutos… golpe… la observo mientras gatea hasta una cama en un extremo de la habitación y, con dificultad, se encarama a esta. La cuna se acabó, para siempre. Así funciona ella.

Cuando Jess tenía cuatro años, Patti y yo andábamos buscando un terreno que comprar y visitamos una granja en la Navesink River Road de Middletown, Nueva Jersey. Un caballo nos mira desde un prado. Jess pregunta: «¿Puedo ir a verlo?». Con permiso del propietario, saltamos la valla y caminamos a través de la alta hierba. Al llegar al caballo, Jess cierra los ojos y pone las palmas de las manitas en su

---

* Alusión a la canción popular «My Pony Boy» (1909) que Springsteen modificó y retituló como «Pony Boy». *(N. del T.)*

flanco. Se queda allí meditando, conjurando un... ¿deseo? ¿Una plegaria? Entonces dice: «¿Puedo montar?». El dueño asiente... vale. La aúpo y la monto a pelo. Se queda sentada en silencio, y después, tras veinte años de madrugar a las cinco y media, innumerables caballerizas, cientos de cascos raspados y crines y lomos cepillados, y miles de kilómetros viajados por el nordeste y por Europa, se convierte en una excelente amazona para toda la vida, una saltadora ecuestre internacionalmente reconocida, desafiando la gravedad, elevando a un metro y medio en el aire a animales de setecientos kilos... lo lleva en la sangre. No recuerda no haber montado nunca.

Cuando Jess tiene cinco años, una mañana de sábado Patti y yo la llevamos en coche a Meadowlands, escenario de muchos triunfos de la E Street Band. Se celebra una competición ecuestre, la primera en la que participa. Le digo: «Jess, cuando lleguemos, si no quieres hacerlo...». Llegamos; se viste rápidamente con su equipo de equitación, y baja andando, su figura pequeña y elegante, por la rampa de cemento que lleva al bajo vientre del estadio, donde, a lo largo de los años, hemos descargado toneladas de equipo de rock and roll en muchas noches triunfales. En el área de ensayo la suben a su poni; todas las luces del recinto están encendidas. La pista, normalmente ocupada por fans enfervorizados, está cubierta con una capa de tierra de veinte centímetros, de punta a punta. Papá se acerca y dice: «Bueno, Jess...». Ella no me responde, se muestra impasible, y por vez primera soy testigo de la neutra expresión antes de una competición que sigue mostrando hoy en día. Patty y yo vamos a sentarnos a las gradas y el nombre Springsteen, Jessica Springsteen, resuena por los cavernosos espacios de nuestro territorio local. Patti y yo nos sentamos, cogidos de los brazos, llenos de asombro y expectación. Jess sale al principio de la competición, con los alevines de la jornada. Logra coger una cinta verde y queda en el sexto puesto. El viaje de vuelta a casa es silencioso, ella sentada en su sillita equipada como de jinete, canturreando enigmática. Le decimos lo bien que lo ha hecho, lo orgullosos que estamos. Ella no dice nada. Entonces, desde la quietud musical del asiento trasero llegan dos preguntas: «¿Cómo se llamaba la niña que ha ganado?» y «¿Qué ha hecho para ganar?».

Banda nueva/día nuevo

Seis meses antes, por medio de una serie de audiciones en Los Ánge-les, había reunido a una excelente banda de gira, formada por buenos músicos de variada procedencia. Disfruté mucho en aquellas audicio-nes, ya que tuve ocasión de tocar con lo mejor que la ciudad ofrecía. Se presentaron, uno tras otro, grandes baterías, bajistas y cantantes. Las tardes de música se fueron prolongando, y aprendí mucho realmente acerca de lo que un instrumentista individual puede o no aportar. Con los baterías descubrí una fascinante regla. Estaban aquellos que podían mantener el tempo y el ritmo como no puedes ni imaginar, pero cuando se les pedía que se abrieran a un estilo más rock, a lo Keith Moon (o Max Weinberg), de pronto perdían comba. Luego había tíos que podían tocar rock and roll, y meter caña de verdad, pero perdían ligeramente el tempo. Me pareció alucinante que mu-chos de ellos, los mejores entre los mejores, no pudiesen dominar ambos terrenos, pero los discos de la época apenas contaban ya con *fills* de batería; en las grabaciones se habían puesto de moda los me-trónomos (que marcan el ritmo electrónicamente), por lo que a la mayoría de los instrumentistas rara vez se les pedía la espontánea consistencia de Al Jackson unida al estilo de Hal Blaine, una tormen-ta perfecta de atronadora batería para finalizar un disco. Finalmente, Zach Alford, un joven con experiencia tanto en el rock duro como en el funk, llegó y encajó perfectamente en lo que yo andaba bus-cando.

El resto del grupo estaba formado por Shane Fontayne a la guita-rra; Tommy Sims al bajo; Crystal Taliefero a la guitarra, voces y per-cusión; y Bobby King, Carol Dennis, Cleopatra Kennedy, Gia Ciam-botti y Angel Rogers a los coros. Buena gente, músicos excelentes y cantantes fantásticos todos.

Salimos a la carretera el 15 de junio de 1992. Disfruté mucho en la gira con ellos y me beneficié de su experiencia musical. En el auto-bús, nos íbamos pasando el radiocasete y todos se turnaban para poner su música favorita. A Tommy Sims le iban Ohio Players, Parliament Funkadelic y el funk de los setenta, música con la que yo no estaba muy familiarizado; también aportó su profundo conocimiento del sofisticado soul de Philly que personificaban Chi-Lites, Delfonics o Harold Melvin y los Blues Notes, herederos de la máquina de hacer éxitos de Motown. Tommy me dio un nuevo enfoque para apreciar mejor aquellos discos.

Cleopatra Kennedy y Carol Dennis trajeron consigo el más elevado góspel. Bobby King, la música soul más dura y cruda. Era un fornido levantador de pesas, formado en el góspel, con el que pasé muchas horas en gimnasios de lo más sórdido y variopinto. Era también una de las personas más divertidas que haya conocido, gran narrador y filósofo callejero, con mucha experiencia vital para respaldarlo. Nos hicimos muy amigos, todavía hablamos regularmente por teléfono, y muchas veces he intentado persuadirle de que regrese para cantar y acompañarme en las giras. Algún tiempo después de la gira de *Human Touch*, Bobby dejó la música seglar y volvió a comprometerse con su Señor, su misión en las calles y su familia. Trabaja en la construcción y sigue viviendo en Luisiana, visitando prisiones y llevando la música góspel y la palabra de Dios a aquellos que la necesitan. Dios te bendiga, Bobby.

Aquellos fueron buenos conciertos, con mucha diversión y camaradería. Me sentí por un tiempo libre del bagaje acumulado con mis grandes amigos de E Street. Y entonces, un buen día, actuando en Alemania ante una multitud de sesenta mil personas, salí por una de las rampas hasta un extremo del escenario. El sonido de mi nueva banda, proyectado por toneladas de equipo sonoro situadas en la parte frontal del escenario, se alejaba por el espacio de última hora de la tarde, y la puesta de sol confería un tono dorado a todo y todos en aquella muchedumbre, pero allí, sobre una verde colina, en lo más alto del anfiteatro, divisé a un solitario fan, sosteniendo en alto un cartel que decía simplemente: E STREET. Era uno de los fieles auténticos. Le saludé con la mano y sonreí. Habría otros lugares, otras ocasiones.

CINCUENTA Y OCHO

TERREMOTO SAM

Nuestra vida en Los Ángeles se había aposentado en una rutina confortable cuando el 5 de enero de 1994 nació Sam Ryan Springsteen. Pasaron largos segundos hasta que le vi deslizarse hasta las manos del médico, con el cordón umbilical alrededor del cuello, arrastrando tras de sí su correa carnosa.

Al nacer, Sam era un personaje de facciones duras con unos labios redondos como la luna, irlandés hasta la médula. Al ir creciendo, con sus cabellos peinados hacia atrás, parecía un pilluelo de las calles de Dublín sacado de un relato de Joyce. Doce días después de la llegada de Sam, que pesó tres kilos y seiscientos gramos, un terremoto en Northridge de magnitud seis punto siete sacudió el sur de California. Northridge está al otro lado de la colina que bordea nuestro hogar californiano. A las 4.31 de la madrugada, me desperté al oír lo que pensé que eran nuestros dos perros enzarzados en una endemoniada pelea debajo de nuestra cama. El silencio de la noche había sido roto por su «temprana alarma» de aullidos, y el somier bajo nuestros cuerpos temblaba como si en algún lugar, ahí debajo, dos pitbulls se estuviesen follando a un puercoespín. Me asomé por el borde de la cama, miré debajo y vi… nada, el suelo vacío. Segundos después, el traqueteo de un tren de carga y unas sacudidas que amenazaban con hacer añicos el dormitorio anunciaron el mayor terremoto que he experimentado en mi vida.

Había vivido terremotos muchas veces: en la habitación de hotel de un rascacielos en Japón; en el estudio de Los Ángeles; en mi casa de las colinas de Hollywood, a primera hora de la mañana, después de haber filmado el homenaje a Roy Orbison *Black and White Night*. En aquella ocasión, justo al amanecer, la casa empezó a sacudirse y lo primero que vi fue a un histérico Matt Delia a los pies de mi cama, desnudo salvo por una almohada sobre sus partes pudendas y otra por detrás tapándole el culo. Quería salir corriendo a la calle, pero el terremoto cesó antes de que el retorcido físico de Matt tuviera ocasión de dañar la psique de mis vecinos angelinos. A pesar de esas experiencias previas, el terremoto de Northridge fue otra cosa muy distinta. Pareció durar mucho tiempo, el suficiente para que pudiese abrirme camino hasta la habitación de los niños, donde un Evan de tres años estaba de pie en el suelo, con los brazos estirados y balanceándose para mantener el equilibrio como si estuviese surfeando sobre una ola. No parecía asustado, tan solo asombrado, perplejo. Le cogí en brazos, luego agarré a Jessica, que estaba de pie en su cuna, despierta y llorando, mientras Patti cogía a Sam, que de algún modo había logrado seguir durmiendo pese a todo. Entonces hicimos todo lo que no debe hacerse: bajamos corriendo las tambaleantes escaleras y salimos al jardín hasta que cesaron los temblores. Allí acampamos durante el resto de la mañana, mientras se sucedía una réplica tras otra, poniéndonos de los nervios cada veinte minutos o así. En los siguientes días hubo cientos de réplicas, pequeñas y grandes, y mantuvimos a Sam en la cocina, en un cesto, debajo de una sólida mesita de roble próxima al jardín.

Vinieron a vernos amigos, algunos de los cuales estaban verdaderamente conmocionados. Escuchamos historias espeluznantes de gente que conocíamos en la playa, donde la arena bajo sus casas se había licuado hasta transformarse en gelatina, convirtiendo grandes piezas de mobiliario en proyectiles mortales que rodaban y daban bandazos de aquí para allá. Nuestra chimenea se resquebrajó por la mitad, abriendo una grieta que se prolongó por el centro de la casa, y nos llevó meses repararla. Las réplicas continuaron día y noche. Al principio no había señal de televisión, y la información era tan escasa que teníamos que telefonear a los amigos en el este para que nos informasen de lo que estaba ocurriendo donde vivíamos. Finalmente, después de tres días de sacudidas, traqueteo y giros,* Patti, que estaba aún recuperándose de su embarazo, pues hacía apenas dos semanas que había salido del hospital, madre de un recién nacido y de otros dos todavía en pañales, me miró y dijo: «Sácanos de aquí». Yo le dije: «Ay, cariño, podemos pasar por esto». A lo que ella respondió: «Pasa tú por esto, yo tengo tres niños en los que pensar».

La ciudad estaba en vilo; según algunos informes, el terremoto de Northridge podría ser el preliminar ¡de uno mayor! La idea resultaba inquietante. No quería que los miembros de mi nueva familia se convirtiesen en los primeros habitantes de la nueva Atlántida. Tiré del cordón de emergencia. Llamé al señor Tommy Mottola, entonces presidente de Sony Records, y tres horas más tarde un jet de la compañía aterrizaba en Burbank para recoger a una valiosa estrella de rock y a su progenie. Patti y yo, padres responsables y afortunados, pusimos rumbo al Garden State. *Adiós, Estado Dorado.*** En Nueva Jersey puede haber mafia, pandillas callejeras, unos disparatados impuestos sobre la propiedad, zonas industriales apestosas y políticos chalados y corruptos en abundancia, pero la tierra bajo toda esa demencia es relativamente estable. Esto compensaba por toda esa amplia variedad de inconvenientes, así que con el recién bautizado «Terremoto Sam» a bordo de aquel Nilo propulsado a chorro, como el pequeño Moisés en su cesto, volamos de vuelta a la tierra de sus hermanos de sangre, a la tierra del alivio.

---

* Alusión a «Shake, Rattle and Roll», canción de Bill Haley. *(N. del T.)*
** En español en el original. *(N. del T.)*

Antes había pasado por muchos terremotos sin efectos posteriores destacables, pero una vez que nos vimos instalados de nuevo en nuestro hogar de Rumson, noté una extraña secuela de nuestra experiencia. Si por la noche Patti movía las piernas en la cama, o si la caldera en el sótano se encendía con una leve sacudida sonora, mis pulsaciones se disparaban y recobraba de golpe la conciencia, con las venas henchidas de adrenalina en una reacción de pelea-o-corre ante el más mínimo estímulo. Pronto me di cuenta de que estaba sufriendo un cuadro muy benigno de estrés postraumático. Pasaron unos buenos seis meses hasta que me calmé totalmente.

A medida que crecía, Sam se volvió un pequeño matón de cara enfurruñada. Cuando se frustraba por las torturas sistemáticas de Evan, podía calentarse lo bastante como para propinar un puñetazo en el plexo solar de su intimidante hermano mayor. Evan, un sádico de lo más sofisticado, interpretaba a la perfección el papel de caballero ofendido. En vez de darle fuerte en la cabeza a su subyugado hermano menor, me informaba divertido «Papá, Sam me está pegando», y dejaba el asunto a la autoridad. Evan podía ser emocionalmente tosco, pero a nivel físico nunca se propasaba con su hermanito. Sam tiene un espíritu bueno e inteligente, y ya de pequeño me dejó impresionado dándome una gran lección. En un principio, Sam era el único de mis hijos que no conseguía que me hiciese caso, ni a mí ni a mis peticiones. Y cuando debía mostrar respeto a papá se resistía. Eso me enojaba y frustraba terriblemente mi actitud de la vieja escuela. ¡Los niños deben respetar a sus padres! Pero él no parecía dispuesto a darme mi tributo. Me ignoraba, me desobedecía, y generalmente me miraba como a un extraño molesto y mandón que apenas ejercía influencia sobre su joven alma en desarrollo. Patti intercedía. Yo iba por *detrás* de Sam, y eso es lo que él intentaba decirme. Me estaba educando en lo que necesitaba para ser su papá. Yo no le mostraba mi respeto y él me pagaba con la misma moneda. Para los niños, el respeto se muestra a través del afecto y el amor en los más pequeños elementos de su mundo. Así se sienten honrados. Yo no honraba a mi hijo y él no me honraba a mí. Y era algo que me preocupaba profundamente.

Hacía mucho que me había prometido a mí mismo que jamás perdería a mis hijos del modo en que mi padre me perdió a mí. Habría sido un fracaso devastador a nivel personal, uno para el cual no tendría excusa posible, y nunca habría sido capaz de perdonarme por ello. Empezamos a tener niños ya mayores —yo tenía cuarenta, Patti treinta y seis— y esa fue una sabia decisión. Para entonces ya me conocía lo suficiente para entender que en ningún momento de mi vida anterior había sido lo bastante maduro ni estable para ser un buen padre. Una vez que llegaron los hijos, Patti y yo supimos que iban a ser nuestra máxima prioridad. Todas nuestras giras se contratarían según el calendario escolar, eventos infantiles y cumpleaños, y gracias a la insistencia, planificación y dedicación de Patti logramos que funcionase. Me esforcé por no ser un padre ausente, pero en mi negocio esto no siempre es posible y Patti tuvo que comerse el marrón. También me aleccionaba cuando le parecía que yo no estaba a la altura. Durante años yo había vivido según el horario de los músicos, el de un merodeador nocturno; rara vez me iba a la cama antes de las cuatro de la madrugada y dormía hasta el mediodía o más tarde. En los primeros años, cuando los niños se despertaban por la noche, me resultaba fácil hacer mi parte en la tarea de cuidarlos. Cuando amanecía, era el turno de Patti. Conforme fueron creciendo, el turno de noche dejó de ser necesario y la carga se inclinó injustamente hacia las primeras horas de la mañana.

Al final, un día Patti entró en la habitación mientras yo seguía en la cama cerca del mediodía, y simplemente me dijo:

—Vas a perdértelo.

—¿Perderme el qué? —respondí.

Y ella dijo:

—A los niños, las mañanas, son las mejores horas, cuando ellos más te necesitan. Por la mañana son distintos a cualquier otra hora del día, y si no te levantas para verlo, bueno... te lo vas a perder.

A la mañana siguiente, mascullando, refunfuñando, con cara de palo, me levanté de la cama a las siete y bajé.

—¿Qué hago?

Ella me miró y dijo:

—Haz las tortitas.

¿Que haga las tortitas? En toda mi vida he hecho otra cosa que no sea música. Yo… yo… yo… ¡no sé cómo se hacen!

–Aprende.

Esa noche le pedí al señor que por entonces cocinaba para nosotros su receta de las tortitas, y la pegué a un lado de la nevera. Tras unos primeros intentos con resultados similares al cemento, acabaron quedándome deliciosas, amplié mi menú del desayuno y ahora puedo decir con orgullo que, si todo esto de la música se va al garete, estoy preparado para trabajar en cualquier *diner* de Norteamérica en el turno de cinco a once de la mañana. Alimentar a tus hijos es un acto de gran intimidad, y recibí mi recompensa por ello: el tintineo de los tenedores sobre los platos del desayuno, las tostadas saltando de la tostadora, la silenciosa aprobación del ritual de la mañana… Si no hubiese madrugado, me lo hubiese perdido.

Regla número uno: cuando estás de gira eres el rey, pero cuando estás en casa *no*. Esto requiere algunos ajustes, o tu «realeza» lo estropeará todo. Cuanto más tiempo estaba fuera, más descolocado regresaba al hogar y más difícil se me hacía integrarme en la familia a mi vuelta. Está en mi naturaleza hacer como que no pasa nada, «disimular» (alias, joderla), y luego regalar rosas, prodigar besos y hacer volteretas del revés en un frenesí histérico, intentando hacerme el encantador para salir del agujero en el que me he metido. Esto no sirve con los niños (y tampoco con una esposa). Patti me había aconsejado que hiciese «algo constante con Sam todos los días». Sabía que el crío tenía el hábito de despertarse por la noche, pedir un biberón y venirse a nuestra cama, así que empecé a hacer estas incursiones nocturnas con él. Bajábamos a la cocina, preparábamos la leche, y luego volvíamos a *su* cuarto, donde le contaba un cuento y volvía a dormirse tranquilamente. Todo el asunto duraba unos cuarenta y cinco minutos, pero en menos de una semana Sam empezó a responder, buscándome de madrugada, dependiendo de mí. Por suerte para los padres, los niños tienen una gran resiliencia y una generosa capacidad de perdón. Mi esposa me guió y mi hijo me enseñó.

Con mi hijo mayor, nuestra relación tuvo sus propias complicaciones. A lo largo de los años, yo había enviado sutilmente señales de que no estaba disponible, de mi resistencia interna a que cualquier miembro de la familia se inmiscuyese en mi tiempo. Cuando era pequeño, Evan se dio cuenta astutamente de ello y para «liberarme» aprendió a decirme: «Gracias, papá, pero ahora estoy ocupado, quizá más tarde, o mañana». A menudo yo suspiraba aliviado y corría de vuelta a mi fortaleza de la soledad, donde como de costumbre me sentía a mis anchas, a salvo, hasta que, como un oso necesitado de sangre y carne, despertaba de mi hibernación y rondaba por la casa para beber de la copa del amor y la compañía humanos. Pero siempre sentí la necesidad de poder aislarme y cerrarme como un grifo. Patti observó esto y me lo recriminó. Durante mucho tiempo pensé que el mayor pecado que podía cometer un miembro de la familia era interrumpirme mientras trabajaba en una canción. Sentía que la música era algo fugaz y que, si dejabas que se te escapara de las manos, la perdías. Gracias a Patti aprendí que sus demandas eran lo primero y cómo detener lo que estuviese haciendo para escucharlas. Llegué a comprender que la música, una canción, siempre estará ahí para mí. Pero tus hijos no siempre estarán contigo.

Aunque jamás podré optar al título de «padre del año», trabajé duro para hacerlo bien con aquellos que dependían de mi proximidad para ser nutridos y guiados. Patti se aseguró de que tuviese relaciones sólidas con nuestros hijos, liberado de gran parte de la confusión que había experimentado durante mi infancia.

Cool Rockin' Daddy*

Siempre temí que mis hijos pudieran alejarse de la música por el hecho de ser el negocio familiar. Por eso sentí una gran satisfacción al asomar un día la cabeza en la habitación de Evan y verle sentado en trance ante su ordenador, sus oídos atrapados por una música punk de sonido virulento. Me invitó a entrar y me puso algunos temas de

---

* «Papi chulo y rockero», expresión de la canción «Born in the USA». *(N. del T.)*

Against Me! La banda sonaba enérgica y conmovedora al mismo tiempo. Me dijo que iban a actuar en un club local, el Starland Ballroom, y me preguntó si querría acudir al concierto con él. Acepté de inmediato. Llegó la fecha y fuimos en coche por la Ruta 9 hasta Sayreville y el Starland. Íbamos a escuchar a sus héroes.

Aparcamos y entramos al local, cuya pista delante del escenario estaba atestada de adolescentes. Evan y un amigo se metieron en aquel amasijo de cuerpos y yo me aposenté en la barra lateral junto a un grupo de padres.

Abrieron el espectáculo dos buenas bandas, Fake Problems y los Riverboat Gamblers. Más tarde, durante el intermedio, un chico con una cresta amarilla que estaba a mi izquierda me dijo: «El bajista de Against Me! es un gran fan tuyo». Contesté: «¿En serio?». Poco después me presentaban a Andrew Seward, un joven corpulento y barbudo de pelo castaño, que me saludó calurosamente y nos invitó a los camerinos después del concierto para conocer a la banda. ¡Goool!

Against Me! subieron a escena y tocaron ferozmente, convirtiendo al público en una sudorosa sopa de cuerpos convulsos. La multitud respondía a pleno pulmón a cada palabra de cada canción del grupo. Al cabo de una hora, y con el local en pleno éxtasis, Evan y su amigo regresaron de aquel tumulto empapados y exhaustos. ¿Querrían conocer al grupo?

—¡Sí!

Nos abrimos paso por unas escaleras traseras hasta la clase de estrecho y abarrotado camerino en el que yo me había pasado buena parte de mi juventud, y saludamos a cuatro exhaustos y jóvenes músicos. Charlamos, nos hicimos fotos y, cuando ya nos íbamos, el bajista se adelantó, se arremangó y le mostró a Evan un verso de «Badlands» que llevaba tatuado en el antebrazo. Lo señaló y dijo: «Mira, es de tu padre». Evan se quedó mirándolo. Cuando nuestros hijos eran pequeños nunca les obligamos a escuchar música en casa. Con la excepción de algunas guitarras y un piano, en nuestro hogar no había discos de oro, Grammys ni ningún otro objeto de parafernalia musical. Mis hijos no sabían distinguir «Badlands» de una sopa de bolas de matzah. Cuando eran niños, si se me acercaban por la calle para pedirme un autógrafo, les contaba que en mi trabajo yo era como un Barney (el entonces famoso dinosaurio morado) para adultos.

Aquella noche, poco antes de irnos, el bajista se subió la otra manga para enseñarnos un tatuaje con mi figura que se extendía desde el hombro hasta el codo. Por un instante experimenté un callado orgullo al ver que mi influencia se había transmitido a otra generación y me sentí el papá más chulo de todo el local.

Después de prometerles a todos entradas para ver a la E Street Band durante el resto de sus vidas, nos despedimos y abandonamos el local. De camino a casa, Ev me dijo:

—Papá, ese tío te lleva tatuado en el brazo.

—Sí —respondí—, ¿qué te parece?

—Divertido…

Al final de aquella semana pasé por su dormitorio y volví a sondearle.

—¿Lo pasaste bien la otra noche?

Sin apartar la vista de su ordenador, sin siquiera mirarme, respondió:

—La mejor noche de mi vida.

Con mi hijo Sam todo era rock clásico: Dylan, Bob Marley y Creedence Clearwater, a los que había descubierto en el videojuego *Battlefield Vietnam*. Una noche se pasó por nuestro dormitorio y vio a Dylan en la televisión, en el festival de Newport. «¿Quién es ese tío?» Mostró interés, así que le compré algunos de los primeros álbumes folk de Dylan. Sam iba aún a la escuela intermedia, tendría unos diez u once años, cuando entré en su dormitorio y escuché «Chimes of Freedom» del álbum *Another Side of Bob Dylan*, sonando en vinilo desde un rincón poco iluminado. Tumbado en la cama, me recordó las muchas noches en que yo yacía en la oscuridad con Spector, Orbison y Dylan junto a mí en la mesilla de noche. Me senté en el borde de su cama y le pregunté qué opinaba del joven Bob. En la semioscuridad su voz sonó todavía con la creciente dulzura de un niño:

—Épico.

Jessie es la guardiana de las llaves de todo lo que sea Top 40; escucha hip-hop y pop a todo volumen, y me llevó a ver a Taylor Swift y

Justin Timberlake mientras, en el coche, ella y sus amigas cantaban a pleno pulmón. Ella es mi guía e intérprete de «lo que está pasando ahora» en las ondas radiofónicas. En aquellos años pasé más de una noche festiva en Z100's Jingle Ball, donde pude conocer a Shakira, Rihanna, Fall Out Boy, Paramore y otros muchos fabricantes de hits. En el Madison Square Garden, he estado sentado tranquilamente rodeado de adolescentes gritones y bravos progenitores. En una ocasión, me encontraba al lado de una mujer encantadora que, señalando a Jessie, me preguntó: «¿Es esa tu hija?». Le dije que sí. Entonces señaló al escenario, donde una Lady Gaga en la cima de su fama, vestida con un tutú blanco, cantaba su primer éxito, y dijo: «Esa es la mía».

Cuando mis hijos empezaron a venir a nuestros conciertos, eran todavía muy pequeños. Y, tras un rato de conmoción y asombro, normalmente se dormían poco después o volvían a sus videojuegos, contentos de dejar que papá y mamá hiciesen su trabajo antes de regresar todos a casa. Al fin y al cabo, los padres somos el público de los hijos. No se supone que deba ser al revés. Siempre me imaginé que a los niños no les importaría ver a cincuenta mil personas abucheando a sus padres, pero ¿qué niño querría ver a cincuenta mil personas aplaudiendo y jaleando a sus padres? Ninguno.

Cuando se hicieron mayores, las cosas cambiaron de algún modo y el conocimiento de la vida laboral de papá y mamá penetró lentamente en nuestro hogar. Me gusta que mis hijos critiquen mis discos, y también verles disfrutar en nuestros conciertos. Pero estoy feliz de saber que fueron bautizados en el sagrado río del rock y el pop por sus propios héroes, a su propia manera, en su propia época.

CINCUENTA Y NUEVE

«STREETS OF PHILADELPHIA»

En 1984 me telefoneó Jonathan Demme para preguntarme si me gustaría escribir una canción para una película que estaba rodando titulada *Philadelphia*. La cinta trataba de la batalla contra el sida de un hombre gay y su lucha por conservar su puesto en un prestigioso bufete de Filadelfia. En esa época tenía mi estudio instalado en la casa de Rumson, y durante unas cuantas tardes estuve dándole vueltas a una letra que había escrito a raíz de la muerte de un íntimo amigo. Jonathan quería una canción rock para la apertura de la película. Pasé un par de días intentando ajustarme a su idea, pero la letra que tenía parecía resistirse a ser adaptada a una música rock. Empecé a juguetear con el sintetizador, tocando sobre una base de hip-hop liviano que había programado en la caja de ritmos. En cuanto ralenticé el ritmo sobre unos acordes menores básicos, la letra encajó y se manifestó la voz que andaba buscando. Terminé la canción en unas pocas horas y le mandé la cinta a Jonathan, con la sensación de que no había logrado lo que me pedía. Me llamó unos días después y me dijo que le gustaba mucho, y la utilizó sobre las imágenes de Filadelfia con que se inicia el film.

«Streets of Philadelphia» fue un éxito que llegó al Top 10 no solo gracias a la película, sino también porque abordaba un tema que, en aquel momento, el país estaba intentando comprender. ¿Cómo tratar a nuestros hijos e hijas que se enfrentan al sida? El film de Jonathan llegó en un momento importante, y cumplió su cometido. Fue estupendo tener una pequeña participación en él. Ah… y gané un Oscar. Cuando viajé al norte desde Los Ángeles para enseñárselo a mis padres, apareció en el detector de metales del aeropuerto y tuve que sacarlo de la bolsa. Al llegar a San Mateo, entré en la cocina, donde mi padre seguía sentado y fumando como un Buda de clase trabajadora, y planté la estatuilla en la mesa ante él. La vio, me miró y dijo: «Nunca más le diré a nadie lo que tiene que hacer».

Después de «Streets of Philadelphia», pasé la mayor parte del año en Los Ángeles intentando hacer un disco de ese cariz. Un álbum centrado en hombres y mujeres, un álbum oscuro. Acababa de hacer tres discos seguidos en ese estilo, aunque variasen en tono. Los dos últimos habían sido recibidos no con indiferencia, pero sí con algo parecido. Y percibía una débil desconexión con mi público.

Una noche que Roy y yo salimos a dar una vuelta en coche, me sugirió que quizá fuese el contenido de las letras lo que me distanciaba de mis fans. Siempre puedes hacer algo único que se salga de lo habitual —*Tunnel of Love* y *Nebraska* serían excelentes ejemplos—, pero debe ser finamente trabajado y plenamente efectivo. Me había estado ganando el sustento escribiendo sobre las vidas de la gente en general, a menudo gente trabajadora en particular, y aunque en aquel momento le dije a Roy que no sabía de lo que me estaba hablando, creo que de hecho tenía parte de razón. No escribo estrictamente pensando en los deseos de mi público, pero, llegados a este punto, estamos comprometidos en un diálogo de por vida, así que tengo en consideración sus voces. Debes aventurarte, escuchar a tu corazón y escribir lo que este te dicte, pero tu instinto creativo no es infalible. La necesidad de buscar dirección, ayuda y orientaciones externas a tu persona puede ser saludable y fructífera. Este hubiese sido mi cuarto disco seguido sobre relaciones. Si lo hubiese sentido en toda su plenitud, no habría dudado en publicarlo. Pero un disco con la misma temática, que no estaba plenamente forjado, me parecía excesivo. Tuve que aceptar el hecho de que, tras un año de componer, grabar y mezclar, iba a quedarse en la estantería. Ahí es donde está.

Greatest Hits

De nuevo estaba perdido. ¿Adónde voy? ¿Quién soy ahora? ¿Qué debo darle a mi público? Era consciente de que, si estas cuestiones rondaban por mi mente, también estaban en las de mi público, así que cuando tengas dudas… ¡retirada! Era el año 1995, siete años desde que la E Street Band había tocado por última vez. Eso, en el rock and roll, es toda una generación. Nunca habíamos publicado un disco de grandes éxitos y decidimos que era el momento de recordarle un poco a la gente lo que habíamos hecho.

Habían transcurrido diez años desde que la banda estuvo por última vez junta en un estudio, pero descolgué el teléfono, llamé a los chicos, les conté lo que quería hacer y les avisé de que sería una cosa puntual. El 12 de enero de 1995 nos reunimos en el estudio A de la Hit Factory, escenario de muchas de las sesiones de *Born in the USA*; intercambiamos abrazos y saludos afectuosos; y nos pusimos manos a la obra. Tras una o dos sesiones, recibí una llamada de Steve, que se había enterado de que estábamos grabando. Yo sentía cierta aprensión al respecto. Habían pasado quince años, pero al cabo de unas noches Steve se sentó en un taburete con la misma mirada de asombro y la misma sonrisa suave a lo Groucho Marx que yo amaba y añoraba, y tocó la mandolina en «This Hard Land».

Más tarde filmamos un corto promocional de la banda tocando en directo en los Sony Studios. Le mostré el film a Jimmy Iovine una noche en mi guarida de Los Ángeles, y cuando empezamos a tocar los primeros compases de «Thunder Road», me dijo: «Debes aprovechar este momento. El tiempo es algo muy curioso, y esto parece lo correcto ahora mismo». Entendí lo que quería decir, pero yo no estaba todavía preparado para volver con la banda. *Greatest Hits* funcionó muy bien, centró y dio un nuevo impulso a mi deriva de mediados de los noventa, y una vez publicado volvimos a separarnos.

Tenía una canción sobrante de aquel proyecto. Era una canción rock que había escrito para la banda, pero que no había podido completar. «Streets of Philadelphia» y Jonathan Demme me habían hecho pensar en volver a escribir sobre asuntos sociales. Algo de lo que me había alejado en la década anterior. Al acrecentarse mi éxito, había algo del «hombre rico en la camisa del pobre»* que me dejaba un mal sabor de boca en relación con ese tipo de escritura. Pero al inspirarme en mi propia juventud y en todo lo que había visto, había aprendido a ser un buen compositor sobre cuestiones sociales, y con los años había refinado una voz sobre esas temáticas que era innegablemente mía. Era una historia, una parte de mi historia, que debía contar. Reivindicas tus historias; honras lo que las ha inspirado, con tu trabajo duro y con lo mejor de tu talento, y te esfuerzas por contarlas bien desde un sentido de agradecimiento y deuda. Las ambigüedades, las contradicciones, las complejidades de tus elecciones están siempre contigo tanto en la escritura como en la vida. Aprendes a vivir con ellas. Confías en tu necesidad de mantener un diálogo sobre lo que consideras importante. Después de veinticinco años componiendo, la canción que ayudó a cristalizar esta temática y su vigencia en la segunda parte de mi carrera fue «The Ghost of Tom Joad».

---

* «Rich man in a poor man's shirt», verso de la canción «Better Days». *(N. del T.)*

SESENTA

THE GHOST OF TOM JOAD *

Vivíamos a caballo entre ambas costas, de julio a diciembre en Nueva Jersey y de enero a junio en California. Fue durante nuestra estancia californiana cuando empecé a pensar en mi nuevo disco. Trabajando una vez más en mi estudio casero instalado en la casa de invitados, empecé a registrar una variedad de canciones acústicas y country rock que había escrito recientemente. *The Ghost of Tom Joad* fue el resultado de ese debate interior de toda una década que había estado manteniendo conmigo mismo a raíz del éxito de *Born in the USA*. Ese debate se centraba en una misma cuestión: ¿a qué lugar pertenece el hombre rico? Si es verdad que «es más fácil que un camello pase por el ojo de una aguja que el que un rico entre en el reino de los cielos»,

---

* «El fantasma de Tom Joad», álbum de 1995. *(N. del T.)*

estaba claro que yo no iba a entrar por esas puertas celestiales en un futuro próximo, pero ya me estaba bien; quedaba mucho trabajo por hacer aquí abajo en la Tierra. Esta era la premisa de *The Ghost of Tom Joad*: ¿qué labor debemos hacer en nuestro breve tiempo aquí?

Empecé a grabar yo solo, con mi guitarra acústica y los esbozos de «Tom Joad» que había intentado componer para la banda. Una vez grabada la canción tal y como aparece en el álbum, capté el sentimiento que quería que diese forma al disco. Proseguí a partir de donde lo había dejado en *Nebraska*, y situé las historias a mediados de los noventa y en la tierra donde residía en ese momento, California. La música era minimalista, las melodías sin complicaciones; los ritmos y arreglos austeros definían quiénes eran esas personas y cómo se expresaban. Viajaban ligeros de equipaje; eran secos y directos en su expresividad, y mucho de lo que querían decir estaba sencillamente sugerido en los silencios entre las palabras. Eran seres en tránsito y llevaban vidas duras y complicadas, la mitad de las cuales se había quedado atrás en otro mundo, en otro país.

La precisión de la narración en esta clase de canciones es muy importante. El detalle correcto puede decir mucho sobre quién es tu personaje, mientras que el incorrecto puede arruinar la credibilidad de tu historia. Cuando aciertas con la letra y la música, tu voz desaparece entre las voces de quienes has elegido para poblar tu escritura. Básicamente, en estas canciones encontré a los personajes y les escuché. Esto siempre conduce a una serie de preguntas sobre su comportamiento. ¿Qué harían? ¿Qué no harían jamás? Necesitas encontrar el ritmo de su habla y la naturaleza de su expresión. Pero todos los detalles reveladores del mundo no sirven de nada si la canción carece de un centro emocional. Eso es algo que debes sacar de ti mismo a partir de lo que tienes en común con el hombre o la mujer sobre los que escribes. Al juntar todos estos elementos tan bien como puedas, arrojas luz sobre sus vidas y honras sus experiencias.

Había atravesado muchas veces el Valle Central de California cuando iba de camino a visitar a mis padres. A menudo me detenía y pasaba unas horas en las pequeñas poblaciones agrícolas alejadas de la autopista interestatal. Pero aun así tuve que documentarme en profundidad para que los detalles sobre la región fuesen correctos. Tracé las historias lenta y cuidadosamente. Medité a fondo sobre quiénes eran estas personas y las elecciones que se les presentaban. En California daba la impresión de que se estaba formando un nuevo país en los márgenes del antiguo. Se intuía la Norteamérica del próximo siglo cobrando forma primeramente en los desiertos, los campos, los pueblos y las ciudades. Esa visión ha fructificado, y todo lo que tienes que hacer es darte una vuelta cualquier noche de verano por la calle mayor de Freehold, mi pueblo a cuatro mil quinientos kilómetros en el nordeste, para percatarte del influjo de la vida hispana, el rostro de la nación cambiando como tantas veces antes, junto con la dura acogida a la que se enfrentan aquellos que, al llegar aquí, traen esos cambios con ellos.

Las viejas historias de raza y exclusión siguen repitiéndose. Intenté captar un pedazo de ello en las canciones que escribí para *Tom Joad*. «Sinaloa Cowboys», «The Line», «Balboa Park» y «Across the Border» eran canciones que trazaban el linaje de mis antiguos personajes hasta la experiencia de los inmigrantes mexicanos en el nuevo oeste. Estas canciones completaban el círculo, devolviéndome a 1978 y a la inspiración que tomé de la adaptación cinematográfica de *Las uvas de la ira* de John Steinbeck dirigida por John Ford. Su piel era más oscura y su lenguaje había cambiado, pero eran gentes atrapadas en las mismas circunstancias brutales.

«Youngstown» y «The New Timer» eran dos canciones inspiradas por un libro titulado *Viaje a ninguna parte*, escrito por mis amigos Dale Maharidge y Michael Williamson. Ambas canciones eran la crónica de la desindustrialización en Estados Unidos y la importancia de los empleos perdidos, el trabajo externalizado y la desaparición de nuestra base industrial de ciudadanos cuyo duro trabajo había forjado la nación. Lo había visto por mí mismo en la fábrica de alfombras Karagheusian, con sede en Freehold, que en vez de intentar solucionar las disputas laborales con sus empleados, cerró sus puertas y se trasladó al sur, donde la mano de obra estaba peor remunerada y no había sindicatos. La gente del lugar se quedó sin empleo. Mi padre había trabajado en aquella fábrica cuando yo era niño; mi vida musical y los Castiles habían nacido a menos de cincuenta metros de sus chimeneas humeantes y el traqueteo de sus telares. (Cerró en 1964, después de sesenta años en funcionamiento.)

Al final de *Tom Joad* había escrito sobre la muerte y la destrucción que acompañan a la vida de muchas de las personas que habían inspirado esas canciones. Estaba trabajando en «Galveston Bay», una canción que originalmente tenía un final más violento, pero empezaba a sonarme falsa. Si iba a dar con alguna pequeña ventana de luz, tenía que ser con el hombre de esta canción. Ya había compuesto «Across the Border», una canción que era como una plegaria o un sueño que tienes la noche antes de emprender un viaje peligroso. El cantante busca un hogar donde su amor sea recompensado, su fe restaurada, donde una paz y una esperanza tenues puedan existir. Con «Galveston Bay» debía lograr que esas ideas pareciesen alcanzables. La canción plantea la pregunta: el más político de los actos, ¿es un acto personal, algo que ocurre en la oscuridad, en la quietud, cuando alguien toma una decisión que afecta a su mundo más inmediato? Quería a un personaje que se ve impulsado hacia lo que está mal, pero no lo hace. Rechaza instintivamente sumarse a la violencia del mundo que le rodea. Con gran dificultad y contra su propia naturaleza, trasciende sus circunstancias. Halla la fuerza y la gracia para salvarse a sí mismo y a la parte del mundo que le ha tocado.

The Ghost of Tom Joad fue la crónica de los efectos de la creciente división económica entre los ochenta y los noventa, los tiempos difíciles y las consecuencias que sufrieron muchas de las personas cuyo trabajo y esfuerzo forjaron Norteamérica y cuya labor es esencial en nuestras vidas cotidianas. Somos una nación de inmigrantes y nadie sabe quién está entrando por nuestras fronteras hoy en día, pero su historia podría añadir una página significativa a la historia de nuestro país. Aquí, en los primeros años de un nuevo siglo, como al principio de la centuria anterior, estamos una vez más en guerra con los «nuevos americanos». Como en el siglo pasado, la gente llega, sufre privaciones y prejuicios, tiene que batallar con las fuerzas más reaccionarias y los más duros corazones de su tierra de adopción, pero acaban demostrando ser resistentes y salir victoriosos.

Sabía que *The Ghost of Tom Joad* no resultaría atractivo para mi público mayoritario. Pero estaba seguro de que sus canciones ayudarían a reafirmar aquello que mejor hago. El disco fue algo nuevo, pero también un punto de referencia de las cosas que intento defender y que todavía quiero tratar como autor de canciones.

El 21 de noviembre de 1995 me subí al escenario del State Theatre de New Brunswick, Nueva Jersey, para ofrecer mi primer concierto acústico totalmente en solitario desde los primeros años setenta en el Max's Kansas City. Iba a tener que atrapar a ese público durante dos horas y media… sin una banda.

La desnudez y el drama en la cuerda floja de una actuación en solitario suponen una inquieta revelación. Tan solo un hombre, una guitarra y «tú», el público. Lo que se proyecta es el núcleo emocional de tu canción. Lo que se revela son los huesos desnudos de nuestra relación mutua y de la música. Si tu canción está bien escrita, aguantará en su formato más básico. «Born in the USA» explotó en forma de slide blues del Delta, su pleno significado puesto al descubierto; «Darkness» revoloteaba en su soledad. En la sala, mi ingeniero de sonido, John Kerns, usaba el poder del sistema de audio para convertir mi guitarra acústica en una orquesta percusiva o en un apenas audible raspado ambiental que acompañase mi voz. Encontré nuevas sutilezas en mi forma de cantar, desarrollé un agudo falsete y aprendí a utilizar mi guitarra para que fuese desde el mero tamborileo hasta un lienzo sonoro de chirriante retroalimentación. Al concluir la primera actuación, sentí que había descubierto algo no tan físico pero sí igualmente poderoso a lo que hacía con la E Street Band, y que hablaba a mi público en un nuevo idioma.

Concebí un nuevo repertorio de afinaciones y sonorizaciones de guitarra, refresqué mis técnicas de punteo y usé toda la potencia de mi voz en su registro más amplio. Esto permitía una variedad de ajustes musicales que evitaron que dos horas con solo un tío y una guitarra resultasen claustrofóbicas. Los fans debían mantenerse en silencio, y así lo hicieron. Muchos de mis personajes eran hombres solitarios y aislados, y era necesario que sintieses el peso del espacio y el vacío en su interior y en su entorno. Debías poder *escuchar* sus pensamientos para lograr que la crudeza de sus paisajes cobrara vida. La magia de esta música residía en su registro dinámico, desde un crescendo de guitarra hasta un silencio susurrante.

Aquellos conciertos me hicieron revivir. Me inspiraron para profundizar en el núcleo de mi labor compositora, devolviéndome cada noche a mi habitación de hotel para ocupar las primeras horas de la madrugada concentrado en mi cuaderno de canciones, trabajando en aquella nueva veta que había descubierto.

Al finalizar la gira acústica, me había vuelto a comprometer con mis canciones de «temática actual», algo que había abandonado en mis discos más recientes. Volvía a sentirme cómodo en mi pellejo. Tenía por delante canciones que componer.

SESENTA Y UNO

HOMBRE DEL OESTE

En California, mi padre trabajó duro, mantuvo su empleo de conductor de autobús, acudió a trabajar todos los días, perdió peso, jugó al tenis, entrenó a los equipos deportivos de Pam y experimentó un modesto pero agradable renacimiento. Cuando le visitaba, era más fácil tratarle, estaba físicamente mejor, como más maduro. Parecía que se hubiese desembarazado de parte de la presión. Pero aquello no duró. Al regresar la enfermedad, lo hizo con furia.

Cuando visitaba a mis padres durante las giras, si llevaba conmigo a alguno de mis amigos, mi viejo sufría severos ataques de paranoia. Salía enloquecido de su dormitorio en plena noche, gritando absurdeces airadas, imaginándose que tratábamos de tener relaciones sexuales con mi madre. Tuve que empezar a advertir a mis colegas, o simplemente mantenerlos alejados. Buscamos ayuda profesional. Se le diagnosticó una esquizofrenia paranoica. Finalmente todo comenzaba a tener sentido. Necesitaba ayuda y, aunque se resistía, empezó a recibir tratamiento.

Las cosas iban bien durante un tiempo hasta que recaía. Conforme se hacía mayor, fue mostrando una faceta cada vez más maníaca. Mi padre siempre había sido corpulento. Tenía la constitución de un jugador de fútbol americano y ganaba peso con facilidad. En una de mis visitas me impresionó verle más delgado que yo. Había empezado a dar largas caminatas de una manera tan obsesiva que adelgazó. Parecía un extraño, pero lo peor de todo es que me di cuenta de que su mente empezaba a fallar. Su rostro mostraba un endurecimiento antinatural, sus rasgos una rigidez distante que no podía controlar. Respondía a las preguntas más mundanas de modo críptico.

—Mira, papá, hace un día precioso.

Y, entre bocanadas de humo de cigarrillo, contestaba:

—Oh, sí, eso es lo que tú crees.

Oscilaba a la deriva entre la realidad y el desvarío. Durante un tiempo no podía parar de moverse, y luego lo dejaba, ganaba peso, se deprimía y no se levantaba de la mesa de la cocina en meses. En una ocasión condujo de un tirón desde California hasta Nueva Jersey; me dejó una nota en la puerta que decía «Lástima que no nos hayamos visto», y luego fue a ver a los familiares de mi madre (en su mente, siempre un semillero de insurrección y reprobación) y les insultó; a continuación dio media vuelta y condujo nuevamente sin parar de regreso a la Costa Oeste. Daba bandazos por el país como un poseso con mi madre de copiloto a su lado, supuestamente disfrutando de su jubilación, aunque ella sabía que había algo más. A esas alturas, ya había sido diagnosticado y tratado, pero a menudo se negaba a tomar la medicación. Conducía, conducía, conducía y conducía. De seguir actuando de esa manera, iba a matarse él mismo, a mi madre o a alguien más.

En una ocasión desapareció durante tres días. Mi madre me llamó; volé a California y descubrí que le habían arrestado en algún lugar del desierto, a las afueras de Los Ángeles. Había cometido una infracción de tráfico, pero, según su versión, cuando lo llevaron ante el juez se negó a pagar una pequeña multa, por lo que acabó entre rejas. Días más tarde le trasladaron a otra cárcel en Los Ángeles y fue puesto en libertad. Al final, recibimos una llamada telefónica. Lo encontré a las seis de la madrugada en un bar «de viejos» de las calles de Chinatown, donde un camarero de buen corazón lo estaba vigilando. En el viaje de regreso paramos a desayunar en un McDonald's. Allí mi padre por poco nos mete en una tremenda discusión con un hombre de la mesa de al lado. De pronto empezó a soltar barbaridades y blasfemias, y el tipo pensó que se dirigía a él. Le pedí disculpas, explicándole tan bien como pude la situación, y salimos de allí con nuestros McMuffins de huevo. Fue muy triste. Mi padre oía voces en su cabeza y les respondía.

De vuelta en casa, en San Mateo, se rebeló. NO pensaba parar. NO iba a tomarse la medicación. Me dijo que temía que todo desapareciese: la energía; el propósito, aunque no tuviese objetivo; la fuerza egocéntrica; la alucinación de su estado maníaco... todo, salvo las largas depresiones sin fin. Le comprendía. Yo había estado allí, aunque no a tales extremos. El trastorno maníaco-depresivo, la personalidad bipolar. Es la sorpresa en la caja de Cracker Jack de mi familia. Le dije que lo entendía, pero que podía acabar haciendo daño a alguien, a mi madre o a sí mismo, y que yo no podía vivir sin ellos. Que no podía vivir sin *él*. Que nuestra familia le quería y le necesitaba. Que yo le quería y le necesitaba. Que él era esencial para que pudiéramos ser fuertes. Era nuestro centro, nuestro corazón, así que, por favor, ¿iba a dejarme que le cuidase? No fue fácil convencerle. Hubo gritos y lloros, pero al final salió con nosotros por la puerta en dirección al hospital.

Estuvo ingresado tres días. Le mantuvieron en observación, le hicieron pruebas y le medicaron hasta devolverle a la Tierra y a nosotros. A partir de ese momento la travesía no iba a ser fácil, pero la medicina farmacológica moderna le dio a mi padre diez años más de vida y paz que, de otro modo, no hubiese tenido. Él y mi madre pudieron celebrar su quincuagésimo aniversario de boda. Pudo conocer a sus nietos, y padre e hijo intimamos mucho más. Se convirtió en alguien más fácil de tratar, conocer y amar. Siempre había oído describir a mi padre en sus años de juventud como «travieso», «desenvuelto», «divertido», alguien a quien le gustaba bailar. Yo nunca le había visto así. Solo había visto al hombre solitario y ensimismado, siempre nervioso, decepcionado, nunca relajado o a gusto. Pero en los últimos años de su vida se manifestó su ternura.

No siempre estaba bien, y hubo trayectos en coche en los que mi padre liberaba el más escalofriante monólogo interior, como si todos los eventos de los que hablaba hubiesen sucedido justo el día antes delante de nuestra casa. Mi padre, que durante toda mi infancia había pronunciado menos de mil palabras, atrapado en las garras de su enfermedad abrió una rendija en la puerta del templo de los sueños y los demonios con los que había estado luchando en la oscuridad de su cocina durante cuarenta años. Dando una vuelta en coche por Sunset Boulevard, le escuchaba fantasear sobre sus aventuras en la carretera, que narraba con extrañeza e ingenuidad. Lo que más me sorprendía era oírle... ¡¿filosofar!? Sobre el sentido de la vida (bueno), el amor (muy importante), el dinero (no tan importante). ¿El dinero? ¿No tan importante? ¿Viniendo de mi viejo, quien solía decir que sería capaz de estrangular a alguien por un dólar? Gran parte de todo aquello había sido un gran jodido delirio de sinapsis mentales que fallaban. El estado del mundo y una gran variedad de temas antes prohibidos eran ahora grano para el molino de Doug Springsteen. ¡La Esfinge hablaba! Mi padre mostró quién era realmente, o una parte de quién era, aunque de forma atenuada. De modo que, más que revelación, sus pronunciamientos trajeron consigo más misterio y el deseo de llegar a comprender algo que, en última instancia, resultaba insondable. Aun así, en los últimos diez años de su vida, la mayor parte del tiempo parecía más tranquilo y más entero que nunca antes, con su faceta maníaca controlada. Simplemente tenías que hacer las paces con el resto. El pasado quedaba atrás. Ya no había ningún propósito o ninguna práctica mecánica para su fontanería interna. El futuro estaba en la palma del día siguiente, y así el presente conseguía mantener sus encantos. Nos quedamos con un hombre-niño tranquilo y a veces frustrante, que respondía a estímulos que solo ocurrían en la mente de la roca de mi alma. Ese era mi padre.

Finalmente, se acabó el tiempo. No solo había batallado duro contra su propia mente, sino que había castigado su cuerpo a conciencia a lo largo de los años. Le habían hecho un triple bypass, había sufrido una embolia, había regresado de entre los muertos con un desfibrilador, pero seguía vivo. Pero llega un punto en que la medicina moderna ya no puede hacer más. Su corazón se rindió y la medicación que mejoraba cierto aspecto empeoraba otro; la ley de rendimientos decrecientes había llegado para quedarse. En los últimos días de abril me senté a su lado en el hospital para enfermos terminales, mientras instalaban en su cuarto las máquinas que le mantendrían con vida un poco más de tiempo. Las observó, me miró y dijo: «Bruce, ¿saldré de esta?». Yo respondí: «Normalmente sueles hacerlo». Pero esta vez mi padre no iba a salir. Se iría a su modo, su vieja presencia inmutable, su cuerpo pálido y descarnado, sus últimos pensamientos compartidos únicamente con mi madre.

Antes de fallecer, me planté ante mi padre y examiné su cuerpo. Era el cuerpo propio de su generación. No había sido pulido ni moldeado en forma de armadura. Era tan solo el cuerpo de un hombre. Al mirar a mi padre en el que sería su lecho de muerte, veo el pelo negro y rizado que ralea, y la alta frente que a diario contemplo reflejada en el espejo cuando me miro. La cara con manchas, de camorrista, el cuello de toro, los hombros y brazos todavía musculosos, y la depresión entre su pecho y la barriga cervecera, su cuerpo cubierto a medias por una arrugada sábana blanca. Sobresaliendo de la parte inferior de esa sábana, las pantorrillas como muñones de pata de elefante, y los pies como porras, enrojecidos y amarillentos, con cicatrices de la psoriasis. Esculpidos en piedra, ya no les quedan kilómetros que recorrer. Son los pies de mi rival, y de mi héroe. Se desmenuzan en sus plantas. Levanto la vista y veo unos calzoncillos desgalichados, y unas bolsas agrietadas que parecen sostener sus enrojecidos ojos marrones. Permanezco allí de pie largo rato, y luego me inclino y sostengo entre mis palmas una mano pesada y escamosa. Siento un cálido aliento cuando mis labios besan una mejilla rasposa y susurro mi adiós.

La noche del 26 de abril de 1998, en los brazos de mi madre, mi padre exhaló por última vez y murió tranquilamente mientras dormía.

Gracias a aquellos años de más que se nos concedieron, pude ver cómo mis hijos querían a mi padre, y también la paciencia y la bondad que él mostró hacia ellos. Vi cómo lloraban la muerte de su abuelo. Mi padre amaba el mar, pasaba horas en la orilla contemplando sus aguas, admirando los barcos. Cuando mis padres vivían en San Francisco, tuvo una barca en la que salía a navegar por la bahía. En su velatorio, mis hijos se acercaron al ataúd y dejaron sobre sus manos su gorra de «capitán». Era una gorra como la que solía llevar el tipo de Captain and Tennille, un disfraz infantil, un tótem de una vida no vivida, de un deseo inalcanzado. Servía como escudo para cubrir la hermosa cabeza de mi padre, aquella cabeza de forma rocosa y ya casi calva, y también como símbolo de una imaginaria hombría dominante y una masculinidad que mi padre siempre sintió que estaba fuera de su alcance y bajo asedio.

Comprendía esa ansiedad. ¡No habría gorra de capitán para mí! Tan solo ¡«THE BOSS»! Músculos abultados, yudo y el levantamiento de miles y miles de kilos de objetos sin sentido… cada… día, hasta que finalmente pude ofrecer a mi padre la presencia física que él esperaba de mí.

Meses más tarde, volvía con mis hijos del videoclub a última hora de la tarde cuando, no sé bien por qué, mencioné la muerte de mi padre. El coche quedó en silencio. Miré por el retrovisor y vi a mi hijo y mi hija, con la boca abierta, llorando pero sin que aún saliese ningún sonido. Y entonces, como el trueno que llega demorado tras el relámpago: «Buuuaaaaaaa… ¿quieres decir el hombre de la gorra de capitán?». Me sentí muy bien al ver a mis hijos llorar por mi padre. Al llegar a casa, entraron corriendo, todavía berreando. Patti me vio aparecer sonriente detrás de ellos. «¿Qué ha pasado?» «Es por papá, están llorando por papá.»

Mi padre regresó a Freehold, el pueblo que decía odiar, y esa otra limusina, la que trae las lágrimas, las hizo brotar. Le condujimos directamente desde Throckmorton Street hasta el cementerio de Santa Rosa de Lima, para que yaciese junto a su madre, su padre, su hermana y todas las almas atormentadas que habían vivido antes que ellos. Whirrrrr… Whirrrrr… la maquinaria de la Funeraria Freeman, una gente con la que había tenido una larga relación desde los velatorios irlandeses e italianos de mi infancia, bajaron su ataúd a dos metros bajo tierra. Entonces mi cuñado, mis sobrinos, mis buenos amigos los hermanos Delia y yo le enterramos. Echamos las paladas de tierra, que caían con un ruido hueco sobre la caja, aplanamos la tierra, y nos quedamos allí en silencio, mientras el tráfico, a lo lejos, murmuraba desde la autopista colina abajo.

Mi padre no era un hombre moderno. No llevaba máscara. Quizá fuese su enfermedad, pero al hacerse mayor su rostro seguía sin velos. Era un rostro antiguo, cansado, a menudo confundido. Era primitivo y extinto, poderoso, ignorante de su destino, noble en su lucha y revelaba el sinsentido de todo lo que había sufrido. En el funeral, mi cuñado greaser reformado hacía tiempo, Mickey Shave, pronunció un panegírico divertido y conmovedor. Habló del día en que empujamos la silla de ruedas dc mi padre, con los neumáticos desinflados, hasta un acantilado con vistas a una ventosa playa californiana, mientras sus hijos y sus nietos jugaban abajo en la arena y hacían surf invernal. Describió a mi padre allí sentado con una sonrisa, tan cerca de la serenidad como jamás lo había estado, «observando todo lo que había creado», su «arte», su amor, su familia.

Una mañana, en los días previos a que yo fuese padre, mi viejo se presentó en la puerta de mi casa en Los Ángeles. Había conducido desde San Mateo y «solo quería decirme hola». Le invité a pasar, y a las once de la mañana, en un área del jardín en aquel momento bañada por el sol, nos sentamos a la mesa donde solíamos cenar a tomarnos unas cervezas. En su estado normal, a mi padre no se le daba muy bien charlar, así que intenté animar la conversación.

De pronto, me dijo:

—Bruce, has sido muy bueno con nosotros.

Reconocí que así había sido. Pausa. Sus ojos se perdieron en la bruma sobre Los Ángeles. Continuó:

—...Y yo no fui demasiado bueno contigo...

Nos quedamos ambos en silencio.

—Lo hiciste lo mejor que pudiste —le dije.

Ya estaba. Eso era todo a lo que yo aspiraba, todo lo necesario. Aquel día fui bendecido, mi padre me regaló algo que yo pensaba que jamás vería en la vida: un breve reconocimiento de la verdad. Era la razón por la que había hecho ochocientos kilómetros aquella mañana. Había venido a decirme, en vísperas de mi paternidad, que me quería, y a advertirme de que debía ser cuidadoso, hacerlo mejor que él, no cometer sus dolorosas equivocaciones. Intento honrar lo que me dijo.

Inmediatamente después de su muerte, me sentí abrumado por la claustrofobia. Llovió intensamente durante dos semanas. Durante esos días dormí fuera, en el porche, con frío y lluvia; todavía no sé exactamente por qué. Supongo que fue tan solo eso de «se acerca la muerte… tú eres el próximo en la fila» y todas esas cosas. Sencillamente no lograba encontrar mi camino de vuelta a casa. En esos días visité todos los viejos lugares a los que solía ir mi padre: la Blue Moon Tavern, la Belmar Marina, el Manasquan Inlet, un lugar en el que aparcaba y se pasaba horas, con el cigarrillo colgando de su mano izquierda fuera de la ventanilla del conductor, mientras los barcos de pesca salían al mar y volvían a puerto. Hasta que finalmente una noche, con la ayuda de Patti, entré en casa y sucumbí a las lágrimas.

Honramos a nuestros padres llevando más allá el legado de lo mejor que tenían y tratando de dejar atrás el resto. Luchando y domando a los demonios que les hicieron caer y que ahora residen en nosotros. Es todo lo que podemos hacer, si somos afortunados. Yo lo soy. Tengo una esposa a la que amo, una hermosa hija y dos guapos hijos. Estamos muy unidos. No sufrimos la alienación y confusión que experimenté en mi familia. Aun así, las semillas de los problemas de mi padre yacen enterradas en lo más hondo de nuestro linaje… así que debemos estar atentos.

Aprendí de mi padre más de una dura lección. La rigidez y el narcisismo de clase trabajadora de la «masculinidad» al estilo de los años cincuenta. Un anhelo interno por aislarse, por hacer que el mundo se plegase a tus condiciones o de lo contrario ignorarlo. Una profunda atracción por el silencio, el secreto y el secretismo. Siempre escondes algo, nunca dejas caer la máscara. La idea distorsionada de que las cosas bellas de la vida, el amor mismo que te esfuerzas por conquistar, por crear, se volverá contra ti y te poseerá, robándote las libertades imaginadas por las que tanto has luchado. Es el duro penar de la constante desafección. El ritual de los bares. Una misoginia que nace del temor a todas las mujeres hermosas, fuertes y peligrosas de nuestra vida, entremezclado con la subyacente amenaza física, un acoso psicológico que sirve para atemorizar y transmitir que esa oscuridad que hay en ti apenas se reprime. Lo usas para intimidar a aquellos a quienes amas. Y naturalmente… el acto de desaparecer: estás ahí pero no estás, no estás realmente presente; la inaccesibilidad, sus placeres y sus insatisfacciones. A la larga, todo eso te lleva a la oscura y seductora fantasía de una vida desastrosa, la enloquecedora ebullición que te lancea, las máscaras que caen y la interminable caída en ese abismo que, en ciertos momentos, huele tan bien a lo lejos. Por supuesto, una vez que dejas de fantasear, lo más probable es que acabes siendo simplemente otro imbécil que siembra el caos en el vecindario, y que sacrifiques la preciada confianza de tu familia por tus «asuntos». Eres otro del montón como los que hay en cada barrio de Norteamérica. No puedo culpar de todo a mi padre; gran parte de culpa se debe a mi propia debilidad y mi incapacidad tan tardía de alejarlo todo, mis arpías favoritas, esas que cuento con que volverán para revolotear y picotear en mi hermosa recompensa.* Mediante mucho esfuerzo y con el gran amor de Patti he superado buena parte de ello, pero no todo. Hay días en que mis límites se tambalean, mi oscuridad y mi pena parecen llamarme y busco medicarme como sea. Pero en mis días buenos, puedo disfrutar libremente del lento curso del tiempo, de la ternura que hay en mi vida; puedo sentir el amor del que soy partícipe envolviéndome y fluyendo a través de mí; estoy cerca del hogar y voy cogido de la mano de aquellos a los que quiero, del pasado y el presente, bajo el sol, en los márgenes de algo que sienta, casi… como ser libre.

Emulamos a aquellos cuyo amor queríamos pero no pudimos conseguir. Es peligroso, aunque nos hace sentir más próximos, nos proporciona una ilusión de la intimidad que nunca tuvimos. Reclama aque-

---

* Alusión a «My Beautiful Reward», de *Lucky Town*. *(N. del T.)*

llo que por derecho era nuestro pero se nos negó. Cuando estaba en la veintena, cuando mi canción y mi historia comenzaban a tomar forma, busqué la voz que mezclaría con la mía propia para llevar a cabo la narración. Es un momento en el que, gracias a la creatividad y la voluntad, puedes recrear, volver a poseer y hacer renacer las voces en conflicto de tu infancia para convertirlas en algo vivo, poderoso y que busca la luz. Soy un reparador. Es parte de mi trabajo. Así que yo, que en la vida había trabajado una sola semana con mis manos (*hail, hail rock'n'roll!*), me puse el uniforme de trabajo de la fábrica, el uniforme de mi padre, y me fui a trabajar.

Una noche tuve un sueño. Estoy en escena dándolo todo, la noche está al rojo vivo y mi padre, que lleva tiempo muerto, está sentado tranquilamente en una butaca de pasillo entre el público. Entonces… estoy arrodillado a su lado, y por un instante ambos vemos al hombre en llamas del escenario. Toco su antebrazo y le digo a mi padre, que durante tantos años permaneció sentado y paralizado por la depresión: «Mira, papá, mira… ese tío en el escenario… eres tú… así es como yo te veo».

SESENTA Y DOS

MUJER
DEL ESTE

Después de que mi madre se trasladara a California, no regresaría a Nueva Jersey hasta pasados treinta años, tras la muerte de mi padre. Mucho había llovido desde entonces, pero para mi hermana Virginia y para mí la primacía de mi padre había sido una píldora difícil de tragar. Él iba el primero... siempre. Mi madre siente un amor grande y profundo por sus hijos, pero hasta el día de hoy te dirá que tuvo que tomar decisiones; eran todo lo que supo hacer.

Mi madre se había casado con mi padre a la edad de veintitrés años. Según las costumbres de su generación, esa era la edad en que la gente funda una familia, va a la guerra, se busca la vida. Cuando ella se marchó, mi hermana y yo teníamos dieciocho y diecinueve años respectivamente, y vivíamos en circunstancias bastante duras. Se nos entregaron nuestras vidas. Y nos hicimos cargo de ellas. Mi madre estaba casada. Quizá pensó que mi padre simplemente la necesitaba más que nosotros. Sin ella, la enfermedad de mi padre podría haberle matado o haberle dejado viviendo en la calle. Lo más probable es que hubiese vuelto a casa o que nunca se hubiese marchado. Mi padre estaba enfermo, pero no era tonto. Nos tuvo como rehenes muchos años; en el caso de mi madre, hasta que murió. Y ella nunca le echó la culpa.

La otra vida para la que mi madre parecía hecha y que podría haber disfrutado, la vida de las cenas fuera, los bailes y las risas, de una pareja adulta, el reparto igualitario de las cargas de la vida, nunca se sintió impulsada a conseguirla. No siempre queremos aquello que más parece convenirnos; queremos lo que «necesitamos». Tomas tus decisiones y pagas las consecuencias. Ella eligió y pagó. Todos lo hicimos.

Mi madre me apoyó en mis sueños más descabellados, me aceptó tal y como era verdaderamente y alimentó el improbable guión que yo llevaba escrito en lo más hondo de mi corazón: que iba a dedicarme a la música y que alguien, en algún lugar, iba a querer escucharla. Me iluminó con su luz en una época en que ella era la única luz que había.

Cuando alcancé el éxito, mi madre creyó que los santos habían llegado desfilando y nos habían bendecido por los tiempos difíciles que habíamos soportado. Y supongo que así fue.

Entre otras muchas cosas, mi madre me enseñó la peligrosa pero oportuna lección de que hay un amor que aparentemente está más allá del amor, más allá de nuestro control, y que nos llevará a través de nuestras vidas otorgándonos bendiciones y maldiciones tal como vayan viniendo. Te encenderá, te confundirá, te llevará a la pasión y a actos extremos, y puede destruir la parte amorosa más razonable y modesta de quien eres. El amor tiene mucho que ver con la humildad. En el amor de mis padres había bondad, una compasión que iba más allá de lo humano, una rabia, una fidelidad compulsiva, una generosidad y una incondicionalidad que arrasaba con todo a su paso. Era exclusivo. No era humilde. Era su amor.

Mi madre sigue siendo mágica; la gente se queda prendada cuando la conoce, como debe ser. A los noventa y un años y batallando contra el alzhéimer, desprende una calidez y una exuberancia que el mundo tal y como es seguramente no merece. Sigue henchida de un indomable espíritu optimista, una fortaleza conmovedora, ningún cinismo, risas y mucho humor (una Navidad me regaló la tercera temporada completa de *Colombo*: «Ya sabes, ¡el tío ese de la gabardi-na!»). Hasta el día de hoy sigue contagiándome un sentimiento de profundo y verdadero optimismo vital mientras tomamos un almuer-zo de lo más normal en algún *diner* local. Mi madre es muy, muy di-vertida, siempre está provocando carcajadas. Es una mujer que lleva el espectáculo en la sangre, que baila y se arregla con mucho estilo, hasta emperifollarse, para la salida más informal. Es demócrata e igua-litaria, sin la más mínima idea de por qué esas palabras le pertenecen. Ella es corazón, corazón, corazón. Desde su retorno a Nueva Jersey, ha aprendido (no sin dificultad) el lugar que debe ocupar en mi fa-milia. Hemos tenido nuestros pequeños desencuentros, incluso una tarde de gritos (algo muy raro en las casas de los Springsteen). A par-tir de ese momento la vi esforzarse, contenerse, usar su inteligencia y amor para entregarse a nosotros. Mis padres tenían algo de forajidos, y pese a la enorme calidez del corazón de mi madre, esas cosas no resultan necesariamente fáciles para una fuera de la ley. Su resiliencia, su alma buena y el deseo de hacer lo correcto todavía la guían. Se ha asentado en su papel de madre y abuela. Si llegas a encontrártela, la conocerás al momento... y la querrás. Como hago yo. Ella es una maravilla en bruto, sin pulir.

Poco después de la muerte de mi padre, conocí por vez primera a «Queenie» (el apodo de infancia de mi madre). Había llegado el mo-mento de la recompensa, y a mi madre le gusta la buena vida tanto como a cualquiera. De vez en cuando ha viajado por el mundo con nosotros. Está orgullosa de los logros de sus hijos y sus nietos: la ca-rrera fotográfica y la maternidad de mi hermana pequeña; el papel de madre y abuela de Virginia, y su vida profesional; y las hazañas de su hijo guitarrista. Compartimos las risas, los recuerdos y el dolor de los días de Freehold y nos sentimos orgullosos de la supervivencia de nuestro amor.

Mi hermana pequeña, Pam, vive todavía en California, donde mi madre la visita a menudo. Virginia y yo vemos a mamá con bastante regularidad en nuestras comidas familiares de los domingos, cuando ella vuelve de visitar a mi padre entre las lápidas del cementerio de Santa Rosa de Lima.

SESENTA Y TRES

EL REY DE NUEVA JERSEY (DÍAS DE HOLLYWOOD)

Me dan una palmadita en el hombro. Al volverme me pierdo en un mar azulado. Una voz con acento de Jersey dice «Ya era hora, chico», y Frank Sinatra hace sonar los cubitos en su vaso de Jack Daniel's. Mirando el líquido dorado que gira, murmura: «¿No es maravilloso?». Así fue mi encuentro con el presidente de la junta. Pasamos la siguiente media hora hablando de Jersey, Hoboken, de nadar en el río Hudson y la Costa. A continuación nos sentamos a cenar en una mesa con Robert De Niro, Angie Dickinson, Frank y su esposa, Barbara. Todo ello sucede en la fiesta «Guinea Party» de Hollywood a la que Patti y yo hemos sido invitados, por cortersía de Tita Cahn. Patti había conocido a Tita unas semanas antes en un salón de manicura. Es la esposa de Sammy Cahn, famoso por canciones como «All the Way», «Teach Me Tonight» y «Only the Lonely». Telefoneó una tarde para decirnos que había organizado un evento privado. Comentó que sería muy tranquilo y que no podía decirnos quién asistiría, pero nos aseguró que nos sentiríamos muy cómodos. Así que salimos a la noche de Los Ángeles.

Durante la velada, intimamos con los Sinatra y somos discretamente invitados al círculo de las últimas viejas estrellas de Hollywood. En los años siguientes acudiremos a unas cuantas fiestas privadas donde Frank y los restos del clan charlan tranquilamente. A menudo, el único músico presente es Quincy Jones y, aparte de Patti y yo mismo, rara vez se ve a alguien del rock. Los Sinatra son anfitriones corteses y nuestra relación culmina al ser invitados a la cena que festeja el ochenta aniversario de Frank. Una tranquila velada en el domicilio en Los Ángeles de los Sinatra. Tras la cena nos reunimos alrededor del piano con Steve, Eydie Gormé y Bob Dylan. Steve toca el piano y, junto a Eydie, cantan con gusto los grandes standards. Patti ha recibido una completa educación en jazz por parte de Jerry Coker, uno de los mejores educadores en jazz en la Frost School of Music de la Universidad de Miami. Coincidió con Bruce Hornsby, Jaco Pastorius y Pat Metheny, y aprendió su lección a fondo. En casa de Frank suena la música, y ella se adentra suavemente en «My One and Only Love». Patti es un arma secreta. Canta las baladas clásicas como un cruce entre Peggy Lee y Julie London (no bromeo). Eydie Gormé oye a Patti, detiene la música y dice: «Frank, ven aquí, ¡tenemos una cantante!». Frank se acerca al piano y observo cómo mi esposa les canta bellamente a Frank Sinatra y Bob Dylan, y al finalizar, recibe un torrencial aplauso. Al día siguiente participamos en la celebración del aniversario de Frank en la cadena de televisón ABC y le escolto a escena junto a Tony Bennett. Fue una bonita velada y una justa celebración del más grande intérprete pop de todos los tiempos.

Dos años más tarde Frank falleció y fuimos generosamente invitados a su funeral. Amaneció uno de esos típicos días soleados de Los Ángeles. Pero al acercarnos a la iglesia, la escena en el exterior parecía sacada de *El día de la langosta*, la novela de Nathanael West. Por todas partes se habían instalado camiones y cámaras de televisión, y los reporteros se apostaban en los tejados de las casas próximas. Al otro lado de la calle una horda de manifestantes eran mantenidos a raya, acusaban a Frank de todo tipo de cosas, desde la indiferencia de Dios al declive de los cordones marrones para zapatos. En el interior de la iglesia, sin embargo, reinaba la calma. Allí, junto a Kirk Douglas, Don Rickles, Frank Jr. y las últimas viejas estrellas de Hollywood, hicimos los honores mientras la voz de Frank llenaba la iglesia. Al término de la ceremonia, me detuve un momento en las escaleras de la iglesia al lado de Jack Nicholson. Se giró hacia mí y dijo: «El Rey de Nueva Jersey».

SESENTA Y CUATRO

BRINGING IT ALL BACK HOME *

Hubo dos catalizadores que me hicieron pensar en reactivar la E Street Band. Una noche a finales de verano, cuando salía del Federici's Pizza Parlor de Freehold, dos chicos se me acercaron, se presentaron y me dijeron que eran muy fans de la E Street Band, pero que, desgraciadamente, eran demasiado jóvenes para habernos visto en directo. Debían de tener unos veintipocos años. Eso significaba que tendrían unos diez años cuando la E Street Band actuó por última vez. Empecé a darme cuenta de que había gran cantidad de jóvenes que jamás habían visto lo mejor que hago: tocar en vivo… con la E Street Band. Más tarde, de visita en casa de mis padres en San Francisco, abrí el periódico y vi que Bob Dylan, Van Morrison y

---

* «Trayéndolo todo de vuelta a casa», álbum de Bob Dylan publicado en 1965. (*N. del T.*)

Joni Mitchell actuaban en el San Jose Arena, a una hora al sur desde allí. Aquel era un cartelazo. Le pregunté a mi madre si se apuntaba, cogimos el coche y nos sentamos en nuestros asientos cerca del escenario justo cuando se apagaban las luces del recinto.

Salió Joni e interpretó un bonito repertorio, seguida por Van, que hizo que el público se levantara y bailara. Van Morrison siempre fue uno de mis mayores héroes y una enorme fuente de inspiración en todo lo que he hecho. Van fue quien insufló el soul blanco en los primeros discos con la E Street. Sin Van, no habría «New York City Serenade», ni el jazz soul de «Kitty's Back». Entonces apareció Dylan, que estaba en muy buena forma. Tocaba con una banda con la que llevaba tiempo trabajando y había tensado su música hasta convertirla en poesía de club de carretera. Sonaban como si se sintiesen tan a gusto tocando en un gran pabellón como en un pequeño bar de carretera. ¡La banda generaba un gozoso ritmo blues que hasta hizo bailar un poco a su líder! Esta música, su alegría, aquellos artistas, me hicieron feliz allí sentado junto a mi madre, ambos bailando en nuestras butacas. Observar al público resultó divertido y me dejó un tanto desorientado. Me sentí como si me hubiese quedado dormido, un chico de dieciséis años escuchando *Highway 61 Revisited* sin parar en la oscura noche de mi dormitorio, y hubiese despertado cincuenta años más tarde en un sueño de rock and roll a lo Rip Van Winkle. Todos nos habíamos hecho… ¡VIEJOS! Los asientos estaban ocupados por fans del rock de mediana edad que habían engordado, se estaban quedando calvos, tenían arrugas y canas, y parecían directamente salidos del «When I'm Sixty-Four» de los Beatles. Nuestra apariencia era un poco… ¡ridícula! Pero ocurría algo más. Entre el público había también jóvenes modernos y adolescentes. Y críos que habían venido con sus padres para ver y escuchar al gran hombre. Algunos se aburrían, otros se habían quedado dormidos, pero muchos bailaban al lado de papá y mamá. La gente parecía colmada por la emoción, la alegría y el buen rollo. Pensé en las arrugas de mi cara y en mis cabellos canosos. Miré a mi madre, cuyo rostro, a sus setenta y dos años, era un amoroso mapa de todo nuestro dolor y resistencia. Resplandecía de oreja a oreja, su brazo cogido del mío. La pista era una masa de sonrisas y cuerpos que se balanceaban, y mientras contemplaba aquella escena pensé: «Yo puedo hacer esto. Puedo lograr esto, esta felicidad, estas sonrisas». Al regresar a casa, llamé a la E Street Band.

SESENTA Y CINCO

REVIVAL

… Primero, naturalmente, me inquieté, preocupé, cuestioné, discutí, debatí, descarté, repensé, reconsideré y volví a pensarlo. Quería que mi razonamiento fuese sólido y no deseaba reconstituir un acto nostálgico para recorrer el nuevo circuito de viejas glorias. (Aunque la verdad es que algunos de esos espectáculos me resultan muy placenteros cuando los intérpretes lo hacen de corazón. Si pones el corazón, no es viejo.) Aun así, acababa de terminar una gira en solitario profundamente satisfactoria que me había hecho sentir muy en el *presente*, llevaba diez años sin tocar con la banda y aún conservaba algún leve resentimiento, y me preocupaba si la cosa realmente funcionaría.

Todo se reducía a esto: había estudiado, perfeccionado, trabajado y sudado para adquirir una serie de habilidades que, al pasar a la acción, me convertían en uno de los mejores del mundo en lo que hacía. Estas habilidades alcanzaban su punto máximo con una banda que se entregase a fondo, y, según había llegado a comprender, no una banda cualquiera. El tiempo, la historia, la memoria y la experiencia colectiva habían hecho que así fuese. Al trabajar con mi banda de principios de los noventa aprendí que, por mucho que disfrutase tocando con una nueva formación y por muy buenos que yo pensase que éramos, en mi vida no habría otro grupo de músicos con los que saltar a escena con un cuarto de siglo de sangre, sudor y lágrimas a nuestras espaldas, tan solo la E Street Band. Únicamente esos ocho hombres y mujeres. Hacía ya mucho tiempo que sus capacidades musicales y su estilo habían sido cosidos y moldeados para que se ajustasen perfectamente a mí. Más importante aún, cuando los fans miraban a esos rostros en escena, se veían a sí mismos, sus vidas y sus amigos, devolviéndoles la mirada. En el nuevo mundo digital, donde la capacidad de concentración se reduce a tres segundos, donde la fría y dura mano de lo efímero y el anonimato en serie tienen una gran influencia, aquello era algo insustituible. Era auténtico, y lo habíamos construido del modo en que se construyen realmente las cosas, momento a momento, hora tras hora, día tras día, año tras año. Llegué a la conclusión de que lo que necesitaría era una muy buena razón para *no* ejercitar mis habilidades a la edad todavía joven de cuarenta y ocho años con aquel grupo de músicos que estaban sentados en sus casas. No tenía ninguna. Todos habíamos encontrado nuestro propio camino, pero ninguno había dado —y no lo haríamos, ni ahora ni nunca— con otra E Street Band.

Quedaba tensión residual en la banda, pero también mucho más amor que en la mayoría, o en ninguno, de los grupos que yo conociese. Y… habían pasado diez años. Ya no se me oía tan regularmente por la radio. Lo que habíamos hecho se alejaba cada vez más, retrocedía hacia el pasado glorioso pero embalsamado del rock. Y eso no me gustaba. Éramos una unidad demasiado formidable como para dejarse llevar gentilmente hacia la noche final. Yo seguía henchido de ambición, ego, avidez, deseo y un honesto sentido del poder de la música como para dejar que toda una vida de trabajo acabase formando parte de los respetables anales de la historia del rock. Aquel día habría de llegar con tanta seguridad como la muerte, los impuestos y la necesidad de nuevos héroes, pero… ¡no… ahora! No si yo podía evitarlo. No mientras yo fuese todavía un aullador de rock y soul poderoso, fornido y psicótico. Todavía no.

¡Está en marcha!

Las bandas de rock and roll que *duran* deben llegar a una conclusión humana básica. Es esta: el tipo que tienes al lado es más importante de lo que tú te piensas. Y ese hombre o mujer debe llegar a la misma conclusión sobre el hombre o la mujer que está a su lado, sobre *ti*. O: todos deben estar arruinados, viviendo por encima de sus posibilidades y necesitados de metálico. O: ambas cosas.

Una década calentando el banquillo de los antiguos dioses del rock and roll agudiza la mente y suaviza la perspectiva que conservas de cualquier leve desavenencia del pasado. Esto es algo positivo. Todos debemos despertar una mañana, o en mañanas distintas, y pensar: «¿Sabes?, esa cosa, esa cosa que yo tenía, era una de las mejores cosas que jamás me han pasado. Era buena para mi vida, era buena en mi vida, y si volviese a presentarse la oportunidad…». Se presentó, para todos nosotros, e íbamos a sacar el mejor partido de ello, sin importar cuáles fuesen las motivaciones individuales.

En nuestra última encarnación no figuraba Steve Van Zandt. Tenía que pensar en ello. Si íbamos a hacerlo, quería que estuviésemos todos. Primero era necesaria una llamada de cortesía a Nils. Nils había hecho mucho más que ocupar durante años el lugar de mi viejo amigo Steve. Se había convertido en un lugarteniente muy responsable, totalmente dedicado a su puesto en la banda y que lo daba todo. Además, Nils era un tipo realmente encantador. Una presencia fiable, tranquila e inspiradora, y uno de los mejores guitarristas del mundo. No tenía problemas de ego dentro de la banda. Si una velada transcurría sin uno de sus solos, no pasaba nada. Era un jugador de equipo que llegaba al recinto horas antes que los demás para preparar su trabajo. Llevaba consigo un archivo de música que contenía cualquier canción que yo decidiese sacarme de la chistera, se preparaba él mismo y tutelaba a los demás en la estructura de acordes y arreglos para el tema especial de esa noche en concreto. Entre Nils y Max, otro concienzudo estudioso de nuestra obra, siempre contaba con alguien a quien acudir si *yo* tenía alguna pregunta acerca de algo que hubiese compuesto. Llamé a Nils y le conté lo que quería hacer. Le aseguré que entendía y apreciaba la gran labor y el compromiso que había mostrado con la banda, le expliqué que su posición no iba a cambiar y le pedí su bendición. Nils, siempre un caballero y un soldado leal, me dijo que si eso era lo que yo pensaba que sería lo mejor, él me apoyaría. A continuación llamé a Steve.

A pesar de nuestra gran amistad, o a causa de ella, Steve puede ser una fuerza arrolladora, y con su energía puede resultar desestabilizador sin proponérselo. Lo que Steve tenga que decir sobre algo a menudo inclinará para mí la balanza en una dirección u otra. Sus puntos de vista frecuentemente hilarantes siempre relajan las cosas, me mantienen anclado en tierra firme, y su mera presencia hace que sienta que todo va a salir bien. También es un pensador serio en lo que respecta al rock and roll, lo que significa y lo que puede llegar a conseguir. La fricción y la discusión que suscitan las opiniones de Steve son a menudo muy valiosas para mí, pero en el pasado, en ocasiones y sin intención de hacerlo, podía llegar a cruzar la línea y entrar en la política interna de la banda de un modo que a veces dificultaba mi trabajo. Necesitábamos hablar sobre ello. Así lo hicimos, una tarde en mi casa. Mantuvimos una conversación difícil pero amistosa. Pude airear las quejas que todavía albergaba sobre él y, al escuchar el punto de vista de Steve, logramos librarnos de ellas. A partir de ese momento disfrutaríamos de los mejores dieciocho años de nuestra amistad y vida profesional.

Cuando telefoneé a Clarence, me dijo que llevaba diez años esperando esa llamada y me preguntó dónde había estado. Como he dicho, muchos de los chicos habían encontrado el segundo acto de sus carreras y habían tenido mucho éxito por sí mismos, pero hay algo en el hecho de salir a escena ante setenta y cinco mil fans enfervorizados y tocar una música arraigada en tu interior junto a tus viejos amigos de toda la vida, que resulta muy difícil de reemplazar. Poder hacer eso noche tras noche, durante toda una vida, es un placer y un privilegio que cuesta imaginar o cuantificar. Tras diez años separados, esto era algo que todos entendíamos y habíamos llegado a apreciar de un modo nuevo. Éramos nueve del muy reducido puñado de personas que en todo el planeta habían logrado ese privilegio. Y ahora, de manera firme y definitiva, a mitad de nuestras vidas, comprendimos su relevancia. Pero si íbamos a hacer esto, si *yo* iba a hacerlo, debía asegurarme de que iba a ser «fácil», de que iba a ser divertido. El trabajo mismo ya iba a resultar bastante difícil. El pasado debía olvidarse y superarse; todos los resentimientos, cuestiones de dinero, desaires —reales o imaginados— debían ser apartados.

Un ejemplo: un día uno de mis músicos vino a verme y me dijo que, para poder seguir haciendo su trabajo, necesitaba cobrar más. Le dije que si encontraba en todo el mundo a un músico mejor pagado que él por su trabajo, aumentaría su porcentaje gustosamente. También le dije que podía ahorrarle la búsqueda. Todo lo que tenía que hacer era entrar en los servicios, cerrar la puerta y mirarse al espejo. Ahí encontraría al músico en su especialidad mejor pagado del planeta. Le dije: «Así es como funcionan las cosas en el mundo real». Entonces me miró directamente y, sin rastro de ironía, preguntó: «¿Qué tenemos nosotros que ver con el mundo real?». En aquel momento supe que tal vez había protegido demasiado a algunos de mis colegas.

En ese momento, solo quería pasarlo bien y divertirme con mis mejores amigos haciendo lo que mejor sabemos hacer juntos. Si no éramos capaces de hacerlo, prefería simplemente dejarlo correr. Éramos todavía jóvenes, pero también demasiado mayores como para volver a complicarnos la vida en cualquier empresa que no fuese placentera y gratificante para todos.

Junto a (cuando es necesario) una confianza suprema en mí mismo, en mi cabina de mando habita la duda en sus muchas manifestaciones. Te lo trabajas bien y es una bendición. Lo haces mal y quedas paralizado. La duda puede ser el principio de un pensamiento crítico más profundo. Puede evitar que te vendas barato, a ti y a tu público, y puede hacerte aterrizar a las malas si es preciso. Antes de nuestra noche de estreno en Asbury Park después de diez años separados, iba a experimentar muchas de esas cosas.

Rock and Roll Hall of Fame

Había acudido a algunas de las primeras ceremonias del Rock and Roll Hall of Fame. En su segundo año presenté a Roy Orbison, y luego tuve el honor de introducir a Bob Dylan. Eran dos de mis influencias más relevantes. Ser elegido para presentarles significaba mucho para mí. Después de la ceremonia, durante la jam estelar, que en aquellos días incluía a todos los músicos presentes, estuve en escena entre Mick Jagger y George Harrison, todos juntos ante un micrófono, cantando «I Saw Her Standing There». No dejaba de pensar: «¿Qué hay de malo en esta imagen?». ¿Cómo es posible que un chico de Nueva Jersey haya conseguido llegar a estar esta noche entre esos dos hombres cuya obra impregnó de tal forma su alma que se vio obligado a seguir con todas sus fuerzas el camino que ellos habían emprendido antes que él?

Míralo de este modo: en 1964, millones de críos vieron a los Stones y los Beatles y pensaron: «Esto parece divertido». *Algunos* de ellos salieron y se compraron instrumentos. *Algunos* de ellos aprendieron a tocar un poco. *Algunos* lograron ser lo bastante buenos para tal vez unirse a una banda local. *Algunos* hasta es posible que grabasen una maqueta. *Algunos* puede que tuvieran suerte y firmaran un contrato discográfico de algún tipo. Unos *pocos* igual vendieron algunos discos y llegaron a hacer giras. Unos *pocos* entre estos puede que obtuviesen un hit modesto, una breve carrera musical, y consiguieran ganarse a duras penas la vida. Muy *pocos* lograron vivir de lo que ganaban como músicos, y *poquísimos* obtuvieron un éxito continuado que les daría fama, fortuna y una honda gratificación, y esta noche, *uno* de ellos ha acabado ahí plantado entre Mick Jagger y George Harrison, un Stone y un Beatle. En 1964, nunca me engañé a mí mismo acerca de las posibilidades de que ese *uno* pudiera ser el quinceañero con acné y una guitarra Kent barata de Freehold, Nueva Jersey. ¡Mis padres tenían RAZÓN! Mis posibilidades *eran* solo UNA, UNA entre UN MILLÓN, entre MUCHOS MILLONES. Pero aun así… ahí estaba yo. Sabía que tenía talento y sabía que me lo había trabajado a fondo, pero ESTOS ERAN LOS DIOSES, y yo era, bueno… un guitarrista currante. Llevaba conmigo al trabajador que había en mí, para bien o para mal, era alguien normal y corriente, y siempre lo sería.

Aquellos eran los tiempos del Hall of Fame en que las ceremonias todavía no eran televisadas. La gente subía al estrado y se comportaban gloriosos, odiosos, hilarantes, despreciables, flipados, dementes y, a menudo, hondamente conmovedores. Si todavía estabas atrapado en disputas y peleas internas con tu grupo, el podio del Rock and Roll Hall of Fame era tu última oportunidad para clavarle un poco más profundo el puñal a ese tío o tíos. El ingreso en el Hall of Fame –por su propia naturaleza, un momento de reflexión– sacaba lo mejor y lo peor de las personas y siempre era, cuando menos, salvajemente entretenido. Eran los días en que ingresaban en la institución los verdaderos gigantes del rock. Te encontrabas en escena no solo entre Mick y George, sino al lado de Keith Richards, con Bob Dylan a tu izquierda, B. B. King a tu derecha, Smokey Robinson junto a él, Jeff Beck a un lado del escenario con Les Paul. Aquello era como una representación viviente de las ilustraciones de Guy Peellaert, las reuniones en el Olimpo del rock de su libro *Rock Dreams*. A nivel musical, lo que sonaba a menudo resultaba desastroso, pero solo estar allí ya era algo muy especial. Allí entre tus sueños, tus dioses, tus héroes, como un polizón en el viaje de su vida. Era *La última cena* de Da Vinci en versión rock, y con Steve en muchas ocasiones reflexionábamos sobre cómo nos sentíamos al haber nacido exactamente en el momento adecuado. Habíamos sido adolescentes en los sesenta, cuando el rock y la radio tuvieron su edad de oro, cuando la mejor música pop era también la más popular, cuando se estaba creando un nuevo lenguaje que les hablaba a los jóvenes de todo el mundo, cuando para los padres era todavía un dialecto alienígena, cuando definía a una comunidad de almas envueltas en la confusión y el éxtasis de los tiempos pero asimismo conectadas en fraternidad consanguínea por la voz del discípulo que era su locutor de la emisora local.

Nosotros éramos la temprana tercera generación del rock. Nacidos a tiempo para disfrutar de los mejores reinventores rock del blues, el pop y el soul, la oleada británica, pero aun así lo bastante jóvenes para haber vivido la experiencia de quienes lo originaron todo, Muddy Waters, Howlin'Wolf, Chuck Berry, Fats Domino, Roy Orbison, Jerry Lee Lewis, Elvis… todos ellos todavía vivos y en activo en la cresta de la ola de los sesenta. Fue la era más vibrante y turbulenta del rock. Vi en el Convention Hall de Asbury Park a los Doors, Janis Joplin y los Who. ¡Los Who eran los teloneros de Herman's Hermits! Y fueron precedidos por una banda de Nueva York, los Blues Magoos, que vestían trajes eléctricos que brillaban en la oscuridad. Janis tenía en su grupo a uno de mis mayores héroes de la guitarra, Danny Weis, de la banda Rhinoceros, a quien Steve y yo seguíamos como esclavos cuando venían a tocar a la zona de Jersey. Como un suplicante, recibí todas esas manos directamente sobre mi frente temblorosa y me sentí sobrecogido por su poder. Con la radio y el país en plena explosión, había combustible en crudo suficiente como para que le durase a un chico pobre toda la vida… y así ha sido.

Desde entonces hemos disfrutado de mucha música fantástica e inspiradora, particularmente durante la explosión punk de los últimos setenta y el hip hop en los ochenta, pero en general nos tocó la lotería. Es parte de lo que ha hecho única a nuestra banda: las tensiones cruzadas entre el mundo obrero de los cincuenta y las experiencias sociales de los sesenta chocando entre sí y fusionándose en nuestra música. Somos supervivientes del espíritu de los años sesenta pre y poshippies. Es una mezcla que no volverá a existir como experiencia de primera mano cuando ya no toquemos más. El mundo y la sociedad cambian demasiado y demasiado deprisa. Las condiciones en que nacen los músicos de hoy son muy distintas; igual de válidas, pero diferentes. Y cuando las condiciones sociales que hicieron surgir la Motown, Stax, el blues y el rockabilly dejaron de existir, los elementos que conforman la base de lo que se creó, la edad de oro de la radio, la era industrial, el localismo anterior a internet, el postindustrialismo, evolucionarán hacia una serie enteramente distinta de influencias y crearán una nueva generación de héroes del rock. Ya ha sucedido unas cuantas veces y está ocurriendo mientras hablamos. ¡Larga vida al rock! (Sea lo que sea.)

Ingreso

En el 98 me anunciaron que iba a ingresar en el Rock and Roll Hall of Fame. Habían pasado veinticinco años desde la publicación de *Greetings from Asbury Park N. J.*, y ese era uno de los criterios esenciales para poder ser incluido. Una vez más, íbamos a revisitar nuestra antigua paradoja. Hacía veinticinco años había firmado un contrato de artista en solitario como «Bruce Springsteen». Las reglas del Hall of Fame establecían que ingresabas con el primer nombre que hubieses utilizado en una grabación. Desde 1975 habíamos salido de gira como Bruce Springsteen y la E Street Band, y lo que yo había logrado era inseparable del trabajo llevado a cabo con mis amigos. Unas semanas antes de mi ingreso, Steve me visitó en mi casa de Rumson y argumentó que debía presionar para que el Hall of Fame nos aceptase como Bruce Springsteen y la E Street Band porque, en sus propias palabras, «esa es la leyenda».

Tenía razón en parte, pero también era cierto que hacía diez años que no tocábamos juntos en directo. Yo seguía sintiendo cierta ambivalencia, y la cercanía que se reavivaría durante la siguiente década aún no se había producido. Y… me sentía muy orgulloso de haber entrado yo solo en el despacho de John Hammond aquel día de 1972. A principios de los setenta había dejado de lado a la banda y había decidido ser un artista en solitario. Entonces reuní a la mejor banda del mundo para ir más allá en ese propósito, y al hacerlo creamos algo que no era ni carne ni pescado. Mis principales héroes eran artistas en solitario —Frank, Elvis, Dylan— y yo había debutado como tal con la intención de forjarme una voz propia. Mi modelo era el viajero solitario, el hombre de la frontera, el hombre en medio de la naturaleza salvaje, el salteador de caminos, el aventurero existencial norteamericano, conectado a la sociedad pero sin deudas con esta: John Wayne en *Centauros del desierto*, James Dean en *Rebelde sin causa*, Bob Dylan en *Highway 61 Revisited*. Más tarde se sumarían Woody Guthrie, James M. Cain, Jim Thompson, Flannery O'Connor… *individuos* que trabajaban en los márgenes de la sociedad para cambiar impresiones, crear mundos, imaginar posibilidades que luego eran asimiladas y se convertían en parte de la gran cultura. Para ello necesitaba un magnífico instrumento y algo más, el sentimiento de compromiso en corazón y alma que me diera el espacio y el tiempo para poder hacer la música que sentía dentro de mí. Eso era la E Street Band.

El Hall of Fame no disponía del mecanismo que pudiese discernir la zona gris en que se mantenían mi obra y mi colaboración con la banda. No había una estructura lo bastante específica que tomase en cuenta las importantes sutilezas de nuestro tipo de entidad musical. Steve seguramente estaba en lo cierto: podría haber pedido al Hall of Fame que hiciese una excepción con el modo en que se iba a hacer mi ingreso. Aunque nunca antes se había hecho con otro grupo o individuo, seguro que en este caso lo hubiesen considerado. Pero, para hacerlo, yo debía sentir con absoluta claridad que eso era lo que quería hacer. En 1970, cuando abandoné Steel Mill siendo un chaval de veinte años y decidí que, para mí, aquella era la última de las «bandas» y de la democracia a pequeña escala, había tomado otro camino.

El 15 de marzo de 1999 ingresé en el Rock and Roll Hall of Fame con los chicos a mi lado. Algunos de ellos se sentían dolidos y otros simplemente se alegraban por mí, pero al final todos estaban bien. Y pronto se iniciaría la gira que fructificaría en una década en la que viviríamos algunos de nuestros años más productivos y atraeríamos a nuevas generaciones de fans de la E Street.

Ensayos

El 11 de marzo de 1999, regresamos a nuestras raíces y empezamos a ensayar con la banda en el Convention Hall de Asbury Park. En el año 99, Asbury atravesaba todavía una mala época y se esforzaba por sobrevivir tras décadas de negligencia y corrupción, pero en los márgenes de Cookman Avenue había movimiento. Un pequeño grupo colonizador de artistas y gays llegados de Nueva York habían descubierto el atractivo de los bajos alquileres y la actitud social de *laissez-faire* de la población. Asbury era ahora tierra fronteriza, un lienzo vuelto en blanco por la pobreza y el abandono, lo que dejaba espacio para la construcción de algo nuevo. Se vislumbraba una débil luz al final del oscuro y largo túnel que era la ciudad. Y allí nos dispusimos a averiguar quiénes éramos *ahora*.

El primer día, en cuanto di la salida a la banda con «Prove It All Night», sentí que todo estaba en su sitio. Me sorprendieron algunas cosas que había olvidado. Mis oídos habían perdido la insensibilidad al volumen con que tocábamos. Esta, junto con la sordera, pronto reaparecerían. El sonido grandioso y arrollador de la banda, el peso que acarreaba, resultaban a la vez acogedores e inquietantes. Si iba a liberar otra vez esa gran máquina, debía saber bien qué hacer con ella. A mitad de «Prove It» era como si hubiésemos estado tocando esa canción solo dos semanas antes. Diez años se esfumaron como un débil recuerdo. Fue un día para disfrutar, pero aun así no regresé a casa totalmente convencido. Mantuve largas conversaciones con Jon acerca de mi ambivalencia al respecto. La ambivalencia, claro está, era una de mis especialidades. Honestamente, no podía esperar abrirme camino a donde fuera que nos dirigiésemos sin un virulento combate de lucha libre con mi propia disonancia. Pues que así fuese. Estaba escogiendo buena parte de nuestro repertorio a partir de *Tracks*, una colección de sesenta y seis descartes que iba a ser publicada simultáneamente con la gira. Me resistía a tocar los clásicos por temor a depender en exceso del ayer.

Una noche nos sentamos con Jon en el Film Center Café de la Novena Avenida, en Hell's Kitchen, y redacté mi propuesta de repertorio. La revisó y dijo: «Faltan algunas de las canciones que, después de diez años, la gente querrá escuchar». «¿En serio?» Protesté largamente: No puedo… No lo haré… bla, bla, bla. Y entonces le confesé que no estaba muy seguro de si todo aquello iba a funcionar. Si sería capaz de hacerlo «real». Jon respondió tranquilamente: «Si sales con tu banda e interpretas tu mejor música, a la gente le va a gustar». Oh.

La siguiente tarde en el Convention Hall, el ensayo fue muy estresante, tocando una música que conocíamos desde hacía tiempo pero que a mí se me antojaba plomiza y sin vida. La ansiedad me embargaba silenciosamente, pero no quería perturbar o arrebatarle a la banda su confianza. Durante las últimas semanas unos cincuenta fans o así habían estado merodeando curiosos por los alrededores del recinto, y a media tarde, cuando solo quedaban unas pocas canciones que ensayar, le dije a un miembro del equipo que les dejase entrar. Entraron a la carrera, radiantes y emocionados, y se situaron frente al escenario justo cuando daba la salida para «Promised Land», y, de repente, ahí estaba… despegamos. La banda sonaba ligera cual pluma y tan honda como el mar. Fijé la mirada en aquellos rostros y entonces comprendí qué era lo que me faltaba. Todo estaba en mi interior. Me embargó un enorme alivio y de pronto todo adquirió sentido. Durante las semanas que habíamos estado sudando tinta totalmente aislados en el Convention Hall, tratando de insuflar vida a nuestro tan cacareado cancionero, solo nos había faltado una cosa: vosotros.

Con aquellas pocas almas ante mí, pude sentir no solo nuestra historia compartida, sino también el *presente* de lo que estábamos haciendo. Todo iba a salir bien.

El día antes de nuestra noche de estreno, me presenté en el ensayo con una canción titulada «Land of Hope and Dreams». Quería algo nuevo para iniciar esta nueva etapa en la vida de la banda. «Land of Hope» resumía mucho de lo que yo quería que representara nuestra banda, y también renovaba nuestro compromiso con nuestro público, señalaba el camino a seguir y, una vez más, se convirtió en una presencia viva en las vidas de nuestros oyentes. Aquella noche cerramos el espectáculo con ese tema, y ya estábamos en marcha.

Empezamos la gira el 9 de abril de 1999 en Barcelona, una de las ciudades que se había convertido en epicentro de nuestra popularidad en Europa, y fuimos recibidos con una histeria ciega que nos haría volver varias veces a esa hermosa ciudad durante la siguiente década. No era una reunión sino un revival, y la banda tocó con energía y a gran nivel durante ciento treinta y tres conciertos, finalizando en una última parada en Nueva York que cristalizaría nuestro regreso de un modo que no habíamos esperado.

«American Skin»*

Al acercarse el final de nuestra primera gira en una década, quise escribir algo nuevo para nuestro compromiso en el Madison Square Garden de Nueva York, como aviso de hacia dónde nos dirigíamos. Los disparos recibidos por Amadou Diallo, un inmigrante africano, por parte de policías de paisano cuando intentaba sacar su cartera parecían subrayar el peligro y la confusión letal, aún presentes en la Norteamérica de finales del siglo pasado, que representa deambular metido en una piel negra por las calles de cualquier ciudad. La escribí con tanta seriedad como pude, intentando adoptar la perspectiva de la familia Diallo pero también la de los policías. Hice una prueba con la canción en Atlanta, nuestro último concierto antes de Nueva York. Pensaba que era simplemente otro de mis temas que entroncaba con mi larga trayectoria de abordar temas de actualidad, así que me quedé un tanto conmocionado cuando Steve entró corriendo durante nuestro ensayo en Fort Monmouth, el día antes del Garden, y me preguntó: «¿Has visto esto?». En la portada del venerable *New York Post* aparecía el responsable de la Orden Fraternal de la Policía Estatal de Nueva York, que me llamaba «saco de mierda» y «marica flotante». No estaba. Entendí lo de «saco de mierda», pero tuve que acudir a mi diccionario Webster, anterior a Wikipedia, para buscar la definición de «marica flotante». Recibí varias cartas, una del Comisionado de la Policía, pidiéndome que no cantase la CANCIÓN... ¿Eh? ¡Es solo una canción! ¡Nadie, salvo la gente de Atlanta, la había escuchado todavía! Pero la tormenta seguía arreciando en la CNN y en los editoriales de los periódicos.

Al llegar la noche de estreno en el Garden, no hace falta decir que el aire estaba cargado de tensión. Se podía sentir la inquietud entre el público, quizá oliendo algo de sangre. Los policías en el área de backstage, normalmente parte de mi público, no nos hablaban ni sonreían. El señor y la señora Diallo habían solicitado asistir al concierto. Les

---

* «Piel americana», canción que aparece en los álbumes *Live in New York City* y *High Hopes*. (N. del T.)

recibí a ambos brevemente, una pareja africana elegante y hermosa que, con sus voces gentiles, me hablaron un poco de Amadou y me agradecieron que hubiese escrito sobre su hijo. Pese a todo el revuelo en la prensa, no tenía pensado hacer ninguna gran declaración durante el concierto. Simplemente inserté la canción en el lugar del repertorio donde encajaba naturalmente y me dispuse a salir a escena a hacer mi trabajo. Reuní a la banda en un círculo detrás del escenario y les expliqué que aquella noche podía ocurrir cualquier imprevisto, pero que en esas ocasiones especiales siempre dábamos lo mejor de nosotros mismos. Nos cogimos de las manos, se apagaron las luces y subimos a escena.

El arranque de la actuación fue tenso a causa de la aprensión, tanto nuestra como del público. Se presentía que aquella no iba a ser una velada normal. Nunca había estado en un escenario sintiendo que la gente esperaba, esperaba y esperaba solo *una* canción. Finalmente, después de seis temas, hice una señal a Roy y Max para que se adentrasen en el riff oscuro y atrayente y el ritmo de cronómetro que introduce «American Skin». Algunas personas del público empezaron a dar palmas de forma incongruente y pedí silencio, y entonces cada miembro de la banda, empezando por Clarence, cantó el primer verso: «Forty-one shots» («Cuarenta y un disparos»). En ese punto oí algunos abucheos dispersos (a pesar de lo que se diga, se distinguen muy bien de los gritos de «¡Bruuuuuuce!»). Bueno, era de esperar. Y entonces varios jóvenes encolerizados, uno de ellos sacando una placa y mostrando el pájaro insignia del estado de Nueva Jersey, corrieron hasta ponerse delante del escenario. Se pusieron a gritar a mis pies durante un momento; qué gritaban exactamente, no podría decirlo, pero no eran vítores ni saludos. La seguridad del Garden procedió enseguida a llevárselos. Seguimos tocando entre una mezcla de aplausos de apoyo y abucheos, viendo a los Diallo allí en sus asientos, y eso fue todo. Después de «American Skin» canté «Promised Land», dos canciones sobre la demanda y el rechazo del reconocimiento humano, y el coste de ese rechazo.

Aunque «American Skin» era crítica, no iba contra la policía como algunos pensaron. Los primeros versos que escuchas tras la introducción están escritos desde la perspectiva del agente: «Kneeling over his body in the vestibule, praying for his life» («Arrodillado sobre su cuerpo en el vestíbulo, rezando por su vida»). En la segunda estrofa, una sufrida madre intenta transmitir a su joven hijo la importancia de las acciones más sencillas en un vecindario donde el más inocente gesto (tu mano buscando la cartera u ocultándose a la vista) puede ser malinterpretado con consecuencias mortales.

En el puente, la frase «Is it in your heart, is it in your eyes» («¿Está en tu corazón, está en tus ojos?») les pide al cantante y a su público que miren en su interior por su colaboración en los hechos. La tercera estrofa, «We're baptized in these waters and in each other's blood… it ain't no secret, no secret my friend. You can get killed just for living in your American skin» («Nos bautizan estas aguas y la sangre de los demás… no es ningún secreto, ningún secreto, amigo mío. Pueden matarte tan solo por vivir en tu piel americana»), habla de la vida en la tierra del temor fraternal.

El exagerado número de disparos, cuarenta y uno, parecía calibrar la medida de nuestra traición al prójimo. «Foorty-ne shots… foorty-one shots»: ese era el mantra que deseaba repetir una y otra vez a lo largo de mi canción, la cotidiana acumulación de los crímenes, grandes y pequeños, de unos contra otros. Me esforcé por dar con una voz equilibrada. Sabía que una diatriba no iba a servir de nada. Tan solo quise ayudar a que la gente viese el punto de vista de los demás. La idea era: esto es lo que la injusticia racial sistemática, el miedo y la paranoia les hace a nuestros hijos, a nuestros seres queridos y a nosotros mismos. Un coste que pagamos con sangre.

Al final de «American Skin» noté que el público del Garden suspiraba aliviado. El mundo no se había acabado. Muchos de aquellos que nos habían abucheado aplaudieron el resto de la actuación, pero la honda cicatriz de esa canción, más que cualquier otra que haya escrito, permanecería largo tiempo con nosotros. En una de mis salidas en moto por la parte occidental del estado de Nueva York, me detuve en un pequeño bar de carretera. Allí me encontré con unos cuantos agentes que estaban tomándose unas cervezas y que se mostraron abiertamente disgustados por mis opiniones. Fui prudente y me marché. Años más tarde, cuando interpretamos la canción en la última noche de la gira *Rising* en el Shea Stadium, el contingente policial se negó a escoltarnos al abandonar el recinto (pobres de nosotros) y tuvimos que abrirnos camino sin protección por las abarrotadas calles. Ningún problema, pero me entristecía que la canción hubiese sido tan malinterpretada por algunos de los hombres buenos de azul que velan por nuestra seguridad. Por otro lado, también encontré a hombres y mujeres que me mostraron su placa policial, me dieron las gracias y me dijeron que entendían lo que había querido expresar.

Mi recuerdo más dulce de aquel fiasco es que una tarde, mientras paseaba por Monmouth Avenue en Red Bank, una anciana negra se me acercó y me espetó: «No les gusta escuchar la verdad». Aquel año recibí una pequeña placa de nuestra NAACP* local, y me hizo feliz que la canción me acercase un poco más a la comunidad negra, a la que siempre había deseado servir mejor.

Ninguna otra canción que haya escrito, incluyendo «Born in the USA», obtuvo una respuesta tan confusa y polémica como «American Skin». Era la primera canción en la que trataba directamente la división racial, y en Norteamérica, hasta el día de hoy, la raza es una brecha muy profunda.

El primer revival de la E Street había llegado a su fin. Mi confianza en la banda se renovó, y con «Land of Hope and Dreams» y «American Skin» vi que era capaz de componer material que estuviese al nivel de las canciones clásicas del pasado. Ahora lo que necesitábamos era hacer un gran disco moderno.

---

* NAACP, la Asociación Nacional para el Progreso de las Personas de Color, fundada en 1909. *(N. del T.)*

SESENTA Y SEIS

THE
RISING

Después de la gira del 99 entré en el estudio con la banda para realizar algunas grabaciones preliminares. Nos dirigimos a nuestro antiguo territorio en la ciudad de Nueva York, la Hit Factory. Para empezar las sesiones tenía «Land of Hope and Dreams», «American Skin» y algunos temas que había compuesto a medias con Joe Grushecky, el rockero de clase trabajadora de Pittsburgh. Reuní a nuestro antiguo equipo de producción, incluyendo a Chuck Plotkin, y pasamos unos días registrando lo que teníamos. Había hecho algunas maquetas bastante buenas de mis nuevas canciones para que la banda las adaptase, y regresamos a casa con unas ocho piezas grabadas en bruto.

Al volver a escucharlas durante las siguientes semanas, simplemente no parecían tener sentido en su conjunto. La banda tocaba bien, la música había sido grabada con eficacia, pero les faltaba frescura, chispa, no tenían un centro gravitatorio, ahí no había un disco. La cinta sonaba plana, como si no pasase nada de interés. Todos los grandes discos de rock and roll te convencen de algo esencial: de que ¡ALGO está PASANDO! ¡Algo que NECESITAS escuchar! Hay muchos discos malos que resultan muy audibles y te cautivan porque no son aburridos. Han sido compuestos, construidos, arreglados y producidos de modo que atrapen el oído. Quizá no sean arte, pero representan una admirable artesanía. Nosotros no teníamos eso. Cuando escuchaba lo que habíamos grabado, mi veredicto final era que ¡SONÁBAMOS ABURRIDOS! Sabía que algunas de las canciones que había escrito no eran precisamente aburridas —de hecho, habían provocado una tormenta de mierda—, pero las grabaciones que habíamos realizado de ellas sí lo eran.

Tras un cuarto de siglo de éxitos, Jon y yo tuvimos que admitir que *nosotros* ya no sabíamos cómo hacer nuestros discos. El arte de la producción se había desplazado de su centro, y nuestras ideas y técnicas ya no eran actuales, atractivas al oído, excitantes o competentes. Éramos mejores cantantes, compositores, intérpretes, mánagers, que productores de discos. Que así sea. ¿Quién es el próximo? Ambos sentíamos todavía el ansia de hacer grandes discos. Tendríamos que ampliar nuestro pequeño y cerrado universo y descubrir cómo se hacía ahora eso de grabar.

Algunos años atrás, Donnie Ienner, entonces presidente de Columbia Records, me había dicho que Brendan O'Brien, productor de Pearl Jam y Rage Against the Machine, estaba interesado en trabajar conmigo. Y ahora su nombre, entre algunos otros, volvía a sonar. Jon y yo concertamos un encuentro con Brendan en mi estudio casero de Nueva Jersey. Hablaríamos, le pondría algunas de las piezas que tenía y veríamos adónde nos llevaban. Llegó el día. Conocí a Brendan O'Brien, un hombre de treinta y tantos años y aspecto juvenil. Era un tipo sensato, de trato fácil, sin pretensiones y seguro de sí mismo. Le puse algunas de las cosas que tenía, grabaciones recientes, maquetas antiguas, maquetas nuevas. Se concentró en unas pocas canciones y comentó que había acudido a la cita para comprobar si seguía «siendo yo mismo». Me informó de que así era, y entonces planeamos otro encuentro y una sesión de grabación en su base de Atlanta. Allí nos tantearíamos a fondo el uno al otro, pero antes de que llegase esa fecha iba a florecer sobre el área de los tres estados un bonito y luminoso día de otoño.

El 11 de septiembre de 2001, bajé del dormitorio y entré en la cocina, donde una de las mujeres que trabajaba en casa me dijo que un avión había impactado contra el World Trade Center. Recordé que una avioneta había chocado en una ocasión contra el Empire State Building a causa de la niebla, y mi primer pensamiento fue: «Pobre cabrón». Imaginé que un piloto inexperto y desorientado había volado con su Cessna o lo que fuese y se había salido de su ruta. Pero había algo raro. Sentado a nuestra soleada mesa del desayuno, observé que aquella mañana el cielo no podía estar más despejado. La causa no podía ser la mala visibilidad. La curiosidad me llevó a entrar en el salón y encender el televisor. De una de las torres emergían ondulantes columnas de humo, y entonces vi con mis propios ojos cómo un segundo avión chocaba contra la otra torre. Y no era una avioneta Cessna, sino un avión de pasajeros. Pronto supe que también el primer avión lo era, y poco después llegaba la información de que un tercer avión se había precipitado sobre el Pentágono. Estábamos siendo atacados. Me quedé sentado, como el resto del país, estupefacto ante la pantalla del televisor, donde estaba ocurriendo lo inimaginable, sintiendo que cualquier cosa, en verdad cualquier cosa, podía suceder a continuación. Navegábamos a la deriva a través de unas aguas mortales y absolutamente impredecibles cuando vi desplomarse las torres, un evento tan desconcertante e imposible que el presentador en el lugar de los hechos no podía concebir lo que estaba presenciando y se quedó sin palabras ante lo que estaba sucediendo.

A última hora de la tarde, fui en mi coche hasta el puente Rumson-Sea Bright. Generalmente, en un día despejado, desde lo más alto del puente las Torres Gemelas eran dos pequeñas líneas verticales en el horizonte. Ese día, desde la isla de Manhattan se elevaban torrenciales humaredas, a tan solo unos veinte kilómetros en barco desde donde me encontraba. Me detuve en la playa a la que solíamos acudir y me acerqué caminando hasta la orilla, mirando al norte; una delgada línea gris de humo, polvo y cenizas se extendía hacia el este sobre las aguas. Parecía el borde manchado de una lámina de azul intenso plegándose y descansando sobre el Atlántico otoñal.

Me quedé allí sentado, solo, en aquella playa de septiembre vacía bajo la inquietante calma de un cielo silencioso. Vivimos cerca de un corredor aéreo con mucho tráfico. Los aviones vuelan constantemente sobre la Costa Este en ruta hacia los aeropuertos Kennedy y Newark, y el zumbido constante de los motores de avión es una parte del tapiz sonoro de la costa como lo son las olas que chocan suavemente contra esta. Pero ese día no. Todos los vuelos habían sido cancelados. Sobre la arena se había instalado un silencio de ciencia ficción, tan letal como el de la película *La hora final*.

Al cabo de un rato, decidí volver a casa para reunirme con Patti y recoger a los niños de la escuela. Al salir del aparcamiento de la playa, con los neumáticos chirriando sobre la gravilla, dudé por un instante antes de incorporarme al tráfico de Ocean Boulevard. Justo en ese momento, un coche que salía del puente Rumson-Sea Bright pasó por mi lado. Con la ventanilla bajada, el conductor me reconoció y gritó: «Bruce, te necesitamos». Sabía en cierto modo a lo que se refería, pero…

De camino a casa, se me hizo casi imposible poner en contexto aquella mañana. Una y otra vez me venía una imagen de mí con ropa de deporte en el campo de fútbol americano del instituto, cuando alguien llegó corriendo y gritando desde la cafetería hasta el aparcamiento. Recuerdo que acerqué la cara a la valla de alambre y le escuché gritar: «Han asesinado al presidente, han disparado a Kennedy». Llegué a la entrada de la Rumson Country Day School, donde un grupo de padres había ido a buscar a sus hijos sumidos en aquel mismo silencio nervioso. Recogí a Evan, Jessie y Sam, y los llevé a casa.

El condado de Monmouth había perdido a ciento cincuenta esposos, hermanos, hijos, esposas, hijas. Durante semanas las grandes limusinas negras aparcaban delante de las iglesias y el parque del vecindario acogió vigilias con velas. En Rumson, donde residen muchos de los que acuden a diario a trabajar a Wall Street, casi todos conocían a alguien que había perdido a un familiar. Se organizó un concierto benéfico en el teatro Count Basie, donde los músicos locales se juntaron y tocaron a fin de recolectar fondos para muchas de las familias de supervivientes. Allí me presentaron a las Jersey Girls, que pronto iban a hacer tanto para forzar al gobierno a hacerse totalmente responsable por los hechos de aquel día; sus acciones llevarían a la formación de la Comisión del 11-S. La nación les debe gratitud.

The Rising tuvo su origen en la maratón televisiva a la que nos invitaron la semana después del 11 de septiembre. Compuse «Into the Fire» para aquel programa (no estaba acabada, así que interpreté «My City of Ruins», la canción que había escrito un año antes para Asbury Park). De las muchas imágenes trágicas de aquel día, no podía quitarme de la cabeza a los equipos de emergencia subiendo escaleras *arriba* mientras otros descendían corriendo hacia la seguridad. El sentido del deber, el coraje de ascender hacia… ¿qué? La imagen religiosa de la ascensión, cruzar la línea entre este mundo, un mundo de sangre, trabajo, familia, tus hijos, el aire en tus pulmones, el suelo bajo tus pies, todo lo que es vida, y… el siguiente inundaba mi imaginación. Si amas la vida o alguna parte de ella, la hondura del sacrificio de aquellos hombres resulta impensable e incomprensible. Aun así, lo que dejaban atrás era tangible. La muerte, con toda su rabia, su dolor y su pérdida, abre una ventana de posibilidad a los vivos. Destapa el velo con que lo «ordinario» cubre gentilmente nuestros ojos. Una visión renovada es el último regalo de amor del héroe a aquellos que deja atrás.

La maratón televisiva parecía una humilde forma de dar las gracias a aquellos que protegen y preservan a la comunidad, y a sus familias, que llevan esa carga como parte de sus vidas cotidianas.

No me quedé sentado preguntándome si debía escribir o no sobre aquel día. Simplemente lo hice. Viajé hasta Atlanta con «Into the Fire» y «You're Missing» en la cabeza.

Brendan aportó una renovada potencia y un nuevo enfoque a la instrumentación y el sonido de la banda. No hacía comentarios sobre el tema de las canciones; solo decía: «Estas son buenas. Ahora vete a casa y escribe algunas más». Supe desde el principio que, si iba a seguir componiendo desde una perspectiva temática, mis canciones no podían depender simplemente de su relación con lo ocurrido. Necesitaban tener vida por sí mismas, una vida en la que su coherencia interna fuese plenamente comprendida aunque nunca hubiese sucedido el 11-S. Así que compuse música rock, canciones de amor, de ruptura, espirituales, blues, potenciales hits, y dejé que la temática y los sucesos de aquel día respirasen y encontrasen su lugar en el marco que había creado. Me fui a casa, busqué canciones sin terminar en mi cuaderno y continué escribiendo.

Hacía más o menos un año que tenía «Waitin' on a Sunny Day», y encontró su lugar entre el material nuevo. Volvimos a grabar «Nothing Man», una canción que guardaba desde el 94 y que, junto a «Secret Garden», había formado parte de mi álbum en torno a «Streets of Philly». Ese tema captaba el aislamiento y la vergüenza de haber sobrevivido. «I don't remember how I felt… I'd never thought I'd live…» («No recuerdo cómo me sentí… Nunca pensé que viviría…».) «Empty Sky» fue la última canción que compuse. Mi director de arte me había enviado una foto de nubes sobre un cielo vacío y, en unos pocos días, sentado en el borde de la cama de mi hotel en Atlanta, la completé. Para «Worlds Apart» busqué otras voces, otras situaciones que añadir a las meramente norteamericanas. El 11-S había sido una tragedia a nivel mundial. Quise voces orientales, la presencia de Alá. Quise hallar un lugar donde los mundos chocasen y se encontrasen. Mi viejo amigo Chuck Plotkin me echó una mano a la hora de conseguir para «Worlds Apart» las voces de Asif Ali Khan y su grupo, los cantantes de qawwali paquistaníes. «Let's Be Friends»… ¡música playera! «Further On»… la banda echando la casa abajo. «The Fuse»… imágenes de la vida en casa durante la guerra que siguió inmediatamente al 11-S.

El disco se anima con la fiesta casera de «Mary's Place», música festiva que esconde aflicción en su seno. Quise un poco de la calidez y familiaridad de *The Wild, the Innocent & the E Street Shuffle,* un lugar acogedor, el alivio y la amistad que la música puede aportar en un momento crítico. Hacia el final de las sesiones compuse «The Rising» como contrapunto a «Into the Fire». Un vía crucis seglar, los inescrutables pasos del deber, la dura comprensión de toda la vida y el amor que han quedado atrás... el cielo abierto. «Paradise», escrita a última hora, era un estudio de diferentes impresiones de la vida después de la muerte. En la primera estrofa, un joven suicida palestino que lleva una bomba contempla sus últimos instantes en la Tierra. En la segunda, una joven esposa añora a su marido, oficial de la Armada, muerto en el Pentágono, la ausencia física, los olores, el anhelo humano por recuperar la entereza. En la última estrofa, mi personaje se sumerge profundamente en las aguas entre ambos mundos, donde se enfrenta al amor perdido, cuyos ojos están «tan vacíos como el paraíso».* Los muertos tienen sus propios asuntos de los que ocuparse, como los vivos. Al final, el círculo se cierra con «My City of Ruins», el soul góspel de mis discos favoritos de los sesenta, que habla no solo de Asbury Park, sino también, espero, de otros lugares y otras tierras. Ese era mi disco.

Después de tantos años juntos, nuestra banda estaba preparada para afrontar tiempos difíciles. Cuando la gente necesitaba dialogar, conversar sobre lo sucedido, interna y externamente, planteábamos un lenguaje que se ajustaba a esos momentos. Ahí estábamos nosotros. Era un lenguaje que esperaba que fuese entretenido, inspirador, reconfortante y revelador. La profesionalidad, las tablas, las horas de trabajo duro son muy importantes, pero siempre creí que era ese diálogo, ese idioma, lo que estaba en el centro mismo de nuestra comunión con el público. *The Rising* reanudaría esa conversación y las ideas que habían forjado a la banda.

Durante el siguiente año, la E Street Band recorrería la nación de punta a punta tratando de poner en contexto lo que era imposible

---

* «They're as empty as paradise», verso de «Paradise». *(N. del T.)*

contextualizar. Tal vez los horrores físicos y psíquicos iban más allá de la capacidad de la música y el arte para comunicar, explicar, sanar o incluso comentar. No lo sé. Venir de un lugar que había sido golpeado con tanta dureza, hablar con los bomberos que sirvieron en la Zona Cero, con los capitanes de los ferrys que cruzaban la bahía de Sandy Hook trayendo de vuelta a los supervivientes, sus cubiertas tapizadas por un grueso manto de ceniza, y mi propio deseo de usar el lenguaje que había aprendido como músico para ordenar lo que me rondaba la cabeza... todo eso hizo que me decidiese a escribir estas canciones. Primero, escribes para ti mismo... siempre, para que la experiencia y el mundo que te rodea adquieran sentido. Es una de las formas en que consigo mantenerme cuerdo. Nuestras historias, libros y películas son el modo en que nos enfrentamos al azaroso y traumático caos de la vida mientras esta se despliega. Cuando aquel tío gritó «Bruce, te necesitamos», era una exigencia exagerada, pero supe lo que quería decir; también yo necesitaba a alguien, algo. Al conducir hacia mi casa aquel solitario día para encontrarme con mis hijos y mi esposa, con mi gente y de nuevo contigo, me volví hacia el único lenguaje que conozco para mantener a raya los terrores nocturnos, reales e imaginarios, una y otra vez. Era lo único que podía hacer.

SESENTA Y SIETE

SALVAJE ESTE

Tras dos giras consecutivas con la reconstituida E Street Band, quise regresar a la música que había compuesto durante la gira de *Tom Joad*. Volví a ella, escogí lo mejor, escribí una nueva canción, «Devils & Dust», y Brendan O'Brien me ayudó a terminar el disco que había empezado en mi granja al final de *Tom Joad*. Brendan quería volver a grabar las canciones desde el principio, pero las versiones domésticas me gustaban mucho y decidí quedarme con ellas. Añadimos algunos pequeños detalles para embellecerlas, sutiles arreglos de cuerda y metales; Brendan hizo las mezclas, y ya estaba. Continué con una gira en solitario de conciertos acústicos, y luego regresé a casa.

Siempre había querido ser propietario de algún terreno cerca de mi pueblo natal. Y entonces me acordé de uno por el que solía pasar con la moto después de cumplir los treinta. Miraba su hermosa vereda y a menudo pensaba… algún día. La propietaria era una artista que vivió allí hasta su muerte. Se puso a la venta. Patti y yo lo meditamos bastante tiempo y al final lo compramos.

Desde que estamos juntos, Patti siempre me había dicho que le encantan los caballos. La última vez que yo había montado a caballo llevaba uniforme de boy scout novato, pero teníamos claro que queríamos ver animales retozando en esos pastos. Unas semanas después de haber vallado la finca, llegaba un tráiler a nuestra recién adquirida Ponderosa con caballos provenientes del hipódromo de Saratoga. El amable caballero que nos los vendió nos informó de que eran todos de la mejor raza y podían ser montados hasta por un chimpancé ebrio. Perfecto. Sin ninguna experiencia como jinete, me subí a uno. Había visto un millón de westerns, no podía ser tan difícil.

Y entonces me vi arrastrado por toda la granja por un hijo de Secretariat tras otro, hasta que di con uno que «más o menos» atendía a mis ineptas órdenes. En los siguientes meses reunimos una caballeriza que comprendía desde caballos fácilmente manejables hasta otros solo indicados para gente propensa al suicidio.

LECCIÓN 1: Nunca te montes en un caballo llamado «Relámpago», «Trueno», «Hacedor de Viudas», «Enterrador», «Viaje de Ácido», «Huracán» o «Muerte Súbita».

LECCIÓN 2: Toma algunas clases.

Contratamos a un instructor que me dio unas cuantas lecciones básicas, pero no saqué nada bueno de ello. La espalda me dolía horrores y no tenía ni idea de qué dirección podría tomar la media tonelada de animal que tenía entre mis piernas. Hasta que sucedió un milagro. Patti encontró un viejo y mugriento palomino. Sentado a horcajadas sobre él, me sentía como en casa. Tenía un paso hermosamente ligero, suave como un Cadillac, y era extremadamente tranquilo, maduro y confiado. No le molestaba el torpe mando del neófito que llevaba sobre su lomo. «Yo te bautizo "Cadillac Jack".»

Este caballo me enseñó a montarlo hasta que pude ponerlo a pleno galope, mi vientre plano sobre su lomo, a una velocidad que sin duda debía de estar prohibida en Monmouth Park. Cuando cabalgábamos por los bosques, los ciervos y los animales pequeños no le asustaban, el viento no le ponía nervioso y la oscuridad no le impelía a acelerar el paso para volver a casa. En una ocasión, después de un aguacero, el caballo se fue hundiendo hasta las ancas en el fango de un riachuelo poco profundo mientras yo seguía sentado sobre su lomo. Acabé montado a horcajadas, todavía en la silla pero con ambos pies plantados en el suelo. Desmonté tranquilamente, hasta que con mucho esfuerzo el animal logró salir de allí y seguimos adelante.

Durante nuestros primeros años en la granja, aquellas bestias me tiraron al suelo muchas veces. Me sacudía el polvo y volvía a montar, pero agradezco que aquello ocurriese cuando era un cuarentón, cuando mi resistencia física estaba todavía al máximo. Me tiraron de todas las formas posibles, y tras levantarme me reunía alegremente con mi montura, que si tenía suerte estaba solo a unos pocos metros. En caso contrario, de vuelta al establo. Muchos de nuestros compañeros equinos se ganaron sus nombres. Un hermoso caballo castrado que se parecía a Black Beauty se convirtió por desgracia en «El que Teme a las Cosas Pequeñas». Si un conejo, un perrito de las praderas, un zorro o una ardilla se cruzaba en su camino, salía disparado, «Hi-yo Silver, away!», mientras yo me quedaba tirado de espaldas mordiendo polvo, hierbajos y tierra. Cuando me acercaba a la cuarentena, estuve yendo durante una breve temporada a un gimnasio de yudo donde me aficioné bastante a eso de ser arrojado al suelo. Durante aquellos dos años pasé un espacio de tiempo razonable volando por los aires con los hombros en alto hasta que me pegaba un buen porrazo contra la estera. Esto me sería de gran ayuda cuando decidí hacerme el cowboy. Teníamos otro caballo, un fantástico animal de desfile y muy bien entrenado para el espectáculo, llamado «Cal». También conocido como «El que No Soporta que le Acerquen Cosas a la Cabeza». Era el mejor caballo que he tenido y el amor ecuestre de mi vida, pero… tenía una manía. Siendo un potro, alguien debió de darle un fuerte golpe a un lado de la cabeza, porque al acercar cualquier objeto a sus ojos salía corriendo al trote hacia las colinas. Después de algunos olvidos al respecto, aprendí a respetar su peculiaridad.

Una tarde, en una de nuestras fiestas de otoño a la que acudieron un centenar de amigos y parientes, contratamos a una banda de mariachis de veinte músicos de Nueva York. El cantante pidió hacerse una foto subido a «un fogoso corcel», así que sacamos a Cal, el mejor que teníamos. El cantante se montó, pero se dejó el sombrero en el suelo. Le pidió a un compañero del grupo que lo recogiera y se lo diera, justo en el momento en que iba a decirles que aquello no era una buena idea. Demasiado tarde. En cuanto el sombrero pasó junto a la cara de Cal, el caballo empezó a girar en dirección contraria. Esto hizo que nuestro cantante, tratando de mantener frenéticamente el equilibrio, completara el giro del animal, con lo que el sombrero pasó de nuevo a la altura de los ojos del caballo. Y, naturalmente, este siguió girando y girando. Cal, con las pezuñas traseras clavadas en el suelo, realizó una serie de bruscas piruetas de 360 grados hasta que mi amigo, con los ojos desorbitados, salió lanzado en plan misión de la NASA y cayó al suelo. El hombretón aterrizó en medio de una nube de polvo a los pies de sus compañeros, que estallaron en grandes carcajadas. El cantante se levantó tranquilamente, se quitó el polvo y se dirigió hacia las mesas donde comíamos, y luego todo el grupo empezó a cantar «¡Guadalajara! ¡Guadalajara!», seguida por una «Macarena» bailada por todos los asistentes.

A menudo organizábamos pequeños rodeos con jinetes profesionales de broncos, carreras de barriles y encierros en los que todos participábamos. Nuestros encierros eran algo bastante sencillo. Se alinean una serie de chupitos de tequila sobre la valla. Se numera a las vacas. Sacas un número y, junto con un compañero, debéis separar a esa vaca del rebaño y conducirla hasta un pequeño corral. Gana el equipo que consigue hacerlo más rápidamente. Los otros deben beber. Y, en cuestión de minutos, todo son risas.

El Charro

La mayoría de nuestros rodeos los presentaba Juan Marruzo Sánchez. Juan era de México, donde había sido galardonado con el premio al Mejor Vaquero Mexicano en 1994. Se había casado con una chica de Jersey que pasaba sus vacaciones en México y, por incongruente que parezca, ahora residía en un apartamento en Brick, Nueva Jersey. Como inmigrante hispano recién llegado, y con un fuerte acento que le dejaba en desventaja, acabó trabajando en las granjas de los alrededores, limpiando establos y cuidando caballos, sin que trascendiera su gran habilidad como jinete. Un día le pedí a mi asistente Terry Magovern que buscase documentación sobre unos versos referentes a México que estaba escribiendo para mi canción «Reno». Terry contestó: «Oye, en el piso de arriba de mi apartamento de Brick vive un vaquero mexicano. Quizá deberías hablar con él». Unas semanas más tarde, Juan se presentó en nuestro rancho y se quedó. Me pasó unos cuantos libros sobre los temas que me interesaban y hablamos un rato. Pero la mayor parte de aquella tarde la ocupamos en una demostración de equitación al estilo charro. Juan era también un maestro con el lazo, y bajo su tutela mi primo Ricky y yo aprendimos a dominar algunos trucos simples con la cuerda.

Una noche en que conducíamos las vacas de vuelta al tráiler, un becerro se escapó. Mi cuñado Mickey, que montaba en rodeos, lo agarró literalmente por los cuernos, aunque pronto se vio que no iba a resultar tarea fácil. Los becerros son más fuertes de lo que parecen, y con un golpe de cabeza te levantan del suelo. Aquel consiguió soltarse y salió corriendo a toda velocidad hacia el extremo oriental de la finca en dirección a la Ruta 34. Era un fin de semana de verano. La carretera estaba llena de papás y mamás, los pequeños Billy, Sally, Sue y la abuela, que volvían a casa de la playa en sus monovolúmenes. Mientras tanto, Juan había desaparecido dentro del establo y salió de allí al galope, lazo en mano, a lomos de Ranger, su caballo favorito.

Nos pusimos en marcha. Salté sobre mi cuatrimoto ATV, junto con el padre de Juan y Jay, el hijo de ocho años de Max Weinberg, y emprendimos la persecución del bovino huido, que en ese momento se dirigía hacia una arboleda. Era el último obstáculo que separaba nuestra finca de un campo abierto y de dos carriles abarrotados de desprevenidos conductores suburbanos de fin de semana. Tuve visiones de un desastre total y de titulares que decían: «¡El Ford Bronco de Bennie arrollado por el toro del Boss!». Entonces, como a unos quince metros de la arboleda, vi a Juan y Ranger entrar en acción: el brazo derecho de Juan en alto, con el lazo preparado, y Ranger cambiando de dirección súbitamente y una delgada cuerda trazando un arco en el aire y... ¡bam! Justo en la diana. El lazo cayó de manera perfecta e increíble sobre los cuernos del becerro, al tiempo que Juan enrollaba el otro extremo en la cuña de la silla de montar y nuestra presa frenaba en seco. El padre de Juan bajó de la cuatrimoto y lanzó otra cuerda sobre los cuernos, y a continuación yo lancé la mía formando un triángulo. Hicimos falta los tres, empapados en sol y sudor, para trasladar al fuerte becerro de vuelta al tráiler. Jay Weinberg tuvo la última palabra. Miró a Juan y dijo: «Uau. Un cowboy de verdad».

SESENTA Y OCHO

LAS SEEGER SESSIONS

En 1997 grabé «We Shall Overcome» para *Where Have All the Flowers Gone: The Songs of Pete Seeger.* Al haber crecido como un chico del rock and roll, no sabía mucho acerca de la música de Pete ni la hondura de su influencia. Pero, en cuanto empecé a escucharlo, me impresionó la abundancia de canciones, su riqueza y su poder. Cambió totalmente mi percepción de la «música folk». A través de Soozie Tyrell, conocí a un grupo de músicos de Nueva York que ocasionalmente venían a tocar a la granja. Acordeón, violín, banjo, contrabajo, tabla de lavar: el sonido que estaba visualizando para el proyecto Pete Seeger. Nos instalamos codo con codo en el salón de la granja (los instrumentos de metal en el pasillo), di la entrada con los acordes de «Jesse James» y ya estábamos en marcha.

Hicimos media docena de tomas. Las guardé durante casi una década, pero, de vez en cuando, volvía a escucharlas. No se parecían a nada de lo que había grabado antes y su frescura atraía poderosamente mis oídos. Organicé otra sesión en 2005 y luego una más en 2006. Todo lo que aparece en el disco se grabó en esas tres sesiones de un día (1997, 2005 y 2006), en su mayor parte a la primera o segunda toma, totalmente en vivo y con una banda con la que no había tocado una sola nota antes de que se presentasen en el baile del granero de nuestra granja. Había nacido la Sessions Band.

Hubo un concierto en Norteamérica que destacó no solo como uno de los mejores, sino como uno de los más significativos de mi vida profesional: Nueva Orleans.

Me habían invitado a actuar como cabeza de cartel en el primer New Orleans Jazz and Heritage Festival después del Katrina. Por fin disponía de una banda que sentía que podía encajar en el contexto de un festival de jazz y soportar el peso de un momento tan trágico.

Era consciente del gran simbolismo que el festival tendría aquel año para Nueva Orleans y quise asegurarme de que estaríamos a la altura de las circunstancias. La población había pasado por un auténtico infierno, viendo cómo la mitad de su ciudad había quedado destruida; la gente iba a asistir por razones muy profundas y eso era algo que debía ser tomado en consideración.

Antes de partir hacia Luisiana, pensé en el himno no oficial de la ciudad, «When the Saints Go Marching In». Me obsesioné con la búsqueda de su letra *completa*. Vi que gran parte de la misma jamás se había escuchado y que se trataba de una pieza musical mucho más seria de lo que popularmente se conocía a lo largo de los años. Ralenticé la canción hasta convertirla en una meditación sobre la resistencia, la supervivencia y el compromiso con un sueño que sigue vivo a través de la tormenta, la destrucción y los escombros. Del modo en que lo presentamos, se trataba de un himno tranquilo, pero que era una forma de dar las gracias y entonar nuestra plegaria por la ciudad

que había visto nacer el blues, el jazz, el rock and roll y gran parte de
la épica cultura norteamericana.

Para poder llevar a cabo la prueba de sonido en los terrenos del festival, el día de la actuación debíamos estar en el escenario a las ocho
y media de la mañana. Para un músico eso es tan brutal como un
golpe en las entrañas, pero *teníamos* que probar el sonido. Era el primer bolo ante el público de una nueva banda. Debía asegurarme de
que mis músicos estuviesen cómodos y dejar el escenario sabiendo que podíamos sonar fantásticamente. The Edge, de U2, estaba allí
con nosotros desde primera hora, para ver cómo nos iba. Los tíos de
U2 son mis *compadres** desde hace mucho tiempo, desde aquel concierto en un club londinense en 1981. Siento un gran vínculo con
su grupo. Bono fue quien hizo el discurso de mi ingreso en el Rock
and Roll Hall of Fame, y aparte de ser una de las últimas bandas de
rock que siempre quieren llegar a *todos* los públicos, resulta que además son unas de las personas más encantadoras que he conocido en
el negocio musical. Después de tantos años aún siguen apoyándome
y acudiendo a mis conciertos regularmente, así que fue agradable ver
la perilla de The Edge sonriendo desde un lado del escenario.

Estuvo lloviendo toda la mañana, el terreno estaba totalmente empapado y aquello parecía la tierra de los mil lagos. El frío y la humedad se calaban en los huesos. Arrancamos con «How Can a Poor Man
Stand Such Times and Live» de Blind Alfred Reed, y lo primero que
noté es que el escenario era una zona muerta a nivel acústico, con
muy poco sonido ambiental. Esto hace que todo suene plano y apagado, incluso demasiado bajo, para el grupo. El equipo de sonido
general estaba demasiado lejos para añadir ese punto más de volumen
y plenitud que te hace saber que escuchas lo mismo que está haciendo reaccionar al público. Es algo que ocurre a menudo en recintos al
aire libre. Para el público el sonido es claro, sin el eco de un pabellón,
pero el grupo puede sentirse apartado de la gente, lo cual siempre

---

* En español en el original. *(N. del T.)*

resulta fatal en mi caso. Así que te adaptas. Te concentras y *saltas* ese obstáculo entre el público y tú. Luego dejas que el chute de adrenalina de estar tocando haga el resto.

Tras la prueba de sonido, bajamos sonrientes del escenario. Iba a salir bien. Me quedé entre bastidores, felicité a la banda y les dije que íbamos a disfrutar de una gran tarde.

Concierto en Nueva Orleans

Allen Toussaint, padrino espiritual de Nueva Orleans (fallecido en noviembre de 2015), actuó justo antes que nosotros. Un telonero fabuloso que te deja el listón muy alto. Tras su actuación, vino a conocernos. Se comportó como el elegante y gentil alcalde de Nueva Orleans y nos dio la bienvenida a la ciudad. Llegaba el turno de los «chicos». Salimos a escena y nos aplaudieron amablemente —no de forma tumultuosa, pero sí acogedora—, y empezamos con «Mary Don't You Weep». Inmediatamente me di cuenta de que aquel público no iba a ser fácil. Iban a ser testigos de algo que ni siquiera nuestros fans allí presentes para apoyarnos habían visto nunca, y gran parte de la audiencia estaba allí para ver a los muchos otros artistas fantásticos que actuaban aquel día. Así que tuvimos que currárnoslo. Hay veces en que dos piezas tienen que moverse y removerse un poco, encontrar un margen de maniobra hasta que encajan en su sitio. Veía que aquello era lo que estaba sucediendo, y cuando pasa eso lo que hay que hacer es bajar la cabeza y tocar tu música. Debes confiar en todo el planteamiento y los ensayos que te han llevado hasta allí. Aun así, resulta siempre enervante.

Al final fue una hermosa tarde. Tocamos durante la hora antes de la puesta de sol y la meteorología era gloriosa. Poco a poco, las cosas empezaron a moverse, a dejarse ir; la gente comenzó a bailar, a balancearse, a asimilar el ruido que hacíamos y seguirlo. ¡Tuvimos las pelotas de tocar «Jersey Dixieland» en Dixieland! El público nos estaba examinando, pero también mostró su generosidad. Y entonces llegamos a «How Can a Poor Man» y me aseguré de enunciar cada verso tan claramente como pude para que se me entendiese bien. Llevábamos en escena una hora y quince minutos y yo empujaba el ritmo hacia el rock, mientras permitía que la banda siguiese swingueando. Pude notar que gradualmente aquellas dos piezas iban encajando. Y llegó «My City of Ruins»… justo lo que hacía falta. Un reconocimiento mutuo del dolor y los tiempos difíciles.

Acabamos cuando se ponía el sol. Caminé hasta el frente del escenario, desde donde a mi izquierda, sobre el borde del campo, el sol se desvanecía, una bola roja en el horizonte. Dejé que su luz dorada me bañase como ningún foco podría hacerlo, y sentí que banda y público se echaban unos en brazos de otros. Finalizamos con el arreglo henchido de plegaria de «Saints» que habíamos preparado para ese preciso momento. Bajo los últimos rayos de sol, vi pañuelos blancos ondeando en un millar de manos. Cayeron algunas lágrimas, tanto entre el público como sobre el escenario, mientras llegaba la fría noche y la gente se dispersaba de vuelta a las calles de la Crescent City.

He actuado muchas, muchas, muchas veces, pero ninguna actuación fue como aquella. Tuve que trabajar muy duro para liderar a la banda con una convicción que no estaba del todo seguro de sentir yo mismo. Pero quizá de eso se trataba en aquel concierto: de intentar superar la incertidumbre del momento y encontrar algo sobre lo que sostenerse. Este tipo de actuaciones no se pueden programar, manufacturar o forzar. Es una cuestión del momento, el lugar, la necesidad, y un deseo de servir humildemente para superar los trágicos sucesos ocurridos. Allí, en Nueva Orleans, había un trabajo de verdad que llevar a cabo. Una labor que las notas hermosas pero fugaces que fluyeron gracias a los participantes de la jornada, y que saltaron del escenario hacia las calles de Nueva Orleans, solo podían arañar superficialmente. Aun así, algo tan aparentemente inconsecuente como la música puede ser de gran utilidad en ciertos momentos. Se produce esa conjunción, esa exaltación, un fortalecimiento que tiene lugar cuando las personas se juntan y se mueven *al unísono* unas con otras. Es algo muy hermoso.

Aquel fue uno de los conciertos que ascendió directamente hasta la cima misma de mi lista. No sé si *nosotros* estuvimos muy bien, pero sí sé que fue una tarde fantástica. A veces, con eso es suficiente y es todo lo que el día requiere.

En los años setenta fui a un concierto de Grateful Dead en un colegio universitario. Vi a la gente balanceándose y bailando como en trance, pero no conecté para nada con aquello. Para mí —sobrio, nada místico, hippie solo a medias, como mucho—, sonaban como una banda de bar sin demasiado talento. Volví a casa un tanto desconcertado. No sé si los Grateful Dead estuvieron bien, pero sé que *hicieron* algo fantástico. Años después, cuando llegué a apreciar su sutil musicalidad, la hermosa y lírica guitarra de Jerry Garcia y la pureza folk de sus voces, comprendí lo que me había perdido. Tenían una habilidad única para construir un sentido de comunidad, y en ocasiones lo que importa no es lo que haces sino lo que ocurre mientras lo haces. Aquel año en Nueva Orleans éramos en cierto modo una rareza, pero estuvimos a la altura de nuestra importante misión allí. Luego Nueva Orleans hizo el resto.

Mucho de lo que hace la E Street Band es como un truco muy usado que, por medio de la voluntad, el poder y una intensa comunicación con nuestro público, se transforma en algo trascendente. A veces eso es todo lo que se necesita. Una vez leí la reseña de un grupo muy competente para fabricar éxitos, en la que el crítico afirmaba: «Todo lo que no es importante lo hacen muy bien». Supe exactamente lo que quería decir. La música rock and roll, al fin y al cabo, *es* una fuente de poder religioso y místico. Tu forma de tocar puede ser una mierda, tu canto apenas viable, pero si cuando te juntas con tus colegas delante de *vuestro* público y producís *el ruido*, ese que sale del centro mismo de tu ser, de tu divinidad, de tus tripas, del punto infinitesimal del origen del universo… estás tocando rock and roll y eres una *estrella* de rock and roll en todos los sentidos del término. Los punks sabían esto instintivamente y crearon una tercera revolución a partir de ello, pero se trata de un elemento esencial en la ecuación de toda gran unidad musical y banda de rock and roll, no importa lo terrenal de su presentación.

SESENTA Y NUEVE
*MAGIC**

Al final de la gira de *The Rising*, tenía algunas canciones que había escrito mientras estábamos en la carretera. Brendan O'Brien vino a verme de nuevo. Le mostré el material y partimos de ahí. Recuerdo que compuse buena parte de *Magic* sentado a mi mesa de trabajo en Rumson, pero para entonces ya solía escribir en cualquier sitio, donde me pillase. Ya no separaba las giras de la tarea de composición, como hacía los primeros años. A menudo escribía antes del concierto en mi camerino, o después en la habitación de hotel. Se convirtió en un modo de meditar antes y después de una noche de ruido. En el silencio, perdido en mis pensamientos, viajando a lugares en los que nunca había estado antes, mirando a través de los ojos de gente que no he conocido en persona, soñaba los sueños de refugiados y extraños. Esos sueños eran de algún modo también míos. Sentía sus

---

* «Magia», álbum publicado en 2007. *(N. del T.)*

temores, sus esperanzas, sus deseos, y cuando funcionaba, me sentía despegar desde mis aposentos y me encontraba a mí mismo en alguna autopista metafísica en busca de vida y rock and roll. *Magic* era mi protesta del estado de la nación acerca de la guerra de Irak y la época Bush.

En su conjunto, en *Magic* apunté a lo político y lo personal para fundir ambas facetas. Puedes escucharlo entero sin llegar a pensar siquiera en las políticas de aquel momento, o puedes advertirlas haciendo tictac en el desarrollo interno de la música.

Como muchas de las anteriores giras, la de *Magic* empezó en el Convention Hall de Asbury Park. Allí, siendo un joven aspirante a músico, había visto a los Doors con Jim Morrison, cuya presencia en vivo y dominio del escenario te envolvían completamente, y en 1966, no recuerdo bien por qué, me perdí a los Rolling Stones cuando pasaron por allí. Vi a los Who destrozando su equipo en medio de una nube de humo ante unos adolescentes pasmados que habían acudido con mamá y papá para ver a los cabezas de cartel, Herman's Hermits. El espectáculo de los Who me hizo salir corriendo febrilmente a la búsqueda de una luz estroboscópica y una máquina de humo para mi próximo bolo con los Castiles en el CYO. Allí, al final de nuestro pase, una noche de sábado en el sótano de Santa Rosa de Lima, puse en marcha la luz estroboscópica y la máquina de humo, me subí a una silla y arrojé con fuerza al suelo un jarrón de flores que había robado de una clase de primaria. No es que esto tuviese el impacto nihilista del gesto de Pete Townshend al golpear su guitarra contra el humeante amplificador Vox, pero mi escaso presupuesto y disponer de una sola guitarra no daban para más.

Convention Hall fue la primera mansión de mis sueños de rock and roll. Allí, bajo su techo, esperaba un mundo más grandioso, actuaban magos de verdad y todo era posible. Combates de enanos, muestras de yates tan grandes como tu patio trasero, exhibiciones de vehículos hot-rod, competiciones de patinaje y bautismos de rock'n'roll corrían por las venas de esta modesta sala de conciertos que para mí tenía las dimensiones del Madison Square Garden. Al cruzar sus puertas entrabas a la avenida interior del Convention Hall. Puestos de algodón de azúcar, camisetas baratas, conchas marinas, salones recreativos y un interminable desfile de objetos decorativos de baratillo te acompañaban hasta las puertas de la sala, cuyo interior prometía absurdo y trascendencia a partes iguales. Hoy en día sigue siendo más o menos igual.

Para mí, ahora solo es un hogar. Mi hogar, el paseo marítimo de Asbury, donde llevo a mi banda para reconectar con nuestro origen, para ponernos en forma y prepararnos para las batallas de nuestra próxima aventura. Aquí, en el paseo, interpreto el papel del fantasma de la Navidad pasada mientras la ciudad y su nuevo y estimulante desarrollo pasan de largo ante mí. Hay incluso un ridículo busto de mi persona en algún lugar de la ciudad, primorosamente listo para recibir cagadas de gaviota. Aun así, en cualquier noche de verano puedo sentirme como en casa paseando por allí con mi manto de invisibilidad ninja, una gorra de béisbol, lo que me hace tan irreconocible como lo era en 1969. Sigo sintiéndome entre amigos, entre mi gente. Sigue siendo mi lugar, un lugar que todavía me nutre y que amo. Así que, una fresca mañana de septiembre, cargamos todo nuestro equipo y pusimos rumbo a Hartford, Connecticut. Estábamos en marcha.

Aquella fue la primera gira en que la enfermedad obligaría a un miembro de la banda a perderse algunos conciertos. Danny Federici había desarrollado un melanoma y necesitaba tratamiento médico en serio. En un principio, le habían diagnosticado erróneamente y el cáncer se le había extendido. No nos dijo que había estado recibiendo tratamiento, pero ya no podía ocultarlo por más tiempo a la banda. Bajo su tutela, Charlie Giordano, de la Sessions Band, tocó en algunos conciertos, hasta que finalmente le sustituyó al órgano mientras lo trataban.

Una noche, en uno de los breves retornos de Danny a la banda, entró en mi camerino antes del concierto y se sentó en una silla frente a mí. Básicamente me contó que las cosas no iban bien. Llegó un momento en que pareció quedarse sin palabras y, con un gesto silencioso, puso una palma de la mano sobre la otra, tratando de decirme lo que yo ya sabía. Sus ojos se humedecieron y nos quedamos allí sentados, mirándonos el uno al otro… llevábamos treinta y cinco años juntos. Le di todos los ánimos que pude para tranquilizarle. Nos levantamos, nos abrazamos durante un buen rato y salimos a tocar. Poco después, Danny actuaba por última vez con nosotros, en el Conseco Fieldhouse de Indianápolis, el 20 de marzo de 2008. Todos en la banda sabíamos que era la última vez. No volveríamos a ver a Danny sobre el escenario.

Danny creía en el mundo tal y como es. Jamás hizo comentario alguno sobre una sola letra o idea de los cientos de canciones que yo había escrito. Esas mismas canciones que, mágica e instintivamente, sus dedos y su corazón sabían colorear a la perfección. Danny y yo nunca estuvimos tan unidos como las noches en que me encontraba en mi peor estado. Nunca te juzgaba. Se limitaba a observar y exhalar un suspiro. Siempre pensé que era una mala manera de superar la brecha entre ambos. Y lo era. Pero cuando la situación era al contrario y trataba de llevar a Danny al terreno de la responsabilidad personal, me sentía como su capataz o como su viejo con una vara tan profundamente metida por el culo que me avergonzaba de mí mismo.

Como líder, incluso en una banda de rock and roll, siempre hay algo de *padrone* en la descripción de tu tarea, pero es una línea difusa. Y los miembros con los que más plenamente interpreté ese papel generalmente acababan funcionando peor.

Sin embargo, Danny se esforzó. Venció al alcoholismo, se mantuvo bastante fiel a su programa de Alcohólicos Anónimos y trabajó para enderezar su vida. Pero, al final, las cosas nunca fueron fáciles para Dan Federici.

Una tarde de primavera, unos cuantos de nosotros nos reunimos en un hospital de Manhattan alrededor de la cama de Danny. Formamos un círculo cogidos de las manos, cada uno rezó sus plegarias y nos despedimos de él.

Danny murió el 17 de abril de 2008. Dejó a un hijo, Jason; dos hijas, Harley y Madison; y a su esposa, Maya. El 21 de abril tuvo lugar una emotiva y luminosa ceremonia en su recuerdo en la iglesia Metodista Unida de Red Bank. En medio de una sala abarrotada, se tocó música, se recordaron anécdotas y se pronunciaron sentidas despedidas.

Yo había visto a Danny luchar y vencer algunas duras adicciones. Le vi esforzarse por enderezar su vida y, en la última década, cuando la banda se reunió, disfrutar sentado ante su formidable órgano B3. Le vi luchar contra el cáncer sin quejarse y con un ánimo y un coraje enormes. Era un fatalista para el que siempre brillaba el sol. Nunca se rindió, hasta el final.

Antes de salir a escena aquella última noche en Indiana, le pregunté qué quería tocar y me dijo «Sandy». Quería colgarse el acordeón y revisitar el paseo marítimo de nuestra juventud, cuando deambulábamos por allí en las noches de verano con todo el tiempo del mundo en nuestras manos.

Quería tocar una vez más, claro está, la canción que trata del final de algo maravilloso y el inicio de algo nuevo y desconocido.

Pete Townshend dijo en una ocasión: «Una banda de rock and roll es una locura. Conoces a unas personas cuando eres un crío, pero, a diferencia de cualquier otra ocupación en todo el mundo, te ves unido a ellas para el resto de tu vida, sin importar quiénes sean o las locuras que hagan».

Si no tocásemos juntos, probablemente los miembros de la E Street Band no hubiésemos llegado a conocernos. No estaríamos juntos en una misma habitación. Pero lo estamos... tocamos juntos y cada noche a las ocho salimos juntos a escena, y ese, amigo mío, es un lugar donde suceden milagros... milagros antiguos y nuevos. Y nunca olvidas a aquellos con los que has vivido y presenciado milagros. La vida no os separará. La muerte no os separará. Te sientes honrado al poder estar entre aquellos que hacen milagros por ti, como Danny los hacía cada noche por mí.

Naturalmente todos nos hacemos mayores, y sabemos que «es solo rock and roll»… pero no lo es. Después de toda una vida viendo a un hombre que noche tras noche hace milagros por ti, el sentimiento que te embarga se parece muchísimo al amor.

DOMINGO DE SUPER BOWL

Seis Thunderbirds de las fuerzas aéreas acaban de pasar rugiendo a escasos centímetros, o eso nos ha parecido, de nuestras cabezas en la zona de backstage, haciéndonos un corte a cepillo a la E Street Band y a mí. Faltan veinte minutos para salir a escena y estoy en mi tráiler intentando decidir qué botas ponerme. Tengo un bonito par de botas vaqueras que me quedan muy bien, pero me preocupa su estabilidad. La Super Bowl no se celebra en un recinto cubierto, y dos días antes ensayamos en medio del terreno de juego bajo un auténtico chaparrón. Quedamos todos empapados y el escenario estaba tan resbaladizo como un estanque congelado. Resbalaba tanto que me falló la rodilla y choqué contra Mike Colucci, nuestro operador de vídeo, cuya cámara fue lo único que me salvó de caer sobre el césped empapado. Cuando nuestro «árbitro» para «Glory Days» salió corriendo, no pudo detenerse y ejecutó una de las más perfectas y dolorosas caídas del tipo «hombre resbala con una piel de plátano» que yo haya visto. Lo que hizo que Steve, yo mismo y toda la banda estallara en una de las mayores carcajadas inducidas por el estrés de nuestras vidas, y que duró todo el camino de vuelta hasta nuestros tráilers.

Mejor me pongo las botas de combate que suelo usar. La puntera redonda me dará más sujeción a la hora de frenar sobre el escenario que las puntiagudas botas vaqueras. Meto dos plantillas para que queden lo más sujetas posible, me las acordono cómodamente alrededor de los tobillos, doy unos pisotones por el tráiler y me siento bastante fijado al suelo. Quince minutos... estoy nervioso. No son los habituales nervios o el nudo en el estómago que he experimentado antes. Me refiero a la clase de semiterror del «faltan cinco minutos para desembarcar en la playa», *Elegidos para la gloria*, «Señor, no permitas que la cague delante de un millón de personas». Solo dura un minuto... Me arreglo el pelo, me lo rocío con algo que lo convierte en cemento, y salgo por la puerta.

Veo a Patti, que sonríe. Ella ha sido mi sostén toda la semana. Le paso el brazo por la espalda y nos ponemos en marcha. Nos transportan en un carrito de golf hasta un túnel a la derecha del campo. El problema es que allí hay como un millar de personas: cámaras de televisión, periodistas de todo tipo y caos generalizado. De pronto, cientos de personas pasan corriendo en una ordenada columna a nuestro lado, gritando y saludando... ¡nuestros fans! Y esta noche también los constructores de nuestro escenario. Son los «voluntarios». Llevan dos semanas aquí por iniciativa propia, montando y desmontando día tras día en el campo las piezas de nuestro escenario, una y otra vez hasta lograr, en teoría, una precisión militar. Ahora la cosa va en serio. Espero que lo hayan memorizado muy bien todo, porque, cuando somos escoltados hacia el campo, con las luces del estadio encendidas y el aullido demencial de setenta mil fanáticos del fútbol americano atronando en nuestros oídos, no hay nada allí. Nada... ni equipo de sonido, ni luces, ni instrumentos, ni escenario, nada salvo el brillantemente iluminado y poco acogedor césped. De repente, un ejército de hormigas aparece desde todos los rincones de lo que parece ninguna parte, cada uno empujando por el campo una pieza de nuestro sustento vital, de nuestra Tierra. Ha llegado la caballería. Lo que en un día de concierto nos toma ocho horas, se hace en cinco minutos. Increíble. Todo lo que conforma nuestro mundo está ahí... o eso esperamos. Nos reunimos a unos metros del escenario, formamos un círculo y nos cogemos de las manos; digo unas pocas palabras que son ahogadas por el barullo del público y todos sonríen. He estado antes en muchas situaciones de alto riesgo como esta −aunque no *exactamente* como esta−, y con estas mismas personas. Resulta estresante, pero nuestra banda está hecha para momentos así... y está a punto de comenzar... así que, guerreros felices, subimos todos a escena.

El encargado de escenario de la NFL me hace la señal de tres minutos... dos minutos... uno... un tipo va dando saltos arriba y abajo en distintas secciones del escenario para que el público se siente ordenadamente sobre el césped del campo... treinta segundos... nuestros monitores aúllan con ruido de interferencias... todavía están probando todos los altavoces y el equipo... ¡la cosa va muy ajustada! Se apagan las luces del estadio. El gentío estalla y el ritmo de batería de Max arranca con «Tenth Avenue». Durante un momento siento la silueta de Clarence y la mía envueltas en una cegadora luz blanca. Oigo el piano de Roy. Choco mi mano con la de C. Me pongo en marcha, le lanzó la guitarra por el aire a Kevin, mi técnico de guitarras, para que la cace al vuelo, y... «¡Señoras y señores, durante los próximos doce minutos vamos a llevarles el poder virtuoso y potente de la E Street Band hasta sus bonitos hogares. No se acerquen al bol de guacamole. ¡Suelten las alitas de pollo! ¡Y suban el televisor al MÁXIMO volumen!». Porque, por supuesto, solo hay una cosa que quiero saber: «¡¿HAY ALGUIEN VIVO AHÍ FUERA?!». Me siento como si me hubiese inyectado una jeringuilla de adrenalina directamente en el corazón. Luego me subo al piano (buenas botas). Me lanzo sobre las tablas. Uno, dos, tres... caída de rodillas delante del micrófono y me echo hacia atrás hasta que mi espalda casi toca el suelo. Cierro los ojos un instante, y al abrirlos solo veo un cielo nocturno azulado. No a la banda, ni al público, ni el estadio. Escucho y siento todo ello en forma de un estruendo como de sirena que me rodea, pero con la espalda casi plana sobre el escenario lo único que veo es el hermoso firmamento nocturno con un halo de un millar de soles de estadio en sus bordes.

Tomo aire profundamente varias veces y me tranquilizo. Desde el origen de la banda, nuestra ambición fue tocar para todos los públicos. Habíamos logrado muchas cosas, pero no eso. Nuestro público sigue siendo tribal... esto es, predominantemente blanco. En alguna ocasión —el concierto de la investidura de Obama; la gira por África en el 88; durante una campaña política, en especial en Cleveland con el presidente Obama—, he estado atento y he cantado «Promised Land» para el público que verdaderamente me interesa: jóvenes, viejos, negros, blancos, morenos, de todas las clases sociales y religiones. Para ellos canto esta noche. Hoy tocamos para todos ellos. ¡Y gratis! Me levanto apoyándome en el pie del micro, de regreso al mundo, este mundo, mi mundo, ese que los incluye a todos, y el estadio, la multitud, mi banda, mis mejores amigos, mi esposa, todos se abalanzan sobre mi campo visual y llega el momento de «Teardrops in the city».

En «Tenth Avenue» cuento la historia de mi banda —y otras cosas— «when the change was made uptown». El tema pasa volando, y entonces resbalo. Demasiada adrenalina, una caída fuera de tiempo, demasiada velocidad, ahí voy, Mike... ¡BUM! Me estampo contra su cámara, la lente se incrusta en mi entrepierna y una de mis piernas queda fuera del escenario. Me apoyo en la cámara para levantarme y... dilo, dilo, dilo, dilo... ¡BLAM! «BORN TO RUN»... mi historia... Algo brillante y caliente explota detrás de mí. Más tarde me cuentan que hubo fuegos artificiales. Nunca los veo. Solo los que explotan en el interior de mi cabeza. Estoy sin aliento. Trato de aminorar la marcha. Es imposible. Ya oigo a la gente cantando los últimos ocho compases de «Born to Run», oh, oh, oh, oh... y ya estamos entrando en «Working on a Dream»... tu historia... y la mía, espero. Steve está a mi derecha, Patti a mi izquierda. Me sonríen y veo a los Joyce Garrett Singers detrás de nosotros, que me acompañaron en el concierto de investidura en Washington. Me vuelvo para escuchar el sonido de sus voces...

«working on a dream». Hecho. Momentos después, entramos a saco en «Glory Days»… el fin de la historia. Una última fiesta remojada en un fatalismo feliz y unas risas con mi viejo amigo Steve. El Árbitro no se cae de culo esta noche. Simplemente lanza el pañuelo de castigo amarillo por habernos pasado unos preciosos cuarenta y cinco segundos de nuestro tiempo… recta final. Todos nos adelantamos para formar esa fantástica fila al frente del escenario. Por el rabillo del ojo veo a la sección de metales levantando sus instrumentos en el aire; mi guitarra da vueltas alrededor de mi cuello y, al séptimo toque de batería, me voy a Disneyland. Ya estoy en algún lugar mucho más remoto y divertido que ese. Miro a mi alrededor: estamos vivos, se acabó, enlazamos nuestros brazos y hacemos una reverencia mientras el escenario se deshace bajo nuestros pies. El caos vuelve a imperar en el trayecto de vuelta al tráiler.

La teoría de la relatividad funciona. En escena, tu euforia es directamente proporcional al vacío sobre el que estás bailando. Un espectáculo que siempre había contemplado con cierto recelo y aprensión acabó teniendo un sorprendente poder emocional y una enorme resonancia para mí y para la banda. Fue un punto álgido, un hito en cierto sentido, y ascendió hasta situarse entre los mejores conciertos de nuestra vida profesional. La NFL nos montó una fiesta de cumpleaños como ninguna de las que habíamos organizado nosotros, ¡con fuegos artificiales y todo! En el intermedio del partido de fútbol americano, nos dejaron representar una pequeña parte de nuestra historia. Me gusta tocar largo y tendido, pero en esta ocasión concentramos treinta y cinco años en doce minutos… ese era el truco. Empiezas aquí, terminas allí, ya está. Es el momento de darlo todo… doce minutos… quizá unos segundos más.

La Super Bowl me ayudó a vender algunos de mis discos más recientes y seguramente hizo sentarse algunos traseros más en los asientos de aquella gira. Pero de lo que realmente iba todo aquello era: sentí que mi banda seguía siendo una de las más potentes del país y quise que lo supieras. Quisimos mostrártelo… simplemente porque podíamos.

A las tres de la madrugada ya estaba de vuelta en casa, y todos dormían profundamente. Me senté en el jardín frente a una hoguera, viendo cómo las chispas crepitaban, salían volando y desaparecían en el oscuro cielo nocturno, mis oídos silbando fuerte pero agradablemente… «Oh, sí, todo va bien.»*

---

* Verso de «It's Alright», canción de 1963 de los Impressions que Springsteen suele incluir en la versión en vivo de «Tenth Avenue Freeze-Out». *(N. del T.)*

SEGUIR ADELANTE

El resto de 2009 lo dedicamos al lanzamiento de *Working on a Dream* y la correspondiente gira. El hijo de Max, Jay, sustituyó a Max, que estaba trabajando con Conan O'Brien, y a la edad de dieciocho años se convirtió en el segundo hombre que se sentaba en la batería en treinta y cinco años. Tras algunos comienzos accidentados, era obvio que Jay tenía la potencia, la precisión, el oído, la disciplina, la ética del trabajo de su padre y su voluntad de aprender. Además trajo consigo su propia clase de joven energía punk, lo que jaleó con furia nuestro cancionero. Aún así, algo no encajaba. Lo notaba en mi pellejo. Hasta que me di cuenta de que Jay, con toda su técnica y poderío, estaba tocando «por encima» de la banda, montando sobre la superficie de nuestros arreglos. Hicimos un descanso. Me fui hacia él y le expliqué calmosamente que la batería no debía ser el exoesquelto de los arreglos. La batería es el alma del motor, enterrado y respirando en el interior de la banda. No se ha de tocar por encima, sino inmerso en la banda. Lo potencias todo desde dentro. Le dije: «Aspira, ahonda en ello y escarba profundamente. Cuando llegues a la posición buscada, cuando el ritmo se sitúe correctamente, te integrarás en la banda naturalmente».

Podía resultar una idea bastante sofisticada para que a alguien le entrase en la mollera, en mayor medida para un chico de dieciocho años que hasta la fecha solo había tocado ante aproximadamente treinta personas en un club local. Pero de tal padre, tal hijo. Jay comprendió lo que le decía y nuestra conversación me recordó a otra que había tenido con Max en los años ochenta acerca de la importancia de llevar bien el tiempo para recalcar la personalidad.

Aquella tarde Jay Weinberg agarró su pala y cavó un agujero tan hondo dentro de la sección rítmica que la cuestión de quien iba a hacer aquel trabajo quedó zanjada. Jay trajo fuego, juventud, intensidad y su propia profesionalidad a la banda. Cuando salimos a tocar ante cincuenta mil fans enfervorizados, puso el lugar patas arriba.

Más tarde aquel mismo año actuamos en el vigesimoquinto aniversario del Rock and Roll Hall of Fame. Lo pasamos fenomenal acompañando a Darlene Love, Sam Moore y Billy Joel. Canté «I Still Haven't Found What I'm Looking For» con U2 y «Because the Night» con mi segunda chica favorita de Jersey, Patti Smith.

Nos quedaban tres semanas de gira. Mi gran preocupación era el estado físico de Clarence. Llevaba tiempo viendo cómo su salud se deterioraba. Primero las rodillas, después las caderas, luego la espalda, y entonces fue a peor. C viajaba con un entrenador y una persona que vigilaba su estado de salud, pero aun así tuvo que permanecer sentado durante buena parte de la gira de *Working on a Dream*. Subirle y bajarle del escenario era una pequeña gesta. Se construyó un ascensor. Salíamos juntos a escena, así que podía ofrecerle ayuda. Pero nunca flaqueó en fuerza interior, corazón o compromiso musical. Con la edad se había ido suavizando mucho, y a menudo parecía uno de esos leones semidormidos. Ya no era el tipo intimidante que había sido, pero no convenía molestarle.

La presencia de C seguía siendo enorme, y su voluntad, de hierro. Por eso seguía allí. Quería hacerlo, y si hubiese sido por él hubiese muerto sobre el escenario. Esto me preocupaba. Antes de cada gira buscábamos especialistas para que le hiciesen un chequeo completo. Y, de algún modo, siempre estaba preparado para tocar. Le dije: «Debo saber exactamente qué puedes hacer y qué no», pero se enfurecía si metía demasiado la nariz en sus asuntos médicos. Para la gira de *Dream* se trajo a un joven mulato como asistente. Durante meses no supe bien quién era. Imaginé que era algún conocido del entorno siempre fluctuante de C, cuya presencia le ayudaba y confortaba. Se trataba de Jake Clemons, el sobrino de Clarence; también era saxofonista, aunque nunca tocaba, salvo una noche que se unió a C en «Tenth Avenue Freeze-Out».

Clarence era siempre el último miembro de la banda en dejar el escenario. Cuando ayudaba a sostener su gran cuerpo noche tras noche para bajar las escaleras, a menudo me susurraba: «Gracias por dejarme estar aquí». Era yo el agradecido por su presencia. Incluso en su deteriorado estado, la figura de C era para mí granítica y esencial. Volamos a Buffalo, Nueva York, donde por primera vez tocamos entero el álbum *Greetings from Asbury Park, N. J.* Era el último concierto de la gira, y la noche estaba colmada de cierta anticipación expectante, excitación y ansiedad ante el final de una aventura de camaradería que finalizaba. El recinto rugía bullicioso y la fiesta estaba en marcha. Habían acudido viejos fantasmas. Mike Appel nos acompañó en el concierto, estuvo con nosotros cuando nos cogimos de las manos en círculo antes de salir a escena, y fue gratamente bienvenido. Estábamos vivos y habíamos hecho un largo camino. El lugar se llenó de las carcajadas y la energía farandulera de Mike; hubo mucha música, la gente bebía. Cuando nos acercábamos a Newark en el avión de vuelta, desde su asiento, Clarence levantó su vaso y dijo: «Hay algo que quiero decir… esto podría ser el principio de algo grande». Y todos nos echamos a reír.

Pero así era como nos sentíamos. La banda continuaba sonando genial y surcábamos esa parte de nuestra vida profesional con gracia y energía. La mitad de nuestro repertorio se nutría de material nuevo de los últimos diez años y estábamos encantados de seguir los unos con los otros. Con las luces del litoral oriental centelleando bajo nosotros, llevándonos a casa, sabíamos que habíamos trabajado duro y que habíamos sido muy afortunados.

WRECKING BALL *

Una tarde, regresando de una sesión en mi abrevadero local, me puse a cantar al volante: «You put on your coat, I'll put on my hat, you put out the dog, I'll put out the cat...» («Te pones la chaqueta, yo me pondré el sombrero, tú sacas al perro, yo sacaré al gato...»). «Easy Money.» Bing... se encendió la bombilla. La musa se había materializado en plena carretera. «Easy Money» era la clave que andaba buscando para el disco que necesitaba hacer.

Tras la quiebra de 2008, me sentía furioso por lo que habían hecho algunas empresas financieras de Wall Street. *Wrecking Ball* era un disparo rabioso contra una injusticia que aún continúa y se ha extendido con la desregularización, las agencias reguladoras disfuncionales y el capitalismo salvaje, todo a expensas de los trabajadores norteamericanos. ¿La clase media? Pisoteada. La desigualdad de ingresos creció

---

* «Bola de demolición», álbum publicado en 2012. *(N. del T.)*

hasta el nivel de la llamada Edad Dorada. Esto era sobre lo que quería escribir.

Había estado siguiendo el trauma de la Norteamérica postindustrial, el aniquilamiento de nuestra fuerza industrial y de la clase trabajadora, y había escrito sobre ello durante treinta y cinco años. Así que me puse manos a la obra. Tenía música esperándome en mis cuadernos. «Jack of All Trades» fue escrita desde la rabia. «We Take Care of Our Own» y «Wrecking Ball». Luego escribí «Easy Money», «Death to My Hometown» y «This Depression». Tenía «Shackled and Drawn» y «Rocky Ground» de un proyecto de película góspel en el que había estado trabajando y encajaban perfectamente. Por último, necesitaba un tema para el final. Tenía «Land of Hope and Dreams», con la que habíamos estado batallando para superar la versión en vivo, hasta que Bob Clearmountain consiguió hacer una mezcla trascendente. Pero, con todo, seguía necesitando una canción dirigida a las nuevas voces de la inmigración, al movimiento de derechos civiles y a cualquiera que alguna vez se hubiese levantado pidiendo justicia y hubiese sido derribado o asesinado por su empeño. ¿Dónde estaban todos ellos? Concluí que seguían todos aquí y ahora, hablándoles a aquellos que quisiesen escuchar. Esos espíritus no desaparecen. Te obsesionan, continúan lanzando sus soflamas desde la tumba. No han sido silenciados y nunca lo serán. La muerte les ha otorgado una voz eterna. Todo lo que debemos hacer es escuchar. Este sería el mensaje de mi última canción, «We Are Alive». Escucha y aprende de las almas que te han precedido.

Sabía que esta era la música que debía hacer. Era mi trabajo. Veía que el país estaba en una coyuntura crítica. Si se puede hacer tanto daño a los ciudadanos de a pie sin asumir básicamente ninguna responsabilidad, entonces el juego ha terminado y el fino velo de la democracia se revela como lo que es, un disfraz superficial para una creciente plutocracia que se ha instalado aquí y ahora de modo permanente.

Wrecking Ball fue recibido con mucho menos revuelo del que esperaba. Estaba seguro de haber conseguido mi objetivo. Y aún lo pienso. Quizá mi voz se viese demasiado comprometida por mi éxito, pero no lo creo. He trabajado duro durante años para escribir sobre estos asuntos y los conozco bien. Sabía que *Wrecking Ball* era uno de mis mejores, más contemporáneos y accesibles discos desde *Born in the USA*. No creo en las teorías conspiratorias, por lo que básicamente concluí que la exposición de estas ideas, en este formato, tendría un interés manifiesto aunque limitado para un razonablemente amplio pero selecto grupo de gente, especialmente en Estados Unidos. Durante los siguientes años estuvimos de gira a lo largo y ancho del planeta, siendo recibidos con entusiasmo, y como de costumbre Europa fue una historia muy distinta. Había allí un interés profundo y permanente por los asuntos estadounidenses y por cualquiera que cantase sobre ellos. Las preguntas de los entrevistadores eran de carácter político y abundaban en las cuestiones sobre las que yo era consciente de estar escribiendo cuando compuse el disco. Llegué a la conclusión de que, en Estados Unidos, había disminuido el poder de la música rock como vehículo para esas ideas. Un nuevo tipo de super-pop, hip-hop y una variedad de otros excitantes géneros se habían convertido en la línea directa con la actualidad, más adecuados para el *zeitgeist* del momento. No me malinterpretes. No puedo quejarme. *Wrecking Ball* llegó al número uno y cosechó su particular éxito en Estados Unidos. Pero yo creía que aquel era uno de mis discos más potentes y había ido a por todas.

PERDER LA LLUVIA

Me encontraba en el estudio de mi granja un día de mucha lluvia y viento cuando me llamó Clarence por teléfono. Había estado tratando de contactar con él para que grabase el saxo en la nueva versión de «Land of Hope and Dreams» que habíamos registrado para el ya casi listo *Wrecking Ball*. Llamaba desde Los Ángeles, donde acababa de actuar junto a Lady Gaga en *American Idol*. Había tocado un fantástico solo en su single «Edge of Glory» y también aparecía en el vídeo. Le pregunté cómo estaba y me dijo que sentía cierto entumecimiento en la mano que le impedía tocar el saxo y que le estaba poniendo muy nervioso. Le pregunté qué quería hacer, y por vez primera en nuestra relación me pidió posponer la sesión, ya que quería volver a su casa en Florida para ver a un neurólogo a fin de que le examinasen la mano. Le aseguré que podía acudir más tarde a la grabación y le dije que le llamaría en una o dos semanas para ver cómo estaba.

Se acercaba nuestro aniversario de boda y me fui con Patti a pasar unos cinco días en París. Al tercero, Gil Gamboa, nuestro asistente de seguridad, llamó por la tarde a la puerta de la habitación del hotel. Cuando abrí, sus ojos estaban vidriosos por las lágrimas. Con la voz quebrada, me dijo que Clarence había sufrido una embolia muy grave y estaba en el hospital. Salí hacia Florida.

La embolia de Clarence era masiva, había apagado las luces en todo un lado de su cerebro. Había sido prácticamente instantánea, haciéndole caer de la cama al suelo. Me personé en el Centro Médico Saint Mary de West Palm Beach, donde fui recibido por el hermano de Clarence, Bill; Jake, su sobrino, y su esposa Victoria. Me llevaron a ver a Big Man. Yacía en una cama en una habitación poco iluminada, respirando con dificultad y con tubos y cables emergiendo de debajo de su bata. Los párpados de Clarence, que siempre eran como suaves puertas de acero que se abrían y cerraban con languidez, estaban fuertemente cerrados. Victoria le dijo que yo había llegado. Tomé su mano, le hablé con dulzura y sentí una ligera presión en mis dedos. Allí dentro, alguna parte de él todavía respondía. Las manos de Clarence eran siempre como pesadas piedras, pero cuando las posaba sobre tus hombros, una sensación de confort y seguridad te recorría el cuerpo y el corazón. Muy, muy fuerte y extremadamente delicado: así era C conmigo.

Los responsables del Saint Mary fueron tan amables que nos dejaron usar una pequeña sala donde el hermano de Clarence, sus sobrinos, hijos y amigos pudieran reunirse, tocar música y hablar de C. Estaba lo bastante alejada para no molestar a los demás pacientes, y muy pronto teníamos ya el saxofón, las guitarras y nuestras voces, y cantamos día y noche mientras esperábamos a ver cómo respondía Clarence a los esfuerzos de los doctores. Hubo trámites, decisiones que debía tomar la familia, consultas de los médicos, pero una tarde el doctor principal de Clarence me llevó aparte y me dijo que sería casi un milagro que recuperase la conciencia. Si lo hacía, con toda seguridad acabaría en una silla de ruedas, con la mitad de su cuerpo paralizada. Su habla, su cara y sus manos dejarían de funcionar. Jamás volvería a tocar el saxofón. No sé cómo Clarence podría vivir con eso. Era un hombre fornido con una fuerza vital pasmosa, pero sé que no poder tocar y no poder estar en la banda le hubiese destrozado. No era así como debía ser. Clarence había sido una criatura natural del exceso, vivió a tope, nunca se cuidó demasiado y jamás miraba atrás.

Pasó una semana; el estado de C seguía empeorando y todo lo que podía hacerse ya había sido hecho.

La luz de la mañana tendía un velo rosado sobre el aparcamiento del Saint Mary cuando entramos por la puerta de atrás y nos reunimos alrededor de la cama en la pequeña habitación de Clarence. Su esposa, sus hijos, su hermano, sus sobrinos, Max, Garry y yo nos preparamos para despedirnos. Rasgueé suavemente a la guitarra «Land of Hope and Dreams», y en ese momento pasó algo inexplicable. Algo grandioso y eterno y hermoso y desconcertante desapareció. Se fue... para siempre.

No hay evidencia del alma más que en su ausencia súbita. Entra la nada, llenando el espacio donde antes hubo algo. Cae una noche sin estrellas y por un momento se oscurece la habitación. El enorme cuerpo de Clarence quedó inerte. Se pronunció su nombre. Se derramaron muchas lágrimas. Nos tomamos nuestro tiempo, dijimos unas oraciones y fuimos gentilmente desalojados por la monja que había sido la enfermera de C. El hermano de Clarence, Bill, se ocupó con gran entereza de todos nosotros. Se rompió la quietud. Ya en el pasillo, estuvimos hablando para consolarnos un rato, nos besamos y abrazamos, y nos fuimos a casa.

De regreso al mundo, la mañana se había convertido en un hermoso y soleado día de Florida, de los que a C le gustaban para sus expediciones de pesca. Volví a mi hotel, bajé a la playa y nadé mar adentro hasta que el lejano ruido de la orilla se apagó en mis oídos. Traté de imaginar mi mundo sin Clarence. Luego me quedé flotando boca arriba, sintiendo cómo el sol me daba en la cara, y nadé de regreso a tierra, entré en mi habitación y me dormí dejando empapada la cama.

El denso aire de Florida llenó mis pulmones con algodón cuando entramos en la Capilla Royal Poinciana. Allí estaba toda la E Street,

Jackson Browne, y las esposas e hijos de Clarence, además de Eric Meola, el fotógrafo de nuestra icónica imagen en la portada de *Born to Run*. Victoria habló con profundo amor de Clarence y leyó sus últimas voluntades, en las que básicamente disponía que sus cenizas se esparciesen en Hawái en presencia de su esposa y de todas las mujeres «especiales» de su vida. Solo Clarence, vivo o muerto, podía lograr algo así.

La primera vez que vi la enorme figura de C emergiendo de las sombras en un bar semivacío de Asbury Park, pensé: «Aquí llega mi hermano». Aun así, por muy sólido que fuese Big Man, también era muy frágil. Y de un modo curioso nos convertimos el uno en protector del otro; pienso que, en cierto modo, yo le protegí en un mundo donde todavía no era fácil ser grande y negro. El racismo seguía ahí, y a lo largo de nuestros años juntos fuimos testigos ocasionales de ello. El tamaño y la fama de Clarence no siempre le hacían inmune. Y pienso que quizá C me protegía a mí de un mundo donde tampoco era siempre fácil ser un chico blanco, flacucho, raro e inseguro. Cuando estábamos juntos, en cualquier noche, éramos tipos duros, unos cabronazos como pocos en el mundo. Y llegábamos a tu ciudad para sacudirte y despertarte.

Juntos, contábamos una historia que trascendía aquellas que yo había escrito en mis canciones y mi música. Una historia sobre las posibilidades de la amistad, una historia que Clarence llevaba en el corazón. Ambos la llevábamos. Una historia en la que Scooter y Big Man arrasábamos la ciudad. Una historia en la que pateábamos culos y *reconstruíamos* la ciudad, remodelándola para que fuese un lugar donde nuestra amistad no fuese una anomalía. Sabía que eso era lo que iba a echar en falta: la posibilidad de estar junto a Clarence y renovar ese voto cada noche. *Eso* era lo que hacíamos juntos.

Clarence era una de las personas más auténticas con las que me haya encontrado. No aguantaba las chorradas posmodernas. Aparte de mi padre, un verdadero personaje de Bukowski encarnado en una vida de culo-en-taburete-de-bar, nunca había conocido a nadie tan auténtico como Clarence Clemons. Su vida era a menudo un desastre. Podía soltar la tontería más inane que jamás hubieses oído y creérsela, pero había algo dentro de su pellejo que gritaba que ¡la vida estaba EN MARCHA y él era el maestro de ceremonias! Esto hacía que su vida fuese inmensamente feliz y horriblemente miserable, me puteaba y me bendecía, era hilarante hasta partirte el pecho y siempre andaba rayando el patetismo. Coleccionaba un elenco de personajes a su alrededor que debían ser vistos para ser creídos. Sexualmente era misterioso y voraz, pero también era increíblemente afectuoso, mi gran amigo. No salíamos por ahí juntos. No podíamos. Habría arruinado mi vida. Siempre era excesivo. Pero el tiempo que pasé con él abundó en emociones y carcajadas. Nos sentíamos físicamente cómodos el uno con el otro, a menudo nos abrazábamos y nos hacíamos carantoñas. El cuerpo de Clarence era un vasto mundo en sí mismo. Era una ciudadela de carne, montañosa, emocionante, en plena tormenta.

Añoro a mi amigo. Pero conservo la historia que me ofreció, que me susurró al oído, que contábamos juntos, la que susurrábamos en tu oído, y esto va a seguir siendo así. Si yo fuese un místico, mi amistad con Clarence me llevaría a pensar que seguramente estuvimos juntos en otras épocas más antiguas, junto a otros ríos, en otras ciudades, en otros campos, llevando a cabo nuestra modesta versión de la guerra de Dios.

Clarence fue esencial en mi vida y perderle fue como si hubiese perdido la lluvia. En sus últimos días se movía con dificultad hasta el escenario, pero una vez allí había en el lugar un hombre grande.

Al regresar a Nueva Jersey y al trabajo, entré nuevamente en mi estudio. Mi productor Ron Aniello estaba allí trabajando en *Wrecking Ball*. Me dio el pésame y me dijo que, al enterarse de la muerte de Clarence, no supo qué hacer. Así que, mientras estaba en Los Ángeles, había editado cuidadosamente el solo de Clarence a partir de una toma en vivo para encajarlo en la nueva versión de «Land of Hope and Dreams». Me quedé allí sentado mientras el saxo de C llenaba la sala.

LA GIRA DE WRECKING BALL

En una ocasión en que estábamos negociando, Clarence me dijo que debería cobrar no solo por tocar, sino por ser Clarence. Le respondí que no y fue divertido, pero tenía algo de razón. ¿Acaso había otro como él? De ningún modo. Solo había uno. La verdad es que se le *pagaba* por ser Clarence, ya que había sido el miembro mejor remunerado de la E Street Band desde casi su origen. ¿Qué íbamos a hacer ahora? Eso era todo lo que ocupaba mi mente al acercarse la gira.

Ed Manion, nuestro saxofonista desde hacía tiempo, veterano de los Asbury Jukes, la E Street y las Seeger Sessions, era un gran instrumentista y una excelente persona, y haría bien el trabajo. Pero era un «trabajo» difícil. Más que un «trabajo», era un cargo de fe que requería unas cualidades chamánicas distintivas. Había un tipo en Freehold con quien había tocado con éxito, tenía el mismo tono que C, en escena era fantástico, pero...

Recibí una colección de DVD de tíos que podían dibujar círculos alrededor de la luna con su instrumento, pero no necesitábamos a John Coltrane. Necesitábamos a un saxofonista de rock and roll hasta el mismo tuétano. Me pasé una mañana sentado en la cama junto a Patti, viendo a aquellos saxofonistas y diciendo: «No, no, no, no». Por curiosidad, entré en internet para examinar a las mejores bandas de «homenaje» y ver cómo se manejaban... No.

Jake

Aunque había viajado con nosotros en gran parte de las giras *Magic/ Dream*, nunca había escuchado a Jake tocar hasta el funeral de Clarence, donde interpretó una bonita versión de «Amazing Grace». Físicamente era corpulento como C. A ojos de un desconocido, él y sus hermanos podrían haber pasado por una tribu desplazada de guerreros maoríes. Jake llevaba gafas, y era también dulce y amable. En algún momento, una mamá había sido buena con él, y llevaba consigo el ilimitado resplandor que en un día bueno era la especialidad de C. Tenía talento, era un buen compositor y cantante. Amaba la música, era joven y ansioso, y percibí en él el comienzo de una estrella.

Tras la muerte de C, pasaron muchos meses. Jake y yo nos mantuvimos más o menos en contacto, y aunque ambos sabíamos lo que pensábamos, nunca se mencionó de forma clara. En la calle, los amigos y los fans siempre me hacían la misma pregunta: «¿Qué vas a hacer?». Siempre lo mismo. Como un pensamiento, una palabra, una pregunta crítica, vitalmente definitoria, importantísima, existencial: «Debo saberlo YA, porque me está volviendo LOCO que eso que tanto amaba ¡¡¡quizá no esté ya ahí!!!». «¿Qué vas a hacer?» Mi respuesta era siempre la misma: «Ya pensaremos algo».

Steve sobre Jake: «Es negro. Toca el saxofón. Se llama Clemons. ¡Es el hombre! ¡El único!». Steve rechazaba a mis otros candidatos por... blancos.

Sabía a lo que se refería. Lo que quería decir es que esa «cosa», ese mundo, esa posibilidad que Clarence simbolizaba desde los tiempos del Asbury Park segregado racialmente, estaba ligada a su abrumadora negritud. Así era. Y esa «cosa» *era* una pieza esencial de la filosofía vital de la E Street Band.

Convine en que Steve tenía razón, pero, por definición, al haber solo un único y verdadero Big Man, un auténtico Big Man cuya destreza y tamaño no tenían igual, y cuya negritud ni la misma noche podría emular, en el fondo no importaba… quizá. Supe que la banda había cambiado en el mismo instante en que C expiró. ¡Esa versión de la E Street Band ya nunca más volvería! No habría *sustituto* para Clarence Clemons. Así que la verdadera cuestión era: «¿Qué viene ahora?». Lo que viene es… el ahora.

La existencia misma de Jake era su primera y principal baza. Aparte, ya había tocado con los demás tíos en los que había pensado y Jake era el único interrogante real. Necesitaba averiguar quién era. Y, muchos meses después de que hubiésemos estado en aquella pequeña sala del Saint Mary pasándonos la guitarra, hice la llamada que él debía de estar esperando. Le expuse la situación. Era una audición. Íbamos a estar solo él y yo. Nos reuniríamos y veríamos si había razón para seguir adelante con aquello.

Durante las giras, algunos habían expresado reservas acerca de la madurez de Jake. En mi experiencia con él había notado cierto descaro juvenil, pero, tras hablar con él durante la enfermedad de Clarence, vi que había mucho más. Había llegado el momento de comprobarlo.

Jake llegó a su primer encuentro profesional conmigo con una nada prometedora hora de retraso. Yo le esperaba bastante enfadado. Cuando entró le dije: «¿Acaso tenías algo más importante que hacer?». Respondió que no, que se había perdido. Le dije: «Pongámonos a trabajar».

Por teléfono le había indicado a Jake cuatro o cinco canciones para que se familiarizase con ellas: «Promised Land», «Badlands» y algunos temas más. Quería escuchar su tono, su fraseo, y descubrir su capacidad de aprendizaje. Cuando llegó, se las sabía «más o menos». Lección número uno: en la E Street Band no hacemos NADA «más o menos». James Brown fue mi padre, mi dios y mi héroe como líder de banda. Sam Moore fue también una gran inspiración. En sus mejores momentos, fueron hombres cuya vida les impedía que nadie fastidiara aquello que los hacía despegar. Sobre las tablas, con sus bandas, ¡NO DABAN CUARTEL!

La gente siempre me ha preguntado cómo es posible que el grupo toque como lo hace noche tras noche, con una solidez casi mortífera, NUNCA estancada y siempre a todo gas. Hay dos respuestas. Una es que aman su trabajo y se respetan el uno al otro, a su líder y al público. La otra es… porque yo ¡LES OBLIGO! No infravalores la segunda respuesta. Era necesario que Jake entendiese en profundidad ambas cosas, así que le dije: «Déjame serte franco. Has venido a una audición para ocupar el lugar de Clarence "Big Man" Clemons en la E Street Band, lo que, por cierto, no es un empleo cualquiera, sino un puesto jodidamente sagrado, y vas a tocar los solos más famosos de Clarence para Bruce Springsteen [refiriéndome a mí mismo en tercera persona], el hombre que estuvo a su lado durante cuarenta años y que creó esos solos con él… ¿y vas a sabértelos "más o menos"? ¿Dónde… te… crees… que… estás? Por si no lo sabes, déjame que te lo diga. Estás en un BASTIÓN DEL ROCK AND ROLL. ¡No te atrevas a presentarte aquí y tocar esa música para Bruce Springsteen sin tener TU MIERDA PERFECTAMENTE LISTA! Te avergüenzas a ti mismo y me haces perder un tiempo precioso».

No suelo hablar así y estaba exagerando en beneficio suyo y en el mío propio, pero tampoco demasiado. Necesitaba saber quién *era* Jake. Porque, aunque puedas tocar en la E Street Band, la persona que ERES, lo que tienes dentro, tu grado de conocimiento emocional de las metas por las que tocamos… todo eso ¡IMPORTA QUE TE CAGAS! No es una cuestión intelectual. Dan Federici era todo instinto, pero entendía la fraternidad. ¿La entendía Jake?

Después de tocar un poco, le ordené que volviese a la habitación de hotel de la que había venido y que no regresase hasta saberse los solos. Le dije que, antes de llevarle a actuar con la banda, tenía que tocar ese material perfectamente, él y yo solos. Luego tocaríamos y grabaríamos encima de una cinta con el grupo sonando a toda caña. Entonces, y solo entonces, le llevaría ante la banda. Me llamó un par de días después y dijo que estaba preparado. Cuando esta vez vino y tocó, lo estaba.

En los días siguientes vi que Jake era un joven saxofonista trabajador y con capacidad para conmover. Sentía algo profundo por él. Yo le apoyaba, nos apoyaba a ambos, porque C estaba presente, a lo grande. Él nos unía. Era el tío de Jake, me había hablado de él cuando ya estaba enfermo, y sabía que habría sonreído de poder ver allí a su sobrino. Sentíamos que teníamos su bendición. Pero nada de eso habría importado si Jake no hubiese tenido «eso». Podría haberse presentado un ejército de saxofonistas con la imagen de C, su habilidad como músico y el apellido Clemons, pero si no sentían esa honda conexión con el *porqué* estábamos todos en esto, no habría servido de nada. Jake tenía alma de E Street en su sangre y sus huesos. Era un crío grande, atractivo, talentoso. Eso estaba bien. Quieres estrellas, y Jake tenía esa clase de confianza en sí mismo. Y, antes de que acabase el día, iba a necesitarla toda. Pero yo sabía que Jake estaba listo para poner su talento, en cuerpo y alma, al servicio de la banda y de nuestras ideas, y nosotros, por nuestra parte… íbamos a cambiarle la vida.

Algunos de los miembros del grupo que habían tocado antes con Jake le tenían por indisciplinado y eran escépticos al respecto. Jake y yo teníamos que estar preparados para barrer todas esas dudas de golpe. Condujimos hasta la base militar abandonada de Fort Monmouth, donde la banda había alquilado un teatro para ensayar. Jake y yo entramos y saludamos al grupo, fui dando la salida a los temas, y Jake los fue clavando uno tras otro. Para Steve y otros miembros aquello estaba clarísimo. Uno o dos de ellos querían probar otras opciones. Al principio, a Jon Landau le angustiaba la similitud física con C. «Parece un joven Clarence», decía, el rostro arrugado por la consternación. Yo miré a Jake, pero no lo veía así. Solo veía a alguien ahí arriba que velaba por mí y que nos había enviado a ese encantador muchacho

con todos los ingredientes necesarios para afrontar la que era posiblemente la baja más terrible en nuestra familia y ayudarnos a superarla
y seguir nuestro camino. Este no era un trabajo para un pistolero a
sueldo o un mercenario, no importaba lo bienintencionado que fuese; por lo menos, no en este momento y en esta gira.

El Apollo Theater… el santuario del soul. El escenario más sagrado del
mundo para los amantes del rock y el soul. Aquí es donde la E Street
Band de la próxima generación tendrá su oportuno e intimidante
debut. Al llegar para la prueba de sonido, los tramoyistas nos saludan,
nos agradecen que estemos aquí y nos muestran el tocón de árbol
situado a la derecha del escenario que todo aspirante a ser digno del
Apollo frota para que le dé suerte antes de su momento de la verdad.
Sugerí que Jake lo frotase. Este es el escenario donde James Brown «lo
llevó hasta el puente»,* donde Smokey no dejaba una butaca sin humedecer en todo el local, donde a Joe Tex le gustaban las chicas, «con
piernas flacas y todo», y a continuación aconsejaba sabiamente a sus
seguidores: «Quédate con lo que tienes». Esta noche, tras cuarenta años
de trabajo en la carretera, somos aspirantes como cualquier otro. Solo
deseas estar a la altura del lugar y ser merecedor de tu breve paso por
el escenario de uno de los grandes santuarios de la música.

Desde este escenario, Sam y Dave educaron al público acerca de
lo que se requería para ser un «soul man». Hombre del soul, hombre
del soul, hombre del soul… ese es el término. Como cantante de
R&B, nunca llegaré a estar lo bastante «cerca», pero «soul man» es un
término mucho más amplio. Abarca tu vida, tu mundo, y el modo en
que ves ambas cosas. Joe Strummer, Neil Young, Bob Dylan, Mick y
Keith, Joey Ramone, John y Paul… todos ellos chicos blancos a los
que puede aplicarse tranquilamente ese apodo. Lo incluye todo, y
sería perfectamente feliz con tan solo esas dos palabras en mi lápida.

---

* «Can I take to the bridge?» es la inflamada pregunta que James Brown lanza
a sus músicos a mitad de su gran éxito «Get Up (I Feel Like Being a) Sex Machine».
(N. del T.)

Durante la prueba de sonido, me acerco al puesto que ocupa Jake dentro de la sección de metales. No quiero hacer algo obvio que ponga a Jake en la tesitura de tener que reemplazar el lugar de Clarence. El puesto de C no será suplantado por ningún otro saxofonista, y nuestra banda y nuestro público tendrán que acostumbrarse a echar en falta a Big Man. Esa es la razón de que Jake se sitúe dentro de la sección de metales o fuera de su propia posición. Es su puesto. Es un terreno libre esperando a que lo reclamen. Pero él *tocará* esos solos. Le he explicado a Jake que esos solos son composiciones, colaboraciones entre Clarence y yo que están grabadas en el corazón de nuestros fans. No se han de embellecer, solo tocarlos tal cual. Saca tu mejor sonido, respira donde respiraba C, y tócalos como fueron compuestos y grabados. El trabajo que Jake debe realizar surge de dentro. Saberse las notas es fácil. Cualquier saxofonista razonablemente competente puede tocarlas, pero *comprenderlas* —saber lo que *significan*, su poder en el seno de la canción— es lo que resulta transformador.

A lo largo de los años, a medida que nuestra música penetraba en las almas de nuestros fans, la entrada de Clarence en uno de nuestros clásicos casi siempre era recibida con un atronador aplauso. ¿Por qué? No tocaba nada complejo, pero sí intenso y singular. Y lo *sentía*. Como dijo Branford Marsalis en un bonito artículo que escribió tras la muerte de Clarence, C fue bendecido con «el poder de la hondura musical».

Los solos son hermosos en sí mismos. Son simples, supongo que elegantes, pero no van a proporcionarnos ninguna distinción en el Berklee College of Music a no ser que entiendas lo difícil que es crear, sin salirse de los límites marcados, algo ligeramente nuevo bajo el sol. Clarence reinventó y revitalizó el saxofón de rock and roll en los setenta y los ochenta. Sí, antes estuvieron los King Curtis, Junior Walker, Lee Allen y tantos otros mentores de Clarence, pero para mí Clarence está ahí arriba con los mejores (y él es una gran parte de lo que me ha aupado hasta sea cual sea el puesto en el que me encuentro).

La tarea de Jake, su cometido, es entender esas notas, *sentirlas*. Entonces formará parte de esa colaboración, y eso es algo que no se puede simular. Lo haces o no.

Técnicamente, Jake es un buen saxofonista, y cuando hace su trabajo devuelve a esos solos su resplandeciente brillantez. Durante sus últimos años, el propio C tenía que esforzarse al tocarlos debido a su declive físico, por lo que Jake puede llenarlos una vez más con el poder de la juventud. Es bueno escucharlo.

Al final de la prueba de sonido, vuelvo a acercarme a Jake y me pongo a su lado. No puedo resistirme. Sonriendo, doy seis pasos al frente y me paro. Aquí es donde Jake interpretará sus piezas. Le miro y digo «Dentro de dos horas, estos son los pasos que, para bien o para mal, van a cambiar tu vida», y le doy una palmadita en el hombro. Sonríe con una de esas sonrisas de mil vatios que son una de las más potentes armas de Jake, y asiente.

Hora del espectáculo. Momentos antes de salir, Jake aparece sin sus gafas. Le digo: «¿Dónde están tus gafas?». Responde: «Llevo lentes de contacto». Replico: «Ponte las gafas. Eres el estudiante». «We Take Care of Our Own», sin solo. «Badlands.» El aire es succionado de la sala, un toque de batería, y las dos docenas de notas o así del solo de «Badlands» rugen desde el saxo de Jake e inundan el interior del Apollo. El más breve de los momentos, luego una explosión de aplausos y gritos atruena desde la platea, y ya estamos al otro lado. Nunca ha vuelto a llegar tarde.

Antes del Apollo, le expliqué a Jake que en ese momento estaríamos inmersos en un gran baile con nuestro público. Ellos nos dirían lo que, como dúo, podíamos y no podíamos hacer. Todo lo que teníamos que hacer era estar atentos y escuchar. Al principio nunca coloqué a Jake en ninguna de las posiciones escénicas por las que Clarence y yo éramos conocidos. Esto quería decir que nada de erguirnos espalda con espalda, nada de hombro con hombro, ninguna de las variadas poses icónicas que C y yo adoptamos de manera casual. Tuvimos cuidado de interactuar de forma respetuosa, pero desde el principio Jake demostró ser él mismo. Realizó la difícil tarea de dejar que el espíritu de C le habitase sin perder su propia identidad. Lentamente fueron cayendo muchas de esas reglas y empezamos, con la aprobación de nuestro público, a hacer lo que sencillamente nos parecía adecuado. La gira iba a ser no solo la presentación de esta nueva versión de la banda, sino también una despedida internacional y un gozoso velatorio de Big Man. Y así fue en cada una de las paradas. La presencia de Clarence flotaba sobre nosotros sin llegar a interponerse en nuestra marcha en una nueva dirección. Ese fue el regalo de despedida de Clarence para nosotros.

DE CERO A SESENTA
EN UN SUSPIRO

La tristeza no se abalanza sobre ti por sorpresa. Llega arrastrándose. Poco después de cumplir los sesenta, caí en una depresión como no había experimentado desde aquella polvorienta noche en Texas treinta años atrás. Me duró un año y medio y me dejó destrozado. Cuando me asaltan tales estados de ánimo, generalmente pocos se dan cuenta —ni el señor Landau, ni nadie que trabaje conmigo en el estudio, ni la banda, el público nunca, y espero que tampoco los niños—, pero Patti sí observa cómo se acerca un tren de mercancías cargado de nitroglicerina y a punto de descarrilar. Durante esos periodos puedo ser cruel: huyo, disimulo, esquivo, tramo, desaparezco, regreso, raramente pido perdón, y mientras tanto Patti defiende el fuerte mientras yo intento incendiarlo. Ella me frena. Me lleva al médico y dice: «Este hombre necesita una pastilla». La necesito. He estado tomando antidepresivos durante los últimos doce o quince años, y en menor medida pero con el mismo efecto que tuvieron en mi padre, me han proporcionado una vida que no hubiese podido mantener sin ellos. Funcionan. Vuelvo a la Tierra, al hogar, a mi familia. Lo peor de mi comportamiento destructivo se reprime y regresa mi humanidad. Estuve mal de los sesenta a los sesenta y dos, luego bien durante un año, y desaparecí de nuevo de los sesenta y tres a los sesenta y cuatro. No es una buena marca.

Durante ese tiempo perdí a bastantes amigos y familiares. Clarence; Danny; mis tías Eda y Dora; Tony Strollo, amigo y entrenador durante una década, a causa de su propia depresión; y Terry Magovern. Terry había sido mi asistente durante veintitrés años, el mismo hombre que nos echó a Steve y a mí tras nuestra actuación a la desesperada en el Captain's Garter cuarenta años atrás. Hay personas que al morir se llevan con ellos mundos enteros. Así era Terry Magovern. Miembro del cuerpo de los Navy SEAL, Terry era el último gran símbolo del tumultuoso circuito de garitos de la costa de Jersey en los sesenta y setenta. Encargado de bar, temido portero, salvavidas, padre, abuelo, amigo leal y compañero de trabajo; Terry fue todo eso y más, y escribí para él «Terry's Song», incluida en *Magic*.

Al principio pensé que debía de ser por tantas pérdidas a mi alrededor. Pero por mucho que amase a esas personas, la muerte es algo que puedo entender; esto es esa otra… *cosa*. Esa cosa que he analizado y contra la que he luchado durante la mayor parte de sesenta y cinco años. Llega en la oscuridad o a plena luz del día, cada vez luciendo una máscara sutilmente distinta, tan sutil que alguien como yo, que ha luchado contra ella y le ha puesto nombre en múltiples ocasiones, le da la bienvenida como a una vieja amiga. Y entonces, una vez más, se instala profundamente en mi mente, mi corazón y mi alma, hasta que finalmente logra ser expulsada tras haber causado su destrucción.

La medicación antidepresiva es caprichosa. En algún momento entre los cincuenta y nueve y los sesenta, empecé a notar que lo que había estado tomando ya no hacía efecto. Algo bastante frecuente. Con el tiempo, la medicación interactúa con la química de tu organismo de modos distintos y a menudo necesita ser retocada. Tras el fallecimiento del doctor Myers, mi terapeuta durante veinticinco años, había estado viendo a un nuevo médico con el que me había ido muy bien. Juntos decidimos interrumpir la medicación que había estado tomando durante cinco años y ver qué pasaba… ¡MUERTE A MI CIUDAD NATAL!* Me lancé de cabeza, como el caballo que saltaba al agua en el antiguo muelle de Atlantic City, en una chapoteante bañera de aflicción y lágrimas como jamás había experimentado. Incluso en esas situaciones, no quiero parecer demasiado necesitado y se me da bastante bien ocultar la gravedad de mis sentimientos a la mayoría de la gente que me rodea, hasta a mi médico. Durante un tiempo logré disimularlo con bastante éxito, salvo por una cosa muy extraña: ¡LÁGRIMAS! A raudales, a océanos, lágrimas frías y oscuras deslizándose por mi rostro como las cataratas del Niágara, a todas horas. ¿De qué iba todo esto? Era como si alguien hubiese abierto las compuertas y hubiese huido con la llave. NO había forma de pararlo. Lágrimas de *Bambi*… lágrimas de *Fiel amigo*… lágrimas de *Tomates verdes fritos*… lluvia… lágrimas… sol… lágrimas… no encuentro las llaves… lágrimas. Cada suceso mundano del día, cada bache en la carretera sentimental, era motivo suficiente para dejar que saliera todo. Podría parecer divertido, solo que no lo era en absoluto.

Cada cosa insignificante se convertía en causa de una crisis existencial que sacudía el mundo entero y me llenaba de unos presentimientos y una tristeza terriblemente profundos. Todo estaba perdido. Todo… absolutamente todo… el futuro era sombrío… y lo único que me despojaba de esa carga era ponerme a ciento cincuenta sobre dos ruedas y otras distracciones parecidas. Me mostraba absolutamente temerario. Machacarme físicamente se convirtió en una rutina obsesiva y era una de las pocas cosas que ayudaban. Levantaba pesas con más energía que nunca y remaba la distancia equivalente al Atlántico, todo por un momento de alivio. Hacía lo que fuese para que los colmillos del perro negro de Churchill no me mordiesen el culo.

Casi siempre que me sentía así era cuando no estaba de gira. Me había tomado libre el último año y medio de instituto de mi hijo menor para estar cerca de la familia y el hogar. Funcionó y estuvimos más unidos que nunca. Pero eso significó no tener a mano mi más

---

* Alusión a «Death to My Hometown», canción del álbum *Wrecking Ball*. (*N. del T.*)

segura forma de automedicación: las giras. Recuerdo un día de septiembre remando por las agitadas aguas atlánticas desde Sea Bright hasta Long Branch, y luego de vuelta. Llamé a Jon y le dije: «Señor Landau, por favor, búsqueme cualquier actuación». Y entonces, cómo no, me eché a llorar. Buuuaaaaaaaa. Me extraña que no se me oyese en la parte baja de Manhattan. Una viejecita encantadora que paseaba su perro por la playa en aquel hermoso día de otoño vio mi aflicción y acudió a ver si había algo que ella pudiese hacer. Buuuaaaaaaaa. Qué amable. Le ofrecí entradas para un concierto. Había visto esos síntomas en mi padre después de que sufriese una embolia. A menudo se le humedecían los ojos. Por lo general, durante toda su vida el viejo había sido más chulo que Robert Mitchum, por lo que su llanto era algo que me gustaba y que aprobaba. Lloraba cuando me veía llegar. Lloraba cuando me marchaba. Lloraba cuando mencionaba a nuestro antiguo perro. Pensé: «Ahora me ha tocado a mí».

Le dije a mi médico que no podía seguir así. Me ganaba la vida ofreciendo espectáculos, concediendo entrevistas y siendo observado de cerca. Y cada vez que alguien dijese «Clarence» iba a romper a llorar. De manera muy sensata, me envió al psicofarmacólogo. Fui con Patti y nos recibió un enérgico caballero de pelo blanco, aspecto profesional pero agradable, que debía de rondar los sesenta. Me senté y, claro está, me puse a llorar. Le hice un gesto con la mano: esto es lo que me pasa. La razón de que esté aquí. ¡No puedo parar de llorar! Me miró y dijo: «Podemos arreglarlo». Tres días y una píldora después los llantos cesaron, totalmente. Increíble. Volvía a ser yo mismo. Ya no necesitaba remar, machacarme, tocar o desafiar al destino. No *necesitaba* salir de gira. Me sentía normal.

TIERRA DEL GARAJE

Suena el teléfono. Mick Jagger está al otro lado de la línea. Hace muchísimos años, en mi adolescencia, yo soñaba despierto con recibir una llamada así, pero no: ahora los Stones no necesitan a un líder ya sin acné para su próximo concierto. Pero es ¡LO SIGUIENTE MEJOR! Van a tocar en Newark, Nueva Jersey, y han pensado que añadir un segundo guitarrista y cantante para interpretar «Tumbling Dice» hará que la gente del lugar menee sus traseros.

Para cuando cumplí los cincuenta ya había conocido a muchos de mis héroes (Sinatra, Dylan, Morrison, McCartney, Orbison) y lo había disfrutado, aunque seguía considerándoles muy alejados de mi persona. Seguían significando tanto para mí que no podía refrenar mis sentimientos de fan alucinado. Y así era como me gustaba que fuese. Pero a la tarde siguiente me veo entrando en la recepción bien iluminada y bulliciosa de unos locales de ensayo en Nueva York. La chica de recepción asiente con un gesto y me indica una puerta. Abro la puerta de una sala de modestas dimensiones y me encuentro con una banda cuyo equipo está alineado contra la pared, como en un garaje abarrotado. Hay dos guitarras, bajo y batería, y en la esquina un enorme órgano B3. El cantante se me acerca, regalándome una sonrisa que aún sigue iluminando toda la sala. Mick me da la bienvenida al ensayo. Keith, Ronnie y Charlie (desde detrás de su batería) me saludan afectuosamente.

Han dispuesto sus pequeños amplis Fender, uno al lado del otro, en la misma posición en que los hubiese colocado cualquiera de los grupos que actuaban en el club juvenil de Fort Monmouth una poco concurrida noche de sábado en los sesenta. Nada de pedales vistosos, ni montañas de altavoces, tan solo el equipo básico para tocar música rock, pura y sin alterar. Cuentan con unos pocos ayudantes, pero nada más, y de repente me veo transportado al pequeño comedor donde ensayaba a diario con los Castiles, salvo por el hecho de que… ¡estos son los tíos que INVENTARON mi trabajo! Los llevo inscritos en mi corazón desde que los robustos acordes de «Not Fade Away» brotaron del single a 45 rpm que compré en el Britt's Department Store, en el primer centro comercial que abrió en nuestra zona.

Tras algunos cumplidos, se emplazan dos pies de micro uno al lado del otro, a un par de metros de la banda. Mick, con sus rasgos afilados y tan pragmático como siempre, se sitúa en el micrófono de la izquierda. Yo me quedo ante el de la derecha mientras él da la salida y Keith, el hombre cuyo registro de guitarra me enseñó a tocar mi primer solo, arranca con el riff inicial de «Tumbling Dice». En mis viajes he conocido a muchos tipos carismáticos, pero ninguno tan espectralmente hermoso como Keith Richards. Hace algunos años, Patti hizo coros para los Stones y cantó en el primer disco en solitario de Keith. Una noche fuimos a verle al estudio. Tomó la mano de Patti, me miró a los ojos y, mirándola fijamente, dijo: «Oh… oh… es ella».

A mi izquierda escucho aquella voz que humedeció millones de braguitas: «Women think I'm tasty, but they're always trying to waste me» («Las mujeres creen que soy un tío con buen gusto, pero siempre están tratando de acabar conmigo»)… Pretendo estar a su altura, pero no es tarea fácil. Estoy hecho un manojo de nervios por dentro cuando Mick se me acerca para que prosiga con la segunda estrofa. Suena bien. Está al alcance de mi voz, y si no puedo menearme con «Tumbling Dice» lo mejor será que vuelva a tocar el palo de escoba frente al espejo.

Los grandes grupos siempre son una cuestión de química. Vista de cerca, la química que hay entre estos músicos es única. La guitarra de Keith toca siguiendo la batería de Charlie, generando un cimbreo que devuelve el «roll» al «rock». Esta es la última de las bandas de rock and roll. Combínalo con el más infravalorado repertorio en la historia del rock y verás por qué los Stones siempre han estado por delante de sus competidores. Y todavía lo están.

¡Me estoy divirtiendo tanto, y no se lo puedo contar a nadie! «You got to roll me... You got to roll me...» («Tienes que hacerme rodar... Tienes que hacerme rodar...»). Mick y yo intercambiamos versos en la parte final como un par de Sam & Dave blancos, y se acabó. Mick dice: «Ha estado genial».

La tocamos exactamente una sola vez.

Me fui a casa. De camino, no dejaba de pensar: «¡TENGO QUE LLAMAR A STEVE! Él me entenderá totalmente, al cien por cien, de todas todas, como el loco del rock and roll que es». Y así fue.

La noche siguiente la interpretamos en Newark para veinte mil atónitos ciudadanos de Nueva Jersey. Fue excitante, pero no tuvo el impulso místico de la noche anterior, cuando pude tocarla en aquel cuartito con solo aquellos cuatro tíos, LA BANDA DE GARAJE MÁS GRANDE DEL MUNDO, en mi pequeña porción del paraíso del rock and roll.

SETENTA Y SIETE
HIGH HOPES *

Cuando salgo de gira, suelo llevarme conmigo una colección de mi música inacabada, unos cuantos proyectos inconclusos que escucho de madrugada después de los conciertos. Busco dar con algo que me susurre al oído. Había acumulado una bonita serie de canciones de mis sesiones producidas junto a Brendan y, noche tras noche, reclamaban mi atención buscando un hogar. Esto coincidió con la llegada a la banda de Tom Morello, quien sugirió que desempolvásemos «High Hopes», una canción del grupo angelino The Havalinas que habíamos versionado en los años noventa. «Podría improvisar sobre ella», dijo. Cuando nos reunimos en Australia para los primeros ensayos de la reanudación de la gira *Wrecking Ball*, yo tenía un arreglo que creía que podría funcionar. Estas iban a ser las primeras apariciones de Tom como sustituto de Steve, que estaba ocupado con sus com-

---

* «Grandes esperanzas», álbum publicado en 2014. *(N. del T.)*

promisos de actor, por lo que quería que pudiese dejar su huella personal en los conciertos. Y así lo hizo. El arreglo resultó incendiario en vivo y decidimos grabarlo en un estudio de Sidney, junto con una de mis canciones favoritas del grupo australiano The Saints, «Just Like Fire Would». Con la inclusión de estos dos temas y las grabaciones en estudio que hicimos de «American Skin» y «The Ghost of Tom Joad», un posible álbum comenzó a adquirir forma. A continuación grabé a Tom sobre algunas de las tomas hechas con Brendan O'Brien y ya empezaron a saltar chispas de verdad. Tom demostró ser un fabuloso y fascinante sustituto de Steve, fundiéndose fácilmente con la banda al tiempo que ampliaba considerablemente nuestra paleta sónica.

No obstante, antes de reanudar la gira tenía algunos asuntos que solventar. Durante por lo menos los últimos cinco años, había notado que los dedos de mi mano izquierda iban debilitándose progresivamente con cada gira. En los solos largos, la mano y los dedos se fatigaban hasta casi fallarme. Encontré algunas formas de arreglármelas para que el público no lo notase y mi manera de tocar no se resintiese, pero al inicio de la gira *Wrecking Ball* aquello se había convertido en un problema que ya no podía ignorar por más tiempo.

Desde que cumplí los cuarenta, más o menos, cada nueva gira comportaba algún problema físico. En una gira son las rodillas, en otra la espalda, luego la tendinitis en los codos por haber estado rasgueando la guitarra durante años. Esas dolencias suelen aparecer y desaparecer en los últimos años de tu vida profesional, pero rara vez son graves. Buscaba una forma de lidiar con ellas y seguía adelante. Sin embargo, la parálisis en la mano con la que punteaba en la guitarra era otra cosa. Venía acompañada de entumecimiento y tensión en todo el brazo izquierdo, y en la sala de levantamiento de pesas noté que el lado izquierdo de mi cuerpo se mostraba significativamente más débil.

Consulté a varios médicos, me hicieron unas resonancias magnéticas y descubrimos que tenía problemas con los discos cervicales en el lado izquierdo del cuello, que pinzaban y entumecían los nervios que controlan la parte izquierda del hombro para abajo. Encontramos a un excelente cirujano en el Hospital de Cirugía Especial de Nueva York y fijamos una fecha. La cirugía se desarrolló del siguiente modo:

te anestesian; hacen una incisión en la garganta; ligan tus cuerdas vocales a un lado; acceden con una llave inglesa, un destornillador y un poco de titanio; te sacan un pedazo de hueso de la cadera, y te construyen unos discos nuevos. ¡Funcionó! Al tener lugar la intervención alrededor de las cuerdas vocales te quedas sin voz durante dos meses, lo cual acaba con tus nervios. Durante ese tiempo, también tienes que llevar uno de esos collares terapéuticos. Pero, en efecto, exactamente como había predicho el médico, a los tres meses ya estaba listo para volver al tajo. Con mis nuevos discos cervicales y la voz recuperada, volamos a Australia con una sola advertencia médica: ¡nada de arrojarse sobre el público! Pero no hay tonto más tonto que un tonto viejo, así que la primera noche me lancé sobre el público. Todo fue bien.

Acerca de mi voz. En primer lugar, no tengo demasiada. Dispongo de la potencia, registro y durabilidad de un hombre que toca en los bares, pero no demasiada finura ni belleza tonal. Cinco pases por noche, sin problema. Tres horas y media sin parar, puedo hacerlo. Necesidad de calentamiento previo, casi ninguna. Mi voz hace bien su trabajo. Pero es el instrumento de un currante y, por sí sola, no va a propulsarte más arriba. Debo usar todas mis habilidades para tirar adelante y poder comunicar con hondura. Para poder venderte lo que me compras, debo componer, arreglar, tocar, interpretar y, sí, cantar lo mejor que pueda. Soy una suma de todas mis partes. Pronto aprendí que esto no era algo por lo que preocuparse. Cada intérprete tiene su punto flaco. Algo muy importante para llegar a tu destino consiste en saber de qué dispones y saber qué hacer con lo que no tienes. Como dijo Clint Eastwood: «Un hombre debe conocer sus limitaciones». Y luego olvidarlas y seguir caminando.

En los Castiles bromeaban constantemente sobre mis capacidades vocales y me descartaban como cantante. Durante mucho tiempo no me importó. George Theiss era un buen cantante y yo me sentía perfectamente satisfecho trabajando en mis destrezas como guitarrista. Al fin y al cabo, siempre me había visto a mí mismo como guitarra solista.

Entonces logré cantar una melodía y, a mis oídos, sonar medio decente. Llegó un momento en los Castiles en que George y yo comenzamos a compartir cada vez más el trabajo vocal. En cuanto se disolvió el grupo, monté mi nueva banda, Earth, y me convertí en un líder completo que tocaba la guitarra y cantaba. Seguía ganándome el sustento como uno de los contados guitarristas de la zona que podían emular con cierto tino a Clapton y Hendrix, pero también cantaba todos los temas. Luego empecé a componer con una guitarra acústica y me pasaba las noches libres cantando en solitario, acompañado únicamente por mi Ovation de doce cuerdas, en las cafeterías locales. Escribí mucho y me acostumbré a depender de mi voz, junto con la calidad de mis canciones y mi capacidad instrumental, para impulsar las actuaciones. Creía estar mejorando bastante. Hasta que George, mi productor neoyorquino, me invitó a su apartamento, donde tenía una grabadora de dos pistas. Una tarde me dijo: «Vamos a grabar algunos temas». Mientras los interpretaba ante la grabadora, pensaba: «¡Maldita sea, soy bueno!». Luego escuché las tomas. Sonaba como un gato al que le han prendido fuego en la cola. Desafinado, amateur, estúpido e ignorante. El sonido que salía de aquella cinta anuló la poca confianza en mí mismo y en mi voz que pudiese tener. Fue verdaderamente desmoralizador.

Pero ¿qué podía hacer? Era la única voz que tenía. Y, después de los Castiles, había decidido que nunca más iba a depender de otro cantante solista. No era lo bastante independiente para mí. Y descubrí, como he dicho, que el sonido que oyes en tu cabeza no tiene mucho que ver con el modo en que realmente suenas. Igual que cuando te crees más guapo de lo que eres, hasta que la foto del iPhone de tu tía Jane te propina un seco bofetón en la cara. La cinta hace esa misma función con tu voz. Es un infalible detector de chorradas. Así, amigo mío, es como suenas. Y debes hacerte a la idea.

Llegué a la conclusión de que, si no tenía una gran voz, iba a tener que aprender a componer, interpretar y utilizar toda mi capacidad vocal. Debía aprenderme todos los trucos, cantar desde el pecho, cantar desde el abdomen, cantar desde la garganta, mejorar el fraseo, el tempo y la dinámica. Observé que había muchos cantantes con un instrumento vocal muy limitado que sonaban convincentes. Así que estudié a fondo a aquellos que en mi opinión sonaban genuinos, cuyas voces me estimulaban y me llegaban al corazón. Soul, blues, Motown, rock, folk; escuché y aprendí. Aprendí que lo más importante era lo creíble que sonases. La hondura con la que eras capaz de habitar tu canción. Si te salía del corazón, entonces había un inefable elemento X que dejaba en un lugar secundario el nivel técnico con el que cantases. Ahí fuera hay muchas voces buenas, incluso fantásticas, pegadas a gente que jamás sonará convincente o emocionante. Están en los concursos de nuevos talentos televisivos y en los salones de los Holiday Inn a lo largo y ancho del país. Pueden sostener una tonada, sonar tonalmente impecables, llegar a las notas más altas, pero no logran capturar por completo el contenido emocional de la canción. No son capaces de cantar con hondura.

Si eres lo bastante afortunado para haber nacido con un buen instrumento vocal y el conocimiento instintivo de cómo manejarlo, sin duda has sido bendecido. Incluso después de todo mi éxito, aquí sigo envidiando a Rod Stewart, Bob Seger, Sam Moore y tantos otros grandes que cantan magníficamente y saben qué hacer con ello. Mis imperfecciones vocales hicieron que trabajase más a fondo en mi composición, mi liderazgo en la banda, mi interpretación y mi voz. Aprendí a sobresalir en todas aquellas facetas de mi arte de un modo que quizá no hubiese hecho nunca de haber contado con un mejor instrumento vocal. Mi capacidad para aguantar con energía en conciertos de tres horas y pico durante cuarenta años (en sí misma, una prueba de mi inseguridad y de la sospecha de que nunca seré lo bastante bueno), junto con mi resistencia de purasangre, provienen de mi convencimiento de que debía darlo todo para llevarte hasta donde quería que fuésemos juntos. Las virtudes y los defectos a menudo llegan en un mismo paquete. Piensa en todas las voces excéntricas del rock que grabaron discos históricos y siguen cantando. Y luego entrena las habilidades que te sostienen, pues nunca sabes qué brotará de tu corazón para salir por tu boca.

Con la reconstituida E Street Band funcionando a pleno gas, quisimos visitar algunos lugares donde nunca habíamos estado de gira. Estuvimos diez días en Sudamérica, donde no tocábamos desde la gira de Amnistía Internacional, y luego fuimos a Sudáfrica, donde nunca habíamos actuado. Acabamos volviendo a Australia, aprovechando el éxito de nuestra gira el año anterior por las tierras del Down Under. En esta ocasión contábamos con Steve y Tom, e iniciábamos los conciertos con nuestras canciones australianas favoritas, «Highway to Hell», «Friday on My Mind» y «Stayin' Alive» con una sección de cuerda femenina. Finalmente, tras una última parada en Nueva Zelanda, regresamos para un corto tramo por Estados Unidos, donde finalmente desmontamos la carpa de la gira más exitosa, popular y multitudinaria que la E Street Band jamás había hecho.

EL FRENTE BÉLICO EN CASA

Al finalizar la gira, en vez de volver inmediatamente a casa, me uní a Patti y mi hija Jessica en Europa, donde esta competía a nivel internacional como jinete de salto ecuestre profesional. Todos mis hijos habían finalizado ya sus estudios, eran independientes, habían dejado prácticamente nuestra casa y les iba bien. Habían transcurrido veinte años de paternidad y ahora les servíamos como simples consejeros.

Evan se graduó en el Boston College. Se había metido en el negocio musical y vivía en el Village, a unas pocas manzanas de mi antiguo territorio, el Café Wha? Trabaja en radio como director de programas y en producción de festivales. Se ha convertido en un buen cantante y compositor por derecho propio. Independiente, creativo y brillante, con una sólida brújula moral, se abre camino con orgullo. Sam fue al Bard College y estudió para ser escritor. Lo dejó al año, sintiendo que debía hacer algo con un impacto más inmediato en la vida de las personas. Se hizo bombero, regresando al mundo proletario que yo tan bien conocía. Su graduación en la academia para bomberos cerca de mi pueblo, Freehold, se celebró entre mis antiguos amigos y vecinos y provocó lágrimas de felicidad en mamá y papá. También ha puesto en marcha un proyecto que invita a nuestros conciertos, cada noche, a veteranos que vuelven del frente. Se encarga de que los veteranos disfruten de un entorno amigable en el que poder disfrutar del concierto y de una salida nocturna. Jessica, graduada en la Duke University, ha conseguido cierta celebridad por sí misma, convirtiéndose en una deportista internacional que en 2014 ganó la American Gold Cup en Old Salem, Nueva York, y formó parte del equipo estadounidense que ganó la Nations Cup en Dublín, Irlanda, en el RDS Arena, donde tantas veces tocamos con la E Street Band. Patti se encargó de organizar nuestras vidas, salió a escena con la banda, elaboró su propia música y lo mantuvo todo bien atado. El éxito de nuestros hijos se debe en gran parte a su fuerza, su gran compasión y su profundo interés en quiénes son realmente.

Es normal que, al concluir una gira, aparezca una ligera depresión. En el mes de junio noté que no me encontraba demasiado bien. Los conciertos son un subidón demencial. La adulación, el gran equipo humano que se moviliza, el hecho de que todo gira a tu alrededor. Cuando vuelves a casa, todo eso se detiene de golpe y vuelves a ser padre y esposo, pero ahora los críos ya conducen y te sientes como un chófer sin empleo. El impacto es normal, pero esta vez el golpe que sufrí fue algo totalmente distinto. Era difícil explicarlo, ya que nunca antes en mi vida había experimentado aquellos síntomas. Tuve un ataque de lo que se conoce como «depresión agitada». Durante ese periodo, me sentía tan profundamente incómodo en mi pellejo que solo quería SALIRME de él. Es una sensación peligrosa que atrae muchas ideas indeseables. Me sentía incómodo haciendo cualquier cosa. De pie... andando... sentado... todo generaba oleadas de una ansiedad acuciante que intentaba disipar a cada momento del día. Todo lo que me esperaba a diario era el presentimiento de la muerte y la aprensión, y el único respiro era dormir. Durante mis horas despierto, pasaba el día buscando una posición en la que me sintiese cómodo unos minutos. No era hiperactividad. De hecho, estaba tan deprimido que me era imposible concentrarme en cualquier cosa sustancial.

Paseaba por la habitación buscando los dos palmos de moqueta donde pudiese librarme de aquella sensación. Si era capaz de hacer ejercicio en el gimnasio, aquello podía producir un breve alivio, pero lo que realmente deseaba era la cama, la cama, la cama, y estar inconsciente. Me tiraba una buena parte del día con las sábanas subidas hasta la nariz, esperando que aquello pasase. Leer, o incluso ver la televisión, estaba fuera de mi alcance. Mis actividades favoritas —escuchar música, ver una película de cine negro— me causaban una ansiedad insoportable por el mero hecho de ser obras acabadas que no podían deshacerse. Una vez desconectado de mis cosas favoritas, aquellas que me dicen quién soy, sentí que mi mente resbalaba peligrosamente. Me convertí en un extraño en un cuerpo y una mente que sentía prestados, desagradables.

Aquello se prolongó durante seis semanas. Todo el tiempo que estuvimos en el extranjero. Me afectaba física, sexual, emocional, espiritualmente, en todos los aspectos. Todo se había ido por la puerta. Estaba verdaderamente preocupado por ver si sería capaz de salir a escena en esas condiciones. Tenía la sensación de que mi fuego interior me había abandonado y me sentía vacío y sombrío por dentro. Los malos pensamientos llegaron a su apogeo. Si no puedo trabajar, ¿quién alimentará a mi familia? ¿Deberé quedarme en la cama? ¿Quién coño soy? Sientes la delgadez del velo de tu identidad y te acompaña un pánico que parece estar en todo momento a la vuelta de la esquina.

No podía vivir así, no para siempre. Por vez primera, sentí que comprendía lo que impulsa a algunas personas al abismo. El hecho de entenderlo, de poder sentirlo, me vaciaba el corazón y me dejaba aterrado. Aquí no había vida, tan solo una irritante angustia existencial incrustada en mis huesos. Reclamaba respuestas que yo no tenía. Y no daba respiro. Si estaba despierto, ocurría. Así que... trataba de dormir; doce, catorce horas no eran suficientes. Odiaba la gris luz del amanecer. Significaba que empezaba el día. El día… cuando las personas se levantan, acuden a sus trabajos, comen, beben, ríen, follan. El día que se supone que te levantas y brillas, lleno de energía, de vida. No podía levantarme de la cama. Joder, ni siquiera lograba una erección. Era como si toda mi notoria energía, algo que había sido mío y había dominado toda mi vida, me hubiese sido cruelmente arrebatada. Me había convertido en un cascarón vacío andante.

Patti me sacaba de la cama y trataba de ponerme en marcha. Me estabilizaba, me daba confianza para sentir que todo iría bien y que esto era solo algo transitorio. Sin su fuerza y serenidad no sé qué hubiera sido de mí.

Una noche en Irlanda, Patti y yo salimos a cenar con un grupo de gente. Yo hacía todo lo que podía por aparentar ser un ciudadano cuerdo. Pero, en esas condiciones, es algo difícil de lograr. Tuve que levantarme de la mesa varias veces para desatar mi mente de su correa (o para mantenerla atada). Finalmente, salí a la calle y llamé a mi farmacólogo. Le expliqué que la situación rebasaba el nivel rojo.

—¿Hay algo que te haga sentir mejor? —me preguntó.

—Tomarme un Klonopin —respondí.

—Pues tómatelo —me dijo.

Eso hice, y paró. Compasiva, afortunadamente, oh, sí, hay un Dios… paró. Tras un breve periodo tomando Klonopin, pude dejar la medicación y aquel estado de agitación ya no regresó. Pero se había abierto una aterradora ventana con vistas a la debilitación mental, y no creo que hubiese podido seguir así indefinidamente. Todo ello trajo de vuelta el fantasma de la enfermedad mental de mi padre y la historia de mi familia, y me inquietó la posibilidad de que, pese a todo lo que había hecho, todo lo que había conseguido, pudiese caer en el mismo pozo. Lo único que me ayudó a seguir en pie durante aquel periodo fue Patti. Su amor, su compasión y la seguridad de que saldría de aquello fueron, durante muchas horas de oscuridad, todo lo que tenía para seguir adelante.

A nivel mental, justo cuando creía encontrarme en una etapa de la vida en la que se supone que todo debe ir bien, mis sesenta años fueron un trayecto muy difícil. Volví a Estados Unidos ligeramente cambiado y todavía en plena lucha diaria conmigo mismo. Pero con el paso del tiempo las aguas fueron volviendo a su cauce. Hace tiempo que ya no tengo que esforzarme para levantarme de la cama y he recuperado mi energía para trabajar. Eso sienta bien. Han pasado ya dos años y es como si nunca hubiese ocurrido. No puedo recordar específicamente aquel estado de ánimo. Lo mejor que puedo hacer es pensar: «¿Qué coño fue aquello? Eso no era yo». Pero aun así está en mí, química, genéticamente, llámalo como quieras, y como he dicho antes, debo estar muy atento. El único baluarte real contra aquello fue el amor.

Escribir sobre uno mismo es algo muy curioso. Al fin y al cabo es solo otra historia, la historia que has elegido extraer de los acontecimientos de tu vida. No lo he contado «todo» sobre mí mismo. La discreción y el respeto a los sentimientos de otras personas me lo impiden. Pero en un proyecto como este el escritor hace una promesa: mostrarle su mente al lector. Y eso es lo que he intentado hacer en estas páginas.

LONG
TIME
COMIN'*

«My father's house shines hard and bright.
It stands like a beacon calling me in the night,
Calling and calling so cold and alone,
Shining cross this dark highway
Where our sins lie unatoned…»

«My Father's House»**

---

* «Ha pasado mucho tiempo», canción del álbum *Devils & Dust*. *(N. del T.)*
** «La casa de mi padre brilla con fuerza. / Permanece como un faro llamándome en la noche, / llamándome y llamándome, tan fría y solitaria, / brillando al otro lado de esta oscura autopista / donde nuestros pecados yacen sin expiar…» *(N. del T.)*

If I had one wish in this godforsaken world, kids,
It'd be that your mistakes will be your own,
Your sins will be your own...

«Long Time Comin'»*

«My Father's House» probablemente sea la mejor canción que he escrito sobre mi padre, pero su conclusión no era suficiente para mí. En «Long Time Comin'» expresé lo que tanto deseaba para mis hijos. Honramos a nuestros padres al no aceptar como ecuación final las características más problemáticas de nuestra relación. Decidí que la suma de los problemas entre mi padre y yo no iba a ser el resumen de nuestra vida juntos. En el psicoanálisis trabajas para convertir los fantasmas que te atormentan en ancestros que te acompañan. Para hacerlo se requiere mucho esfuerzo y mucho amor, pero ese es el modo en que aligeras la carga que tus hijos tendrán que soportar. Incidiendo sobre nuestra propia experiencia, sobre nuestro saldo final de amor, problemas, dificultades y, si somos afortunados, un poco de trascendencia. Así es como reclamamos nuestras vidas como hijos e hijas, almas independientes en nuestro propio territorio. No siempre es una opción. Hay vidas irrecuperables y pecados irredimibles, pero la oportunidad de elevarse por encima de ellos es la que deseo para los tuyos y los míos.

Me esfuerzo para convertirme en ancestro. Espero que mi saldo final lo escriban mis hijos y mi hija, con la ayuda de nuestra familia, y sus hijos y sus hijas bajo su guía. La mañana en que mi padre me visitó en Los Ángeles, justo antes de mi paternidad, me parece ahora un momento de inflexión entre nosotros. Vino para hacerme una petición, para llegar a un nuevo acuerdo a partir de los oscuros y confusos elementos que habían sido nuestras vidas. Él tenía fe en que

---

* «Si me concedieran un deseo en este mundo dejado de la mano de Dios, niños, / es que vuestros errores sean solo vuestros, / que vuestros pecados sean solo vuestros...». *(N. del T.)*

podría llevarse a cabo, y llegó buscando un milagro cuyas ascuas sentía con emoción en su propio corazón y esperaba que estuviesen encendidas en lo más hondo del corazón de su hijo.

Me pedía que escribiese un nuevo final para nuestra historia y eso es lo que he tratado de hacer, pero esta clase de historias no tienen un final. Simplemente la cuenta tu propia sangre hasta que pasa a ser contada por la sangre de aquellos a quienes amas, que la heredan. Y al contarla se ve alterada, como todas las historias al ser contadas, por el tiempo, la voluntad, la percepción, la fe, el amor, el trabajo, por la esperanza, el engaño, la imaginación, el miedo, la historia y los miles de variadas potencias que influyen en nuestros relatos personales. Continúa siendo contada porque, además de la semilla de su propia inmolación, la historia lleva consigo la renacida semilla de la renovación, un destino distinto para quienes la escuchan de aquel por el que mi padre y yo tuvimos que pasar con tanto dolor. Lentamente emerge una nueva historia a partir de la antigua, una historia de vidas construidas de modos distintos, levantadas sobre la dura experiencia de aquellos que nos precedieron, pisoteando la carcasa de un pasado cansado de luchar. Así es como vivimos en un buen día. Esto es amor. De esto va la vida. De la posibilidad de encontrar fundamento, seguridad y alimento en una nueva estación.

El árbol brota, sus ramas se engrosan, maduran, florecen. El relámpago deja en él sus cicatrices, el trueno, la enfermedad, los sucesos humanos y la mano de Dios lo azotan. Ennegrecido, crece de nuevo hacia la luz, elevándose a más altura hacia el cielo mientras se arraiga profunda, firmemente, en la tierra. Reteniendo su historia y su memoria, haciendo sentir su presencia.

Una noche de noviembre, mientras escribía este libro, conduje de nuevo hasta mi pueblo natal, de vuelta a mi vecindario. Las calles en silencio. Mi iglesia de la esquina, callada e inmutable. Esa noche no había bodas ni funerales. Circulé lentamente unos cincuenta metros hasta mi manzana, y entonces descubrí que mi gran e imponente haya roja ya no estaba. Sentí un gran vacío en el corazón… luego me serené. Volví a mirar. No estaba, pero seguía allí. El mismo aire y el espacio sobre ella seguían ocupados por la forma, el alma y la erguida presencia de mi vieja amiga, sus ramas y hojas ahora delineadas y atravesadas por el cielo nocturno y las estrellas. Un cuadrado de tierra mohosa, cincelado sobre el asfalto del aparcamiento al borde de la acera, era todo lo que quedaba. Todavía se distinguían algunas raíces serpenteantes, levemente sepultadas bajo el polvo y la tierra, y allí se veía claramente el arco de mi árbol, el arco de mi vida. La vida de mi gran árbol no podía ser aniquilada ni borrada por un edicto del condado ni por un hacha. Su historia, su *magia*, eran demasiado antiguas, demasiado fuertes. Como las de mi padre, mi abuela, mi tía Virginia, mis dos abuelos, mi suegro Joe, mi tía Dora y mi tía Eda, Ray y Walter Cichon, Bart Haynes, Terry, Danny, Clarence y Tony, mi propia familia desaparecida de estas casas hoy habitadas por extraños: permanecemos. Permanecemos en el aire, en las raíces polvorientas y la tierra profunda, en el eco y las historias, las canciones del lugar y la época en que hemos vivido. Mi clan, mi sangre, mi lugar, mi gente.

Una vez más bajo la sombra del campanario, allí de pie sintiendo sobre mis espaldas el alma vieja de mi árbol, de mi pueblo, regresaron a mí unas palabras y una bendición. Las había canturreado sin pensar, una y otra vez, vestido con mi chaqueta verde, mi camisa color marfil y mi corbata verde de todos los discípulos reacios de Santa Rosa. Esa noche acudieron a mí y fluyeron de un modo distinto. Padre nuestro, que estás en los cielos, santificado sea tu nombre, venga a nosotros tu reino, hágase tu voluntad, así en la tierra como en el cielo. Danos hoy nuestro pan de cada día y perdona nuestros pecados como nosotros perdonamos a quienes nos ofenden, y no nos dejes caer en la tentación, mas líbranos del mal… a todos nosotros, por los siglos de los siglos, amén.

He luchado toda mi vida, he estudiado, tocado, trabajado, porque quería escuchar y conocer la historia completa, mi historia, nuestra historia, y comprenderla lo mejor posible. Quise comprenderla para librarme de sus influencias más dañinas, sus fuerzas malévolas, para celebrar y honrar su belleza, su poder, y ser capaz de contarla bien a mis amigos, a mi familia y a ti. No sé si lo he logrado, y el diablo siempre acecha a nuestra espalda, pero sé que esta era la promesa de juventud que me hice a mí mismo y que te hice a ti. Y ha sido mi misión todos estos años. La he presentado como una larga y ruidosa plegaria, mi truco de magia. Esperando que hiciese tambalear tu alma para luego ser traspasada a otros, para legar su espíritu, para ser leída, escuchada, cantada y alterada por ti y por tu sangre, para que reforzase y ayudase a dar sentido a tu historia. Y ahora ve y cuéntala.

EPÍLOGO

Unas semanas antes de Acción de Gracias, un soleado día de finales de otoño resplandece sobre el centro de Jersey. La temperatura de quince grados me anima a entrar en el garaje para poner en marcha mi moto y aprovechar los últimos coletazos de buen tiempo para dar una vuelta. Me dirijo al sur hacia Manasquan Inlet. Una gran tormenta ha azotado durante dos días la costa oriental, arrastrando las aguas del océano hasta las dunas herbosas del borde del paseo marítimo y llevándose consigo una porción significativa de mi antigua playa de vuelta al mar todavía revuelto y encrespado. El embarcadero por el que, en las oscuras noches de finales del verano, mi hermana y yo caminábamos cautelosamente de puntillas está cubierto ahora por unos diez centímetros de arena mojada sobre negras rocas, lo que convierte en una pequeña aventura avanzar con botas de motorista por su irregular superficie.

Aquí, en noviembre, el sol se pone por el lado sudoeste –Point Pleasant– de la ensenada, desenvainando y esgrimiendo una espada resplandeciente hacia el norte, a través de las grisáceas aguas de la ensenada, hasta llegar a la parte de Manasquan. Aquí me encuentro ahora, sentado en el embarcadero, justo en la punta de dicha espada. Mientras las olas lamen las rocas bajo los tacones de mis botas, esa espada se quiebra en esquirlas de luz dorada bajo las aguas, fragmentándose en pequeños soles, microcosmos de la fuente divina que da vida a nuestro planeta. Aquí me encuentro entre amigos conocidos y desconocidos, me siento acogido. Somos todos parte del mismo paisaje. Una bienintencionada jauría de niños en edad escolar, viejos con sus detectores de metales, perros, surfistas, pescadores, gentes de Freehold que tienen en Manasquan su salida al mar, los chicos tras los mostradores del Carlson's Corner, los incontables extraños que se quedan en sus coches, en fila de cara a la ensenada. Al otro lado de alguna de esas ventanillas podría estar sentado el alegre y desconcertado fantasma de mi viejo, soñando con otra vida en otro lugar, cualquier lugar, muy lejos de toda la bondad que nos deparó y de sus hermosos tesoros. Ahora este es mi sitio, otra pequeña herencia agridulce.

Mientras el sol se oculta entre una masa de nubes de color gris azulado, enciendo el motor de mi moto, me pongo y me sujeto el casco, me protejo el rostro con mi bufanda, me despido con gesto teatral y salgo del pequeño pueblo de Manasquan para incorporarme al tráfico de las cinco de la tarde en la Ruta 34. El sol ya se ha puesto y llega la fría noche. En un semáforo, me subo la cremallera de mi chaqueta de cuero hasta el cuello, noto el tacón de la bota sobre el caliente tubo de escape con envoltura aislante de mi V-twin, que deja un rastro de goma quemada y despide una vaharada de humo azulado que asciende en espiral hacia el fresco aire otoñal. El semáforo cambia a verde y la carretera crepita y retumba bajo mis pies mientras voy sorteando los puntos de la autopista donde el alquitrán se ha expandido con el calor del verano y luego, al enfriarse, ha dejado crestas irregulares, una serie de pequeños baches allí donde las placas de asfalto se encuentran. Retumbo, retumbo, retumbo… pop… retumbo, retumbo, retumbo… pop. Con cada «pop» salto sobre mi asiento, y de repente me remonto a los tiempos en que daba vueltas y más vueltas por el camino de pizarra azulada que rodeaba el convento de Santa Rosa, esperando, anhelando escuchar una vez más la voz de mi abuela llamándome al anochecer. Escucho… pero esta noche el pasado se desvanece y solo existe la voz del presente hecha de chispas y pistones de combustión… fría y dulce mecánica.

Avanzo entre el torrente de luces de la gente que vuelve de sus trabajos y cuyos coches pasan a escasos centímetros de mi manillar izquierdo. Me dirijo hacia el norte por la autopista hasta que el tráfico disminuye, y ya solo mi faro delantero ilumina la carretera y las rayas blancas… rayas blancas… rayas blancas… rayas blancas… Mi alto manillar «cuelgamonos» hace que mis brazos se extiendan hacia fuera y se eleven a la altura de los hombros, exponiéndome más libremente a la fuerza del viento y su brutal abrazo, mientras mis manos enguantadas redoblan su agarre bajo el nuevo firmamento nocturno. El cosmos empieza entonces a centellear vivamente en el crepúsculo sobre mí. Sin carenado, un vendaval de cien kilómetros por hora me golpea firmemente en el pecho, presionándome contra el respaldo de mi asiento, amenazando sutilmente con arrancarme de estos trescientos kilos de acero rodante, recordándome que los próximos instantes de mi vida no están garantizados… y también lo buenas que son las cosas, este día, esta vida, la suerte que he tenido, lo afortunado que soy. Enfilo la salida de la autopista y me adentro por una oscura carretera secundaria. Enciendo las luces largas y escruto los llanos campos de las granjas por si aparece algún ciervo. Todo está despejado, y piso con fuerza el acelerador, me apresuro a volver a los cálidos brazos del hogar.

AGRADECIMIENTOS

Este libro fue escrito durante un periodo de siete años. Redactaba a mano en mi libreta, lo abandonaba a intervalos, a veces todo un año o más mientras grabábamos o estábamos de gira. No tenía prisa, no había presiones. Esto me permitió volver al libro con una mirada fresca para juzgar lo escrito. Hacia el final mi historia fue desarrollándose en una larga sesión de escritura. En ese punto, con la ayuda de los que menciono a continuación, se finalizó.

Todo mi agradecimiento y amor a Patti por otorgarme el espacio y la comprensión para contar la historia que necesitaba contar.

Gracias a Jon Landau, uno de mis primeros lectores, por su entusiasmo, apoyo y consejos.

Muchas gracias a Jonathan Karp, que ya trabajó con nosotros en *Outlaw Pete*, por ofrecernos un hogar. Sus consejos y buen ojo me guiaron durante lo mejor de la redacción y llevó este libro hasta su conclusión.

Gracias especiales a Mary Mac, mi compañera durante las interminables horas de reescritura mientras transcribíamos mis garabatos en el ordenador.

Gracias a Michelle Holme por encargarse de la sección fotográfica, y a Frank Stefanko por la imagen de portada.

Gracias a mi amigo y antiguo compañero de grupo George Theiss por refrescarme la memoria acerca de algunas de nuestras aventuras con los Castiles.

Me gustaría dar las gracias a Jon Landau, Allen Grubman, Jonathan Ehrlich y Don Friedman, que se encargaron de las relaciones con Simon & Schuster, y también un especial agradecimiento a Les Moonves por su ayuda en ese aspecto.

Gracias a Barbara Carr, que ha coordinado todo el proyecto con extraordinaria dedicación y efectividad.

Y gracias a Marilyn Laverty, responsable de mis relaciones públicas durante treinta y siete años, y a Tracy Nurse, que ha trabajado durante treinta años en nuestra proyección internacional.

Gracias a todos los que en Simon & Schuster han contribuido a esta obra, especialmente a Marie Florio, Cary Goldstein, Richard Rhorer, Stephen Bedford, Jonathan Evans, John Paul Jones, Aja Pollock, Erica Ferguson, Lisa Erwin, Ruth Lee-Mui, Meryll Preposi, Miah Saunders, Samantha Cohen, Kristen Lemire, Allison Har-zvi, Megan Hogan, Jackie Seow, Elisa Rivlin, Chris Lynch, Michael Selleck, Gary Urda, Paula Amendolara, Colin Shields, Sumya Ojakli, Dennis Eulau, Craig Mandeville, Jeff Wilson, John Felice, Liz Perl, Wendy Sheanin, Sue Fleming, Jofie Ferrari-Adler, Adam Rothberg, Irene Kheradi, Dave Schaeffer, Ian Chapman, Kevin Hanson, Iain McGregor, Rahul Srivastava, Dan Ruffino y Carolyn Reidy.

Gracias a Greg Linn y Betsy Whitney en Sony Music por sus continuados esfuerzos. Y, finalmente, gracias a todos aquellos que nos echaron una mano en la agencia de management: Jan Stabile, Alison Oscar y Laura Kraus.

CRÉDITOS DE LAS FOTOS

Licensing de las fotos: CRYSTAL SINGH-HAWTHORNE
Diseño del pliego de fotos: MICHELLE HOLME

PLIEGO

COLECCIÓN PERSONAL DEL AUTOR: pp. 1, 2, 12, 13, 14, 15 y 16 (completas), pp. 3, 4 y 5 (tres últimas)

COLECCIÓN DE BILLY SMITH: p. 5 (arriba)

ART MAILLET: p. 6 (arriba)

DAVID GAHR: p. 6 (dos últimas), p. 7 (arriba derecha), p. 10 (centro izquierda), p. 11 (tres primeras)

ROZ LEVIN: p. 7 (arriba izquierda, centro derecha y abajo)

PETER CUNNINGHAM: p. 8 (arriba izquierda)

ERIC MEOLA: p. 8 (abajo)

FRANK STEFANKO: p. 9 (completa), p. 10 (abajo derecha y abajo izquierda)

JOEL BERNSTEIN: p. 10 (arriba)

NEAL PRESTON: p. 11 (abajo)

GUARDAS

JOEL BERNSTEIN (guarda delantera)

MARY ALFIERI (guarda trasera)

PIES DE FOTO